理科类学生毕业论文

写作指导

主　编　沈自飞　王元恒

编　委　王元恒　沈自飞　徐元根

　　　　朱铁成　吴小华　陈建荣

　　　　刘　鹏　郝朝运

浙江大学出版社

前　言

　　《中华人民共和国学位条例暂行实施办法》要求学士、硕士、博士学位的获得者都必须撰写学位论文并通过答辩。毕业论文写作有利于培养学生的创新能力和竞争意识，是对学生从事科学研究的初步训练，是高等学校学生学业的重要组成部分，也是高等学校人才培养的重要环节。目前，所有的高等学校均实行了大学生毕业论文写作制度。国家教育部也把指导毕业论文的写作列为评估各高等学校教学工作的重要指标之一。

　　对大多数理科大学生而言，毕业论文写作是他们初次接触科学论文创作，他们对学术论文的基本概念、格式十分陌生，更不用说如何去思考、写作。这就要求学校给学生选派指导教师，为学生开设学术论文写作讲座，或开设"毕业论文写作"课程，向学生传授科技论文的思考方法、写作技能技巧等知识。本书就是为理科大学生撰写毕业论文和答辩而编写的。本书的编写有如下几个特点：

　　第一，本书的作者都是大学理科的专业教师，长期从事理科大学生毕业论文写作的指导工作。书中许多内容是在作者的讲座、授课的讲稿基础上改写而成的。

　　第二，本书章节的安排次序，恰是论文写作的顺序。从第一部分理科论文的概述、思考、选题、选材、格式、写作、修改、指导、答辩和发表，到第二部分专业学科论文写作指导共14章，既有基本理论的阐发，又突出了理科学术论文的

写作特点,且自成体系,使读者阅读后即可进行理科毕业论文的创作。

第三,本书写作过程,尽量按照理科大学生教材的特点编著。大部分段落的首句为主题句,指出段落的主题。从而使本书既便于学生自学,也可作为大学理科毕业论文写作课的教材。讲授本书约需36学时,前10章共约需30学时,数、理、化、生专业论文写作章节约需6学时。

第四,为了便于查阅本书各个部分,我们给出了较为详细的目录,因而使本书具有工具书的部分功能,便于读者使用。

第五,本书在注重科学性、系统性的同时,特别强调了理科的特点和实用性。因而,本书的主要读者对象为数、理、化、生专业即将毕业的大学生,以指导他们尽快地熟悉理科学术论文的思考方法与写作要领。本书对理科专业硕士研究生和其他科技人员也有一定的参考作用。

本书各章的编写分工如下:王元恒编写第一、三、四、六章,沈自飞编写第二、八、九、十章,徐元根编写第五、十一章,朱铁成编写第七、十二章,吴小华、陈建荣编写第十三章,刘鹏、郝朝运编写第十四章。全书的提纲拟定及最后各章的统稿由王元恒、沈自飞完成。

本书虽然历经一载编写而成,但由于编写人员水平所限,书中的错误与不足在所难免,希望读者提出宝贵意见。在本书编写过程中,各章节引用了大量的文献资料,共参阅了四十余本相关书籍,在此谨向各书作者表示谢忱。

目　录

理科类学生毕业论文写作指导

①

理科类学生毕业论文写作指导

理科类学生毕业论文写作指导

③

理科类学生毕业论文写作指导

理科类学生毕业论文写作指导

第一章

概 述

§1 毕业论文的概念和特点

1.1 毕业论文的概念

理科大学生毕业论文是指高等学校理科应届毕业生旨在取得学士学位而撰写的学位论文。除了学士论文外,还有硕士论文、博士论文,它们统称为学位论文。它们都是毕业生提出授予相应学位时供评审、答辩用的学术论文。

所谓学术论文,就是用来进行科学研究和表述科学研究成果的文章。国家标准局《科学技术报告、学位论文和学术论文的编写格式》(GB7713-87)对学术论文的定义为:学术论文是某一学术课题在实验性、理论性或观测性上具有新的科学研究成果或创新见解和知识的科学记录;或是某种已知原理应用于实际中取得新进展的科学总结,用以提供学术会议上宣读、交流或讨论;或在学术刊物上发表;或作其他用途的书面文件。

学术论文的写作实质上是人们揭示客观事物内在规律的创造性思维活动,是追求真理、探究学问的行为。学术论文的读者对象是具有相当专业知识的学者、同行或具有一定专业知识的爱好者。他们都具有比较雄厚的专业知识功底。所以,教学教案和演讲稿之类的

文章决不是学术论文。根据定义，学术论文写作具有如下三个特点：

第一，学术论文写作本身是探讨问题、进行科学研究的一种手段。对某一个问题，只有把它写作（记录）出来，才能在证明、推理、实验等过程中，进一步了解它的各个层面及问题、原因所在，并由此可知它在哪些方面能作推广、改进等，甚至能引发一些新的问题，促进科学研究的进展。对科学的探索或对科学研究成果的阐发，只有付诸学术论文，公之于众，才能赢得社会的认可。例如世界上最伟大的数学家之一希尔伯特曾在20世纪初就宣称他已解决了世界难题费马猜想，尽管他的名气很大，但人们还是没有承认他。直到1994年英国数学家维尔斯发表了证明费马猜想的论文后，人们才把此项殊荣归于维尔斯。并且，人们在300多年的努力探索费马猜想的过程中，创造了一系列新方法、新工具，开创了许多新领域，因而费马猜想曾被人们称为数学上"会下金蛋的母鸡"。

第二，学术论文写作是对已有科学研究成果的继承和发展。探究未知的前提是掌握已知。已知就是已经认识的客观真理，即前人、今人或研究者本人已经创造出来的科研成果。邓小平同志指出：任何一项科研成果，都不可能是一个人努力的结果，都是吸收了前人和今人研究的成果。伟大的科学家牛顿也曾经说过：我之所以伟大，是因为我站在了巨人的肩膀上。科学研究的实践证明：根据已知探究未知，在已有的科研成果基础上创造新的成果，是科学研究的一般特点，继承和借鉴是科学发展的普遍规律。所以，学术论文必须是前人研究成果基础上的新发展、新思想、新创造，这就要求作者阅读大量的相关参考文献。否则，写出的学术论文就只能是前人或今人科研成果的重复，那将毫无价值。

第三，学术论文写作是描述科研成果、进行科研交流和传播的一种工具。科学研究的成果是研究者所创造的新知识、新理论。而能够正确揭示客观规律的新知识、新理论，是人们认识世界、改造世界的思想武器，科研工作者创造新知识、新理论，不是为了自我欣赏，而是为了传播。只有不断传播科学成果，人类社会才能进步。科学工

作者都希望自己的研究成果一项一项地传播开来,一代一代地传下去;传播的范围越广泛,传播的年代越久远,应用于实践中创造出的社会效益或经济效益就越好,科研成果的价值就越高。科研成果的传播是科研工作得以正常进行的必要条件,传播一旦停止,科学研究将无法进行,科学也就失去了生命。而学术论文写作是科研成果传播最重要的一种手段。只有把科研成果用学术论文的形式写出来,才能使科研成果的传播范围更广泛,传播的年代更久远。曾有人形象地说过:一项科研成果做出来并写成学术论文,只能算完成了此项成果的一半,只有把成果应用于实践,进行传播(发表、宣读、交流等),得到大家的认可,才算完成了另一半;如果一项科研成果做出来不写成学术论文进行传播,则此项科研成果等于零。

美国生物学编辑委员会在 1968 年曾给学术论文下过一个定义:一篇公认的原始学术论文,必须是首次公布的,它应提供足够的资料,以使同行们能够:(1)评价观察到的结果;(2)重复实验;(3)评价推理过程。而且原始学术论文还必须能为人们所接受,基本上可供科学界永久地、不受限制地利用,同时它还能供一种或几种公认的二次文献进行定期审查时使用。

从上述学术论文的定义及其特性我们知道,学术论文不同于一般的文章,具有五个显著的特点,即创造性、科学性、专业性、实践性和平易性。毕业论文作为学术论文的一种,当然也要具备这五个特点。

1.2 创造性特点

创造性是学术论文区别于一般文科文章和科技文体作品的重要特征。一般文科文章和科技文体,如报告、综述、教科书、记叙文、科普作品等,是传授、传播知识,记叙发生或已有的事物的文章,只要结构合理,阐述清楚,使人易于接受就行,其内容不要求是首次公布的,有没有创造性的内容并不重要。而学术论文是为交流学术研究新成就,发表新理论、新设想,探索新方法、新定理、新实验而写的文章,没

有创见的文章就不能成为学术论文。所谓"新"就是:(1)在原有的理论和实验基础上,把研究工作向前推进一步;(2)更新或扩张已有的科学研究成果,或对现有的科学学术观点进行争鸣或商榷;(3)填补某一科研领域的空白;(4)创立一门新的理论学说或一项新的科学试验方法。总之,"新"的学术论文就是表述作者本人首创的,首次公布的,别人过去没有做过(公布过)的研究成果的文章。

创造性是衡量学术论文价值的根本标准。创造性的内容越多,论文的价值就越高,传播的范围就越广泛,传播的年代就越久远;创造性的内容越少,论文的价值就越低,传播的范围小且时间短。若一篇论文没有创造性,就不能算是学术论文,对科学技术的发展也就没有什么作用。一篇论文价值的大小,不是看它如何罗列现象、重复多少别人的成果,而是看它能否创造出前人所没有的新理论、新方法、新实验。一篇学术论文,若能发前人所未发,自成一个理论(实验)体系,被同行反复引用,那么这篇学术论文的创造性就大,其价值就高;或一篇学术论文,能言前人所未言,有所发现,有所发明,有所前进,应用于实践生活中创造出的经济价值大,那么这篇学术论文创造性就大,其价值就高。即一篇学术论文的创造性大小,主要看它的理论价值或实际应用价值的大小。不论一篇学术论文的创造性是大是小,只要有所创造,就体现了科学研究价值,就可称为一篇学术论文。

学术论文的创造性,是具有相对性的。如某项研究成果在浙江省填补了一项空白,具有较大的创造性,但对全国而言,可能此项研究成果早已研究成熟并从而失去了它的创造性;同样,某项研究成果在国内填补了一项空白,具有较大的创造性,但对全世界而言,可能此项研究成果早已研究成熟并从而失去了它的创造性。尽管也有这样的论文发表,但严格说来这类论文不能称为学术论文,只能算作文献资料(尽管这些资料对某些国家而言是非常重要的,如核物理理论)。在信息化的今天,人们衡量学术论文创造性的范畴更为宽泛,普遍认可的是在全世界范围内来衡量。创造性是相对于全人类总的知识而言的。

1.3 科学性特点

科学性是学术论文的生命,是学术论文区别于一切非学术论文的主要特征。学术论文的科学性主要表现在三个方面:

(1)在内容上,所反映的科研成果是客观存在的自然现象及其规律,是被实践检验的真理,并能为他人重复试验,具有较高的实用价值。即论文内容真实、成熟、先进、可行,以客观事实为依据,经得起实践检验。

(2)在表现形式上,结构严谨清晰,逻辑思维严密,语言简明确切,不含糊其辞,对全部符号、图文、表格和数据都力求做到准确无误。即论文表述准确、明白、全面,逻辑性强,推理过程严谨,环环相扣。

(3)在研究和写作过程中,具有严肃的科学态度和科学精神,从选题到汇集材料、论证问题,以至研究结束写成论文,都必须始终如一、实事求是地对待一切问题,反对科学上的不诚实态度。既不肆意夸大其词,伪造数据,谎报成果,甚至剽窃抄袭,也不因个人偏爱而随意褒贬,武断轻信,趋炎附势,弄虚作假。

学术论文不是文科的抒情文,不用华词藻句,不用带感情色彩的叹词、褒贬词。如在学术论文中不用"啊,我发现的这个定理(方法)多么美妙哇!多么有用呵!"等语句。美妙不美妙、有用没有用,应让实践来检验,让别人去评价。

学术论文必须具备科学性,这是由科学研究的任务所决定的。科学研究的任务是揭示事物发展的客观规律,探求客观真理,使之成为人们改造世界的指南。特别是理科学术论文更必须根据科学研究这一总的任务,对本门学科中的研究对象进行深入的探讨,揭示其规律。这就要求学术论文必须具备科学性,否则就无法完成这一任务。

总之,科学性就是要求学术论文以逻辑思维的方式展开依据,在事实的基础上,展示严谨的推理过程,应用实事求是的实验数据,得出令人信服的科学结论,准确地反映客观事物,揭示客观规律。同

理科类学生毕业论文写作指导

时,科学性要求学术论文作者的论述是系统的而不是零碎的,是完整的而不是片面的,是立论观点明确的而不是含糊不清的,是首尾一贯的而不是前后矛盾的,是经过实践检验的而不是凭空臆造的。

1.4 专业性特点

专业性是学术论文的特性,是区别不同类型学术论文的主要标志,也是对学术论文分类的重要依据。不同专业学术论文的语言陈述、专用字词、材料组成等是不一样的。理科学术论文有自身的特点,而理科中不同的专业的学术论文又有各自不同的特点,如数学专业有数学专业的特点,物理学专业有物理学专业的特色等等。每个专业都有它自己的专业范围,不是一个模子,没有一个万能的模式可套用。学术论文是专业性的论文,如果丢掉了专业性,也就失去了自身的特性。

其次,就各专业而言又可分为不同的专业方向,各专业方向的学术论文又有各自的特点,如数学专业有代数、几何、函数论等专业方向,物理学专业有力学、热学、光学、核物理等专业方向,化学专业有无机化学、有机化学、生物化学等专业方向,生物学专业有植物学、动物学、分类学等专业方向。

一般论文的写作原则是,凡是能说明观点的材料都可以用,凡是能准确表达自己意思的通俗易懂的语言都可以用。而对于一篇学术论文,在内容上基本要求限制在某研究课题的范围之内,课题范围之外的材料则不能用,限制性很强。比如在一篇有关新化合物合成方法的学术论文中,所用的材料只能限于该化合物合成的原材料、合成方法、产物表征的证明材料等,其他的都要排斥。不但与该化合物无关的材料不能用,而且与之相关的不可靠的材料也不能用。

一篇学术论文,在语言上也有专业特点。如写数学论文时常要用到"微分"、"积分"、"方程"、"算子"、"逼近"、"空间"、"正交"等专业术语,写化学论文时常要用到"分析"、"合成"、"分子结构"、"气相色谱"、"定性"、"定量"、"测定"等专业术语。这些专业术语、名词,乃至

公式、图表、图形等,对其他领域的人来说是生涩的、比较难懂的,正所谓"隔行如隔山",但对同行而言则可以准确地理解,甚至全世界的同行之间对相应的公式、图表、图形等在理解上都没有障碍。一般的数学公式、物理方程、化学结构式、生物解剖图等是为全球范围的同行所接受的。这也是理科学术论文与文科学术论文之间的一项重要区别。

1.5 实践性特点

实践性是学术论文价值的具体体现。学术论文是建立在实践的基础上,对客观事物及其规律研究的准确反映,并能指导新的科学研究或指导实践。一篇学术论文在实践中产生的价值越大,这篇学术论文的价值就越高。当然,可能有些学术论文刚发表时,所产生的实际效益并不明显,但随着时间的推移,若干年后可能产生巨大的经济效益或社会效益。如古希腊数学家阿波罗纽斯早在公元前 200 年就研究了圆锥曲线,但直到 1500 年后,人们才发现抛射物体运动轨迹为抛物线,天体运行的轨迹是圆锥曲线。

学术论文的实践性,反映在其内容上,不仅要对客观事物的外部直观形态进行陈述,也要对事物进行抽象概括的叙述或论证,还要对事物发展的内在本质和变化规律进行论述。所以,对学术论文中的客观事物不能仅像文科记叙文那样整体、形象地描述事物的外表,而且要按照思维认识规律来进行解剖、分析,抽象地反映出事物的本质,即学术论文不是仅记叙罗列事物形态及其性质,还要研究事物本质及其原因。学术论文致力于表现事物的发生、发展和变化的规律,表述作者对这些客观规律的认识,且不是一般的认识和议论,而是系统化了的理性认识,是思维活动反复深化、抽象的结果。这也正是学术论文之所以叫学术论文的原因所在。

除此之外,学术论文的实践性,也表现在它的可操作性和重复实践验证上。按照论文报告的原材料选用及配方比例、实验方法和条件控制等要素,可以重复得到论文所述的结果;或是按照论文所给的

已知条件、数据等要素,通过严密的推理可得出论文的结果。正是由于学术论文的这一实践性特点,才衬托出学术论文的重大价值和学术论文的珍贵性。

学术论文的实践性,还表现在论文所述内容可被广泛应用的前景上。由于学术论文报告的新发现、新成果、新方法、新技术、新应用是客观真理的真实写照,因此这些新的东西可以拓展至各种相关领域中,可以应用于实际生产中,产生较大的经济效益和社会效益。如一项数学优化方面的研究成果,可以节省大量的人力、物力、财力;一项物理光学仪器方面的研究成果,可以延伸人们的视野,加深人们的思考。而文科学术论文的实践性特点就不太明显,这正表明了理科学术论文与文科学术论文的不同之处。总之,理科学术论文的实践性表现在它的来源于实践,立足于实践,应用于实践。没有实践,就没有理科学术论文,理科学术论文本身就是理论和实际的联合体。

1.6　平易性特点

理科毕业论文作为学术论文的一种,必定要求具备以上所述的学术论文要求。这也正是撰写理科论文的难点所在。的确,学术论文写作是一项艰苦、细致的脑力劳动,必须刻苦钻研、努力拼搏,付出常人所未付出的艰辛,才能取得常人未能获得的科研成果,得到常人未能得到的新东西。但是,话又说回来,学术论文写作也不是高不可攀的。对每个研究工作者而言,只要努力,都可以写出学术论文,只不过其学术价值不同而已。

学术论文属于议论文的一种。议论文主要由论点、论据、论证三大部分构成,并通过三者紧密相连、相辅相成的逻辑关系来表达思想、阐明道理,运用概念、判断、推理、证明、反驳等逻辑思维手段来分析研究某种问题。一般而言,**学术论文 = 议论文 + 创造性 + 科学性**,亦即学术论文就是有新结果的合乎科学逻辑的议论文。所以,大学生撰写毕业论文首先必须掌握议论文的写作要领。

由此可见,学术(毕业)论文写作并非高不可攀,本科大学生乃至

专科大学生,只要通晓要领,刻苦钻研都可能写出优秀的学术论文。这也正是学术论文的平易性特点之一。所以,大学生撰写毕业论文时,要克服恐惧心理,用一颗平常的心去对待。

学术论文平易性特点之二,是要求它容易被理解。有些人认为,学术论文越深奥难懂,就越表现出水平。据说大物理学家爱因斯坦曾给大喜剧家卓别林写信说:你创造的作品使世界人民看了几乎都能明白其中意思,所以我很敬佩你。卓别林回信道:你创造的作品使世界人民看了几乎都不明白其中意思,所以我也很敬佩你。爱因斯坦相对论发表的当时,全世界只有少数几个人能读懂。他当然是很有水平的,但不要产生误解,并不是每篇学术论文都必须晦涩难懂。平易性要求学术论文一定要写得深入浅出,平易近人,语言要明白通畅,切忌故弄玄虚,故作姿态,装腔作势。然而要做到这一点并不容易,因为学术论文还具有专业性、创造性和科学性的特点。总之,论文的学术价值与其是否难懂无关。

§2　学术论文的分类

2.1　分类综述

为了对理科毕业论文有具体的进一步认识,我们需要对多种多样的学术论文及其分类作简单的了解。

若以学科门类划分,学术论文可划分为社会科学学术论文和自然科学学术论文两大门类。社会科学学术论文又可划分为文学、历史、法律、经济等学科学术论文;自然科学学术论文又可划分为理、工、农、医等学科学术论文。理科学术论文可再划分为数学、物理学、化学、生物学等专业学术论文,每种专业学术论文又可划分为不同研究方向的学术论文(见图1)。

当然,随着科学技术的不断发展和人类社会的不断进步,新的交

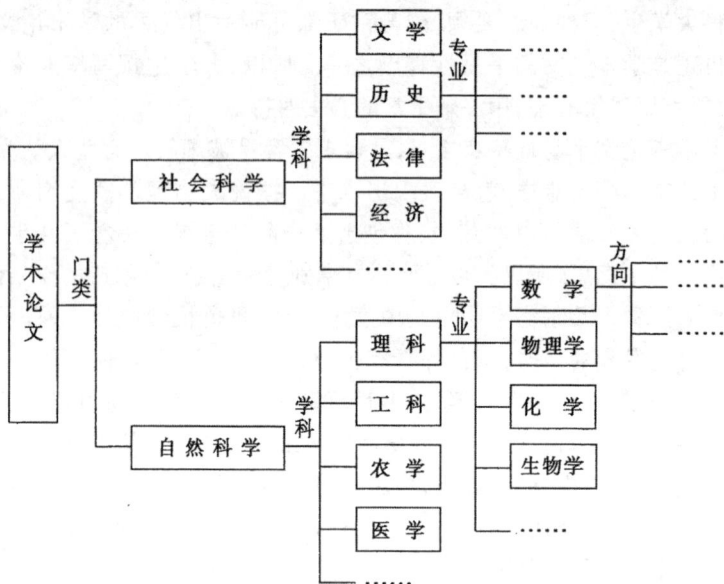

图 1

叉学科不断涌现,如经济数学等,新的交叉专业更是层出不穷,如生物化学等。所以上述分类只是个大概情况。

　　若按社会功能的角度划分,学术论文可划分为杂志论文、报告论文和学位论文三大类,其中学位论文又可划分为学士论文、硕士论文和博士论文等(见图2)。

　　若按其论述的内容分类,学术论文可划分为创造型学术论文、评析型学术论文、描述型学术论文、综述型学术论文等(见图3)。

　　创造型论文属于高级别、高品位之作,须对所研究课题的理论、学术观点有新的发展和深入发掘;或提出新见解;或证明先说的错误;或对学术界尚未认识的事物有新发现,提出新假说、新理论等。评析型论文是常见的类型,选题的范围比较宽泛,无论是自然现象还是科学理论中的某一部分都可作为评析的内容或对象,作者皆可利用自己所掌握的知识和科学理论进行分析、总结、评价。描述型论文

理科类学生毕业论文写作指导

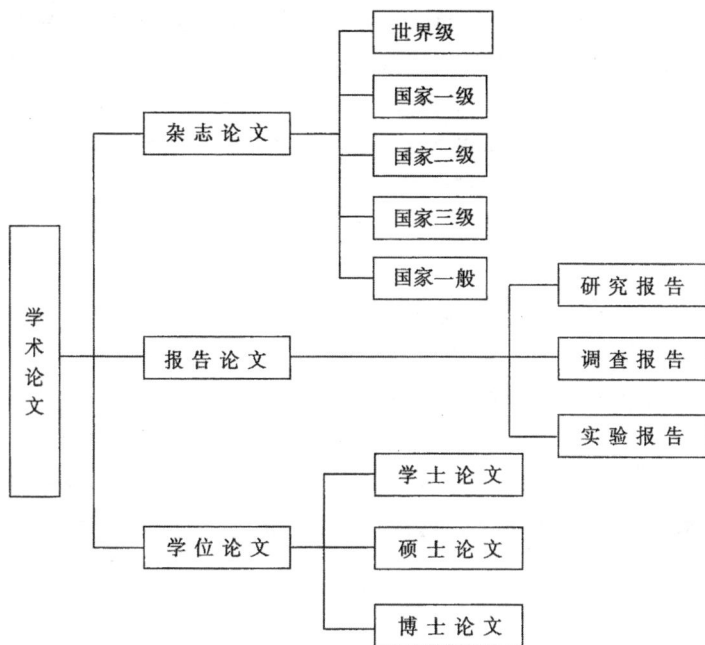

图 2

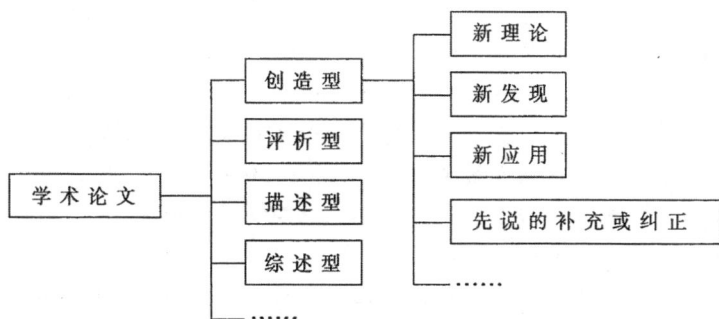

图 3

也可称为说明型论文,它只是对某一已经存在的自然现象或科学理
论进行分析和描述,如某种观念的形成、某一自然现象生成的缘由、

理科类学生毕业论文写作指导

某一实验结果的产生过程等。综述型论文就是对某一课题一定时期以来学术界的研究情况及其成果作一综合性的评述。

由此可见,理科毕业论文是自然科学学术论文的一种,也是学位论文的一种,但内容上可以是创造型论文(少数)、评析型论文(多数)等。下面再简单讨论一下杂志论文、报告论文和学位论文。

2.2 杂志论文

杂志论文是各学科领域中专业人员和非专业人员科研成果的文字记载,这类论文多是创造型论文,也称为首创性论文,主要刊载在专门的学术刊物上,有针对性地阐明所解决的问题。写作这类学术论文的根本目的是总结前人的科学研究成果,提出个人的创新见解,以促进科学事业发展。写作这类学术论文的一般要求是写得精练、高度概括,突出对有创见性的观点或成果的论述、论证,对研究过程可简略或不做任何描述。

由于报刊杂志的级别不同,对杂志论文的要求也不尽统一。每种期刊杂志自身的具体要求说明一般都在此种期刊杂志的封三或封底有详细的刊载说明。不同的杂志论文拥有不同读者群,写作时要考虑相应的读者对象和杂志的要求。杂志级别的划分,一般由世界或国家学术权威机构按本杂志论文被引用的次数和被其他二次文献权威期刊检索论文的篇数及杂志的主办单位等因素确定。目前,我们国家大致把杂志论文划分为世界级杂志论文(特别是以 SCI 检索的论文为标志)、国家一级杂志论文、国家二级杂志论文、国家三级杂志论文和一般杂志论文五个级别,其中国家一、二级杂志论文也称为核心期刊杂志论文。

每个科研人员都十分重视撰写杂志论文,因为它既可以活跃学术研究气氛、交流科研信息,也可及时反映个人或研究机构群体的科研能力和科研成果。一个国家杂志论文数量的多少、质量的高低,从一个方面反映出这个国家的科学技术发展水平和学术研究的状况。对于个人来说,杂志论文发表得越多,发表的期刊杂志级别越高,就

越能说明其科研能力强、科研成绩显著,进而在职称评定、个人声誉、工资待遇、科研经费、生活条件等方面就可能获得更高的待遇。

2.3 报告论文

报告论文一般不直接成文,而是先在一定范围内当众宣讲,或在专业性的学术会议上进行大(小)会报告,听取反映后再成文,公之于世。报告论文由于受时间、听众心理等客观条件的限制,写法有一定的局限性:论文的主体部分要写得条理清楚明白,往往用精练的小标题形式表示,关键之处要作重点强调和必要的重复。全文其他内容、绪论、结论等可概括阐述,而分析论证则尽可能详细、主次分明,以便给读者或听众留下深刻的印象。但不能把这种学术论文视为文章的提纲或草稿,它实际是对将要写成的文章精华的高度抽象。并且随着自然科学成果的大量涌现,由于杂志论文发表的周期较长,现在已有杂志专门刊载报告论文,或以专业学术会议论文集的形式刊发报告论文。报告论文又可划分为研究报告(论文)、调查报告(论文)和实验报告(论文)。

研究报告是记录、描述某一课题的研究经过和研究成果的科研报告,专门限定在阅读文献,进行推理、研究所写出的成果报告范围内。研究报告属于首创性论文,或属于一次文献。研究报告与学术论文相似,只是相当于把学术论文的精华再度提取。有时,研究报告虽然只是提出一个问题,而没有解决,但若问题提得好,也不失为一篇好的研究报告。这在理科研究领域尤为重要。许多重大的科学发现都是从问题开始的,如数学中的费马猜想、哥德巴赫猜想,物理学中的光子假说、塞曼效应,化学中的测不准原则,生物学中的基因重组等。

调查报告,是指科学研究中用的调查报告,不同于日常工作中常用的那种调查报告。科学研究用的调查报告,是记录、描述某个课题的调查材料和分析结果的文献,是对有科学价值的事物、事实、问题做实际调查后写出的报告论文。

实验报告,是记录、描述某项实验过程和结果的报告。实验是收集科学事实,获得感性知识的基本手段之一,是形成、发展和检验科学理论的重要方法,是理科学生和科技工作者必须具备的一项基本技能。实验,在自然科学、技术科学领域里被广泛运用,并且在社会科学领域也被越来越广泛运用。实验报告,按其性质又可分为创造型实验报告和检验型实验报告。前者是科学工作者进行一项新的研究所写出的实验报告,它是为了向上级或同行告知,是一种重要的汇报、交流手段;后者是重复前人已做过的实验,再进行一次检验后所写的实验报告,它主要用于教学,严格地讲它不能算学术论文。

2.4　学位论文

所谓学位论文,就是为了取得学位而撰写的学术论文,国家标准GB7713－87 对学位论文的定义为:学位论文是表明作者从事科学研究取得创造性的结果或有了新的见解,并以此为内容撰写而成,作为提出申请授予相应的学位时评审用的学术论文。由此可得出两点:①学位论文必须是学术论文,因而具有学术论文的特点、要求和格式;②学位论文是供申请相应学位而使用的,因而是答辩委员会决定是否通过论文答辩并建议是否授予学位的重要依据。

目前,我国学位分为学士、硕士、博士三级,根据《中华人民共和国学位条例暂行实施办法》,国家对学士、硕士、博士的学位论文都有明确的要求。例如,大学本科学生在毕业前完成的学士论文,要求在教师指导下,去掌握和运用已学到的专业基础理论和基本技能,并在此基础上,具备解决本专业中某一学术问题的初步能力,为毕业后进行专题研究打好基础。因此,学士学位论文的要求不高,通过毕业论文写作(设计),表明作者"确已较好地掌握了本门学科的基础理论、专门知识和基本技能,并且有从事科学研究工作或担负专门技术工作的初步能力"即可。

学位论文是大学生、研究生毕业时,或同等学力人员申请学位时必须撰写的,所以也叫毕业论文,它包括学士论文、硕士论文、博士论

文等。这类论文内容广阔,具有训练性质,论文一般比较短小,内容精悍,观点尖锐、鲜明,见解新鲜有朝气,但论证上不够成熟,研究问题的深度有一定的局限。但是,对不同学位申请者又有不同的要求。比如,学士论文要求对研究的课题有一定的心得,能从论文的写作中反映出作者有从事科学研究的初步能力;硕士论文要求对所研究的课题有新的见解,能从论文中反映出作者有独立从事科学研究的能力;博士论文要求在科学或专门技术上做出创造性的成果,能从论文的写作中反映出作者有渊博的理论知识和相当熟练的科学研究能力。

学士论文,也称为大学生毕业论文,它侧重于考察学生运用所学知识解决某些问题的基本能力。根据国家学位条例第四条规定,大学本科毕业生只要较好地掌握本学科的基础理论、专门知识和基本技能,具有一定的从事科学研究工作的能力,就可以通过毕业论文,取得学士学位。学士论文是在限定的时间内(一般为半年左右),在教师指导下进行的首次科学研究的实践总结。因而,写好一篇学士论文,必须有一个较为深入细致的研究过程。一般说来,作者应基本了解本专业学术研究的信息,至少应阅读与选题有关的一定数量的参考文献。学士论文不能是别人研究成果的简单归纳,至少应该在论点和论据上有一些自己的见解。学士论文虽然是进行科学研究的首次尝试,但既不是高不可攀的,也不是轻而易举能完成的,在很大程度上,它是作者才华的第一次表现,必须认真对待。

硕士论文必须能够反映出作者所掌握知识的深度,有作者自己较新的见解,其学术水平的要求比学士论文有很大提高。国家学位条例第五条规定,高等院校和科学研究机构的研究生,或具有研究生毕业同等学力的人员,只有在本学科上掌握坚实的基础理论和系统的专门知识,具有从事科研工作或独立担负专门技术工作的能力,才可通过论文答辩,取得硕士学位。现在有许多学校规定,通过硕士论文答辩前,作者必须发表过杂志论文。

博士论文要求作者必须在某一学科领域中具有坚实而广博的知

识基础,必须有独创性的研究成果。博士论文应具有较高的学术水平和学术价值,能够对他人进行同类性质问题的研究和其他问题的探讨有明显的启发性、引导性,在某一学科领域中起先导、开拓的作用。博士论文是在攻读博士学位阶段为申请博士学位而准备的论文,是非常重要的一类科研成果的文字描述,一般要求达到杂志论文的标准。有许多学校规定博士论文答辩前,作者必须在国家核心期刊发表过一级杂志论文若干篇。

由上述可知,学士论文即大学生毕业论文的要求最低,是作者进行科学研究的首次尝试,也是作者第一次科研才华的展示。也正是由于"首次"二字,才更需要对大学生毕业论文写作的思考、选题、选材、写作格式等方面进行必要的指导,大学生也很有必要接受毕业论文写作的指导,尽量写出高质量的学士论文。

§3　毕业论文的写作意义

3.1　外在因素

人类社会的快速进步和经济的快速发展依赖于科学的发展和技术的进步,而促进科学发展和技术进步的重要手段就是科技论文作品的大量涌现和传播。据推测,人类知识在 19 世纪每 50 年增加一倍,20 世纪中叶每 10 年增加一倍,目前每 3 年增加一倍,现在每天有 6000～8000 篇科技学术论文发表,平均几秒钟就发表一篇。一个国家发表的科技学术论文的数量和质量,已成为衡量这个国家科技发展水平的一项重要标志。我国发表的科技学术论文总数在世界上的排名已由 20 世纪 80 年代的 20 余位上升到目前的第 6 位,但质量上仍有待进一步提高,如 1999 年我国被科学引文索引(SCI)录入的论文数仅是日本的 1/3,英国的 1/4,美国的 1/13。

为了加速我国科技体制创新、结构调整和机制转变,追赶世界先

理科类学生毕业论文写作指导

进水平,早在 20 世纪 80 年代我国就制定了一系列条例、文件、计划,重新开始建立国家科技创新体系,并决定按照三个层次加以实施:国家科研机构(包括重点大学),企业和地方研究开发机构,以及普通高校、网络教育和民间科研机构。同时也规定大学毕业以上学历者都必须撰写毕业论文,特别是学士、硕士、博士学位的获得者都必须撰写学位论文并通过论文答辩。这样就从整体上提高了我国国民的创新能力和整体素质,为赶超世界先进水平加快了步伐。

3.2 内在要求

毕业论文写作有利于学生创新能力的培养。在激烈的社会竞争中,机会总是垂青于时刻注重自我完善自身素质,具有创新能力的强者。一个人的创新能力如何,将决定他在工作岗位上施展才华的自由度和占据职业岗位的层次。有了相当的知识积累,并不等于就有了较强的创新能力,知识和能力间存在着辩证关系,但在一定意义上说,能力比知识更重要。高等院校作为培养人才的摇篮,在传授学生知识的同时,自然要培养学生的创新能力,以增强毕业生的社会竞争能力,而毕业论文的写作就是培养学生创新能力的一个重要手段。所以,我国于 1981 年开始实行的撰写毕业论文制度,不仅在全日制高等院校中普遍实行,而且在电大、函大、夜大、职工大学等各种形式的高等业余教育中也得到了全面推广。

毕业论文写作是对毕业生掌握知识的全面检验、专业水平的综合考核。毕业论文写作,不仅需要写作知识,更需要扎实、系统的专业知识、阅读能力和资料检索能力,同时还需要有正确的世界观、方法论和思辨能力。因此,毕业论文写作是对学生的基础知识、基本理论和基本技能掌握程度的一次总测试,也可以说是一次全面性的业务考核。学生在大学学习期间,每门教学计划的课程知识都经过了阶段性考核,但这种考核是单科进行的,主要考查学生对本门课程所学知识的记忆程度和理解程度。毕业论文的写作相当于对大学四五年间所学知识的一次总的考核,这个考核不是单一对学生进行某一

学科已学知识的考核,而是着重考查学生综合运用所学知识对未知问题进行探讨和研究的能力。扎实的基础,广博的学问,是进行新的创造和新的发现的力量。汹涌澎湃的浪涛凭借的是海的威力,高耸入云的金字塔依靠的是坚实的基石。有了扎实的基础知识,才可能向更高深更广阔的领域扩展,才有了掌握和获得知识的自由,才有创造和创新的可能。毕业论文选题,一般来自专业课、选修课的内容范围。来自于专业选修课的选题必须是对其中的某一方面或侧面作出有见地的分析、研究、探讨;来自于专业基础课的选题也必须是针对其中有探讨价值的问题进行研究。但毕业论文不是对某学科领域中某问题的一般性归纳、整理或说明。

毕业论文写作是对学生从事科学研究的初步训练。知识的价值在于表现,掌握知识的目的不是为了拥有知识,而是为了应用知识,为创造性的劳动做好准备。大学是高层次的教育之一,学生毕业后,无论是从事教学、科研,还是从事其他工作,写论文都是必不可少的。学生的毕业论文,都是在教师指导下进行的。在这一过程中,学生可以了解、熟悉撰写学术论文的基本环节、程序、格式和方法,诸如如何收集资料,如何归类整理资料,如何观察实验,如何调查并作样本分析,如何操作使用仪器设备,如何利用图书馆和电脑网络检索、查找、下载文献资料等。同时,在这一过程中,也培养了学生的动手能力、思辨能力、创造能力、文献资料检索能力、语言文字表达能力和浓厚的科研兴趣、志向等。这样,为学生毕业后走向社会参加实际工作或攻读研究生,即从事进一步的学习和科学研究,打下了良好的基础。科学研究不是一朝一夕的事,从毕业论文开始,就要认真对待,这是具有积极意义的。

毕业论文写作是高等学校学生学业的重要组成部分。论文写作是进行科学研究的重要工具和手段,无论学生毕业后从事何种职业,论文写作都是不可缺少的。因此,在高等学校学生的培养中,不能把毕业论文写作看成是学业之外的事情,而必须把论文写作看作是学生学业的重要组成部分,看成是学生在校学习期间专业训练的一个

重要环节。为此,学校应为学生选派指导教师进行指导,或开设讲座,有条件的还可开设"学术论文写作"课程,使学生认真学习论文写作的方法,娴熟自如地掌握学术论文的写作要领。

第二章

思　考

§1　创造性思维

1.1　新思维的基本条件

许多大学生常常为毕业论文写作而困惑,不知如何下手,这在很大程度上是因为他们缺乏创造性思维方法所致。因此,撰写毕业论文前一定要培养学生善于发现问题、思考问题、解决问题的能力,善于以科学的逻辑思维方法进行创造性的思维活动,只有这样才能有所创造,写好毕业论文。

人都是靠头脑来思考问题的。我们先来看人脑的基本构造。人脑是由许许多多神经细胞所组成,细胞种类也很多,有人估计有五千多万种;细胞总数约有一千亿个,每个细胞又伸出许许多多枝杈,有一个主枝叫轴突,还有不少分枝叫树突。轴突与树突都同相邻细胞或神经细胞形成一对对的接触,叫突触。一个突触就好比一个开关,开关作用是通过特定的有机化学分子来实现的。大脑一共有 10^{15} 个突触开关,所以人的大脑好比一台有 10^{15} 个开关的电子计算机。这比世界上最大的计算机还不知大多少倍。这个十分复杂的脑结构中,可以贮存大量的信息。而且大脑所贮存的这许许多多的信息又会相互作用,产生出新的思维,这就为人脑进行科学思维创造准备了

物质条件。所以，可以说人人皆有思维创造的可能性，大学生更具有创造性思维的可能性。

但是，整个大脑机器开动起来进行新的创造，还必须具备三个基本条件：

1. 丰富的贮存。一个大脑好比一部电子计算机，在没有投入使用前是个毫无贮存的机器，它是无法运算出任何结果的。广泛阅读，获取更多的知识，学好专业知识，收集许多资料为新的研究做准备，就是往大脑里输入信息，进行贮存。当然，读的书越多，专业水平越高，收集的资料越多，这种贮存就越丰富，形成创造性思维的可能性也就越大。任何一项科研成果，即使是具有独创性的重大发明与发现，都不是个人苦思冥想的结果，而必然是在前人或同时代其他人的研究成果的基础上，逐步发展和提高所取得的。所以，进行科学研究，从前人已经取得的成果出发，并参考同时代其他科学家、教育工作者的研究成果和见解，广泛地占有资料，丰富大脑的贮存是十分必要的。这是开动大脑机器进行新思维创造思考的第一个必要条件，也是最基本的条件。

2. 加大信息间相互作用的频率。大脑有使信息(如事物、概念、判断、方法、思路等)间互相作用，思考出新的问题的功能。这样，加大信息间相互作用的频率，就有利于新思维和创造力的形成。有人把贮存在大脑中的许许多多信息，比喻为游离于大脑的记忆和知识的一些球体。那么，这就需要一些特定的球体相结合、相作用，才能产生创造性的新思维。所以，关键在于如何加大这些球体的碰撞、结合、作用，这就要加大信息间的相互联系。如果从一个事物中想像出它与其他事物结合的性质越多，就增加了这个事物与其他事物发生联系的可能性(概率)。这样形成创造性思维的可能性也就越大。

3. 加大解决问题的势能。所谓加大解决问题的势能，就是增强解决问题的迫切感。这种迫切感，无论是出自于浓厚的兴趣，还是强烈的责任感，或是急于克服困难的坚定决心，都能促使人们积极思维。这种专心致志的思维，能使我们上面所比喻的球体加快运动，以

增加它们之间相互碰撞的机会。所谓"眉头一皱,计上心来"就是全神贯注思考的结果。加大解决问题的势能,也就加大了信息间相互作用的可能性,加大了新思维的创造性,加快了问题的解决和科研成果的产生。

1.2 大脑新思维过程

人们的大脑在思考新的问题、进行新的发现和发明时过程大致是这样的:确定方向→准备→分析→假设→孕育→综合→顿悟→阐明→评价。即首先要确定目标方向,然后准备收集有关目标的相应材料,进行分析,提出假设,孕育出新的结果的雏形,进行综合思考,产生出顿悟的关键所在,再进行整个系统过程的阐明、表达、写作,最后对是否确实解决了问题,是否有创新之处等方面进行评价。大脑新思维的过程表现在我们每个人的日常生活中,当然我们在写学术论文或毕业论文时,也要经历这个过程,即写毕业论文时首先要确定题目(问题),再收集有关材料,进行分析,提出假设,孕育论文的雏形,综合思考,悟出关键,系统阐述,最后评价。这就从人脑的生理思维过程给出了论文写作的思考过程。实际上,这个过程可归纳为如下四个阶段:

1.准备阶段。准备阶段就是明确目标任务,占有资料并对资料进行分析的阶段。这个阶段主要做如下工作:①明确问题(目标);②对研究方向的分析;③收集资料;④对问题和资料进行分析;⑤空间的符号化(坐标化、图表化、视觉化、方程化等);⑥收集必要的追加资料;⑦将分析中出现的问题、构想等记录下来,或记入卡片中加以整理。上述各项在准备阶段必须充分做好。有人提出,创造的准备工作还要包括:了解与掌握有关创造原理的专门知识,如创造过程、创造工艺等。

2.孕育阶段。孕育阶段就是创造灵感潜伏期,是创造发明突破的前期。研究者要通过创造性思维和想像,进行艰苦的创造活动。在这个阶段里要注意的是:①限制时间;②反复思考;③精神紧张有

压力;④认真思考(A + B→C,A、B 组合创造出 C);⑤意识明确,努力顿悟新组合。孕育阶段需要多少时间是不确定的。有时几分钟时间就能解决,而有时需要用几年时间,甚至几十年时间。这个阶段也是进行创造的关键阶段,如果确实孕育不出什么新的组合 C,那么只好更换新的研究项目,确定新的研究目标,重新开始准备阶段。所以大学生毕业论文写作时的孕育阶段不可能用几年或几十年时间,否则无法完成毕业论文的写作。一般情况,毕业论文写作的孕育阶段不能超过几个星期,否则就要更换论文题目和目标。在孕育阶段,研究者处于思考状态,对准备阶段收集到的资料信息一再思考,反复推敲,归类整理,找出关键所在和需要的工具方法。

3. 顿悟阶段。顿悟阶段是对问题的思考豁然开朗,突然明确。这个阶段是瞬间的事情,它不能选择时间、地点和环境。例如,大家熟知阿基米德发现浮力定律而能测定皇冠成分的故事,就是在他洗澡时顿悟出的结果,以至于他高兴得赤裸裸地在大街上喊:"我发现了!"在孕育阶段,我们对问题的各种要素经过分析、综合,开拓出新的构想,即使有意识的思维暂时停顿下来,潜意识的思考还会继续进行,人们会进行各种各样的组合联想。最后,在头脑中会突然浮现出最适当的新的构想,这就是创造思维顿悟的瞬间。我们必须善于最大限度地运用这种潜意识的思维,抓住创造性思维顿悟闪现的火花,创造出有意义的论文。

4. 评价阶段。评价阶段就是验证阶段。由于前面各个阶段可能会受到不合理的、个人的、直观的、地域空间的各种不确定因素的支配或影响,研究者顿悟出的东西,可能是别人已经得到的成果,或可能是个人的一种幻觉,不是真实的东西,也可能是片面的、不适合的。因此,在评价阶段就要以科学的、合理的方法进行详细、彻底、全面的验证。评价阶段可以划分为:评价→选择→实施→反思这四个步骤。经过理性的评价,可以完善创造的成果。评价阶段还包括:整理研究成果,放在实践、实验中去检验,或经严密的逻辑推理证明,听取各方面的意见,经过修改完善,写成学术论文,从而完成此项课题的研究。

上述创造过程的四个阶段呈阶梯形,一级连着一级,一层高于一层,且每个阶段不可逾越,所以人们也把创造过程称为创造活动阶梯,或简称为创造阶梯。人们的创造都是循着这个阶梯一级一级攀登完成的。

1.3 思维方式分类

思维科学目前还处在发展阶段,关于思维方式的分类,有各种不同的角度与划分标准。科学家钱学森认为:就是现在也不能以为思维就只有逻辑思维和形象思维这两类,还有一类可称为灵感,也就是人在科学或文艺创作中的高潮时突然出现的,瞬息即逝的短暂思维过程。它不是逻辑思维,也不是形象思维,这两种思维持续时间都很长,而灵感却为时极短,几秒钟而已。那么,灵感是不是可控的呢?答案是可以控制。因人不求灵感,灵感也不会来。获得灵感的人总是要经过长于其他两种思维的苦苦思索来做其准备的。所以灵感还是人可以控制的大脑活动,是一种思维。

也就是说,按钱先生的观点,思维可以分为三类:逻辑思维、形象思维和灵感思维。

1.逻辑思维。逻辑思维是指在人们认识过程中借助于概念、判断、推理反映现实的思维方式。它以抽象为特征,撇开具体形象,揭示事物的本质属性。所以逻辑思维也称为抽象思维,它是以逻辑推理为主要内容的思维方法。它的特点是根据一个或若干个正确的条件或前提,舍弃对象的外在形态而把握住内在本质,推理出一系列新的结论。抽象思维的结果不是一个活生生的画面,而是一种规律、必然、趋势、定理。

2.形象思维。形象思维是文学艺术创造过程中主要的思维方式,借助于形象反映生活,运用典型化和想像的方法,塑造艺术形象,表达作者的思想感情。所以,形象思维也称为艺术思维。它一般不脱离具体形象,而只是舍弃那些纯粹偶然的、次要的、表面的东西。它与逻辑思维不是互相排斥的,而是相辅相成的。艺术家使用形象

思维,科学家也要运用形象思维进行创造性活动。例如,大物理学家爱因斯坦在创立相对论前曾进行形象思维:当开启电灯时,假如他和光跑得一样快,将会看到什么? 这个形象的问题成为他创立相对论的一块基石。工程师设计产品时虽然需要科学的理论和数据,但还需精心设计产品的外观;建筑师设计新楼时,头脑中首先要抽象出许多新楼的形象,经过反复比较、筛选、组合,创造出新楼的形象。实践证明,形象思维也是各行各业的人们普遍使用的一种思维方式。

3.灵感思维。灵感思维是人们在科学、文艺活动中,因思想高度集中、情绪极度高涨而突然表现出来的创造能力。创造者在丰富实践的基础上,在进行酝酿思考的紧张阶段,由于受到有关事物的启发,促使创造活动中所探索的重要环节得到明确解决,称之为获得了灵感。所以灵感思维也称为顿悟思维。严肃勤奋的劳动态度和高度负责的精神、丰富的实践经验和知识积累、深厚的自身修养和艺术技巧的掌握,是获得灵感的前提条件。灵感的产生必须具有良好的心境,乐观的情绪。大脑异常兴奋,思维特别活跃,容易使人浮想联翩,使人的潜心思索跃入最佳的创造状态,灵感才可能产生。

思维方式主要有上述三类,下面再谈一下学术论文写作过程中逻辑思维、形象思维和灵感思维的综合运用,如图所示:

无论是科学研究还是科技论文写作,都是首先从逻辑思维开始的。逻辑思维是理论的表现形式,离开理论的逻辑思维,无论是课题还是论题都是不可靠的。而理论的发展大都经历了形象思维与灵感思维的活动过程(这就是再创造),最后上升为理论。学术论文写作的全过程都是用逻辑思维来控制形象思维和灵感思维,使两者必须服从逻辑思维的需要。毕业论文的写作也必须以逻辑思维为主线。因此,毕业论文写作前,理科大学生掌握一定的逻辑思维的概念、判

断和规律是必要的。

1.4　逻辑思维的概念、判断和规律

1.概念。人们在实践中接触到的事物,随着认识的逐步深入,会发现只为该事物具有而其他事物所不具有的性质,这就是事物的特有属性。概念是反映事物特有属性的思维形式。例如"三角形"、"光谱仪"、"细胞"、"分子"、"采煤机"、"合同"等都是概念。概念的形成过程是对感性材料进行加工的过程,一般是通过比较、分析、综合、抽象、概括等逻辑方法来完成的。例如,数学中"函数"的概念,就是经过几代人长期研究分析而总结完成的。人们思考问题、说话、写文章,都要运用概念,要正确地思考问题,准确地表达思想,就必须准确地使用概念。在数学、物理学等学科中,概念常常是用"定义"的形式给出的。

概念的内容叫做概念的内涵,它表示概念所反映的事物的特有属性。概念的适用范围叫做概念的外延,它是指具有概念所反映的某一种本质的对象。例如"三角形"这个概念,它的内涵是三条直线段所构成的封闭平面图形,这就是三角形区别于其他几何图形的本质;它的外延是锐角三角形、钝角三角形、直角三角形。每个真实的概念都要有明确的内涵和外延,概念之间才能互相区别,界限分明,而不致混淆不清。但是,由于概念所反映的对象及其本质和范围是随着时间、地点和条件的变动而发展变化的,同时,人们在不断的社会实践过程中,对客观事物的认识在不断深化和扩大,因此,概念的内涵和外延也必然会发生相应的变化。

概念要明确,是逻辑思维和语言表达的一个根本要求。所谓概念要明确,首先是概念的内涵和外延要明确;其次是概念的种类要明确;再则是概念间的种种逻辑关系要明确。概念要明确是正确思维的必要条件。只有概念明确,才能作出恰当的判断,才能进行合乎逻辑的推理和严密有力的论证,才能获得正确的认识。若概念不明确,就会导致判断、推理、论证等逻辑上或认识上的谬误。

另外,概念明确对于语言表达和思想交流也是十分必要的。用词不当,常常是由于对词语表示的概念不明确而造成的。在用词方面,有的词意义褒贬不同,有的词意义轻重不同,有的词意义具体与否不同,有的词使用对象不同。对理科大学生而言,更要注意客观地用词,多使用中性词,尽量完整地、全面地、不带个人感情色彩地表达客观事实及其规律。

2.判断。我们常常要对周围的事物有所断定,或是肯定什么,或是否定什么。判断是对思维对象有所断定的思维形式,判断是由概念构成的。例如,"这台仪器是光谱仪"就是一个判断,在这个判断中,"仪器"是表示判断对象的概念,即"谁"或"什么",叫做主语;"光谱仪"说明对象"是什么"或"怎么样",也是表示判断对象所具有的属性的概念,叫做宾语;"是"表示主语与宾语的关系,叫做系词。系词"是"表示肯定判断,系词"不是"表示否定判断。对思维对象有所肯定或有所否定是判断的最基本的逻辑特征。如果判断情况经过实践证明是符合客观实际的,那么这个判断就是真的,否则就是假的。任何判断都有真假问题,这是判断的又一个基本逻辑特征。

按照不同的标准,判断可划分为若干不同的种类。若按判断本身是否包含有其他判断,可分为简单判断和复合判断两大类;按判断的模态可分为或然判断、突然判断和必然判断三大类。

(1)简单判断,是由概念组成的、只有一个判断的一类判断。它是只包含一个主词、一个系词和一个宾词的判断。这种判断直接对事物作出肯定或否定,不需要附加任何条件,因此又把它叫做直言判断。例如,"实践是检验真理的惟一标准"就是简单判断中的肯定判断,"理论不是检验真理的标准"就是简单判断中的否定判断。

(2)复合判断,是自身包含了其他判断,通常由两个或两个以上的判断组成的一类判断,常用各种复句来表达。例如,"学习是记忆的前提,理解是记忆的基础,使用是记忆的有效手段",这个复合判断中包含了三个简单判断,而且全是肯定判断。复合判断是理科最常用的判断,大多数定律、定理和结论都是复合判断,只是其中有时省

略了一些宾词、结论而已。复合判断又可分为联言判断、选言判断、假言判断和负判断等。

①联言判断，是对几种事物同时存在情况的判断。例如，"钱学森、钱伟长、钱三强都是科学家"，这个联言判断实际包含了三个简单判断，每个简单判断称为联言判断的支判断。联言判断的支判断至少是两个，也可以是多个。再如，"爱因斯坦既是物理学家，也是数学家"，这也是一个联言判断。

②选言判断，是对几种可能事物情况至少有一种存在的判断。例如，"在通常情况下，一个物体存在的形式，要么是固体，要么是液体，要么是气体"，这是一个包含了三个简单判断的选言判断。再如，"爸爸、妈妈都是孩子的法定第一监护人"。

③假言判断，是对某一事物情况的存在为另一事物情况存在的条件的判断。这种假言判断，对于理科来说，更是常用不鲜。例如，"如果一个四边形的两组对边相互平行，那么它为一个平行四边形"，这实际上是一个包含了三个简单判断的假言判断。

④负判断，是否定一个判断的判断。因为它是对一个判断的否定，所以，原判断真时负判断假，原判断假时负判断真。例如，"并不是一切水生物都是鱼"是"一切水生物都是鱼"的负判断，"有正电子存在"是"所有的电子都带负电荷"的负判断。

(3)或然判断，是指断定主项（即判断对象的概念）和谓项（即判断对象性质的概念）之间的联系只存在可能性的一种模态判断。例如，"这个资料可能用得着"就是一个或然判断。"可能"是判断的模态概念。在汉语中也可以用"或许"、"大概"、"大约"等词语来表示。

(4)突然判断，是指断定主语和谓语之间的联系具有确实性的一种模态判断。例如，"进口的光谱仪虽然质量很高，但确实还需要加强维护保养"，这是一个突然判断。突然判断的模态概念，在汉语中除了用"确实"一词之外，还可用"的确"、"实在"、"真正"等词语来表示，但要注意有时可将"确实"等模态概念省略掉。

(5)必然判断，是指断定主项和谓项之间的联系具有必然性的模

态判断。例如,"客观规律必然不以人们的意志为转移",这就是一个必然判断。必然判断的模态概念,在汉语中除了用"必然"外,还可用"必定"、"一定"、"势必"等词语来表示。当然,这些词有时也可以省略。

在对事物进行判断时一定要恰如其分,实事求是,明确概念的内涵和外延,进行合乎逻辑的推理和严密有力的论证。只有判断恰当,才能体现认识的科学性,才能指导人们正确而有效地实践;只有判断恰当,才能使相应的语句形式合乎思想内容,才能使人明白易懂。

毕业论文的写作离不开判断。从阅读文献、观察实验、调查研究中获取资料,都要进行"是否有用"的判断,对"可能有用"的资料都应收集、记录下来,这就是一种或然判断。在毕业论文写作过程中,要对收集到的资料进行分析、归纳,根据论文的要求和联系的紧密程度取舍,最终被利用的资料是所收集的全部资料中的一小部分,这就是一种必然判断。在毕业论文写作中,凡应该肯定的东西,不得用模棱两可的词语表示,必须使读者看后觉得实实在在,具有可信度,这就是突然判断。

判断反映人们对客观事物的认识,只有符合实际并正确地反映客观事物的判断,才可称为恰当的判断。对事物缺乏正确的认识,就不可能对事物作出正确的判断。

3.逻辑思维的基本规律。人们在进行逻辑思维过程中,都要遵守一些基本规律,这些基本规律主要有:同一律、矛盾律、排中律、充足理由律。若遵守这些规律去运用概念、判断进行推理,就是正确的;不遵守这些规律,就是错误的。所以,撰写毕业论文必须遵守这些规律。

(1)同一律。在同一时间、条件下,对同一思维过程中反映同一对象的概念或判断必须保持内容的同一性。一个概念保持同一,是指一个概念的内涵和外延保持同一;一个判断保持同一,是指一个判断的组成成分保持同一。违反同一律的错误有混淆概念、偷换概念和转移论题(跑题)等。例如,"白马非马"是混淆概念,"学了几何值

几何"中的两个"几何"不是同一概念。

（2）矛盾律。在同一思维过程中，两个互相否定的思想不能同时为真，必有一个为假，所以，矛盾律也称为"无矛盾律"。例如，"素数的个数有有限个"与"素数的个数有无限个"是互相矛盾的，一个为真，另一个必定为假。再如，"张老师，你姓啥"就是一个矛盾句，违反了"无矛盾律"，前半句说明知道了老师姓张，后半句又表示不知道老师姓啥。

（3）排中律。在同一思维过程中，在是非、真假之间作出非此即彼的选择，不能模棱两可。也就是说，对两个互相矛盾的论述的判断，不能都否定，必须肯定其中之一，而无第三者居于其间存在的可能性。例如，不能说"有一个实数，既不是有理数，也不是无理数"，因为"所有的实数只分为有理数和无理数两大类"，无第三类居于其间，否则就违反了排中律；但可以说"有一个实数，既不是正数，也不是负数"，因为除"正数"、"负数"之外还有第三类数"0"存在，因而并不违背排中律。排中律仅在无第三者居中的两个对立判断中适用。

（4）充足理由律。在同一思维过程中，一个真实的判断必须有充足理由为依据。理由"充足"并不是指理由的数量多，而是指从理由推出的结论能被理由所证明。如果理由能证明结论，往往一条理由就是充足理由；如果理由根本支持不了结论，理由再多，也是无关的理由，也是不充分的理由。例如，"证明两个圆是等圆，只要证明两个圆的半径相等就行"，"这台仪器坏了，因为它是国产货"。在这两个例子中，前者理由充足，后者的理由就不充分，不符合充足理由律。

最后，需要指出一点：上述四条逻辑的基本规律是思维规律，不是事物本身的规律。事物本身并不存在是否遵守同一律、矛盾律、排中律和充足理由律的问题。但是，它们都是客观事物的一定的规律和关系的反映，是我们在写作毕业论文时必须遵守的基本规律。同一律、矛盾律、排中律就是对事物的质和量的规定性的反映，而充足理由律则是事物的因果联系、一般与个别的联系等必然联系的反映。

§2 思考的逻辑方法

2.1 归纳与演绎法

初写学术论文的学生,往往不知如何下手,不知如何去发现问题,确定论文题目。其实,解决"如何发现问题"这个问题的方法,就是逻辑方法。逻辑方法包括:归纳与演绎法、分析与综合法、具体与抽象法、比较与分类法等。

1.归纳法。所谓归纳法,就是通过对若干个别事实的分析研究,概括出其共同的本质属性,得出一个带有普遍性结论的方法,即从个别事物的性质、特点和关系中概括出一类事物的性质、特点和关系的方法,也即从特殊到一般的思考方法。例如,我们是怎么得出结论:"人都是只有一张嘴。"为什么不会有这种想法:"有的人有两张嘴,一张嘴吃饭,一张嘴说话。"这实际上就应用了归纳法,因为我们每见到一个人(无论中国人或外国人),他们都只有一张嘴,所以,尽管我们没有把地球上的人都考察一遍,就归纳出了"人都是只有一张嘴"的结论。假若真的有一天你在地球上发现有"人"有两张嘴,那么你就否定了这个结论,或者得出"有两张嘴的不是人"的结论。归纳法又可分为不完全归纳法、完全归纳法和数学归纳法。

(1)不完全归纳法。所谓不完全归纳法(普通归纳法),就是通过对某一类事物中的部分对象所具有的某种属性的考察研究而概括出该类事物共有属性的一种推理方法。例如,"人都是只有一张嘴"这个结论,就是应用不完全归纳法而得出来的。这种不完全归纳法很方便实用。但是,这种方法所得的结论带有或然性,即结论可能为真,也可能为假。因为这种方法没有对所有对象进行考察,有可能这类对象中有些就不符合这一结论,因而不完全归纳法不能作为结论成立的充足理由。例如,应用不完全归纳法可得出"鸟都会飞"的结

论,但是,"鸵鸟"不会飞就否定了这个结论。尽管不完全归纳法带有或然性,可它仍不失为一种认识客观事物的好方法。在毕业论文写作时,从个别的实验、习题、事实中总结出一般性的问题结论,再加以证明就可以写出一篇好论文。应用不完全归纳法可以使科学工作者从个别的、特殊的科学事实中看到真理的萌芽,归纳出一般性的结论从而提出科学的假说,许多科学发现都是如此。例如,德国数学家哥德巴赫提出的"哥德巴赫猜想"就是应用了不完全归纳法。他发现 $6 = 3 + 3, 8 = 3 + 5, 10 = 3 + 7 = 5 + 5, 12 = 5 + 7, 14 = 3 + 11 = 7 + 7, \cdots$ 从而归纳出结论:"任何一个不小于 6 的偶数皆可表示成为两个奇素数之和。"这就是困惑了人类两百多年的到目前仍没有解决的"哥德巴赫猜想",简单地用"$1 + 1$"表示。

(2)完全归纳法(枚举归纳法)。所谓完全归纳法,就是对某一类事物的所有对象都进行了考察分析,研究事物的一切特殊情况(通常只有有限多种)后,而概括出该事物的共性的逻辑方法。例如,"人都是只有一张嘴"这个结论,若是由全世界人口普查统计而得出,那么这个结论就应用了完全归纳法。由完全归纳法得出的结论是真实的、有效的,完全归纳法可以作为其结论的充足理由。实际上,这种方法有不能实现的可能性,因而在应用上受到一定的局限。

(3)数学归纳法。所谓数学归纳法,就是在研究事物的一切特殊情况(通常有无限多种)后,而概括出该事物的共性的逻辑方法。例如,"凸 n 边形的 n 个内角和等于 $(n - 2) \times 180°$",这个结论可用数学归纳法得出(如图所示)。

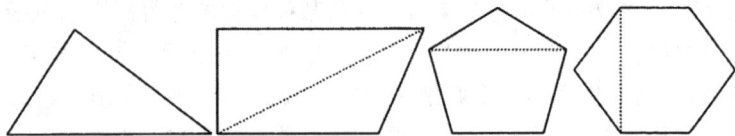

我们知道三角形的内角和等于 $180° = (3 - 2) \times 180°$;凸四边形可以分割为两个三角形,所以它的内角和等于 $(3 - 2) \times 180° + 180° = (4 - 2) \times 180°$;凸五边形可以分割为一个三角形和一个四边形,所以

它的内角和等于$(4-2) \times 180° + 180° = (5-2) \times 180°$……一般,假设凸 $n-1$ 边形的内角和等于 $(n-1-2) \times 180°$,则凸 n 边形可以分割为一个三角形与一个凸 $n-1$ 边形,所以凸 n 边形的内角和等于 $(n-1-2) \times 180° + 180° = (n-2) \times 180°$。由数学归纳法得出的结论也是真的,数学归纳法也可以作为其结论的充足理由。对于理科类学生来说,数学归纳法是应该掌握的一种常用方法。数学归纳法又可分为第一数学归纳法、第二数学归纳法和超限数学归纳法等,这里不再叙述,有兴趣的读者可参考其他书籍。

2.演绎法。所谓演绎法,就是以已知的一般原理、原则作为论据来证明个别性论点的方法,即从一类事物都具有的一般属性、关系、本质来推断该类中个别事物所具有的属性、关系和本质的方法,亦即从一般到特殊的思考方法。例如,北大教授王力先生曾说:"凡人皆有死,你是人,你也有死。"[①]这个论断就是演绎法的应用,由此可见演绎推理的客观基础是一般与个别的关系。演绎推理的结构是三段论模式,即大前提、小前提和结论。在上述例中,"凡人皆有死"为大前提,"你是人"为小前提,"你也有死"为结论,列式为:

$$\begin{array}{c} \text{大前提(凡人皆有死)} \\ + \text{小前提(你是人)} \\ \hline \text{结论(你也有死)} \end{array}$$

所以,演绎的结论蕴含在前提之中,它不能超出前提的范围,它只是把前提中的知识和内容加以具体化。演绎的结论正确与否,既取决于作为出发点的一般性知识和内容的大前提是否正确,又取决于所选取的小前提和结论之间的必然联系是否正确。如果大小前提与我们所遵循的演绎过程都是正确可靠的,那么结论就一定正确,否则,大前提或小前提有一个是假的,或演绎过程不正确,那么结论都为假。例如,在上述例中,若大前提不正确,即"有的人可以得道成仙而不死"的话,那么结论"你也有死"也就不正确;或小前提换为"你是一

块石头",那么也得不出"你(石头)也有死"的结论。

在实际运用演绎法时,人们常常省略大前提(常为众所周知的事实),而直接说出小前提和结论。小前提在实际中常表现为由"因为"、"由于"等词语引导的句子,结论常表现为"所以"、"因此"等词语引导的句子。例如,"(因为)我吃饱了,(所以)我不想再吃了",在这个例子中,省略了大前提"无论谁,吃饱了都不想再吃了"。这种省略大前提的现象,在理科中是屡见不鲜的。

3.归纳与演绎的关系。归纳是演绎的基础,没有归纳就不可能有演绎,先用归纳,再用演绎,两者不能反过来。演绎是归纳的先导,因为在实践基础上进行的归纳是有目的的,必须有一个原则作为依据,这个原则就是已被演绎出来的结论。可见归纳和演绎是辩证的统一,两者互为前提,互相促进,相辅相成,不可分割。

归纳和演绎都是科学研究过程中重要的推理形式。例如,俄国化学家门捷列夫在人们认识的大量个别元素的基础上,概括出化学元素周期律,这主要使用了归纳法;然后,他又从所概括的元素周期律出发,预言了当时尚未被发现的若干元素的化学性质,进而指导了自己和他人的科学研究工作,这又使用了演绎的方法。因此,我们在研究掌握思维方法进行创造时,就不能单靠归纳或演绎。仅由归纳不可能逻辑地推论出一般原理,只能停留在经验层次,只能获得感性认识。由感性上升到理性,即由观察结论上升到理论命题,实际上是经历了认识上的一个"飞跃",这一过程要依靠猜测、现象、假说、思辨,要依靠演绎和其他逻辑方法。归纳逻辑的主要作用是发现事实经验之间的联系,而不是发现一般原理,也就是说,当我们考虑有限的事物时,归纳法可以起着良好的作用,但对无限对象考察时,应用不完全归纳法概括出来的结论具有或然性。归纳包含不了新事物的萌芽,也包含不了事物内部的矛盾和差别。同样,仅由演绎,不可能有效地解释具体现象,也不可能发现理论的错误。因为"一般"只能大致包括个别,正确的理论也只能是近似地反映客观规律,所以,演绎也不是万能的,它本身就不能保证大前提的正确,因而也难以保证

所有演绎推理的结论都正确。

我们在运用归纳和演绎的思维方法发现问题、分析问题、解决问题时,首先要对工作中的具体事物的简单性和复杂性进行综合分析,既要坚持从简单入手,又要解剖复杂性,以求全面准确地认识事物的本质。其次要将对象中的矛盾普遍性与特殊性的分析结合起来,既要运用归纳法抓住矛盾的特殊性、个性,又要运用演绎法,把握矛盾的普遍性、共性,真正做到从个别到一般,再从一般到个别,从实践中来,到实践中去,经过不断反复,获得科学判断,较深刻地揭示事物的本质和规律,不断得出创造性的研究成果。

2.2 分析与综合法

1.分析法。所谓分析法,就是把研究对象的整体分为各个部分、方面、属性、因素和层次,并分别加以考察研究的思考方法,即把复杂事物的整体分为若干简单的要素进行认识的一种思维方法。从根本上说,分析是一个从现象到本质一层层深入的过程。例如,要研究植物细胞,可以把细胞分为细胞壁、细胞膜、细胞质和细胞核几个不同部分来认识,并分别考察各部分所特有的性质和功能。

分析是人们达到对事物本质认识的必经步骤和必要手段,许多理论都是用这种逻辑思维的方法去分析而得出的结果。但是,分析并不是随意地将联系着的事物加以机械分割,而是从整体的联系中去认识部分。它只是暂时地割断某一事物与其他事物、或某整体事物内部各方面的联系,使之暂时孤立起来,然后深入事物的内部去了解事物的细节,逐一加以研究,搞清事物内部结构及其联系,目的是抓住事物最本质的东西。一般说来,分析是以具体材料和事实为基础的。由于所分析的内容丰富、形式多样,有时需要借助定性分析法、定量分析法、因果分析法和过程分析法,以达到对事物本质的揭示。要准确地、科学地应用分析法去揭示事物本质,进行科学研究创造,需注意以下几点:

(1)对事物作全面的分析。也就是说,要正确全面地分析事物,

就不能只分析事物的一个方面而忽视另一个方面,而要看到该事物的多个方面:正面与反面、肯定方面与否定方面、主要方面与次要方面都要顾及,否则就会出现片面性的错误。

(2)对事物作历史的分析。考察事物,应该着重于它们的过去、现在和将来的状态分析。因为只有从事物的产生、发展和灭亡的过程中,找出它们的变化规律,才能揭示事物的本质,并预见未来的发展趋势。

(3)对事物作具体的分析。科学的分析法在不同的科学领域,必须根据所研究的对象的性质而具体化,即不同的研究对象要采用不同的分析法,要对具体问题作具体分析。

(4)必须坚持从实际出发的原则。进行认真的调查研究,掌握有关对象的丰富的真实材料,并要掌握有关的知识。只有这样,对事物进行分析,得出的结论才是真实可靠的。

(5)任何科学研究都离不开分析法,但由于分析法着眼的是事物的局部,这样就可能会出现以偏概全、以点概面,把相互联系的东西割裂开来,只见树木不见森林的现象。

分析法在理科科学研究中,常表现为从待定的结论出发,寻找结论成立的充分条件,如此逐步往前追溯,一直追溯到已知条件为止,即"执果索因"的思维模式(如图所示)。例如,用分析法证明"若 A 则 B",那么首先考虑为什么有 B? 若是由 D_1, D_2, D_3 可得到 B,那么由什么又可得出 D_1, D_2, D_3……这样一直追溯到已知的前提条件 A。

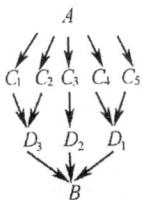

2.综合法。所谓综合法,就是将已有的研究对象各个部分、方面、属性、因素和层次的认识有机地结合起来,形成对研究对象的整体认识的思考方法。综合是建立在分析的基础上,通过分析,已经了解了事物各部分及各要素的基本情况后,在思维中把客观上提供的线索在主观上给以明确、提炼和提高,形成对事物本质的、一般的、理性的认识。

综合法在科学抽象中有着重要的作用。综合是从感性认识到理性认识过程的关键一步。综合可以充分发挥思维的能动性,克服由分析研究带来的认识上的局限性,从而认识事物的整体性、联系性和规律性。例如,电子的发现,是对原子分析研究综合的结果。1904年,约·汤姆逊提出"面包夹葡萄干"的原子模型,是对原子结构的一次综合。再如,发现牛顿万有引力定律,是对"苹果落地"、"引力伸展"、"行星轨道"、"微积分计算"、"地球测量"等方面综合思考、运算而得出的结果。

综合借助的材料,可以是感性的具体的材料,而主要依靠的是抽象材料,也可以说综合是以经过分析加工之后的间接材料为依据而进行的思维活动,是从思维事物的内部本质出发,去认识事物的外部表现及其整体的思维活动。综合,不是简单地组合,不是简单地相加和随意地凑合,而是在对客观事实进行周密分析的基础上,按照研究对象各部分之间的有机联系,从整体上把握事物的本质和整体特征。综合得出的思维结论比分析提供的认识成果更加深刻。因为它是在分析的基础上,恢复了事物的本质联系,达到了对事物全面的、整体的认识。

综合法在理科科学研究中,常表现为从已知的前提条件出发,通过逻辑思维推理,推导出所要的结论,即"由因导果"的思维模式(如图所示)。例如,用综合法证明"若 A 则 B",那么首先考虑 A 能导出哪些结论? 若是 A 导出了 C_1, C_2, C_3,那么 C_1, C_2, C_3 又能导出哪些结论? ……这样一直下去,直到导出结论 B 为止。并且,从思维模式可以看出,有捷径直接导出 B 的:$A \rightarrow C_2 \rightarrow D_3 \rightarrow B$,有迂回曲折后导出 B 的:$A \rightarrow C_1 \rightarrow D_2 \rightarrow B$,有不可能导出 B 的:$A \rightarrow C_1 \rightarrow D_1 \rightarrow$……因此,我们在运用综合法时,由于思考方式不同,可能有得到结论的多种方法途径,也可能"走进死胡同"得不出结论。

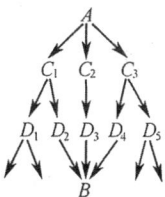

3. 分析与综合的关系。分析和综合的思维方向是相反的,但两者又是辩证统一的。它们既要把研究的对象分解为各个要素,又要

把这些要素联合为互相联系的整体。分析是以整体或联系为基础的,但分析不是目的,分析是为了综合,认识部分是为了认识整体,所以分析时要以整体为指导。综合是把分解开来的各要素综合起来加以研究,从而达到全面地、正确地认识事物的本质和规律。分析和综合是互为前提、互相补充、互相渗透、互相转化的。其思维运行规律是:"分析→综合→再分析→再综合",构成一个互为条件的思维过程。分析是综合的基础,综合是分析的完成。成功的创造者善于分析具体事物的现象与本质、个别与全体、局部与整体的关系,善于从现象和个别主要事物中综合得出一般的、本质的结论。

在理科科学研究中,也常常同时使用分析法与综合法,效果更好,可先用分析法找出导出结论的原因和途径,再用综合法进行严密的推导、论证或通过实验得出所要的结论,从而使结论(结果)成为真实的、有效的成果。

2.3　具体与抽象法

1.具体法。所谓具体法,就是指客观存在着的或在认识中反映出来的事物的整体,是具有多方面属性、特点、关系的统一,即通过对客观事物多样规定性的统一思维,达到理性具体的思维方法和艺术,亦即从具体的事物入手的思考方法。而理性具体是对事物的内在规定性的本质联系的反映,是在感性认识基础上理解到的。思维的根本目的就在于达到理性的具体。例如,美国发明家爱迪生 1878 年看到华莱士的弧光灯,就想到使灯亮的时间延长,经过上千次的具体试验,终于找到较合适的材料——碳,并使用灯泡玻璃把空气隔绝开来,发明了电灯。这就是应用具体法的例子。并且,据说爱迪生发明电灯时,想知道灯泡的体积是多大,就让他的一位数学很好的助手进行计算。两天后,爱迪生问他的助手计算结果时,呈现在他面前的是利用微积分的计算方法算了几十页的稿纸。助手告诉爱迪生将要计算出结果了。爱迪生眉头一皱,计上心来:他把灯泡灌满水,然后把水往量杯里一倒,立即知道灯泡的体积了。这是爱迪生善于应用具

体法的又一很好实例。

在具体法的运用过程中,一方面要认识到具体法的实质是坚持实践第一的观点,这就是要坚持从工作的实际出发,做到先获取第一手材料,再进行充分的分析研究,这是一个实践过程,也可能是一个艰苦辛劳的过程。例如,理科工作者在做具体实验时,可能每天需要工作十几小时,连续工作几个月,甚至几年。另一方面,在实践的过程中,一定要一边实践一边思考,避免实践的盲目性,频繁更新实验的材料、方式,尽可能地寻求能反映事物的最普遍、最一般、最基本的规定性。

2.抽象法。所谓抽象法,就是指从具体事物中被抽取出来的、相对独立的各个方面的属性、关系等,即把客观事物的某一方面特性与其他特性分离开来,给予单独考虑的思维方法,亦即通过具体的事物联想到某种思维意识的可能性的方法。例如,人们具体地看到小鸟在天空中飞翔,联想到自己也要在天空中飞,因而发明了风筝,特别是能载人的大风筝。传说诸葛亮从山东到南阳隐居耕作时,就是乘大风筝从天而降的。之后,人们发明了滑翔机,再由莱特兄弟在滑翔机上装上发动机,经过不断实践、实验即成为今天的飞机。再如,爱因斯坦看到灯光亮的一刹那,联想到自己假若和光跑得一样快,将会看到什么? 一边光明一边黑暗,时间停止,距离变短等。之后,他又联想到迈克尔逊-莫雷实验,提出了光速不变原理(在所有惯性系中,自由空间中的光速具有相同的量值 3×10^8 米/秒)和相对性原理(物理学定律在所有的惯性系中都是相同的),以此两个基本假设为基础,建立了具有划时代意义的相对论。

由于各个抽象是对事物的各部分及各方面所做的单独考察和思维联想,不可避免的是抽象带有相对的片面性和孤立性,甚至是暂且不可能的。所以,在抽象分析的基础上,还必须采取由抽象上升到高级的理性的具体认识的方法,要把抽象获得的简单概念,结合具体条件,做系统而周密的综合考察,寻找出事物各方面之间的内在联系,达到具有多样性、统一性的综合。抽象是客体某一种规定性在思维

中的再现和发展,又可成为另一级抽象的具体。例如,什么是数?数是具体事物个数的抽象,而数也是"运算"这个新抽象的具体。

3.具体与抽象的关系。具体和抽象的思维方法作为辩证思维方法与艺术的一对范畴,是密不可分的,两者相互对立,相互依存,相互转化。它们是在人们的思维过程中不可分割的两个阶段,先是由具体到抽象,然后再由抽象上升到高级的理性的具体认识,具体上升到抽象才能创新,抽象回到具体才有意义。例如,数学具有高度的抽象性,但也正是如此,数学才有更广泛的具体应用。

人们认识事物,必须从客观的具体实际出发,收集丰富的材料,获得感性的具体认识。但这个具体是低级的表象的具体,还必须运用思维的抽象力,把它的各个方面的属性、特点、关系分解开来,单独地考察,这就形成了各种简单的概念、判断,这时,认识就从具体到了抽象。所以,抽象与具体统一于人们的一个完整的思维运动周期之中,同时也处于不断发展之中,具体—抽象—具体就是人们思维活动实践过程的反映。科学工作者要充分意识到,无论从具体到抽象,还是从抽象到具体,都不是一次完成的,而是一个反复发展的循环过程。

2.4　比较与分类法

1.比较法。所谓比较法,就是确定研究对象之间的共同点和差异点的一种逻辑方法,它在科学抽象研究中有着重要的作用。

首先,比较可以对事物进行定性鉴别和定量分析。一切事物的质,只有通过比较才能显示出来。真假、美丑、善恶总是相比较而存在的。要测量某物的量,也只能同已知的量相比较而得出。在科学研究中,也总是通过比较来进行定性分析和定量分析,例如光谱分析方法就是一个典型,用光谱分析,可以把某天体光谱与已有化学元素的标准谱线进行比较,确定这个天体的化学成分。

第二,比较可以揭示事物的运动及其发展的历史顺序。例如把感性材料和科学史材料进行比较,可以从历史的发展中得到启发,便

于用历史的观点对感性材料进行加工,得出正确结论。

第三,比较可以把理论同实践进行比较,鉴别理论同实践是否符合,从而判明理论的真伪。

第四,比较法是初写学术论文者的最好思考方法。当学生写毕业论文无从下手时,不妨应用"临摹比较法":找一篇自己熟悉的、有一定价值的论文,多看几遍后,提炼出原作者的写作主题、核心、纲要;然后自己重复原作者的观点进行实验、论证,并用自己的语言把原论文整理出来;最后,将临摹论文与原论文进行比较,看哪些方面有所创新、改进,或有所简化、提炼,或有所推广、补充等。若有的话,即可把此临摹比较的论文作适当的修改,作为一篇毕业论文。

另外,当代科学研究中越来越得到广泛应用的移植法,实际上也可以说是一种比较法。这种方法是通过对两个以上的事物进行比较,看是否可以把某一事物的特性移植到另一事物上去的思考方法。在科学研究中,移植法常常表现为利用某种学科的研究成果、方法来研究解决另一学科中的问题。例如,用数学方法来研究生物学中的问题,就产生了生物数学;用数学方法来解决经济学中的问题,就产生了经济数学等新的学科分支。移植法的广泛应用,导致了许多新兴学科、边缘学科和交叉学科的产生。

运用比较法时,一定要注意比较事物本质上的同一和差异。因此,比较法可分为同一比较法、相异比较法和同异综合比较法。

(1)同一比较法,就是指对两个或两个以上的对象进行比较,发现其相同点。这种比较可以使我们认识到表面相异的对象之间的共同性,即异中有同。例如,达尔文在《物种起源》一书中,把人类与高等哺乳动物(大猩猩、黑猩猩)进行比较,发现有许多相同点,由此说明,人类是从高级哺乳动物进化来的。

(2)相异比较法,就是指对两个或两个以上的对象进行比较,从而认识其相异点。这种比较可以使我们认识到表面上相似的对象之间的相异性,即同中存异。例如,狗都能很快地把它的主人从人群中认出来;再如,鲨鱼、鱼龙和海豚外貌相似,身体都呈梭形,都有胸鳍、

尾鳍,都善于游泳,这是它们的相似点,但从相异点进行比较,就会发现它们是不同种类的生物:鲨鱼属鱼类,鱼龙属爬虫类,海豚属哺乳类。

(3)同异综合比较法,就是对两个或两个以上的对象进行比较,同时认识其相同点和相异点。这种比较可以提供较全面的认识,在科学研究上有着重要的意义。实际上,可以说所有的比较都是同异综合比较,既没有单一的同一比较,也没有单一的相异比较。例如,达尔文在把人类与高等哺乳动物进行同一比较时,就把人类与其他爬虫动物进行了相异比较。我们在对鲨鱼、鱼龙和海豚进行相异比较的同时,也进行了同一比较。

运用比较法时,还要注意两点:①比较是有条件限制的,因为事物之间的同一性和相异性都是有条件的,离开了条件就无所谓异同,因而也就无法进行比较了。②比较时要有明确的统一标准,因为没有标准或标准不同进行比较,那么,比较的结果就会风马牛不相及。

2.分类法。所谓分类法,就是根据多个对象的共同点和相异点,把对象区分开来的逻辑方法,也就是根据研究对象的某种属性或关系来区别对象。由于客观事物有多方面的属性,事物之间有多方面的联系,所以,同一种事物可按不同情况分为不同的种类。例如,对于人,可以按性别分为男人和女人,可以按年龄分为老年人、中年人、青年人、儿童、婴儿,可以按肤色分为黄种人、白种人、黑种人等。

分类作为对客观事物的反映,也是一个从现象分类到本质分类的逐步深化过程。科学研究的目的,就是要达到对客观事物本质的认识,因而我们要运用分类法,学会对客观事物进行本质分类。这就必须将事物的各种特征看作一个有相互联系的特征体系,区分出本质的特征和非本质的特征、主要特征和次要特征,并研究它们之间复杂的因果联系。只有这样,才能揭示出事物之间的规律性,才能建立起科学的分类系统。

分类法在科学研究中有着重要的作用。首先,它可以使大量繁杂的材料条理化、系统化,从而为深入进行研究创造条件。这是因

为,经过分类,某一研究中涉及的各个方面、各种问题的有关材料,都能各有归属,便于查考,便于利用,为分门别类地深入研究打下了基础。事实上,任何处理大量材料的科学研究,都离不开分类,否则就会如堕烟海,无从下手。就写毕业论文而言,必须从图书馆、资料室、网络、实验等各方面获得大量的资料。如果不把这些资料分门别类,必然无从下手。如果对这些资料按学科方向或按理论、方法、实践(实验)、教研等方面进行分类整理,过滤出对你毕业论文写作有用的资料,甚至对这些资料再分类、过滤出更有用的资料,那么这些资料就可作为毕业论文写作的参考文献。

第二,对大量庞杂的事物进行分类,使之条理化,这种分类法本身就是一种科学研究,就是人们了解自然及其客观规律的一种工具。例如,在生物学中,由于世界上的生物有千千万万种,对全体生物群体进行分类本身就产生了物种分类法这门学科。另外,还有图书资料分类法、网络分类法等。按照事物本质特征或内部联系建立起来的分类系统,本身就是对客观规律认识的一个总结系统。

第三,科学的分类系统反映了事物内部规律性的联系,因而具有科学的预见性,能够为研究者寻找或认识某一具体事物提供向导。这种分类系统,对事物的内在联系反映得愈深刻、愈全面,其预见性就愈强。例如,美国学者约翰·奈斯比特在 20 世纪 80 年代撰写的、被翻译成 16 国文字的畅销书《大趋势》,就是运用分类法,对美国约 200 份报纸的新闻条目按固定的 13 大类 200 细目分开归类的结果。这本书预测了关于美国社会未来的十大发展趋势,包括科技、经济、政治、文化及社会生活等方面。到目前为止,这些预测大体上是准确的。

我们在应用分类法时,要遵守的原则有三条:①分类要根据同一分类标准来分,也就是说根据对象本身的某种固定的属性或关系来分,否则,就会出现分类的重复或分类过宽;②分类必须是按事物的本来面貌、层次来分,否则就会出现越级划分的错误;③科学研究过程中的分类,必须从现象分类进入到本质分类,从而体现出事物的内部联系。

由此可见,应用分类法时,分类的标准很重要。那么,什么可以作为分类的标准?选取什么样的分类标准,要根据科学研究中的不同目的而定。例如,研究婚姻家庭时常以人的性别作为分类标准,研究生老病死时常以人的年龄作为分类标准等等。因此,不同的科学研究目的有不同的分类标准,也就是说,有很多分类标准可以应用于分类法。但是,从逻辑思维的角度来考虑,任何一个分类标准都必须满足三条基本性质:①反身性,即同一样事物必须和自身属于同一类;②对称性,即某一事物若与另一事物属于同一类,那么,另一事物必与此事物属于同一类;③传递性,即若甲事物与乙事物属于同一类,乙事物又与丙事物属于同一类,那么甲事物也一定与丙事物属于同一类。

3. 比较与分类的关系。比较是分类的基础,分类是比较的抽象,通过比较才能搞清研究对象的异同点,通过分类才能把研究对象的异同点区别开来。没有不通过比较的分类,但对大量的研究对象光比较不分类,那将仍然抓不住研究对象的本质特征和内在联系。

列宁指出:"任何比较只是拿所比较的事物或概念的一个方面或几个方面来相比,而暂时地有条件地撇开其他方面。我们提醒读者注意一下这个大家都知道的但是常常被人忘掉的真理。"[1]同时,任何分类也都是按一定分类标准进行的,由于分类标准的多样性,所以每一种分类情况也是单方面或几个方面的情况分类,甚至由于分类标准界限有时模糊不清,导致了分类情况的模糊不清。例如,什么叫做"美人"、"丑人",就是一个大概分类情况。现在能够精确刻画这些模糊分类概念的一个强有力的工具,就是 20 世纪 60 年代才创造出来的数学分支——模糊数学。因此,在科学研究中,对任何比较所得的结果,对任何一个分类系统,都不能把它绝对化和凝固化,要力求对事物进行多方面比较,对分类系统不断科学更新,以获得更全面、更深刻的认识。

---

①　列宁.列宁全集:第八卷.北京:人民出版社,1985 年,第 423 页.

第三章

选 题

§1 选题的意义

1.1 选题的概念

所谓选题就是选定论题,即在撰写毕业论文前,选择所要研究论证的学术问题。选题是确定毕业论文写什么的首要问题。

撰写文章不外乎有两个问题,一个是写什么,另一个是怎么写。这两者确定下来了,文章也就好写了。如果对写什么不明确,那么就无从下笔了。撰写毕业论文也是如此。考察一个人能否独立进行科学研究,首先要看他能否选定一个合适的论题,通过选题,可以大体看出作者的研究方向和学术水平。选题是否正确与恰当,不仅影响到论文的质量,也关系到写作的成败。有的专家认为:选准了一个好论题,就等于论文写作成功了一半。爱因斯坦也说过:提出一个问题往往比解决一个问题更重要。

选题中的"题"字,实际上包含了三层意思:课题、论题和题目。课题、论题和题目这三个概念同属于一个学术问题,但又有所区别:①课题不同于论题,它的研究范围比论题大,通常是指某一学科重大的科研项目,在理科中常被称为某个研究领域或尖端领域;②论题又不同于题目,它的研究范围一般比题目要大,可以由多篇论文组成;

③题目则是指某一篇论文的标题,只代表着一篇论文的研究内容。所以,选题过程一般是选课题,然后是从课题中选论题,最后从论题中确定出题目来进行研究、写作。当然,有时灵感突然降临时,作者也许首先确定论文的题目,之后,作者需要进一步确定出此题目属于哪个论题、哪类课题,以便查找有关资料信息,确定有关这个题目的论文是否具有先进性、创造性等,从而确定是否切实可行。否则,待作者费了九牛二虎之力完成了此题目论文后,才发现别人早就做过此类工作,那就白费劲了。这种现象,在理科学术论文写作中时有发生。

1.2 选题有利于研究目标的确定

对于大学生而言,应该是先打基础后搞研究。在打基础的大学课程学习阶段,学习知识需要广博一些,所以一般大学都开设了许多课程供大学生选学。在大学最后一年(或半年)走向搞科学研究的初级阶段,钻研知识资料应当集中一些,而对毕业论文的选题则是从广博向集中过渡的关键。在选题过程中,研究方向逐渐明确,研究目标越来越集中。目标集中,直接抓住论题研究,倾注全部精力来工作,常常会收到事半功倍的效果,或许成为终身从事此项课题研究工作的起点。

初写毕业论文的同学可能会问怎么才能使自己"专"起来,这就要通过选题,抛弃与选题暂时无关的知识资料,对准研究目标,并根据研究的需要补充收集有关的东西,以弥补大学知识储备的不足。正如爱因斯坦所说:"我不久就学会了识别出那种能导致深邃知识的东西,而把其他许多东西撇开不管,把许多充塞脑袋并偏离主要目标的东西撇开不管。"①

因此,只有确定了选题,才能有计划地调整自己的知识结构,并根据收集材料的要求确定补修哪些课程,进行哪些观察、实验、调查,

① 纪念爱因斯坦译文集.上海:上海科技出版社,1979年,第7页.

以适应论文写作的需要。只有确定了选题,才能直接进入研究过程,对准研究目标,集中时间和精力,早出成果,快出成果,写好毕业论文。也只有确定了选题,才能明确研究目的,确定论文论证的方向、角度和规模,确定自己的研究范围和领域,甚至确定自己终生为之奋斗的科学研究目标。例如,爱因斯坦确定了研究课题相对论后,发现数学中的黎曼几何可以作为相对论的理论基础,就不惜花几年时间学习黎曼几何,并集中精力研究了十几年,终于完成了广义相对论。

1.3　选题有利于科研能力的提高

通过选题,能对所研究的问题由感性认识上升到理性认识,并加以条理化使之初步系统化,从而对这一问题的历史和现状、症结与关键所在,有比较清楚的认识。这样就能更有信心地进行下一步研究行动。

毛泽东同志讲过:读书是学习,使用也是学习,而且是更重要的学习。读书是重要的,因为专业知识是进行科研的基础。但是,并不是说只要读书多,只要掌握的专业知识多,研究能力就会自然而然地提高。事实上,一个人的专业知识不等于科研能力。科研能力的提高是一个逐步培养的过程。

一个人的研究能力不会自发地产生,而是在使用知识的实践中产生的,即在研究工作的实践中,自觉地加以培养和锻炼才能获得和提高。选题是科学研究工作实践的第一步,大学生更应该重视在选题的过程中提高自己的研究能力。选题需要积极思考,需要具备一定的发现问题、解决问题的能力,并且在选题过程中,从事学术研究的各种能力都可以得到初步的锻炼和提高。在选题前,需要对某一学科的专业知识下一番钻研的功夫,需要学会收集、整理、查阅资料等各项科研工作的方法;在选题过程中,要对已学的专业知识进行反复认真的思考、推敲、运用,通过综合与分析、判断与推理、联想与发挥,使研究能力得到锻炼和提高;选题后,要对发现和研究出的问题及结果加以整理,按一定次序写出来,并检验结果的创新性和价值。

这样,表达能力、交往能力、吃苦耐劳能力、空间思维能力、检验检测能力、评价能力等都能得到锻炼和提高。

1.4 选题能预测论文的价值

毕业论文的价值大小,当然取决于文章的思想内涵和客观的评定等因素。但是,选题有其不可轻视的作用。这是因为,选题不仅是给论文定题目和简单地规定论文范围的问题,而且也是一个创造性思维的过程,是作者初步研究所得结论的一种确定。这种确定不只是对文章具有引发性,规划了文章的方向、角度、规模等,也能够提前对论文作出基本的估计,具有一定的预测性,即预测论文价值。在选题过程中能否创造性地发现一个对理论、学术或现实生活有重要影响,具有一定科学价值的课题,是衡量毕业论文创造性的先决条件。

在资料的研究中,一方面总是大量查阅、浏览资料信息,从客观事物的分析中选择哪些是有用的,哪些是无用的。凭着自己的直觉,及时捕捉灵感,发现问题及相关联系,从而初步确定出选题。作者的发现和创造性,体现在论文中,必然以其价值形式表现。另一方面,通过进一步阅读,研究与选题有关的资料,必然产生理性上的认识,这种新的认识必然包含着合理成分:或是自己的独到见解,或是对别人见解的辨析,或是对不同观点的反驳,或是某种方法、实验有新的应用、解释,即这种理性的认识将成为毕业论文写作的重要思想基础,体现在论文中必然以其价值大小的形式而呈现。

总之,选题是论文成败的关键,课题有意义,写出的论文才有用,才能获得好的效果;如果课题无意义,即使精力花得再多,文字表达再完美无缺,也是没有价值的。我国著名科学家钱学森曾指出:"学位研究生的研究课题要紧密结合国家的需要。一个临床的医学博士不会治病怎么行呢?在研究方法上要防止钻牛角尖,搞繁琐哲学。目前在社会科学中,有些人就古人的一句话大做文章,反复考证,写

了一大篇论文,我看没有什么意义。"①的确是这样,在某些社会科学刊物上,常常能见到这种对于科学技术发展益处不大的繁琐的考证文章。对于学习自然科学的学生,特别是理科的学生,这种繁琐的考证较少,但是没有意义的、甚至违反自然规律的选题也时有发生。例如,有人曾热衷于"永动机"这个美丽幻想的课题研究。

§2　选题的原则

2.1　价值性原则

价值性原则就是指选题有无科学价值。科学研究的特点是探索性强,研究过程就是一个对未知知识领域进行探索的过程,是一个把未知变为已知的过程。科学上的新发现、新创造都是有科学价值的。这是每个从事科学研究工作者追求的目标。因为每一发现、每一创造都会使科学的发展进入一个新的阶段或向前推进一步。例如,我国继 1965 年在世界上首次人工合成蛋白质——结晶牛胰岛素,在探索生命奥秘的科学研究中获得重大发展后,又于 1981 年创造奇迹,获得人工合成酵母丙氨酸转移核糖核酸。这一重大科研成果使生命基础物质的研究又前进了一步,对生物科学、医学、军事工业有重要贡献。所以,一项课题有无科学价值,主要看它是否能直接地或间接地为社会进步和科学发展服务,是否能直接地或间接地为生产实践服务。这个科学价值观是我们进行科学研究选题的一个基本原则。遵循这一原则,选题时要做到以下几点:

1.选择亟待解决的课题。在各个学科领域中,总有一些亟待解决的问题,有的是同当前生产和建设有直接关系的重大问题,有的是该学科发展中的基本理论或者关键性问题,有的虽然是一般性问题,

---

① 钱学森.怎样搞好我国学位制的意见.光明日报,1981 年 12 月 29 日.

但迫切需要解决。这些问题常常是国家和省、部委等的科研攻关项目,如袁隆平院士的超高产杂交水稻,吴文俊院士的计算机逻辑证明数学定理等。当然,这些问题也可以是某学科中亟待解决的问题,如数学集合论基础的建立,物理学的公理化体系,化学中薛定谔方程的一般求解,生物学中生命的起源等问题。另外,就理科而言,还有许多公开性的问题和猜想,如哥德巴赫猜想、统一场论、测不准原理的科学解释等。

2．选择有开创性的课题。有些课题,前人没有研究过,或者研究过但尚不完整,有进一步探讨的余地。这类课题的研究是开辟新领域的研究,是科学上的新发现、新创造。这种课题在学科的发展中居于前沿位置,所以也常称为学科前沿性课题,如数学上的可计算性(N－P)问题,生物学中 DNA 片段解密问题等。每一项新的发现、新的创造都将使学科的发展步入一个新的阶段,具有很高的价值。

3．选择填补空白的课题。科学的发展有其不平衡性。从学科建设上来看,由于某一时期侧重于某些学科的研究,而忽视了另外一些学科的建设,就出现了学科上的短缺、空白。而发展这些学科将会有助于我国的学科建设,这就需要填补空白。例如,在自然科学领域,曾有过一段时期,只重视理论研究、产品制作和改良的研究,忽视把理论应用于实践,进行产品的开发和生产等方面的研究,忽视了如何应用科学技术来解决生产难题,促进国民经济发展。就客观需要和学术论文写作而言,这些方面应该成为选题的重点对象。其实每门学科内部都存在着大量的空白点,只要认真细致地研读本门学科,就不难发现学科研究的空白。

4．选择通说的纠正或前说的补充类课题。通说的纠正,就是对通行的看法进行纠正,包括对已有的研究成果和现在流行的一些观点中不正确的部分进行纠正,也包括对杂志或书本上发现的错误或不妥当的说法进行纠正,从而使人们得到正确的认识。例如,意大利科学家伽利略站在比萨斜塔上同时抛下一个大球、一个小球,结果两球同时落地。自亚里士多德以来的近两千年时间里,人们都认为"重

物体下落快,轻物体下落慢",而伽利略的实验纠正了亚里士多德的错误观点。对前说的补充,就是对前人研究成果的发展性研究,使之更丰富、完整,这包括对已有的研究成果不完善的方面和现在流行的一些观点中不全面的地方进行补充,也包括作者对杂志或书本上不全面的地方进行补充、讨论,使之更加完善。例如,关于某个定理的进一步注记,关于某个公式的推广等这类文章,也是毕业论文选题的重点对象之一,是有一定科学价值的。

5.选择综合评论的课题。综合评论,就是对某一学科领域进行总结,剔去糟粕和无用的东西,把原来健康、优秀、有用的东西条理化、系统化,上升为理论,形成完整的体系。这包括对某学科当前各种研究情况的总结分析,对某学派的功过是非的评价,也包括对某一书本、某个人物的科学评论。例如,20世纪30年代中期由法国一群年轻的数学家结合而成的"布尔巴基"学派,提出"数学结构"的观点,并用这种观点整理纯粹数学,写出了近四十卷的《数学原理》,对现代数学产生了巨大影响。这个学派的主要成员包括魏尔、德尔萨特、嘉当、迪奥多涅、薛华荔等,他们在对整个数学进行系统整理的同时,也各自发现了许多问题并加以解决,从而对数学的发展也作出了较大的贡献。

在进行综合评论时必须注意三点:①必须有自己的新观点、新看法,并在此观点下对原有的知识条理化;②条理化的目的是为了简单化、理论化,若条理化后的东西还没有原来的完美,那么论文就没有价值了;③条理化的过程要有所创新,一般在条理化的过程中总能发现已有的东西存在着空白、缺漏,那么每个空白、缺漏即可能写出一篇学术论文。

2.2　可行性原则

选题必须要根据实际,考虑其完成的可能性。选择的选题应该是通过自己的努力可以完成的。美国贝尔研究所前所长莫顿说:"选择题目不能草率,如果根本没有实现的可能,选题就等于零。"①特别

---

① 莫顿.美国贝尔研究所的组织管理.载于美国《科学》杂志 1978 年第 5 期.

理科类学生毕业论文写作指导

是大学生写毕业论文,更应注意选题完成的可能性,应充分估计自己知识的储备情况和自己的实际能力。每个大学生经过几年的勤奋学习,可以说都掌握了相当数量的知识,但并不是所有的学生都站在同一水平线上,彼此的差距是客观存在的。有的可能知识面广博一些,有的可能专业知识钻研得深一些,有的可能在某一方面高人一筹而在另一方面可能不如他人。每个学生分析问题和解决问题的能力也各不一样,这种能力是选择课题、写好毕业论文的重要条件,是经过多年锻炼出来的,不可能在短时间内有较大的突破。另外,大学生撰写毕业论文的整个时间过程也只有半年到一年时间,所以,毕业论文的选题更要注意客观条件和主观条件的限制,从实际出发,选择有利于自己展开的题目,也就是选择恰当的课题。一般应考虑如下几点:

1. 课题大小要适中。课题有大有小,有难有易。太大了,力不从心,难以完成;太小了,发挥不出自己的水平,达不到预期效果。一般来说,选题不宜大,提倡"小题大作",课题大了,不容易写得深入和透彻,难免失之于肤浅而没有价值,甚至可能出现题目选得过大而不能完成毕业论文写作的情况。例如,学生的毕业论文一般不能选"'哥德巴赫猜想'的证明"。这个猜想经历了几百年,是多少数学家都解决不了的问题,一个大学生不可能在短时间内给予解决。在科学史上由于课题选得过大而完成不了的实例也时而有。例如,大科学家爱因斯坦在晚年选择了"统一场论"这个大课题,结果研究了30余年,仍没有作出什么大贡献。有些大学生惟恐课题小了影响论文分量,选择了一些大课题,结果"心有余而力不足",难于驾驭,事与愿违。其实,论文的轻重(质量)不一定和论文题目的大小成正比。一个重要的小课题,若为学科中的关键问题,能够给予完全解决,有独到之处,论文也就有分量。当然,如果题目选得太小,轻而易举、毫不费力就能解决,在科学研究中也不起什么作用,这样的论文也是没价值的,不可取的。

2. 选题专业要对口。每个研究者,无论专业水平高低,都有自己的专业方向。从大的方面来看,各个学科领域都有其专业的研究对

象、研究内容。例如,"四烯丙基硅的合成"是化学领域的课题,数学工作者一般是不能解决的;数学中"哥德尔不完备性定理"的证明,一般也不是化学工作者能解决的。从小的方面来看,同一学科领域的研究者,对该领域中的所有课题,也不是都能解决的,这也有一个专长问题。例如,同属于数学领域,"代数"工作者也未必了解"泛函分析"中的"拓扑度理论","泛函分析"工作者未必知道"外交换环结构理论"。所以,选题时一定要扬自己之所长,避自己之所短,从自己的知识结构与研究能力出发,选取能发挥自己专长的课题。这样,研究工作才能顺利地展开,并能获得良好的成果。

3. 对选题要有浓厚的兴趣。研究者对研究的对象是否有兴趣,这是能否取得科研成果、写好毕业论文的又一个关键性问题。如果对一个课题有兴趣的话,就会随着研究的深入越来越有兴趣,一定会专心致志,甚至废寝忘食,深入研究。据行为科学家调查统计,一个人如果对所做的工作有兴趣,积极性就高,就可以发挥他全部才能的百分之八九十;反之,只能发挥百分之二三十。兴趣不是天生的,而是后天逐渐培养起来的,是在实践中产生的,无论是由研究对象本身引起的直接兴趣,或是由课题的目的、任务所激发的间接兴趣,都与我们对研究课题的了解分不开。所以,有兴趣的课题,往往是我们已经了解或初步了解的课题。选择有兴趣的课题,不仅有研究它的热情和积极性,而且也有较好的研究基础,相对容易完成。

4. 选题的资料要充足。图书资料是进行科学研究的基础,缺少资料就很难写出有分量的毕业论文。"巧妇难为无米之炊",再好的厨师若两手空空也难烹调出美味佳肴。选题时必须考虑自己是否已经占有或容易找到这方面的资料,如果选择能获得丰富资料的课题,就会有利于研究工作的展开;相反,收集资料的工作就会困难重重,毕业论文的写作就无法进行。对理科学生而言,资料要充分,包括图书资料、实验场所、仪器设备、原材料等等。如果资料(材料)不充足,客观条件没有保证,题目选得再好,也无法顺利完成。

2.3　合理性原则

选题不但要考虑是否有科学价值，还必须考虑是否切实可行，课题本身是否合理。所谓"合理"，就是看其是否合乎事物发展的客观规律。例如"永动机"一类违反客观规律、不可能实现的研究课题就属于不合理的范畴。再如，现在仍有人热衷于研究数学中古代的"三大几何作图"不能问题，即用直尺（无刻度）、圆规"三等分角"、"化圆为方"、"倍立方体积"。这三个问题早在几百年前就已经被证明是不可能的问题，是作不出来的。那么，再花费多大的精力也是枉然。

对于不合理的问题，即使其他条件都具备，也不能列为选题，否则只能是白白地浪费时间、精力和物力。因此，科学论文的选题，需要充分地、反复地进行论证。

合理性原则，还包括论文的选题不能是前人早已解决了的问题，否则，此选题就没有什么价值。因此，要查阅文献资料，从基本文献资料入手，充分发挥创造性的想像力，积极思考，探索出新的课题。

刚刚从事科学研究的大学生，更需要掌握选题的合理性原则，不能选违反客观规律的选题，也要注意不能别人已做过的选题。避免不合理的选题，一是要查阅一定数量的资料，二是要在导师指导下选题。大学生撰写毕业论文时，一般都有指导教师。所谓在导师指导下选题，是指让导师直接帮助学生选定选题，或是学生自己选定选题并让导师帮助论证后再确定选题，这样就避免了一定的盲目性，使选题合理性程度增大。因为，一方面导师相对学生而言，对本学科有更广泛的见识、更深刻的了解和较丰富的科学研究经验，知道什么是本学科中亟待解决的问题，哪些空白应该填补，哪些通说可以纠正，哪些前说需要补充，哪些问题是别人已经探讨过的，哪些问题还可以创造性地发展；另一方面，导师对大学生也有一定的了解，知道大学生的专业理论水平、研究专长和研究能力等。所以，大学生的毕业论文选题最好是在导师指导下进行，或选题后让导师论证其合理性。

2.4　效益性原则

科学研究的最终目的是满足人们日益增长的生产实践和生活的需要,这体现了科学研究的目的性,即科学研究的目的是要人们去认识世界、改造世界,推动生产力的发展,产生较好的经济效益。在自然科学领域中,要探讨、研究基本理论问题,因为它可以揭示自然现象的基本规律;也要探讨、研究实际应用问题,因为它可以促使社会经济不断增长。因此,在科研选题时,既要注重社会效益,也要重视经济效益,当然,经济效益和社会效益多数情况下是相辅相成的。例如,我国农业专家袁隆平的超级高产杂交水稻,既有巨大的经济效益,也有较大的社会效益。

就理科大学生的毕业论文而言,数学专业的学生可把微积分、优化理论或概率统计理论应用到生产实践中,解决某生产过程中的优化问题,从而提高生产效率或节省资金或预测某种结果,产生经济效益,这些毕业论文尽管理论知识要求都不高,但仍不失为一个好选题。同样,物理专业的学生若发现一种材料的新应用,化学专业的学生试制出一种新产品,生物专业的学生考察出一种新物种的某方面特性等,这些选题都是有价值的选题。根据效益性原则,理科大学生走向社会后,有一部分人要去从事教师职业,如果毕业论文是关于改进教学方法、提高教学质量、培育优秀人才方面的,只要论文中有自己的新观点、新方法、新论述等,也不失为一篇合格的毕业论文。

§3　选题的方法

3.1　刻苦钻研,努力探索

17 世纪法国杰出的科学家笛卡尔说过:最有价值的知识是关于方法的知识。而选题的方法就是找问题。问题是科学研究的出发

点,没有问题就无从研究。正如美国数学教育家波利亚所说:问题是科学的心脏。

那么,怎么才能找出问题呢?首先,需要刻苦钻研。因为写好一篇学术论文是一项非常艰辛的劳动,需要研究者反复探索、不断实践。所以学生要想自己创造出新东西,就要比常人下更大的功夫、吃更大的苦、付出更多的辛勤劳动才行。

第二,需要努力探索。因为写好一篇学术论文,是作者把自己的逻辑判断与创造思维有机地结合起来的一项探索性工作,必须有高度的责任感和严肃认真的态度,对观察的事物(资料)进行发散性思维,从各个不同的角度分析思考,以便获得对事物较为全面的认识。同时,对观察的事物(资料)进行聚合性思维,对发散性思维的结果逐个进行验明、求证,形成自己的结论、看法和观点。

第三,需要存同求异。这是寻找问题,进行选题的关键所在。任何事物都有同一性和差异性,所谓存同求异,就是暂不考虑事物的同一性,只积极寻求事物的差异性,并分析研究为什么有此差异。求异,也就是探索现成理论没有发现、没有概括、没有解释的问题。科学史上的一切发现、发明都是存同求异的结果,大凡能登上科学殿堂的人,都是一些积极求异、善于独辟蹊径的人。

3.2 浏览捕捉的方法

这种方法就是通过对所占有的文献资料进行快速的、大略的阅读的方法,在比较中确定选题。浏览,可在收集资料的过程中进行,也可在资料占有达到一定数量时集中一段时间进行。一般的做法是后一种情况居多,因为这样便于对资料作集中的比较和鉴别。

浏览的目的是在消化已有资料的过程中,提出问题,寻找自己的研究方向,为此,要充分地占有资料,要尽可能做到全面。所谓全面,就是说要把到手的资料,不论是主要的、次要的,还是普遍的、个别的,都要一个不漏地看一遍。不能看了一些资料,做了一些试验,有了一些想法,就到此为止;也不能"先入为主",受个别资料、个别试验

的左右。只有冷静地、客观地对所有资料作认真的思考而形成的看法才会有研究的必要性。当然,对于理科来说,也可能只看一篇文献或只做一项试验(要重复几次)即有所得,确定选题,写出毕业论文。即使是这样,也需要与其他文献、试验进行比较和论证,花费大量的功夫。一般来说,学生都是在无边无际、内容丰富的资料中翻来覆去、不断思考琢磨许多时间之后,才能突然有所发现,选定自己的课题。

在阅读中,第一步工作就是要勤于手抄笔录,随时记下资料的纲目,记下资料给予自己印象最深刻的东西(观点、论证方法、论据等),记下随时涌上心头的点滴体会、灵感。阅读每一篇文章都应该这样做,不能"走马观花"。这一切贵在坚持。但也应注意,手抄笔录时不能有言必录、照搬原文,必须细心选择,当详则详,详略得当。一般只摘录文献的内容摘要、作者、杂志名称、期号和特殊的证法、思路等。一篇文献记录在一张卡片上,建立起自己的论文写作卡片档案库。

阅读的第二步工作是在总体上规划虚实,也就是将阅读所得到的方方面面内容的总体进行分类、排列、组合,使其中一些体会、想像发生碰撞,从中寻找问题、发现问题。

先将资料纲目分类,找出同类项和个别项。可按如下类型来分:

ⅰ)系统介绍有关问题研究发展概况的资料;

ⅱ)具有权威性和影响较大的资料;

ⅲ)与本学科联系紧密的资料;

ⅳ)新近发表的资料;

ⅴ)有争议内容的资料;

ⅵ)没完全解决的问题(猜想)资料等。

也可按图书资料的自然科学分类及其专业方向研究分类标准进行分类,相同的专业、方向归在同一类。把资料分类后,再将体会、想像分类。哪些体会在资料中没有或部分没有;哪些体会在资料中虽有,但自己对此有不同看法;哪些体会是综合大量的、一般的资料内容形成的;哪些体会是从个别的,但有特殊意义的资料(试验)中得到

的,等等。

最后,将自己的体会、想像与资料分别加以比较。经过几番深思熟虑后,就容易萌生自己的想法。把这种想法及时捕捉住,抓住灵感思维和创造思维的火花,再作进一步的思考,选题的目标也就会逐步明确,渐渐呈现。这就捕捉住了最佳的选题。

3.3 追溯验证的方法

这是一种先有拟想,而后再通过阅读资料或进行试验来验证、确定选题的方法。这种选题方法,关键是事先必须有一定想法,即根据自己平素的积累,初步确定准备研究的方向和选题的范围。这种选题方法,对于理科科研人员是较为常用的。

追溯验证法也称为"顺藤摸瓜"法或"按图索骥"法,它要求作者根据自己的想法和初步确定的研究方向、选题范围,去了解本学科的研究历史、现状、成果及新问题、新动向。这就要求作者查阅大量的资料,不是仅靠手头上的一些书本和杂志所能办得到的,必须充分利用文献目录、索引和第二次文献文摘等检索期刊及计算机网络资源等现代化设备。这样就可以在较短的时间内,收集到大量的有关文献,并通过阅读已经收集到的资料,再进一步地有选择地收集每篇文献中所引用的参考资料,如此继续下去,就可以在较短时间内,建立起自己研究工作所需要的一整套资料目录。所以,这种顺着参考文献中所引用的参考资料去追找自己所需要的参考文献资料的方法,也简称为追溯法。在应用追溯法时,应从以下几个方面考虑:

1.了解有关的学术动向,看自己的"拟想"是否与别人的重复。如果自己的想法与别人完全一致,就应马上改变"拟想",再作考虑;如果自己的想法只是部分与别人的研究成果重复,就应再缩小范围,在非重复方面作深入探讨研究。

2.对照自己的"拟想"是否对别人的见解有所补充,如果有,又能以足够的理由来证明,则立即把"拟想"确定下来。

3.如果自己的"拟想"别人没有论及或者较少论及,而自己通过

主、客观各方面的权衡,能够有把握作出比较圆满的回答或证明、验证,那就此把选题确定下来。

4.如果自己的"拟想"虽然别人尚未论述过,但自己又缺乏足够的理由来证明,考虑到写作时间的限制,那就应该中止,再作新的构想。

5.要善于捕捉一闪之念,抓住闪光的思维火花不放。有时,这个闪光可能出现在阅读文献资料时,或在实验观察中,或在甜蜜的梦乡中,或在散步的路上等。尽管这种闪现的灵感思维想法没有定型,甚至简单、朦胧,有点荒诞可笑,也不要轻易放弃,而应记录下来顺势追溯下去。例如,数学家哈米尔顿在同妻子一起散步时发现了"四元数",他就及时地把"四元数"记录在桥头上。

追溯验证法是以主观的"拟想"为出发点,沿着一定方向对已有研究成果步步紧跟,一追到底,从中获得"一己之见"。需要明确的是这种主观的"拟想"绝不是"凭空想像",而要以客观事实、客观需要为依据。"拟想"要有前提,追溯才能顺利进行,选题才能在追溯中得以最后确定。

选题所要达到的目的,就是寻找在理论上或实践上未被发现、揭示、概括、解释或者是概括、揭示、解释尚嫌不够,适于作为自己研究课题的事物和规律。无论哪种选题方法都为这一目的服务。了解和掌握一定的选题方法是非常必要的,但最根本的是要了解本学科研究的历史与现状,了解现实理论和实践上的需求,正确估计主观能力和水平。如果不做到这一点,着手选题时心里一片空虚,眼前一片迷茫,什么方法也无济于事。

大学生在进行毕业论文选题时,可按上述方法来确定选题,因为选题的本身就是进行科学研究的关键一步,学会选题、查找资料也是培养学生研究能力的一个重要方面。如果自己确实不能确定选题,只好请导师帮助指定一个题目。但无论如何,选题一定要同自己的研究专业结合起来,充分发挥自己的研究专长,不要赶时髦、凑热闹。没有主见、什么都想搞的态度是不正确的,也是搞不好的。

　　理科毕业论文的选题可参考如下类型：①概念、定理或定律的创立；②方法、工具或实验的改进；③中外书刊文献的综合评述；④中学教材教法研究与分析；⑤社会实践模型的研究与建议；⑥科技史与历史人物的考证与评价；⑦科技中的哲学问题及其他，等等。

　　理科大学生可根据自己的专长情况，选择适合自己的类型选题后，再应用追溯法去查找与自己"拟想"相近的有关资料，建立个人资料库，最终确定出毕业论文的题目。

第四章

选 材

§1 选材的意义

1.1 题材是毕业论文的血肉

论文的主题通过选题确定之后,必须通过一定的材料来表现。而写一篇论文,往往要收集很多的材料,这些材料不可能全部都用上,而只能选其中的一部分,需要对材料加以选择,这就是选材。人们一般把经过选择和加工并能写进文章的材料叫做题材,把从现实生活中由收集起来的材料叫做素材。题材也就是对表现论文主题有用的材料。

主题和题材是构成论文的两个基本要素,是相辅相成、缺一不可的两个方面。主题靠题材来表现,题材靠主题来统率,主题离开了题材,只能是个抽象的框架;题材若没有主题的统率,就是一堆零散的东西,不可能构成毕业论文。这正像"灵魂"没有"血肉",生命就不会存在;而没有了生命,血肉再多,也毫无用处,不能构成生命体。因此,选择适当的、充分的、真实的、典型的、新颖的论证题材,就是论文的"血肉"。

在理科毕业论文写作中,材料的选取往往涉及理论基础、例题、应用实例以及某些实验数据等。选材时一定要注意理论材料的准确

可靠性,要经得起推敲、验证及逻辑推理,例题与应用实例要具有代表性、典型性和新颖性,实验数据一定要真实客观,不能虚拟捏造。若引用别人的研究结果,要查明、注明出处,并正确领会别人赋予的含义,不得断章取义。凡是引入论文中的题材,要用得恰到好处,要和作者的思想融洽统一,形成一个有机的整体。如果一篇毕业论文仅列出了定理而没给出证明,或仅说明了一种方法但没有具体的应用、例证,或一项新试验仅有结果、数据而没有试验过程等,这样的论文都是没有"血肉"的论文,严格说来不算学术论文。充分而必要的材料征引,对于毕业论文能否深刻地说理是很重要的。没有充分而必要的资料作支柱,就像没有"血肉"的文章,论点再好也立不起来,道理讲得再多也没有说服力。

1.2　材料是科学研究的基础

毕业论文写作,实际上是从事科学研究的一次尝试。马克思认为,研究必须充分地占有材料,分析它的各种发展形式,探寻这些形式的内在联系。只有这项工作完成之后,现实的运动才能适当地叙述出来。

在这里,马克思明确地把"充分地占有材料"看作研究的基础。这是由科学研究的一般特点和科学发展的普遍规律决定的。

科学的发展就如长江后浪推前浪,后来的研究者都要根据已知探求未知,以他人的研究成果为起点,才能创造出新的成果。已知或已有的科研成果,都是以文献资(材)料的形式表现出来的。文献资料是人类知识和科研成果的记录,其中包含着无数有用的事实、数据、方法、手段、观点和理论以及科学的构思和预测、大胆的假设和推断。它们凝聚着历代研究者的成功经验和失败教训,反映出一个时代、一定条件下人类的认识和科学能力,标志着社会发展的水平,也预示社会未来的发展方向。

写作毕业论文时,参考阅读有关的文献资料,就能了解前人在某一问题上做过哪些研究,发表过什么论文,取得过哪些成就,从而吸

收前人的成就和经验,避免他们犯过的错误;又能了解今日的研究现状,某一课题国内外研究的进展和已经或预期达到的水平,从而在最新的起点上继续探索,取得更高水平的研究成果。否则的话,就要从头开始摸索,事倍功半,甚至走别人已走过的弯路,落入他人窠臼,搞重复劳动,劳而无功。因此,充分掌握材料,是进行科学研究的第一步,是科学研究的基础。

充分掌握材料对于任何科学研究都很重要,因为文献资料是科学研究的主要劳动产物。对理科研究人员而言,不但要善于动手做实验、搞设计等,还要善于借助实验技术装备、收集掌握充分的材料进行思维推理活动,所以动手操作能力、逻辑思维能力和检索资料能力都是理科研究人员必备的基本能力。

但是,有些同学急于求成,检索资料嫌麻烦,思考问题怕头疼,随便翻阅一点材料便仓促成文。结果,他们只能在彷徨中徘徊,写不出像样的论文。这种贪图省力,企图"一步登天"的做法,是违背科学研究规律的,也是治学态度浮躁的表现;同时也失去了写毕业论文的意义和锻炼自己研究能力的机会。学会选材,撰写学术论文,的确是当代人从事科学研究、走向社会工作的一项必备的基本功。在这个问题上,是来不得半点马虎的。

1.3 材料是论文论点形成的前提

一篇毕业论文必须有正确的、鲜明的论点。理科学术论文更是要求论点要"开门见山"地提出来。论点不是人的头脑里固有的,也不是从天上掉下来的,它是通过对资料进行反复、深入、细致的研究而得出来的。从实践、实验和理论上分析已有资料的价值,区分优劣,判断正误,找出欠缺,方可寻出自己思想得以发挥之处,进而形成自己的独特见解。

研究材料的目的是在综合别人的见解的基础上,最终提出自己的观点、见解。而研究对象不是自己的片段感受,也不是零星的材料,必须依据课题的需要去占有丰富的资料。没有足量的、先进的资

料,研究就无从着手,论点也没法形成。

一些同学在撰写毕业论文时,常常为提不出新见解,找不到新发现而困惑。原因是多方面的,但其中很重要的一点就是资料占有不够充分,或是对资料处理不当。如有的占有资料不足,匆忙应付;有的把材料弃置一旁,主观臆想,这样形成的论点当然免不了会偏颇、片面、平庸,甚至武断。事实上,科学无止境。别人的任何研究成果,都不可能是完美无缺的,或见解上有薄弱环节,或论证上有不足之处等等。只要我们有了充备的资料,有敢于进取的开拓精神,肯下一番研究功夫,就一定会有所得。无论撰写哪一学科的毕业论文,都应该特别重视和珍惜"事实",特别是理科学生更要重视和珍惜自己劳动所得的事实、实验材料,用"怀疑一切"的态度去观察事物和资料,就能不断发现问题,逐渐形成自己的论点,毕业论文的创见性价值也就在孕育之中。

1.4 材料是毕业论文成功的重要条件

科学研究的得失,在一定意义上取决于资料的占有。曾有人对自然科学论文和社会科学论文从期刊中引用参考资料的比例进行过统计,结果表明,自然科学论文占74%,社会科学论文占17.2%。这就表明理科研究人员更要注意收集当代最高科技刊物上的论文、实验报告和学术报告方面的资料,尽可能地收集到相关资料。虽然,有的论文只有短短的几千字,但却汇聚了数万字甚至更多材料的精华。

在保证一定质量的前提下,占有的材料越多,在写作时就越便于鉴别比较。只有占据充足的材料,才有可能筛选剪裁,才便于去粗取精,去伪存真;材料充足才容易发生联想,由此及彼,由表及里地去思索,才能在写作行文时,得心应手,游刃有余。如果写作前材料准备不足,储备贫乏,势必导致毕业论文写作时思路阻塞,思维迟钝,论证乏力,写出的毕业论文就会平庸空洞,索然无味,更不会有深度和广度。

其实,当课题选定后,便要开始有目的地收集材料。所谓的"材

料越多越好"是指尽力收集那些最重要的、与课题关系最密切的、最有典型意义的、最有用的材料。可以简略地浏览、阅读次要的一般性材料,既要始终以自己的论题为中心,重点深入收集并研究与论题有关的材料,不能过多地把时间和精力花费在一般性材料上。也要以论题为中心适当地扩大外围,浏览、阅读其他一些相关材料。即既要进得去,又要出得来,这样才能使论题研究既有深度又有广度,最终使毕业论文写作获得成功。

总之,材料是论文写作的"本钱",收集和占有材料是写作前的一种极为重要的"投资"。据美国科学家基金委员会统计,一个科研人员完成一项科研活动所用的时间中,查阅文献、收集资料占 50.9%,实验、论证、研究占 32.1%,写作行文占 9.3%,计划、思考占 7.7%。由此可见,收集材料占整个科研工作时间的一半以上。因此,要写好毕业论文,应该舍得花时间、精力去广泛地收集、充分地占有材料,这也是我们为什么要说材料是论文成功的重要因素的原因。

§2 材料的收集

2.1 检索文献材料

1.文献材料的分类

理科文献材料种类繁多,数量庞大,浩如烟海,主要类别有科技图书、学术期刊、科技报告、会议文献、专利文献、学位论文、技术标准、产品样本、科技档案、科技报刊等印刷型文献。对理科论文写作特别重要的资料是学术期刊。所谓学术期刊,是具有统一名称、定期或不定期出版的连续出版刊物。其特点是出版周期短、报道快、数量多、内容新,能反映出当前国内外的科学研究水平,因此它是传递科技情报、交流学术思想的最重要手段。有经验的理科研究人员,总是选择其专业内的几种主要期刊作为必读刊物,目的在于获得新情报,

理科类学生毕业论文写作指导

了解新动态,启迪个人思想,突破难关,并为自己学术论文写作准备物质材料。从期刊报道内容的范围来看,期刊可分为综合型和专业型两种;从内容性质角度可分为学术性、通讯性、消息性、检索性、资料性等几类。科技文献期刊出版的语言文种有六七十种,比较常用的文种有十几种,其中英文占58%,德文占11%,俄文占11%,法文占7%,日文占3%,西班牙文占2%,其他文种占8%。由此可见,外语是搞好科研工作的必备工具。通过阅读外文资料,可直接从资料中收集题材,扩大自己的知识面,打开自己的眼界,广泛地了解国际上的研究情况。

随着科技的不断进步,文献资料的载体也在发生着变化。除印刷型文献外,还有缩微型胶卷、胶片、卡片等,以及机读型磁带、磁盘等,也有声像型电影、唱片、录音带、录像带、幻灯片等。并且随着科学技术的迅猛发展,文献资料的有效使用周期也在缩短,已从19世纪的50年左右缩短到现在的5年左右。

就科技文献资料的出版内容情况可分为:①一次文献,即原创文献,如期刊论文、科技报告、学位论文等;②二次文献,即经过加工整理后供查找资料用的工具,如文摘、索引等;③三次文献,即某学科领域内科技成果的高度浓缩,如综述报告、专著等。

2.检索文献的途径。获得科技文献资料,需要了解检索科技文献的途径。一般可通过如下几种途径进行:

(1)分类途径。许多检索工具都是从学术分类的观点编排条目,即按照科技文献内容的特征、学科性质、专业从属与派生关系的分析,由大到小排列。我国出版的检索工具大多采用分类体系,按照中国图书资料分类编目,共分为5个大部类和22个基本大类(一级类):A,马克思主义、列宁主义、毛泽东思想;B,哲学;C—K,社会科学;N—X,自然科学;Z,综合性图书。其中,自然科学分成的一级类有10个:N,自然科学总论;O,数理科学和化学;P,天文学、地球科学;Q,生物科学;R,医药、卫生;S,农业林业;T,工业技术总论;U,交通运输;V,航空、航天;X,环境科学、劳动保护科学。每个一级类再

划分为若干个二级类(学科类),一级类用英文字母表示,二级类开始用阿拉伯数字表示。例如,O 数理科学和化学分为 5 个二级类:O1,数学;O3,力学;O4,物理学;O6,化学;O7,晶体学。又如,Q 生物科学再分为 6 个二级类:Q1,普通生物学;Q2,细胞学;Q3,遗传学;Q4,生理学;Q5,生物化学;Q6,生物物理学。每个二级类再划分为若干个三级类(基本类),例如,O1 数学再分为 13 个基本类:O11,古典数学;O12,初等数学;O13,高等数学;O14,数理逻辑、数学基础;O15,代数、数论、组合理论;O17,数学分析;O18,几何、拓扑;O19,整体分析、流形上分析;O21,概率论、数理统计;O22,运筹学;O23,控制论、信息论(数学理论);O24,计算数学;O29,应用数学。每个三级分类再划分为若干个四级分类(分支类),例如,O12 初等数学可再划分为 4 个四级类:O121,算术;O122,初等代数;O123,初等几何;O124,三角。又如,O17 数学分析可再划分为 8 个四级类:O171,分析基础;O172,微积分;O173,无穷级数论;O174,函数论;O175,微分方程、积分方程及其他;O176,变分法;O177,泛函分析;O178,不等式及其他。每个四级分类可再划分为若干个五级类(方向类),例如,O177 泛函分析可再划分为 7 个五级分类:O177.1,希尔伯特空间及其线性算子理论;O177.2,巴拿赫空间及其线性算子理论;O177.3,线性空间理论;O177.4,巴拿赫代数、拓扑代数、抽象调和分析;O177.8,积分论(泛函观点);O177.91,非线性泛函分析;O177.92,泛函分析的应用。总之,分类是:大部类→一级类(基本大类)→二级类(学科类)→三级类(基本类)→四级类(分支类)→五级类(方向类)。

尽管这种分类看似很麻烦,但对查找相关资料却很方便。例如,若想查找有关"非线性泛函分析"方面的材料,只需查找标有"O177.91"类文章或书籍即可。因此,只要掌握了分类途径,根据检索课题的内容,选择合适的检索工具或利用计算机进行分类检索,即可方便地查找到所需的文献。

(2)主题途径。所谓主题不是指文献的题目名称,而是表示文献内容主题,经过规范化了的名词术语,即主题词。主题词基本有两

类,一是特别名词,包括原料、材料、抽象名词等;二是过程名词,如作用、工艺、方法等。查找文献资料前,首先要熟悉主题词表,找到要查找的正式主题词,再按照汉语拼音顺序从索引中找到该词,然后根据主题词下所列的文摘号即可找到所要查找的文献。如果对主题词表不太熟悉,则可根据习惯说法,按照所找资料的所属部分和汉语拼音顺序找出所需文献线索。

(3)著者途径。这是按文献著者姓名查找文献的一种途径。由于某一研究人员,在一定时期发表的论文往往限于某一学科、专业范围之内,因此,通过这一途径可以查找到该专业的文献。我国的大部分文摘杂志都在每年最后一期刊有本年度作者索引,在作者姓名后面给出全年刊载过的文摘号。

(4)书名途径。根据书名所提供的主要信息,寻找与自己研究课题相关的书籍的一种途径。

(5)篇名途径。根据文章题目寻找所需文献资料的途径。

(6)专利号途径。根据专利申请号及专利题目寻找所需文献资料的途径。

实际上,上述各种查找文献的途径可以联合使用,以提高查找文献的效率和质量。

3.检索文献的方法。现代检索科技文献资料的方法有两种:手工检索和计算机检索。

(1)手工检索。手工检索即自己直接进行检索的人工方法,它又可分为三种检索方法。第一种是追溯法,即以文献作者在后面所附的参考文献为基础,逐一追踪查索。用这种方法不需使用检索工具,方向准确,也较省力,但不易查全。撰写毕业论文时,应用追溯法是一种捷径。第二种是延伸法,即利用检索工具检索文献材料的常规方法。这是依据事物之间的联系作合理延伸的方法。用这种方法可以较全面地检索到所索文献,效果令人满意,特别是当论文论述一个别人尚未问津的问题、试验、物质现象及其规律时,必须使用延伸法来查找资料。第三种是综合法,即追溯法和延伸法交替使用的检索

方法,这是一个稳妥可靠的方法,它会使收集的资料有深度和广度,特别对学生毕业论文写作是非常必要的。

检索文献资料使用的工具,按其著录格式只有两种,即题录和文摘。题录只给出文献题目、作者、出处、页码、文种,没有内容介绍,如我国出版的《全国新书目》《中文科技资料目录》等。由于这种检索工具编辑过程短、报道速度快,很受人们欢迎。但只看题目、不知内容,因而难以决定取舍。文摘除了给出题目、作者、出处之外,还有文献内容摘要。文摘已成为重要的科技文献检索工具。目前世界上已出版的文摘有2000余种,其中比较著名的有美国的《科学引文索引》(SCI)和《工程索引》(EI)等。利用文摘刊物可以解决查不到、查不全、看不完、看不懂(语言不同)等问题,最大限度地收集有用的资料。

(2)计算机检索。计算机检索是越来越被人们普遍采用的先进检索方式。人们把大量的文献资料数据储存于计算机内,需要时再从计算机中调出。计算机情报检索分为定题服务、网络服务和回溯检索三类。定题服务是情报服务中心或图书馆将一批用户查找文献的要求编成检索程序,事先存入计算机,每当收到最新一期资料时,就上机成批处理并检索用户要求的内容,自动打印检索到的文献,然后分寄给用户。网络服务是用户在情报服务中心或图书馆注册上网,通过计算机直接进入某情报网络系统,按照自己的意愿直接从计算机上查找并下载有关的文献资料。这种方法快捷、方便、省事,正在全世界范围内迅速普及,但上网费用偏高。回溯检索是研究人员从事某项科研课题初期提出的检索要求,通过计算机扫描文献数据库的有关文档,检索出前人在该领域所做的研究工作。

利用联机检索情报系统查找文献,可采用函检、网检或面检。函检是先向服务机构(大图书馆等)函索机检提问单,用户填好提问单后寄回,服务机构查找完毕后邮寄结果及费用清单。网检是先向服务机构购买情报的使用权限,由服务机构开通相关网络,用户即可通过计算机网络在自己工作地随意地从自己的计算机上检索并下载相关文献资料。面检是用户前往服务机构所在地,填写提问单后当即

在检索终端旁等候结果。

目前世界上已拥有 100 多个联机检索系统,其中比较著名的有美国洛克希德公司的 DIALOG 系统,这也是世界上最大的联机检索系统,它拥有自然科学和社会科学方面的数据库数十个,存储文献数量占世界机存文献总量的 50% 以上。

4.文献资料的阅读。在查阅到了大量的科技文献资料后,必须通过阅读了解内容,决定主次轻重,方可采用成为题材。如果把查找来的文献材料束之高阁,不去阅读、学习、思考,那么这些材料等于没有查找。因此,阅读查找来的文献材料是非常必要的。每个同学在撰写毕业论文时,都希望用最高效的阅读方法,既省时间,又能领悟文献资料的内容。这就应该掌握快读、查读和研读三种方法。

(1)快读法。快读法也叫做快速阅读法,它是不求深细,但求梗概,不必逐篇字斟句酌的阅读方法。这是一种提高阅读效率行之有效的方法。掌握快读法能在较短时间内处理大量的文献资料。快读法的具体要求是:①目光要上下跳,把注意力集中到关键词上,每回凝视的时间要短且凝视的字数尽可能多;②既不可声读,又不可默读,要用眼光扫描;③养成读一遍就把握住意思,决不再回头看的习惯。

(2)查读法。查读法也叫做跳跃阅读法,它一般是只看文献资料的标题、摘要、目录、关键词、开头、结尾,了解此篇材料的论点及其意义即可。在对到手的资料不知底细的情况下,首先采用此方法,以便很快知晓材料的大意,决定哪些资料该细读、略读或不该读,分清资料的主次篇目。

人们常常把快读法与查读法结合使用,即应用查读法的同时也应用快读法对文献资料进行阅读,但此时的阅读要跳过一些无关紧要或自己已经掌握的部分,只抓住可读的部分,抓住每段的关键词句,依据自己的需要进行挑挑拣拣的阅读。

(3)研读法。研读法也就是钻研文献的阅读法,即对于那些与选定的课题有关的重要文献资料必须精心细读,了解原作者的具体意

思和方法、证明过程,要求精神高度集中、思维异常活跃地进行阅读。对材料中内容深奥的部分,一时不能读懂的或不能理解的,要反复地阅读和思考,直到完全透彻理解为止。所以,研读不是只把材料看一遍,而是要把材料读懂弄通,有时需要看数遍。

研读有助于搞好自己的研究。在研读过程中,要注意对读到的内容随时作出分析、评价、质疑,判断文献资料中的论点是否正确,根据是否充分,论证是否妥当,结果是否能推广等。最好能把读到的东西随时与其他有关资料加以对照思考,这样就能做出更恰当的评价,从而比较准确地了解文献资料的价值。

5.文献资料的笔记。阅读记笔记,既可以帮助记忆,又可以储存资料,同时也有利于提高文字表达能力,是一个重要的收集资料信息的学习方法。笔记主要有摘录笔记和标注笔记两类。

(1)摘录笔记。记忆力再强的人,也很难达到人们所说的过目不忘。所以,在阅读过程中要一边思考、一边记录,把文献中新鲜材料、典型论点、有证明力量的论据和有说服力的论证及结论记录下来,有时甚至把文献中精辟的语句、论证抄下来供自己写论文时参考。这种信息越多,对科学研究者的工作越有利。对在阅读过程中受启发而产生的新思想、新方法,也要及时记录下来,不然这种在脑子里一闪而过的念头,就难以再捕捉到。

记录上述材料时,可以采用记成册笔记、记活页笔记、记文摘卡片和重点复印等办法。成册笔记最好分类成册记录,便于使用时查找,以免给自己造成不必要的麻烦;活页笔记可以摘录篇幅较长的资料,记录后容易分类保管、查找和使用;文摘卡片是最便于分类保管和查找、使用的,记录卡片时要一个问题记在一张纸上。对于篇幅较长的资料,为节省书写时间,可采用剪贴、复印的办法积累,分类保管备查。无论采用哪种方法摘录资料,都要在所写的资料前加上标题、出处、资料名称、作者、页码、出版时间等。并且,摘录资料的笔记纸张的大小规格要一致,以便于保管和使用。

(2)标注笔记。如果在阅读时一概采用摘录文献重点内容的办

法记录笔记,势必要浪费许多宝贵的时间。为了提高阅读效率,还应结合采用标注笔记的方法。标注笔记大体上可分为两种,即用各种自定符号在书刊上边读边画记号标注,以及在边读边思考的过程中,用不同颜色的彩笔在自己的文献上进行标注,并在文献的空白处用简短字句写眉批、评注和感想。标注笔记要精练、醒目、实用。

符号标记就是用简单、醒目的符号,如圈、点、杠、星号、波纹线、折叠书页等,在自己认为精彩实用的语句、段落、公式、论点、论证、结论、疑问等处做出标记。这样重点突出,也便于阅读、查找和加深理解,促使知识不断深化,并激发灵感,产生升华创新。

眉批、评注是在读到有感触和疑问之处时,在书刊的书眉空白处,写出简短的评语、提问、注释、心得、猜想等,这样易于活跃思维,从"一得之见"和"一闪之念"中产生创见性的构思。数学家费马的大部分成果,都是以眉批、评注形式呈现的。

值得注意的是,标注笔记只允许用在已经属于自己的书刊或复印资料上,如果资料是从图书馆、阅览室或朋友处借来的,则不应在资料上做标注笔记,以免影响他人使用。

2.2 观察试验分析

观察试验是进行科学研究,获得研究资料的又一重要手段,是科学发明、科技创新的源泉和动力,是科学真理得以验证的具体实践。掌握观察实验方法,是对理科大学生的基本要求之一,几乎所有的大学为理科学生开设了相当数量的实验课程,并作为主干课程之一来对待。

1.观察。观察是借助人的感官,全面、深入、细致地认识客观事物的知觉过程,是为了研究某一课题,有计划、有选择地对某种特定的现象和过程所作的系统、细致的考察。考察的目的主要是为了了解事物外部形态和特征,并通过事物的外部形态透视其内在本质,通过考察事物的过程发现其运动规律。

(1)观察点的选择。观察点可分为方位观察点和心理观察点。

所谓方位观察点,就是在观察者与观察对象的空间关系中,限定观察者所占据的位置(包括距离和方位)。观察点不同,所观察的结果可能大不一样。所以,对于观察点的选取,其根据是便于了解观察对象。观察点可以是固定的,也可以是移动、变化的。要想全面准确地把握对象,充分了解它的内在本质,除重点进行正面考察外,要改变观察点的方位,观察它的侧面和细部。

所谓心理观察点,就是人们观察事物时,总是持有一定的情感和态度等主观的因素。心理观察点的选择,对于是否能取得好的、正确的观察结果也起着十分重要的作用。所以,科学研究工作者一定要确立一种正确的、客观的心理观察点,必须以实事求是的科学态度去观察、分析事物,决不能用主观好恶、个人偏见去观察事物。观察者应根据观察的需要选择或随机改变观察点的方位,以便取得符合实际的、满意的观察结果。

(2)观察方法的确定。观察的复杂性,决定了观察方法的多样性,主要的观察方法有总体观察、分解观察、个别观察和比较观察。总体观察是从总体上了解对象的观察方法,以便掌握对象的整体特征和性质,对事物有一个整体印象。分解观察是将对象分解开来,按照一定次序观察对象的内部构造及相互关系,精细地了解事物的局部及其细节。分解观察是总体观察的深入,经过分解观察后再进行一次总体观察,更容易全面准确地把握事物的本质。个别观察是相对或暂时地把一事物同其他事物分离开来进行观察,从而使观察对象明确单纯,能集中观察力,较快地得到观察结果。比较观察是一种有意识的明确树立参照对象的观察,它包括将一事物与异类事物相对比的观察,将一事物与同类事物相对比的观察,将一事物与同类同属的事物作对比观察。

在上述几种观察方法中还有静和动的观察之分。静的观察即在相对静止的状态下把握对象的观察方法,其优越性在于能从固定的位置、距离、角度对对象进行反复细致的观察。动的观察即在运动的方式下把握对象的观察方法,其优越性在于能从不同的角度、距离、

位置对对象进行观察,此时,无论观察者动或是观察对象动,都可以得到静观察得不到的效果。

在对事物观察的具体实践中,常常是几种观察方法综合应用,从而可从事物的外表到本质、个体到整体地掌握事物的形象特征和发展变化规律。在观察事物时要采取专心、耐心、细心的"三心"态度。"专心"可以捕捉到稍纵即逝的信息资料,"耐心"可以坚持到底、不怕挫折和失败而最终获得宝贵的第一手资料,"细心"可以发现微小的、别人一般发现不了的资料信息。总之,坚持用"三心"即可以探索到科学技术和现实世界中的无穷奥秘。

2.实验。实验是指科学研究中为检验某一理论或假设而进行的操作和活动,是根据科学研究的需要,人为地控制或模拟客观现象,排除各种干扰,专门研究规律的一种特定的实践活动。实验方法可以强化客观对象,排除偶然和次要的因素及外界的干扰,使研究对象处于极端状态,使其显示出特殊的性质和规律。实验是一种更严密、更系统、更有目的性的高层次的观察,其目的不在于获取对象的表象,而是要深入透视其本质和发现其运动规律。

在实验中要全神贯注地留意实验现象的每个细节,经过观察和测量,详尽地记录各种现象和数据,而且要记录现象发生和数据显示时的客观条件,从现象和数据变化中找出带有本质性的信息资料。现象、数据的观察和测量可能要重复千百次,但必须详尽地记录下每一次,不能因烦琐乏味而忽略掉一次,因为每一种现象和每一次数据都能对以后的分析研究起到一定的、甚至是重要的作用。

实验方法能够强化研究对象,使它处于极端状态(如超高温、超低温、超高压、超真空等)下,有利于揭示新的特殊规律。处于常态下的客观现象,一般不易显露其特殊性质和规律,只有在某种极端和特殊条件下才能显示出其特殊性质和规律。例如,"超导"试验的研究就是通过实验的方法,来揭示物体的特殊性质。

实验是一种经济、可靠的科学研究方法,它可以在实验室中采用。其规模、范围和工作量较小,如果获得成功后进行推广应用,便

可以较小的代价获得较高的社会效益和经济效益,从而避免直接在大范围内推广遭到失败而造成的巨大损失。

实验,根据不同目的可主要分为定性实验、定量实验和结构分析实验。定性实验是用来判定某种因素、性质是否存在的实验。定量实验是用来测量某种数值或数量间关系的实验。结构分析实验,是用来了解研究对象内部各成分之间空间结构的实验。另外,还有决断实验、模拟实验、对照实验、析因实验、生产性实验等。

进行科学实验后,必然会得出大量的实验资料和数据,它们是所谓的原始资料。在这些资料中,由于实验过程中主观因素(人为作用)和客观因素(仪器、设备、环境等)的影响,常常使实验得到的结果与客观事物之间出现误差和距离。可应用误差分析理论消除这些误差,区别出本质表现和非本质表现,把原始资料去伪存真、去粗取精,变为能够支持课题论点的有用材料。

2.3　社会调查研究

进行必要的调查研究,是社会科学论文资料收集的主要方法之一,也是自然科学论文资料收集的一种方法。调查,一般是走向社会、接触人群,从事情发生的现场及知情人那里了解情况,在调查采访的基础上进行分析研究,以辨别真伪虚实,抓住要点,弄清本质。对社会科学而言,毛泽东说过,没有调查就没有发言权。对于自然科学而言,许多学科领域只靠文献资料或实验情况进行科学研究也是不够的。例如,数学研究者若想把理论应用于实践,就必须搞调查研究,得到相关的资料、现象和数据,把实际问题抽象并建立起数学模型,分析研究数学模型,得出理论解,再用此解代入实际问题验证并指导实践,即

$$实际问题 \xrightarrow[抽象]{调研} 数学模型 \xrightarrow[分析]{理论} 理论解 \xrightarrow[指导]{验证} 实践。$$

1.调查准备。调查准备主要包括明确目的、确定对象、拟定提纲和端正态度。在调查之前首先要明确目的。这里所说的目的,一般

是指解决要处理的课题或要解决的问题。有时,为了对形成的观点寻找证实材料,也需要进行调查,不过这是一种证明性的调查。

确定对象,就是确定被调查的对象。明确了调查目的之后,一定要慎重选择调查对象,如果调查对象选择不当,不仅会白白浪费许多时间和精力,而且会贻误研究工作,有时甚至会得出错误的结论。

拟定提纲,就是写出调查计划,把调查的对象、项目、内容、方法、步骤都列出来,使调查工作有计划地进行。

端正态度,就是要从实际出发,不能带固定的框框,先了解实际情况,然后从中发现问题,再来分析、研究。如果带着框框硬要让被调查者填充材料,那么这样的调查将可能给研究工作带来有害的影响。所以对调查研究要持科学、严肃的态度。

2.调查方法。根据调查的目的、内容可采用不同的调查方法。常见的调查方法有普遍调查、重点调查、典型调查和抽样调查。普遍调查,就是在某个范围内,针对某种问题,对所有的对象进行调查。这种调查具有普遍性,能直接取得比较接近实际的全面资料。例如,实行全国性的"人口普查"。但对个体调查者而言这种方法一般适用于内容单纯、项目少的小课题;对于复杂而项目多的大课题,由于涉及范围广,需要较大的人力、物力和财力,一般较少采用。

重点调查,就是在一定的总体范围内,选取重点样本为对象进行调查。通过对重点样本的调查,能够对总体有个基本的了解,重点应在掌握基本材料的前提下进行,要避免盲目性和随意性。

典型调查,就是在一定的调查总体范围内,选取有典型代表性的样本进行调查。典型调查是一种可靠的事半功倍的调查法,但是,若人为地确定典型,或在错误思想指导下选择典型,则容易造成不良后果。

抽样调查,就是在一定的调查总体范围内,随机地抽取部分样本作为调查对象进行调查,以这一部分样本的调查来了解总体。理科经常应用抽样调查来研究生活实践问题,为此,数学中专门有一分支《数理统计》来研究抽样调查。抽样调查选取的样本不宜太少,而且

要有一定的代表性,否则会出现以偏概全的情况,影响调查的准确程度。但选取多少样本,怎样对较少的样本进行分析来尽可能准确地了解总体,误差有多大等问题,可应用《数理统计》的知识来解答。

3.调查方式。调查工作可以根据具体情况,采取不同的调查方式。实际上,阅读文献和观察实验都是调查和积累材料的方式。但是,除此之外,还有开调查会、访问调查和问卷调查等几种调查方式。

开调查会,就是召集知情人开会,通过被调查人的发言、证词、证据来了解情况,收集资料。调查者要根据调查纲目确定参加会议人数,一般5~8人较好,人人都有讲话的机会。调查者根据调查提纲,用提问记录或录音、摄像等方式,把被调查人的发言、证言、证据记录、保存下来。有时还可以开展讨论式的调查,取得更详细的调查材料。

访问调查,就是直接对被调查的个别人进行访问,以便了解具体、详细情况。有时,由于开调查会时有的人不愿当众讲情况,或者只有个别人掌握具体情况时,可以采用访问调查这种方式。访问前,调查者要明确提出的问题,对被采访人可能掌握哪些情况,能提供什么材料等都要做到心中有数。访问时,要以虚心的态度对待访问对象,对需要了解的情况不能强行追问,多作启发诱导,便于对方说出心里话,提供真实情况。访问调查了解到的资料信息一般较详细,但花费的时间多、个别性大,所以在处理较小课题时常采用,规模较大的课题不宜采用。

问卷调查,就是以书面形式提出若干固定问题,让被调查者填写回答,以便收集到较为广泛的材料。具体做法是:设计出若干个问题,让被调查者在格式答卷上回答,然后对问卷进行统计处理,得到调查者所需要的材料。这种调查方式与前两种方式比较起来,可以涉及较大的范围和较多的问题,更便于打消被调查者的顾虑,表述其真实的观点和实际情况。

§3　材料的整理

3.1　材料的分类

通过收集、试验、调查和阅读、记录,可得到相当数量的材料,但这些材料尚处于零散状态,需要进行一番整理,才能占有这些材料。整理就是要把所有的材料分类。这里所说的分类,是指对专为撰写毕业论文而收集的资料分类,而不是像图书馆那样复杂、细目的分类。为写毕业论文而收集材料的分类一般常用的有两种方法,即主题分类法和项目分类法。

1.主题分类法。主题分类法就是按一定的观点(根据资料综合而成的观点或自己拟定的观点),把材料分系列编组起来。比如,若通过阅读、思考,拟定出三个观点,那就分别把所记录下来的别人的相关论点、论据、论证等材料组成一个系列,如下所示:

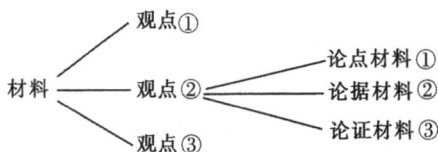

即把所有的材料按观点分为几类,每类下可再按相关论点、论据、论证把材料再分为 3 类。

这种方法,以一个观点为统领,把所有与这个观点有牵连的论点、论据、论证及其方法、手段、实验、数据、例题等材料组成一个树形结构。它可以使我们对材料的理解和认识条理化、系统化,引发我们对问题的积极思考。一般在收集、阅读和记录材料的过程中,对事物的了解是依据接触的先后次序,一个个分别进行的单独考察,不可避免地有相对的片面性和孤立性。经过这样的分类,零散的客观材料

就人为地构成一个思想体系轮廓,对事物由单独考察变成为综合考察,在事物的纵与横的比较分析中,探求事物各方面之间的差异和内在联系,易于使我们从对资料的感性认识上升为理性认识。

2.项目分类法。项目分类法就是把资料按其属性分项归类,例如,可参考如下的项目分类:

材 料	理论类项目①	概念①
		公理、定理、定律、公式、法则②
		经典理论、名人名言③
		本人观点、猜想④
	事实类项目②	个别实事、实例①
		统计数字、图表②
		实验数据、现象③
		推理论证、方法④
	随想类项目③	随时感想①
		观察所得②
		调查所得③
		实验所得④

这种分类方法,好处是项目分得细,便于写作时参考引用。缺点是不利于对材料作系统的分析思考。

以上所述的两种分类法,各有所长,各有所短,最好是同时使用。当然,对材料还可按其他逻辑顺序分类,如按专业知识和外围知识分类,或按基本材料和参考材料分类。经过分类后按门类编号,分别用纸袋装起来,如果是卡片可用卡片箱保存,也可存入计算机,最好是做一个目录卡,便于使用时查找。

3.2　材料的选取

对所收集的材料进行分类,只是材料整理的初步工作,要想把别人的东西变成为对自己有用的题材,烂熟于心,灵活运用,就必须从质上对材料作进一步严格的鉴别、审定和筛选。根据自己确定的题

目,凡是对毕业论文写作有用的材料就保留,凡是与毕业论文写作无关的材料就舍弃。在材料选择过程中,可能会出现证明毕业论文课题的材料达不到预期的目的,或有所短缺,那么只有重新收集材料加以补充,使主观计划和客观材料相统一。相反,还会出现收集的材料过多的情况,总觉得每一份材料都是花费了许多时间和精力得来的,舍弃了太可惜。因此,要掌握材料的选择标准:

1.选取必要的材料。收集课题不可缺少的资料,当然是必要的;收集与课题相关的资料,也是必要的,所以,必要的材料也称为适用的材料。对许多收集来的材料,首先要以是否适用为标准来决定取舍。在阅读文献的过程中,既要有鉴别力,又要集中注意力,凡是看到与课题研究展开和解决问题相关的文献资料,一定要选取。无关的资料,再生动、再美妙的论证也要舍弃。似乎相关的资料,一时拿不定主意的也要取,因为这可能是用得上的,不可放过。

开始阅读文献时,往往是材料选得很多,似乎什么都有用,似乎都适用于课题,大段大段地摘抄,成篇成篇地复印。之后,逐步趋于严谨,资料的选取越选越精,这是正常的,这也是对资料的认识程度越来越高的表现,说明了作者的研究正在逐步深入。

2.选取真实的材料。真实是资料的生命,真实可靠的资料才有价值,才能从中引出正确的结论。为确保资料真实,要注意以下几点:资料要有根据,要有出处,要尽可能选取第一手资料。如果选取的是第二手资料(即书刊杂志等报道出来的资料),一定不要怕麻烦,要与原始文献作认真的核对。如果选取的是翻译过来的资料,要尽可能与原著核对。对任何资料都要鉴别其真伪与可靠程度,要把事实材料与原作者的推论加以区别。要尊重客观实际,对待实验数据材料最好自己再做一遍实验,看是否与材料上的相吻合。要以科学的态度对待资料,要避免先入为主,不要夹杂个人的好恶与偏见。在论证论点、定理的过程中,一定要科学,合乎逻辑,不能武断地直接得出结论,也不能在证明中夹带含糊不清的字词或进行跳跃式证明。至于最终能引出什么样的结论,必须尊重事实,该是什么就是什么。

这样,所选择的材料即使不是很多,但因为都是真实可靠的,也会有利于我们的研究。反之,虽然收集的资料很多,但若其中夹杂着一些非科学的、不真实的东西,则会对研究工作很不利,甚至会得出与事实相反的结论。

3.选取新颖的材料。各个学科领域中的文献资料,都常常会出现一些过时的、陈旧的、重复的、雷同的观点和材料,在选择材料时,要经过对比、分析、鉴别和筛选,把那些富有独创性、新颖的材料选取出来。

创见的产生不外乎三种情况:①资料是常见的,研究方法是新的;②资料是新的,研究方法是已有的;③资料和研究方法都是新的。这三种情况,当然是以资料和研究方法都是新的为最佳,而新的资料能为产生新的见解提供更好的条件,资料越新就越有可能产生创见,这是毫无疑问的。

要尽可能发掘新颖的材料。刚刚接触到某个课题时,学习和掌握前人的研究成果,包括使用前人的资料和研究方式、方法,都是很必要的。不了解这些就无法进行新的研究。但是,科学研究不是一种重复活动,必须在前人已有的成果基础上寻求新的创造,这样,发掘新的资料是必不可少的。这是在进行资料选取时应着重考虑的一个方面。

4.选取充分的材料。没有充分的材料就难以引出科学的结论,没有充分的材料也难以激活思维,使之展开丰富的想像来进行创造性思考。所以,必须强调,丰富的材料是进行课题研究的牢固基础。

把个别零碎的事例当作普遍现象,这是以偏概全;人为地用某些事例证明某种观点,这是主观臆造。这些都是不科学的,是研究中的大忌,必须极力防止。充分占有资料是一项很艰苦的劳动,必须下一番功夫才行。另外,资料的充分与否,不单纯是个数量问题,不是量多就可以解决问题的,还必须考虑质的问题,即每一份资料都要有分量。

阅读文献、选取资料的过程,也就是对研究的课题逐步深入探讨

的过程。在这个过程中涉及到的内容会越来越多,研究的侧重点也会越来越明确。这就可以考虑所选取的材料,有哪些方面还不够充分,要随时调整阅读文献的计划,补充不足方面的材料,务必使所需的材料达到充分,没有缺漏。只有当这些材料具有全面性的时候,它们才具有真正的价值。

5.选取典型的材料。客观事物的性质是复杂的,有的是本质属性,有的是非本质属性。在收集的材料中,有的能够反映事物的本质和共性,有的则刚刚触及本质,有的可能与事物的本质没有必然联系,甚至与反映事物的本质毫无关系。即使是能反映事物本质的材料,也还有说服力的大小、程度的深浅之分。一篇毕业论文不可能也没有必要把所掌握的全部材料统统写出,只需要选择最能反映事物本质的、最具有说服力的那些材料即可。

识别能力较高和写作经验丰富的人,一般都能够把所获得的零散材料联系起来,通过头脑的反复加工处理,从众多的材料中精选出"以一当十"的典型材料,最后形成一个完整的反映事物本质和规律的认识。可以说,在选取典型材料问题上,集中体现了一个人的思维素质。

以上谈的选取材料的五个标准是基本标准。另外还有其他一些标准,如信赖性、方法性、中立性、公开性、权威性、方便性、网罗性、正统性、安定性、异质性、稀少性等标准,每个标准当然都有其道理所在,但无论应用哪些标准来选择材料,其目的都是把收集的材料进行整理,便于课题的研究和论文的写作。否则,一堆杂乱无章的材料如同废纸一样,没有多大用处。

3.3 材料的利用

整理材料的根本目的在于使用材料。收集到的大批原材料,经过分类、选择、提炼、加工,成为毕业论文写作的素材而被存储起来。若将这些素材束之高阁,那将前功尽弃。所以,材料的整理包括材料的处理和利用。材料的利用,其实就是整理集中别人的意见,通常有

三种情况:①同意他人的论点,但自己有独特的感受,可以从新的角度补充新的理由,丰富他人的观点;②有不同的意见,可以展开争论,说明自己的理由;③在他人的启迪下,对他人没有讲到的新领域和新看法进行补充和发展。

材料的利用涉及到两个方面,一是以材料为基础确定毕业论文的论点,二是根据论点来选定作为论据的材料。

1.分析材料,确定论点。确定论点就是立论,也就是作者提出阐述,证明某一学术论题的观点、见解、意见或态度。在一篇毕业论文中,作者必须提出鲜明的论点,明确表示自己的态度,或肯定、或否定,或支持、或反对,论点是一种观念形态的反映,它来源于材料,是作者从占有的材料中经过分析研究而引发出来的,是大量材料的高度概括。

毕业论文中的论点不能是原材料中观点的照搬、照抄,也不同于阅读、调查总结中的一般见解,立论要求正确而新颖。所谓正确,是指正确地概括和总结了客观事物的规律性及其内在联系。所谓新颖,是指能发现新的东西,有创造性,即使是"老生常谈",也要能谈出一些新意或见解。论点正确而新颖,才有价值。正确而新颖的论点,是在整理的材料基础上产生的新观点,是对阅读、实验、调查中的看法和见解精心提炼的精华,是作者呕心沥血的结晶。

立论,是科学研究的深入,是对原材料的再阅读、再消化、再归类、再分析研究的过程。它的实质,是运用自己的储备知识、材料和观点、方法,对原材料中有关内容加工改造,以创建新的科学思想、观点。如前所述,虽然作者在阅读文献资料、实验和调查总结时,对材料做过初步的分析研究,产生了一些看法和见解,甚至也得出了某些结论,其中也确有不少真知灼见,但是这些看法、见解、结论毕竟还是粗糙的、不成熟的、零散的,它们往往并不是在专为写作某一篇论文的过程中产生的,也就很难完全符合阐明一个特定的学术论题的需要。因此,在立论时,作者就应再一次选择与毕业论文写作直接有关的材料,围绕怎样阐述"自己的论题"这个中心,反复阅读、思考相关

材料,进一步钻研,仔细分析研究读书笔记。重点思考如下问题:

①这些材料中哪些观点是正确的? 为什么? 怎样用它们来阐明"自己的论题"?

②这些材料中哪些观点是错误的? 为什么? 与之相反的正确观点是什么?

③哪些材料的观点有不足之处? 怎样进行修正、补充才能使之完善?

④材料中的事实、数据、定理等能说明什么问题? 从中又能得到什么结论和应用?

⑤对其中论述其他问题的观点和材料,能否加以改造,以产生切合毕业论文的观点?

经过再一次阅读、钻研、分析和对材料的进一步利用,作者将上述问题的思考结论一一记录下来,从中进行筛选,按照阐述毕业论文论题的要求,整理编排成一个独立的新的材料体系。这就算完成了毕业论文的立论工作,从而可列出纲要进行论文的写作。

阐述一个学术性的论题,一般不可能用三言两语就把道理说清楚,除非是新定理、新公式、新应用的发现和证明类论文。所以,在一篇论述性的毕业论文中,作者既要提出一个中心论点(或称为总论点),又要在总论点之下提出若干个分论点来支持总论点,必要时可再在分论点之下提出若干个小论点,乃至更小的论点。这样,大小论点相结合,才能把问题说得清楚透彻。因此,对于理科大学生而言,论述性的毕业论文字数要求在 7000 字以上。当然,对于发现的新定理及其证明类的创造型论文,没有字数限制,甚至几百字也行,只要把问题彻底解决即可。

2.选定材料,作为论据。确立了论点,还要提出论据,进行必要的科学论证。论点、论据、论证是构成学术论文内容的三大要素。论点是论文的灵魂,论据是论点能够成立的根据,论证则是引用论据来证明论点的逻辑方法、技巧和论述过程,只有使论点、论据、论证三者互相有机地结合成一个整体,才能形成一篇好论文。

关于论证,涉及到如何组织和安排论据来说明论点的问题(这将在"写作"一章中论述),理科科研工作人员有时还需要有"灵感",但也必须有丰富的知识、材料和论据才能促使"灵感"出现。论证有力、技巧性大的证明,也往往依赖于论据的新颖性、确凿性。

论据本身就是材料,就是那些经过分类、选择出来的与毕业论文相关联的材料。所以,有人也把论据称为题材。题材就是再经过适当的加工处理,即可写入自己的毕业论文之中,成为毕业论文中支持论点的那一部分内容。此时,题材就不是别人的材料,而变成为自己的东西。所以,并不是所有收集来的材料都可以用作论据,只有那些经过分析、思考选择出来的必要、真实、新颖、充分、典型的材料,才能作为毕业论文的论据。列宁曾对论据作过十分精辟的论述:"罗列一般例子是毫不费劲的,但这是没有任何意义的或者完全起相反的作用,因为在具体的历史情况下,一切事情都有它个别的情况。如果从事实的全部总和、从事实的联系去掌握事实,那么,事实不仅是'胜于雄辩的东西',而且是证据确凿的东西。如果不是从全部总和、不是从联系中去掌握事实,而是片断的和随便挑出来的,那么事实就只能是一种儿戏,或者甚至连儿戏也不如。"[1]因此,我们必须善于整理材料,善于从材料的全部和联系中去掌握材料,把原始收集的材料转变为论据题材而加以利用;决不可把选取整理材料当成儿戏,把毕业论文写作当成儿戏。

总之,学会整理材料,对于写好毕业论文至关重要,甚至能终身受益,否则,面对杂乱无章、数量众多的原材料,不知如何下手写作,若"胡子眉毛一把抓",是写不出好毕业论文的。大凡著名的科学家都是非常重视和善于整理材料的。例如,俄国化学家门捷列夫,他家里有许多藏书,都是按照自己使用的需要进行分类的,整理得井井有条。他还订阅了许多报刊杂志,并按照自己的研究体系,把一本杂志拆开,重新分门别类地装订成册,然后用卡片做上标记,使他所掌握

的资料和研究的内容有条不紊地融为一体,使用起来得心应手。著名的化学元素周期表的发明,就是他把各个化学元素的相关材料记录在卡片上,按照原子序数和原子量进行排列、整理的结果。

第五章

格　式

§1　国家标准规定的基本格式

1.1　引言

文章的内容可以自由创造,文章的体裁也可以自由选择,但是当你用文字把它们表述出来,构成一篇毕业论文或学术论文的时候,却必须遵守一定的规则。对于论文的题名、作者、摘要、关键词、引言、正文、结论、致谢、参考文献以及图表、数学公式等的书写要求,都有严格的国家标准。如国家标准《科学技术报告、学位论文和学术论文的编写格式》(GB7713 - 87)、《文后参考文献著录规则》(GB7714 - 87)便对论文的编写格式和参考文献的著录格式作出了严格的规定。本章拟对相关标准中的一些重要内容作一简要的介绍和说明,以便读者掌握应用。

1.2　基本格式

国家标准 GB7713 - 87 规定报告、论文的中文稿必须用白色稿纸单面缮写或打印,外文稿必须打印。

报告、论文宜用 A4(210 mm × 297 mm)标准大小的白纸,应便于阅读、复制和拍摄缩微制品。在书写、扫描或印刷时,要求纸的四周

留足空白边缘,以便装订、复制和读者批注。每一面的上方(天头)和左侧(订口)应分别留边 25 mm 以上,下方(地脚)和右侧(切口)应分别留边 20 mm 以上。

报告、论文由两大部分构成:前置部分、主体部分。

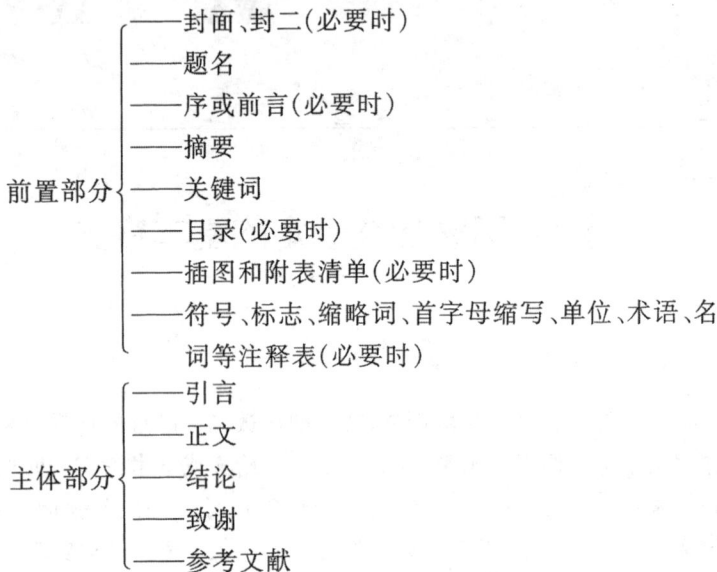

前置部分
- 封面、封二(必要时)
- 题名
- 序或前言(必要时)
- 摘要
- 关键词
- 目录(必要时)
- 插图和附表清单(必要时)
- 符号、标志、缩略词、首字母缩写、单位、术语、名词等注释表(必要时)

主体部分
- 引言
- 正文
- 结论
- 致谢
- 参考文献

封面是报告、论文的外表面,提供应有的信息,并起保护作用。

封面不是必不可少的。学术论文如作为期刊、书或其他出版物的一部分,无需封面;作为单行本时,可以有封面。毕业论文一般要求有封面。

封面上可包括下列内容:

(1)题名和副题名或分册题名。用大号字标注于明显位置。

(2)责任者姓名。责任者包括报告或论文的作者,学位论文的导师、评阅人、答辩委员会主席以及学位授予单位等。必要时可注明个人责任者的职务、职称、学位、所在单位名称及地址;如责任者系单位、团体或小组,应写明全称和地址。

(3)申请学位级别。应按《中华人民共和国学位条例暂行实施办

法》所规定的名称进行标注。

(4)专业名称。系指学位论文作者主修专业的名称。

(5)工作完成日期。包括报告、论文提交日期,学位论文的答辩日期,学位的授予日期等。

除一些可选择的项目外,毕业论文或学术论文应包含以下八个必要的组成部分:题名、作者姓名和单位、摘要、关键词、引言、正文、结论、参考文献。

其中,题名、作者姓名和单位、摘要、关键词一般要求中外文(常用英文)对照。姓名的汉语拼音,必须遵照国家规定,即姓在名前,名连成一词,不缩写,姓的第一个字母和名的第一个字母必须大写。

当论文无封面时,各部分的编排顺序一般是:中文题名、作者姓名(中文)、单位(中文)、中文摘要、中文关键词、引言、正文、结论、参考文献、英文题名、作者姓名(英文)、单位(英文)、英文摘要、英文关键词。也有的要求将题名、作者、摘要、关键词的英文部分编排在中文关键词之后、引言之前。

当论文采用封面时,题名、作者、摘要、关键词的中文部分和英文部分可合成一页或自成一页列于正文、引言之前。

此外,根据实际需要,可在结论与参考文献之间加上致谢一项。

必要时,还可在论文后加上附录。附录内容可包括如下材料:

(1)能使整篇论文的材料更完整,但编入正文又有损于编排的条理性和逻辑性的材料。这类材料包括比正文更为详尽的信息,研究方法和技术的深入叙述,建议可以阅读的参考文献题录,以及对了解正文内容有用的补充信息等。

(2)由于篇幅过大或取材于复制品而不便于编入正文的材料。

(3)不便于编入正文的罕见珍贵资料。

(4)对一般读者并非必要阅读,但对本专业同行有参考价值的资料。

(5)某些重要的原始数据、数学推导、计算程序、框图、结构图、注释、统计表、计算机打印输出件等。

§2 论文部分的写作要求

2.1 题名

1.题名又称题目或标题。题名是以最恰当、最简明的词语反映报告、论文中最重要的特定内容的逻辑组合。题名所用的每一词语必须考虑到有助于选定关键词,有助于为编制题录、索引等二次文献检索提供特定的实用信息。

题名应该避免使用不常见的缩略词、首字母缩写字、字符、代号和公式等。

报告、论文用作国际交流时,应有外文(多用英文)题名。外文题名一般不宜超过 10 个实词。

论文题名是提供给读者的有关论文研究范围及学术水平的第一个重要信息,是吸引读者认真研读全文的第一要素。论文题名的作用,一是揭示论文的主题或反映事物的本质,二是表明作者的观点、立场、态度,三是吸引读者,使其产生阅读兴趣。所以论文题名十分重要,必须认真选定。

一个好的题名应该符合这样几个要求:准确得体、简短精练、新颖醒目。

(1)准确得体

论文题名应该准确地反映论文的内容以及所研究的范围和深度,既不能夸大,也不要缩小。

论文题名应该紧扣论文主题,切忌过于笼统。比如,一位作者拟对中学数学的课程改革提出几点研究心得,论文题名取为《直面课程改革》,就显得太过于笼统。这里既没有中学数学的限定范围,又体现不出作者对课程改革这一问题的研究深度。这样的标题更像是一种会议报告的题目,而不像是一篇学术论文的题目。若将它改为《关

于中学数学课程改革的几点思考》或《从可操作性角度谈中学数学课程改革》就较为贴切。又如论文题名《35Ni－15Cr型铁基高温合金中铝和钛含量对高温长期性能和组织稳定性能的影响的研究》中,35,15等数字的含义是比例还是金属牌号,让人费解;前面的镍、铬用代号,后面的铝、钛又用中文,显得不协调,而且题名也过长,不如改为《含Ni、Cr合金中Al和Ti含量对高温性能和组织稳定性的影响》。

　　(2)简短精练

　　论文题名应该简短精练,一般不宜超过20个字。论文题名是论文内容的高度浓缩,因而一些无关紧要的字、词就不应出现。如题名《关于正四面体中的不变量在高维空间中的推广的研究》,读起来显得很啰嗦,原因就在于"关于"、"研究"等词是多余的。其实,任何一篇论文必然是"关于……的研究",这些词并不能在反映论文主题方面起作用,因而应尽量避免使用。前面的题名若改为《正四面体中的不变量在高维空间的推广》就较为简洁。

　　除必需的引号或书名号外,题名中尽量不要使用标点符号,有时用空格来代替逗号或分号。如题名①:立足中学数学课堂教学　深化"三主"教学观念;题名②:《直观几何》及对我国几何课程改革的启示。

　　(3)新颖醒目

　　题名是"文之眼",眼有神才能引人注目。题名是新颖醒目还是平淡无奇,会直接影响到读者阅读兴趣和阅读信心。如《一道例题的教学》,这样的题目司空见惯,毫无特色,若改成"数学素质教育课堂实践一例",则使人耳目一新,能产生较大的吸引力。

　　值得注意的是,题名的新颖醒目,应该在准确得体、简短精练的前提下仔细推敲而得,万不可不顾前提而刻意追求。有时候为了确保准确得体、简短精练,用一普通的题名或许还是上策。

　　2.国家标准GB7713－87规定,当出现下列情况时可以有副题名:题名语意未尽,用副题名补充说明报告、论文中的特定内容;报告、论文分册出版,或是一系列工作分几篇报道,或是分阶段的研究

结果,可用不同的副题名区别其特定内容;其他有必要用副题名作为引申或说明的。

就毕业论文而言,副题名的作用是对题名加以补充,一般说明论文的写作原因、内容和范围。如"创新加求实　教改入纵深——建构观下的数学教育改革"。

3.题名应在第一行居中排列,一般用较大字号的粗体字表示。题名较长时,可以排成两行,但不能把一个词或词组割裂开来分别排在一行的末尾和另一行的开头。题名的编排形式可以是:

上短下长

×　×　×　×　×　×
×　×　×　×　×　×　×　×

上长下短

×　×　×　×　×　×　×　×
×　×　×　×　×　×

上偏左下偏右

×　×　×　×　×　×
×　×　×　×　×　×

上偏右下偏左

×　×　×　×　×　×
×　×　×　×　×　×　×

题名编排时应尽量做到左右对称美观。若有副题名,应先加破折号,且破折号应比正题名第一字后缩若干格。

【例1】

加强国际交流与合作　推进数学教育改革
——21 世纪数学课程与教学改革国际学术
研讨会会议纪要

【例2】

美国数学教育改革与

数学天赋学生培养的简略回顾

2.2 作者姓名和单位

论文署名一是为了表明文责自负,二是记录作者的劳动成果,三是便于读者与作者的联系及文献检索。

国家标准 GB7713 - 87 规定,在封面和题名页上或学术论文的正文前署名的个人作者,只限于那些对于选定研究课题和制订研究方案,直接参加全部或主要部分研究工作并作出主要贡献,以及参加撰写论文并能对内容负责的人,按其贡献大小排列名次。至于参加部分工作的合作者,按研究计划分工负责具体小项的工作者或某一项测试的承担者,以及接受委托进行分析检验和观察的辅助人员等,均不列入。这些人可以作为参加工作的人员——列入致谢部分,或排在脚注。

作者姓名应与题名相隔一行居中缮写,其下加圆括号注明作者的单位和邮政编码。

对于毕业论文,一般只有一名作者,但对于学术论文或科学技术报告,就可能有多名作者。当多名作者又不属于同一单位时,可用脚注注明单位。

【例3】

创新加求实 教改入纵深

——建构观下的数学教育改革

顾红芳[1], 张文献[1], 朱梧佳[2]

(1.南京理工大学理学院,江苏 南京 210016; 2.南京航空航天大学理学院,江苏 南京 210016)

2.3 摘要

国家标准 GB7713 - 87 规定,报告、论文一般均应有摘要,为了

国际交流,还应有外文(多用英文)摘要。摘要应具有独立性和自含性,即不阅读报告、论文的全文,就能获得必要的信息。摘要中有数据、有结论,是一篇完整的短文,可以独立使用,可以引用,可以用于工艺推广。摘要的内容应包含与报告、论文同等量的主要信息,供读者确定有无必要阅读全文,也供文摘等二次文献采用。

摘要是论文内容的不加注释和评论的简短陈述。其作用是不阅读论文全文也能获得必要的信息。摘要不能分段落,不能加注释,不能作自我评价。

摘要一般应包含如下几方面的内容:该项研究的目的、意义和重要性;研究方法及研究的主要内容;获得的基本结论和研究成果;结论或成果的意义等。其重点是论文获得的成果和结论,所以摘要必须突出论文的新见解。

摘要虽然要反映以上几方面的内容,但文字必须高度概括,一篇7000字左右的论文,摘要一般不能超过200个字。

除了实在无变通办法可用外,摘要中不能使用图、表、化学结构式以及非公知公用的符号和术语。

摘要一般置于题名和作者之后,正文之前。

【例4】

题目:关于两种极限定义方式在教学中的比较

摘要:极限理论的 ε-语言是现代分析极限理论中的通用形式,近些年,出现了另一种极限定义方式,即 D-语言。两种语言在教学中效果到底如何,调查表明:(1) D-语言表述不如 ε-语言直观,但在一定程度上容易被学生接受;(2)在证明过程中, D-语言较 ε-语言更难掌握;(3) ε-语言对后继学习内容的影响较大。

2.4　关键词

关键词是为了文献标引工作从报告、论文中选取出来用以表示全文主题内容信息款目的单词或术语。

关键词是一种非标准化的主题词,有较大的随意性,应逐步向主

题词过渡。主题词是用来描述文献资料主题和检索文献资料的一种新型的情报检索语言词汇，正是由于它的出现和发展，才使得计算机检索成为可能。标准的主题词可参考"汉语主题词表"等词表所提供的规范词。比如关键词"原子能"，其规范的主题词是"核能"。

关键词和主题词的运用，主要是为了适应计算机检索以及国际计算机联机检索的需要。一个刊物增加了"关键词"一项，就可以提高文献的引用率，增加刊物的知名度。

每篇论文选取 3～8 个词作为关键词，篇幅较小的本科毕业论文一般不多于 6 个关键词，关键词太多会冲淡主题。

关键词的选取方法，一般是作者写完全文后，从标题或正文中选取最能反映论文主要内容信息、在论文中出现频率较高的词汇作为关键词。

关键词列于摘要下方，在"关键词"三字之后依次排列，两个关键词之间用分号（；）断开，末尾关键词的后面不加标点符号。

【例 5】

题目：关于两种极限定义方式在教学中的比较

关键词：ε-语言；D-语言；极限理论；教学比较

2.5　引言

引言又称前言（或绪论），其作用是简要说明研究工作的目的、范围、相关领域内前人工作的成果和现在的知识空白，研究的设想、方法，实验设计和理论基础分析，以及预期的结果和意义等。

引言不要与摘要雷同，不要成为摘要的注释。一般教科书中有的知识，在引言中不必赘述。

硕士学位或博士学位论文为了表明作者确已掌握了坚实的基础理论和系统的专门知识，具有开阔的科学视野，对研究方案已作了充分的论证，有关历史回顾和前人工作的综合评述、理论分析等，作为前言可以单独成章，用足够的文字叙述。

作为篇幅较小的本科毕业论文或一般的学术论文，引言其实就

是论文的开头。因此,这里的引言更应做到言简意赅,尽可能开门见山、清晰明快地表述出为什么要写这篇论文,想解决什么问题等。当然也需要尽可能地用引人入胜的笔法吸引住读者,激发读者的兴趣。引言篇幅的大小没有统一的标准,应根据论文篇幅的大小以及论文内容的需要来确定,长的可达 700~800 字,短的可以不到 100 字。

引言部分可以加上小标题"引言",也可以不加小标题,在论文的开头写完一两个段落后直接转入正文。下面的例 6 选自《浙江师范大学学报(自然科学版)》2003(1),作者张莹、刘建贞;例 7 选自《数学教育学报》2002(11),作者钱佩玲、王嵘。

【例 6】

题名:一类广义梯度及其在最优化中的应用

引言:文献[1]提出了局部 Lipschitz 函数及广义梯度的概念,文献[2]提出了正则弱 Lipschitz 函数及另一种广义梯度的概念,得到了许多有意义的结果。类似于文献[1][2],本文提出一类 D 正则弱 Lipschitz 函数,且给出了一个新的广义梯度,得出了一些相关的结果。与文献[1][2]比较,在选择本文的广义梯度时,所含元素可能较少,因此在非光滑优化的实际应用中有比较方便、快捷的特质。

这里,作者通过短短几句话阐明了论文研究的背景、范围以及结果和意义。

【例 7】

题名:对一种数学合作学习方式的介绍及反思

引言:合作学习起源于 20 世纪中期的美国,如今已成为世界范围内广泛使用的课堂教学组织形式。合作学习理论基于目标结构理论与发展理论。合作性目标结构理论认为,拥有共同目标的团体成员之间必定会形成积极的相互促进关系,以一种既有利于自己成功又有利于同伴成功的方式活动。在这个过程中,每位成员都要通过合作、交流、帮助、鼓励等手段与他人共同完成任务;每位成员都有可能担任不同的"社会"角色(领导者、检查者、记录者、联络者等),从而提高学生的社交能力,尤其是合作能力与责任感。发展理论指出,学

生在学习任务方面的相互作用导致了他们认知水平的提高。与传统教学模式相比,合作学习给予学生更多机会尝试多种交流方式:讨论、解释、指导等。学生通过彼此之间的交流与自我思考解决认知冲突,阐明不充分的推理而最终达到对知识的理解。

无论是从动机角度还是认知角度来看,合作学习都是一种具有优越性的教学方法。那么,如何在教学中实现合作学习呢? 这就涉及到具体的合作学习方式。不同学科的合作学习方式不同,根据数学学科的特点、教学任务和学生特点建构最恰当的合作学习方式是我们要做的具体工作。本文介绍一种具体的数学合作学习方式——交换知识法,以期对教师更好地在数学教学中实现合作学习,促进学生的数学学习能力有帮助。

这里,作者用了较大的篇幅详细阐述了研究背景、前人的工作、理论依据、知识空白以及结论和意义。

2.6　正文

正文是论文的核心部分,占主要篇幅。其内容可以包括:调查对象、实验和观测方法、仪器设备、材料原料、实验和观测结果、计算方法和编程原理、数据资料、经过加工整理的图表、论证过程、形成的论点和导出的结论等。

由于研究工作所涉及的学科、选题、研究方法、工作进程、结果表达方式等都会有很大的差异,对正文内容不能作统一的规定,但必须实事求是,客观真实,准确完备,合乎逻辑,简练可读。

由于论文所获得的创造性成果或观点都将在正文部分得到体现,所以要求这一部分必须内容充实、主题明确、论据充分、论证有力。为了满足这一系列要求,同时也为了做到层次分明、脉络清晰,常常将正文部分分成几个逻辑段,一个逻辑段可以包含几个自然段。每个逻辑段可冠以适当的标题(分标题或小标题)。

段落的划分,应视论文性质与内容而定。对于涉及实验的论文,常见的划分方式是:①实验原料和材料/实验方法/实验结果和分析;

②理论分析/实验装置和方法/实验结果与分析。

2.7　结论

论文的结论部分,应该反映论文中通过实验研究或理论分析所得出的学术见解。论文的结论是最终的、总体的结论,不能写成正文中各段小结的简单重复。结论应该准确、完整、明确、精练。

论文的结论可以包含以下几方面的内容:(1)本研究对前人的研究有哪些修正、补充、发展、证实或否定;(2)本研究得到的创造性成果,以及这些成果的理论价值和实践意义;(3)本研究的不足之处或尚待解决的问题,以及对解决这些问题的研究建议、仪器设备改进意见等。

如果不可能导出应有的结论,也可以没有结论而进行必要的讨论。

根据论文类型和内容的特点,结论也可以不单独成段而融入正文的结果与分析部分。特别是对于学科教育类论文,往往无单独的结论,仅作一些简要的评述作为论文的结束语。

无论是正规的结论还是一般的结束语都要做到措辞严谨、行文简洁、条理清晰。正规的结论常常像法律条文一样按顺序列出,用词准确,态度坚决。当然,对于一些不能肯定的内容也要留下充分的余地。而一般的结束语,特别是学科教育类论文的结束语则更强调简明、精彩,既发人深思,又自然结尾。结束语可以加上标题"结束语",也可以不加标题,当结束语独立成一部分时,该部分可以与上文之间空开一行;当结束语是上文的自然延续时,则无须空行,等于正文部分言尽而止,全文自然结束。

下面的例 8 摘录自《浙江师范大学学报(自然科学版)》2003(1),作者高国良等;例 9 摘录自《数学教育学报》2002(11),作者钱佩玲、王嵘。

【例8】

3　结论

(1)为了解释在熔融玻璃基底表面上金原子的分枝状凝聚体的生长机理,我们建立了各向异性团簇-团簇凝聚模型,即 ACCA 模型。

(2)适当选择参数 M 与 $\bar{R}$,能使 Monte Carlo 模拟结果在分枝状凝聚体的形貌、相对尺寸及分形维数等方面均与在熔融玻璃表面沉积金原子所形成的分枝状凝聚体的实验结果相符合。

(3)基底上杂质区域的存在使得团簇的生长环境呈现出各向异性,从而产生附加的各向异性屏蔽效应,最终导致凝聚体的分形维数的减小。模拟结果表明杂质在凝聚生长中扮演着一个重要的角色。

(4)分形维数 d_f 随杂质数 M 的增加而减小,而在相同的覆盖率下与杂质尺寸的分布几乎无关。

【例9】

……

总而言之,教师就是要保证学生在合作学习中通过数学活动,掌握知识的应用,进行数学思考。

2.8　致谢

国家标准 GB7713-87 规定,可以在正文后对下列方面致谢:国家科学基金,资助研究工作的奖学金基金,合同单位,资助和支持研究工作的企业、组织或个人;协助完成研究工作和提供便利条件的组织或个人;在研究工作中提出建议和提供帮助的人;给予转载和引用权的资料、图片、文献、研究思想和设想的所有者;其他应感谢的组织或个人。

篇幅较大的研究报告或硕士、博士学位论文,由于工作量大,在研究过程中得到的指导或帮助较多,致谢的内容也较丰富,这样的致谢往往加上分标题"致谢"。

对于篇幅较小的本科毕业论文或学术论文,致谢语句可在正文之后、参考文献之前用几句话带过,而不必加标题,甚至可以省略致

谢部分。

【例10】

本文得到××大学×××教授(老师)的指导,特此致谢!

2.9 参考文献

毕业论文或学术论文之后一般都应列出参考文献,其目的和作用在于:(1)尊重原作者,也表明作者对课题研究的严谨态度;(2)真实反映课题研究的科学依据,同时也指明引用资料的出处,便于查对与检索;(3)反映作者为撰写论文而阅读的文献资料的范围和水平;(4)有利于研究相同或相近课题的读者从参考文献资料中了解情况或受到启发。

完成一篇毕业论文或学术论文可能需要查阅大量的文献,当然没有必要将查阅过的所有资料都在参考文献中一一列出,而只需列出那些对构成课题研究的理论依据或形成作者的观点结论起重要和关键作用的文献资料。

论文后所列出的参考文献一般应为正式出版物,未公开发表的不宜引用。国家标准 GB7714-87《文后参考文献著录规则》对参考文献的著录格式作出了规定。此处只对几种常见类型参考文献的著录格式作一简单的介绍。

(1)专著

著录格式:作者.书名.版本[文献类型标识].出版地:出版者,出版年.引文起止页码.

说明:文献类型标识可根据期刊或出版社的要求决定是否列出(常用标识是:专著 M、期刊文章 J、报纸文章 N、论文集 C、学位论文 D、报告 R、标准 S、专利 P、专著或论文集中的析出文献 A)。第一版本著作不标注版本,未摘录引文的参考文献可不标注页码。作者在三个或三个以内的应全部列出,三个以上时,只列前三个,然后加"等"字。对于译著,应将译者姓名放在书名之后。

【例11】

参考文献：

[1] 刘少奇.论共产党员的修养.修订2版[M].北京:人民出版社,1962,76.

[2] Morton L T,ed.Use of medical literature.2nd ed[M].London:Butterworths , 1977,462.

[3] Freudenthal.作为教育任务的数学[M].陈昌平,唐瑞芬译.上海:上海教育出版社,1999,55～162.

[4] 林义证,黄世阳,吴明哲,等.HTML&ASP网页制作教程[M].北京:中国铁道出版社,2000.

(2)连续出版物中的文献

著录格式:作者.题名[文献类型标识].出版物名称,版本或出版年,卷(期):在原出版物中的起止页码.

说明:连续出版物包括期刊、报纸和年刊;各学会的杂志、纪要、会议记录、学会会报等;以及有编号的专论丛书。对于无卷号的连续出版物,著录格式中不写此项。对于报纸应列出年,月,日(版次)。

【例12】

参考文献：

[1] 李四光.地壳构造与地壳运动[J].中国科学,1973(4):400～429.

[2]Mastri A R.Neuropathy of diabetic neurog bladder[J].Ann Intern Med,1980, 92(2):316～318.

[3] 葛霆,刘薇,李大光.中国公众的科学素养及国际对比[J].科学,1995,47(3):47.

[4] 汤明.旅游资源概念的重新诠释[N].旅游文化报,1995－09－01(2).

(3)专著或论文集中析出的文献

著录格式:作者.析出题名[文献类型标识].见:主编.文集名.版本[文献类型标识].出版地:出版者,出版年.起止页码.

【例 13】

参考文献：

[1] 张有德.关于数学素质教育的思索[A].见：张奠宙，唐瑞芬主编.数学教育国际透视[C].杭州：浙江教育出版社，1995.328～336.

(4)专利文献

著录格式：专利申请者.专利题名[文献类型标识].专利国别：专利文献种类，专利号.出版日期.

【例 14】

参考文献：

[1] Carl Zeiss Jena，VBD. Anordnung zur lichtele – creischen Erfassung der Mitte eines Lichtfeldes[P] . Erfinder：Feist W，Wahnert C，Feistauer E Int.C1：G02 B27/14. Schweiz，patent schrift，608626.1979 – 01 – 15.

[2] 姜锡洲.一种温热外敷药制备方案[P].中国专利：881056073，1989 – 07 – 26.

国家标准 GB7714-87《文后参考文献著录规则》也对参考文献的标注方法作出了规定。专论正文部分引用的文献的标注方法可以采用顺序编码制，也可以采用"著者 – 出版年制"。

顺序编码制要求在正文中引用参考文献处标上序号，然后在"参考文献"的相同序号后写上相应的参考文献。序号应按"引文"在正文中出现的先后次序编排，大序号之后需要引用前面小序号已经引用过的参考文献时，"引文"可再标小序号。

【例 15】

元认知最初被表述为"个人关于自己的认知过程及结果或其他相关事情的知识"[1]，是"个人对认知领域的知识和控制"[2]，是"为完成某一具体目标或任务，认知主体依据认知对象对认知过程进行主动的监测，以及连续的调节和协调"[1]。因此，元认知被简单地

表述为"关于认知的认知"[3]。

参考文献：

[1] Flavell J H. Metacognitive aspects of problem solving[A]. In: Resnick L B ed. The Nature of Intelligence[C]. Hillsdale, NJ: Erlbaum, 1976.232.

[2] Baker L, Brown A L. Metacognitive skills and reading[M]. New York: Longman, 1984.3～87.

[3] 董奇.自我监控与智力[M].杭州：浙江人民出版社,1996.14～15.

"著者－出版年"制要求在正文中引用参考文献处标明参考文献的作者姓氏和出版年。倘若只标注作者姓氏无法识别该人名时,可标注作者姓名。例如,中国、朝鲜、日本等国家用汉字姓名的作者等就须标注姓名。若正文中的引用处已经出现作者姓名,则只需紧随其后标明出版年。

【例16】

The notion of an invisible college has been explored in the sciences (Crane 1972). Its absence among historians is noted by Stieg (1981)。

采用"著者－出版年"制组织时,参考文献表中的各篇文献首先按文种集中,可分为中文、日文、西文、俄文、其他文种五部分,然后按作者姓氏笔画和出版年排列。同时要求出版年排在姓名之后。

【例17】

元认知最初被表述为"个人关于自己的认知过程及结果或其他相关事情的知识"(Flavell 1976),是"个人对认知领域的知识和控制"(Baker 1984),是"为完成某一具体目标或任务,认知主体依据认知对象对认知过程进行主动的监测,以及连续的调节和协调"(Flavell 1976)。因此,元认知被简单地表述为"关于认知的认知"(董奇 1996)。

参考文献：

[1] 董奇.1996.自我监控与智力[M].杭州:浙江人民出版社. 14～15.

[2] Baker L,Brown A L.1984.Metacognitive skills and reading[M]. New York:Longman.3～87.

[3] Flavell J H.1976.Metacognitive aspects of problem solving[A]. In: Resnick L B ed.The Nature of Intelligence[C].Hillsdale,NJ:Erlbaum. 232.

"著者－出版年"制的优点,在于可以使正文中避免出现太多的序号,因而常为一些大部头的专著所采用。至于篇幅较小的论文,通常还是采用顺序编码制。

此外,对于一些非主要的参考文献,比如仅在其中引用了一句话、一个结论、一个公式等,也可以采用脚注的形式标明。脚注的序号各页独立编号,并用有别于全文后参考文献的序号形式(如用带圆括号的序号)。

【例18】

……

尽管陈国正老师早在 1995 年就曾指出教学参考书中的答案是错误的①,但直至今日,仍有许多中学师生坚持这一答案②。

……

①陈国正.对一道课本习题解答的意见.数学通报,1995(3).
②陈国正.用现代数学观把握教材.数学通报,2000(10).

2.10　英文摘要

原则上可将中文题名、作者、摘要、关键词对译成英文。下面的例子摘录自《浙江师范大学学报(自然科学版)》2003(1)。

【例 19】

植物病原菌激发子与信号识别机理

郭泽建[1]，　蒋冬花[2]

（1. 浙江大学生物技术研究所，浙江 杭州 310029；2. 浙江师范大学生命与环境科学学院，浙江 金华 321004）

　　摘　要：分别对一类能诱导植物产生防卫反应的化合物——激发子（elicitor）的类型、激发子特异性结合蛋白（受体）、病菌信号的识别机制等作了介绍；同时，对动植物在防卫反应过程中的相似性进行了讨论，表明植物的防卫系统和动物的免疫系统在进化上具有相似性。

　　关键词：激发子；受体；信号识别；防卫反应；共进化

……（正文略）……

**Plant pathogen-elicitors and mechanisms
of signal recognition**

Guo Ze-jian[1], Jiang Dong-hua[2]

（1. Institute of Biotechnology, Zhejiang University, Hangzhou Zhejiang 310029, China；2. College of Life and Environmental Sciences, Zhejiang Normal University, Jinhua Zhejiang 321004, China）

Abstract：Elicitors are some signal molecules which possess abilities to elicit plant defense responses. The types of elicitors, binding protein of elicitors（receptors）, signal recognition mechanisms were reviewed in this paper. The similarities in defensive responses between plants and animals were also discussed. It indicated that plants and animals have been sharing similar defensive systems against pathogens and have a common evolutionary origin of innate immunity.

Key words：elicitors；receptors；signal recognition；defensive responses；

co-evolution

§3 正文写作的常用结构

3.1 并列结构

论文正文部分的写作,有如下四种常用结构:并列结构、串式结构、树式结构和复式结构。

并列结构是指将论文的材料内容加以排列,各材料单元之间无逻辑制约关系,调换各材料单元的先后次序,不影响表达效果。其模式结构示意如下:

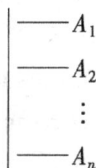

$$
\begin{array}{l}
\text{——} A_1 \\
\text{——} A_2 \\
\quad\vdots \\
\text{——} A_n
\end{array}
$$

【例20】

谐振腔中空间电荷极限电流的研究:

1.矩形谐振腔中的带状束;

2.圆柱谐振腔中的实心束。

(两单元前后调换,不影响表达效果)

3.2 串式结构

将所选取的材料依次排列,各材料单元之间有依次的逻辑关系,不可随意调换。

串式结构的最基本形式是制约型串式结构,其模式结构示意如下:

$$A_1 \rightarrow A_2 \rightarrow A_3 \rightarrow \cdots \rightarrow A_n(\text{无 } A_i,\text{便无 } A_{i+1})$$

【例21】

硅 Pi$^+$n$^+$ 结正向电流-电压特性的计算分析：

1. i 区中的截流子浓度

$$n(x) = （略） \tag{1}$$

2. i 区上的正向压降

由式(1)可以求出 i 区中的电场分布

$$E(x) = （略） \tag{2}$$

从而 i 区上的压降为

$$V_{中} = \int_{-d}^{+d} E(x)\mathrm{d}x = （略） \tag{3}$$

其中,没有(1)的结论,便没有后面的延续推导和结果。

除制约型串式结构模式外,还有递增(或递减)型串式结构与时间顺序型串式结构。前者可通过材料单元的有序排列给人以循序渐进的节奏感,后者则可通过对时间、空间的顺序表达,给人以清晰的层次感。

3.3　树式结构

在树式结构中,某一层次的论点由两个或两个以上的论据支撑,即只有同一层次的两个或两个以上的材料单元同时成立时,上一层次的结论才能成立。其模式结构示意如下:

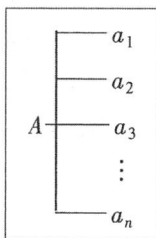

【例22】

证明　$3 | n(n+1)(2n+1)$,其中 n 是整数:

当 $n=3k, n=3k+1, n=3k+2(k$ 是整数)时, $n(n+1)(2n+$

1)都是 3 的倍数,所以结论成立。

以上所示的是单层树式结构,若每个分论点又有支撑它的材料单元,则成多层树式结构。

3.4　复式结构

实际上,在撰写论文时,常常需要将以上三种结构模式混合使用,这便成了复式结构。可以是主结构为树式,第 2、第 3 层结构中混用并列、串式、树式结构;也可以是主结构为并列,而在第 2、第 3 层结构中混用并列、串式、树式结构。

在毕业论文或学术论文的写作中,多采用树式结构作为论文的主框架。具体模式如下所示:

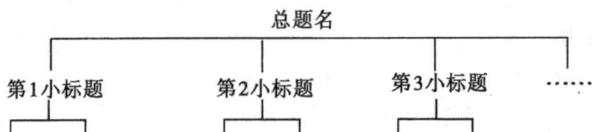

当然,还可以有其他类型的复式结构模式。总之,应根据论文内容的内在逻辑关系,灵活、合理地安排正文的结构。

第六章

写　作

§1　拟定提纲

1.1　提纲的意义

当确定了选题,并围绕选题进行了材料收集、整理、分析,初步形成自己的学术见解,且明白了理科学术论文的写作格式之后,接下来便进入了毕业论文的写作阶段。但写作过程并不是对所有材料的综合叙述和对研究结果的简单记录,而是一个对研究对象和学术观点的认识进一步深化和表达的过程,并且根据需要还得继续收集和分析与论文题目相关的材料。所以,写作过程是一个更复杂、更艰苦的过程。

拟定提纲是毕业论文写作所必需的,如同建筑工程需要设计图纸一样。因为学术论文不同于一般的短文,它常常需要作者根据自己的研究所得,提炼出论文的标题及中心论点,然后大致勾画出围绕中心论点而进行论证的不同层次的纲目,以及各个层次对材料的运用和编排,这就是拟定写作提纲。

拟定提纲是撰写论文时首先应做好的工作,对大学生撰写毕业论文尤为重要。因为提纲是为整篇论文搭起的一个骨架,是作者将自己前期的研究构思及材料调配用简洁的语言符号记录下来的论文

框架体系。可以说,拟定好了提纲,论文的写作就算完成了三分之一。所以,拟定提纲对论文的写作起着重要的作用。

1.拟定提纲是作者思路定型的过程。拟定提纲时,作者为了把材料组成一个中心明确、论证严密、条理清楚、详略得当、取舍适宜、具有说服力的合理体系,就必须充分考虑和把握全文的谋篇布局、层次设置和逻辑顺序等多方面因素,使其有机地结合起来,形成一条明晰、畅达、连贯的思路。拟定提纲,就是作者整理思路,并用文字符号使之系统化、定型化的过程。

2.拟定提纲是论文格局形态化的过程。提纲是论文的前期形态的简化形式。当作者的思路理清并加以定型的时候,论文的中心论点与各分论点、论点与材料、材料与材料之间的逻辑关系也就清晰起来了。作者据此对它们进行合理安排,使之各得其所,从而形成一个中心突出、层次井然、疏略适宜、结构严谨的论文框架体系。因此,最终用文字符号写成的提纲,把这个框架体系表述出来,就是论文格局形态化的过程。

3.拟定提纲为论文的写作和修改提供了依据和参照。没有提纲,拿起笔就写,很容易出现"东一榔头西一棒槌"、"眉毛胡子一把抓"的混乱现象,造成观点模糊、详略失当、中心湮没、层次紊乱、各部分内容失调、衔接不当等弊端,致使写作失败。

相反,如果精心拟定了论文提纲,看似花费了一定时间和精力,但为下面的写作铺就了通畅大道,写起来就得心应手,论文的质量也有了保证。待修改定稿的时候,再以提纲为参照,会更清楚地意识到写作中所存在的不足与缺陷,就容易对症下药,找到恰当的修改方法,最终写出自己满意的毕业论文。

同时,拟定论文提纲也为论文写作时需要再收集材料提供了依据。根据提纲可知,哪些已有的材料是可用的,哪些材料是多余的,哪些方面的材料还有些不足等,一目了然,从而确定材料的取舍,不至于出现某些部分"臃肿"、某些部分"瘦瘪"的现象。

4.拟定提纲还可以为工作繁忙的作者或多人合作者进行论文、

论著的撰写提供方便。有时,由于作者不是专门从事研究工作,不能连续写作,或因其他什么事情而暂时中断写作,例如,学生在毕业论文写作时,可能还得去上某些专业基础课,或去搞毕业实(见)习等,这就需要借提纲的帮助,在重新写作时立即找回原来的思路。另一种情况是某一课题多人联合作战、分工撰写,例如本书的写作,提纲就可以为每一个人提供全篇论著的整体布局,避免因各自为政而出现重复或疏漏。

1.2　提纲的要求

拟定毕业论文的提纲,一般有三方面的要求:

1.提纲应尽量写得齐全细致,能初步构成论文的大概轮廓。提纲的项目一般包括:①题目(暂定);②论文的论点、目的;③中心论点所隶属的各个分论点;④各个分论点所隶属的小论点;⑤各小论点所隶属的论据材料(理论材料、实例材料、实验材料);⑥每个层次采取的论证方法;⑦结论分析与意见等。要求提纲清晰、明确,较好地反映毕业论文的观点、材料及观点与材料的组合方式,也能反映出论文的大意,形成一个粗线条的框架系统。

2.提纲应从全局着眼,权衡好各个部分的关系。全篇论文所设立的分论点、小论点和实例、数据,都要围绕着中心论点,看其含意是否恰当,互相之间是怎样联系的,每个大的部分和小的部分在全局中占怎样的地位,各起哪些作用,该用多大的篇幅等。这些问题在编写提纲时都应考虑周到,甚至估计出每一部分、每一段落的大概字数,所用数据、论据的数量、类型等。这样做,对论题的思考就能做到胸有成竹,为写出理想的毕业论文奠定基础。

3.提纲应征求指导老师的意见,注意多加修改。好的提纲可以引导作者达到既定的写作目标。提纲编写后,最好先送给指导老师审阅,经老师指点,会及时发现其偏颇和欠缺之处,因为指导老师一般要比学生见多识广。然后,自己再作修改、推敲,使之趋于完善。这样做,表面上看似乎减慢了写作进程,实际上并非如此。由于得到

了老师的及时指导,自己对问题的认识更加明确,思路更加清晰,免得返工以及因思路不清而停滞。而有些学生完成写作提纲后,往往不主动征求老师意见,也不再推敲、修改,就开始毕业论文写作,这样做是不认真的,是种不负责任的态度。

1.3　提纲项目的表示

如前所述,理科学术论文的写作提纲,一般是由许多大大小小的项目组成的,这些项目包括题目、论点、大项目、中项目、小项目等,它们在提纲中的表示方法一般有三种形式:

1.示图表示法。这种表示简单、明了,一看就立即明白论文的主要骨架,但具体细节表示不详细,如下图:

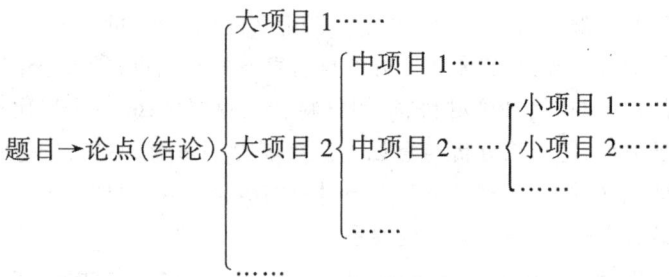

$$题目 \rightarrow 论点(结论)\begin{cases}大项目 1\cdots\cdots \\ 大项目 2\begin{cases}中项目 1\cdots\cdots \\ 中项目 2\cdots\cdots\begin{cases}小项目 1\cdots\cdots \\ 小项目 2\cdots\cdots \\ \cdots\cdots\end{cases} \\ \cdots\cdots\end{cases} \\ \cdots\cdots\end{cases}$$

很显然,这种树式结构的论文提纲,就是论文的骨架,如果考虑得细致,所列出的层次往往就是毕业论文所要形成的格局。

2.中国惯用的项目表示系统。这种表示系统目前在我国论文、论著中常见到,如:

题目:

大项目:一、二、三……

中项目:(一)、(二)、(三)……

小项目:1,2,3……

小小项目:(1)、(2)、(3)……

3.国际上惯用的项目表示系统。这种表示系统在我国自然科学学术论文、论著中也常见到,如:

理科类学生毕业论文写作指导

题目：

章：1,2,3……

条：1.1,1.2,1.3……

2.1,2.2,2.3……

3.1,3.2,3.3……

……

款：1.1.1,1.1.2,1.1.3……

1.2.1,1.2.2,1.2.3……

1.3.1,1.3.2,1.3.3……

……

项：1.1.1.1,1.1.1.2,1.1.1.3……

1.1.2.1,1.1.2.2,1.1.2.3……

1.1.3.1,1.1.3.2,1.1.3.3……

……

显然，这种项目表示系统分类细致，便于查找，很适用于题目较大、字数较多、内容繁杂的论文、论著项目的表示。

上述三种项目的表示系统各有其优缺点，因此，在实际使用时，常把它们结合起来应用。例如，本书在编写纲目时，就是把第 2、第 3 种表述系统结合起来使用的。

1.4 提纲的写作方法

在格式一章中，已经阐明了理科学术论文的写作一般由 10 个部分组成。但其中关键的是引言、正文和结论三部分。因此，论文提纲主要是列出这三部分的内容框架。引言、正文和结论也称为绪论、本论和结论。

在引言部分常常说明研究这一课题的目的、意义、缘由和作者的新见解、新观点等；在正文部分常常说明论证的方法、手段、条件，分析和推理过程，实验和操作过程，论据和数据的引用等；在结论部分常常给出论文的结果和应用，及进一步需要探求的问题，以及与已有

成果的比较分析等。根据这些内容要求,理科学术论文的提纲也就自然而然可按标题目录形式编写,如:

1.论文的宗旨、目的和意义

2.课题对象的研究

①课题提出的缘由;

②作者对课题提出的新观点、新结果;

③研究的目的。

3.实验的手段

①实验材料;

②实验方法;

③实验过程;

④实验结果。

4.结果的分析

①分析推理;

②逻辑论证;

③数据、例证;

④结果的应用。

5.结论

①新结果的综述;

②与已有结果的比较;

③待进一步解决的问题。

这种提纲的写作方法,是以事物的自然发展顺序按部就班地罗列清楚。在对工作过程的顺次进行标识的同时,也标识了作者在各部分的方法和意见,从而描述了论文写作的大体过程。这种写法可用图示法表示如下:

$$
题目 \begin{cases}
1. \text{论文的宗旨、目的、意义} \\
2. \text{课题对象：① 缘由 ② 新结果 ③ 研究目的} \\
3. \text{实验手段：① 材料 ② 方法 ③ 过程 ④ 结果} \\
4. \text{结果分析：① 推理 ② 论证 ③ 例证 ④ 应用} \\
5. \text{结 \quad 论：① 综述 ② 比较 ③ 猜测}
\end{cases}
$$

当然，就某一篇具体的毕业论文而言，上述提纲中的某些项目可以去掉，也可以增添另外一些项目。例如，一篇纯理论的论文，可以把第3项实验手段去掉，提出论文的新观点、新结果后，直接进入分析论证。

根据上述拟定毕业论文提纲的方法和格式，结合自己毕业论文的题目、材料，进行适当的项目(小标题)增减，即可完成提纲的拟定工作。

§2 初稿的写作

2.1 毕业论文写作的一般要求

在动笔写毕业论文前，作者要了解其写作的一般要求，即要求论文观点正确，内容避免重复烦琐，叙述条理清楚，逻辑推理严密，论点明确，论据充分，材料先进实用，例子新颖典型，数据真实可靠，表达形式与内容结合紧密；要求作者明确毕业论文的读者对象是具有相当专业知识的同学、老师或同行专家、学者，所以论文要有一定深度；要求篇幅大小适宜，专题论文一般不考虑论文的字数多少，只要把问题、结果论述清楚即可，但综述性论文一般要求字数在5000字以上，这与文科学生毕业论文不同。国家曾制定过标准要求，一般本科生毕业论文为7000至10000字，硕士生毕业论文为10000至15000字，博士生毕业论文为20000字以上。但根据理科论文的特点，必要时，本科生毕业论文的字数也可在10000字以上。当然，如果是发现、证

明一个重要的定理或提出了一种新的理论、假说,也许三五百字就能解决问题,并永垂青史。例如,1962 年英国剑桥大学 22 岁的学生约瑟夫森从理论上预言:当两块超导体实现弱连接时,会出现一种新的物理现象,他的研究成果写成仅仅两页纸的短篇论文发表。1963 年他的理论预言被实验证实,使许多物理学家对这一新的物理效应很感兴趣,这一新效应能把量子力学效应在宏观尺度上简单明了地反映出来,人们把这一新效应称为约瑟夫效应,在电子学领域获得了重要的应用,生产出了灵敏度高、噪声低、功耗小、开关速度快的约瑟夫森器件,并产生了一门新的物理学科分支——超导电子学。约瑟夫森本人也因这篇短论文,于 1973 年获得诺贝尔物理学奖。这样的事例在科学史上是屡见不鲜的。

美国麻省理工学院对科学技术性的论文提出的要求是四个词:明晰(clarity)、准确(accuracy)、完整(completeness)、简洁(neatness)。这四个词也可以说是理科毕业论文的基本要求。

理科毕业论文的内容总是以其基本观点为轴心贯穿全文,用材料说明观点,形成材料与观点的统一。观点的形成不是作者头脑里原来固有的、先验的、主观臆断的,而是来自对客观事实的科学探究和对材料的加工整理。理科论文应在新的发现处作详尽、深入的阐述,只要叙述完整即可,别人的结果(定理、定律、公式、数据等)可直接作为引理、引论来应用,一般不需要重新证明、分析。

写作时还必须注意表达的准确性,文字必须明确具体,开门见山地论述自己的观点,不用模糊的字眼。要精练、简洁,文字鲜明生动,在严谨中见变化,在周密中有曲折,重点突出,朴实易懂。

2.2 初稿的写法

在动笔写作初稿时,要先检查所拟写的提纲是否已将自己的全部思想包括进去,论文的基本观点、中心论题是否完全明确,引用的或参考的主要资料是否已准备齐全,对论文的全局及各个局部内容是否已了然于心。如果这些准备工作全部或大部分已做好,即可动

笔写作。写作的方法一般有三种：

1.按提纲的顺序分段进行。这是一般论文的常规写法。按顺序，是说从开头写起，依次写到结尾，完成全篇。分段进行，是说因为毕业论文一般篇幅较长，可分段完成，不必一气呵成。

按提纲的顺序分段写，难的是开头部分。有时，提笔前思潮澎湃，可真的拿起笔来，却又半天写不出一个字来。这是写作中经常会遇到的情形。遇到此种情况，不可硬着头皮写下去，不妨暂搁下笔，重新考虑提纲，重新认识材料，重新理顺思路，待到"柳暗花明又一村"时，再重新动笔。

按顺序分阶段的写法，可以使论文的格调、风格前后保持一致，衔接紧凑、自然，避免过多在语言、文意上的重复。同时，也适合长篇毕业论文写作时间上的要求，有利于集中思考问题。须注意的是一次最好能完成一个完整的部分，以便下次接着往下写时，只要大体过滤一遍已写的内容，就可以顺势写下去了。这种写作方法的最大优点是只需在原来拟好的提纲上添加材料，就好似在已有的骨架上添加经、络、肉、皮，使论文自然、整体成形。当然，只有原来拟定好的提纲骨架"高、大、全"，才能使成形后的毕业论文"真、优、美"。

2.按内容的熟悉情况分段写作。这种写法不是按从头到尾的自然顺序，而是根据自己的构思，对论文内容的把握程度，将整体分解开来分别写作，最后组装成篇。

这种写法有利于加大积极思考的势能。尽管经过反复研究材料、精心设计论文的布局，充分考虑内容的设置安排，拟定了提纲，但在动笔时，总不可能对全篇的所有内容、每个部分的详细情节，都想得那么透彻，也会产生一些新的、认识较深刻的、不立即写出来心不安的内容，应及时捕捉这种灵感冲动。把最先思考成熟的部分写出来，不但写起来得心应手，而且在质量上也能得以保证。

从内容安排上，采取这种写法也是可行的。毕业论文内容的组织安排，有着有别于一般文章的明显层次。论文的各个层次既有内在的紧密联系，又有各自的相对独立性。只要注意所分的"段"大体

上与论文提纲所设计的层次相吻合,就可以先把每一"段"或每一部分分别撰写出来,然后再按论文提纲进行组合成形。这种写作方法,就好像先造出各个部件,再按照论文提纲进行组装。只要各个部件是精品,组装无差错,组装技术高超,天衣无缝,那么组装出来的毕业论文也就可以成为优秀论文。

3.应用研究论文初稿的写法。应用研究论文是以科学实验为着眼点,通过对实验结果的分析,得出结论。因此,这类理科毕业论文的初稿还有其独特之处。

首先在写初稿之前,把实验取得的数据、计算过程和结果,再进行一次检查、核对。根据论文内容要求进行分类,填入所设制的表格中,对有规律性的实验数据关系用"图"表达出来,找出各项因素之间的关系,得出解释和结论。对无法解释的现象或结果,应在结论中明确指出,以便以后继续工作或由他人解决。

其次,写应用研究论文初稿时,一般要求写出五项内容:

(1)原理。原理是作者阐明所从事研究课题的理论依据。一般来说,实验构思都要以两个原理为基础:一是实验所要探索的原理或设想,另一个是实验主体仪器本身所应用的、已被证明是可靠的科学原理。介绍实验原理,便于读者从理论高度评判实验的根据是否充分,但某些众所周知的原理不必罗列。

(2)材料。实验材料泛指实验中所涉及的仪器、设备、原料、样品、试剂、添加物、受试人员或动、植物等。实验中所需的材料没有必要全部列出,要选择具有代表性的给予说明。选择材料的原则是:保证同行阅读后,可根据文中提供的材料及其工作条件,进行重复实验,以核对结果的可靠性。

(3)方法。方法也称为实验过程或操作步骤。方法的叙述,一般应按实验进行的先后顺序来写。对已有方法或已有方法的改进,应注明方法来源,并把改进内容写清楚;对自行设计的方法,应详细加以介绍。具体写作时,要注意两点:一是实验过程要精练,以免写成实验报告;二是叙述实验过程时不宜插入实验结果的讨论,以免造成

层次不清。

(4)结果。实验结果是全篇论文的核心部分,其后的分析、讨论由此展开,结论也由此获得。实验结果一般用数据、图、表来表示。从实验测定值转换而来的数据,应对计算方法加以说明。对结果的精密度和准确度给以适当的分析,有利于后继工作。图示法能够更形象、直观地显示变化规律,原则上应多用图少用表。如果用图表达问题不清楚,也可图、表联用。

(5)讨论。讨论主要是应用叙述性的文字来进行表达。通过对实验结果所显示出来的各种因素关系的分析、讨论,指出由此所得出的结论;讨论结论的理论和实用价值;指出尚待解决的问题以及进一步研究的方向;对实验结果的异常现象或相反结果应给予解释,以便同行借鉴。

所以,应用研究论文初稿的写法,一般按上述五项内容,分成若干合理的段落逐项写作;也可将几项合并混合写作,如人们也常常把材料和方法合并起来混合写作,把结果和讨论合并起来混合写作。但原理一般不与材料、方法相混合,材料、方法一般不与结果、讨论相混合。

2.3 段落的写作

段落是按照表达层次划分出来的一个个小的结构单位。在一般情况下,它是同属于一个中心思想的一个个句子的连接,是小于篇大于句子的一个完整的意义单位。在少数情况下,也可以一个相对独立的、意义完整的句子自成一段。毕业论文的段落是一个完整意思的间歇,是构成论文的基本单位,因此,段落也叫做自然段。

盖房子有结构,写论文也有结构,论文的结构就是作者把要用的材料和观点进行组织编排,即要合理分段。写论文要有层次,层次就是先说什么,再说什么,后说什么。如果一个层次的意思涉及范围比较广,需要从几方面来加以说明,或者分几个步骤才能说清,这就需要划分段落。段落的划分主要是由层次决定的;反过来,通过段落的

划分又可以帮助分清层次。段落与层次之间配合得好,论文就会显得脉络分明、结构合理。所以,要写好一篇毕业论文,首先必须使论文的段落清楚、合理。

1.段落的要求。毕业论文的段落与一般文章不同,有它的特殊要求,它要求单一、完整,长短适度,各段意思有内在联系。

(1)单一性和完整性。单一性是指一段中只表达一个中心意思。在一段里不论有多少句子,它们所表达的意思必须是统一的,必须为表达一段的段旨而服务,否则,若把几个没有逻辑关联的内容塞到一个段落里,这一段内容就会繁杂、臃肿、乏味。完整性是指一段里表达的意思,要在一段里集中说完,不能在这一段意思还没说完时就另起一个段落,产生分段过多,把同一内容的东西分成好几段的现象,使论文显得支离破碎,从而使分段失去意义。因此,毕业论文的段落要做到单一性与完整性有机结合,既不能分段过多,又要在必要处分段,使毕业论文思路清楚、关系紧密、主题突出。

(2)长短适度性。段落的长短,主要取决于段落意思的表达,是没有固定标准的。内容多则长,内容少则短。另一方面,段落的划分也有一定的伸缩性,可长可短。这是因为论文中一部分内容的集中是相对的,有大的集中,也有小的集中,可以把分开的几个小段并到一起写成一个大段,也可以把一个可以分开的大段分成几个小段,这是正常现象,这会因作者和时代的写作风格不同而不同。毕业论文的段落一般会长一点,因为在一个小的段落里,很难对某一论点展开周密、细致的讨论。而定理的证明等,一般是一个证明为一个段落。

(3)各段意思的内在联系性。每一个段落都是整篇毕业论文的组成部分,要以论文的中心主题为主线贯穿各个段落,而各个段落的段意都要为中心论点服务,各段之间要有思想、内容上的内在联系,前后各段在意思上互相连贯,不可隔断或分割,也不可在论文中插入没有什么联系的段落。段落的顺序要合乎自然,合乎逻辑,使各个段落成为一个有机的整体。

毕业论文段落的构成是一个值得重视的问题。因为拟定论文提

理科类学生毕业论文写作指导

纲时,对全篇大的方面会考虑得比较周全,而小的方面,到段落这一级就可能不那么细致。在提纲中每一段所列出的,往往只是该段所要表达的主要观点和准备使用的材料,还只是初步想到要写的内容。那么,在着手写每一段之前,就有必要先仔细想一想怎样把这一段的意思充分地表达出来,并容易为读者所理解、接受。这就要考虑在该段落里如何安排所要使用的材料,如何有层次、有条理地展开论证,使段落之间过渡自然、联系紧密,为全篇论文服务。

2.段落的类型。按照毕业论文的结构和文意,可把段落分为:

(1)按结构分类:有两种类型,一种是大章节重复使用的类型:由引言段开始,接着是承接段,可以写得很短,用来联系引言段与第一个内容段,再接着是内容段。可根据需要确定有多少内容与段数,随之是评论段,对已述事项加以评论,最后是总结段,包括就已述内容作出的结论。这一顺序可循环往复,直到主题充分展开为止。另一种是小章节重复使用的类型,只要在上一种类型中删去引言段和评论段即可。

(2)按文意分类:有叙述段、描写段、推演段、归纳段、辩论段五种类型。叙述段文意可按时间的先后推进,这在毕业论文中用得不多,惟有在引言段中使用。描写段可在内容段中应用。多数毕业论文都使用推演段,作者常常先把一段的观点写成概括说明(主题句或称小导语),接着写细节说明,提出支持主题句或使导语具体化的论证。归纳段与推演段相反,从具体特殊事物开始,然后作总的概括。使用归纳段时要周密考虑,要证据充分,使读者能够信服。辩论段在毕业论文中也是常用的,经常提出问题和论证两方面的意见,或讨论某一事物的优缺点。因此,在毕业论文段落写作时,多使用推演段、辩论段,兼顾使用其他类型段(如应用研究论文也多使用描写段来描述实验),才能使论文的新观点有理、有据、可信,才能使自己的科学创造被大家接受。

3.段落的过渡与照应。毕业论文段落的过渡结构,好比桥梁,使上下文连贯沟通。把论文词语、材料、观点连接在一起的连词、短语、

句子、段落,都称为过渡结构。过渡结构在承上启下的同时,还能显示文中连接的各成分之间的相互关系、主次轻重、先后顺序和整体思想,过渡结构运用得好,可使论文自然流畅、层次清楚、舒展自如。

照应跟单一性的要求是一致的,立论的根据须有照应,各个段落须有照应,前后须有照应,开头结尾须有照应,至少不能相互矛盾。有的论文为了便于问题的展开,有些话先交待一下,那么到论文的后面,这个交待就要有照应,否则读者会觉得没有着落。

毕业论文的过渡结构与照应,有七种常用的方法:

(1)顺序法:如时间顺序、地点顺序、因果顺序、演算顺序、问答顺序等。描写一个过程(如实验)多用时间、地点顺序,首先点明第一个动作的时间地点,接着讲在时间、地点上紧跟着的第二个动作。因果顺序是按原因、结果安排的,有时与时间顺序一致,有时与地点顺序一致,一般安排是先因后果,但有时也有用倒叙的。演算顺序决定对演算过程的说明。问答顺序是作者提出恰当的问题,然后加以解答。

(2)列举法:理科毕业论文常使用一、二、三……,1、2、3……,(1)、(2)、(3)……序号列举所述事项的方法,这样容易获得条理清晰、层次分明的效果,可省略过渡的文字,只要讲究一下排列次序即可。

(3)平行的语法结构:层次相等的事项可采用平行的语法结构并列、联系。

(4)重复关键词语:除了意思上前后照应外,理科毕业论文常常使用关键词、关键句的方法,即每段开始时给出段中主句来说明本段的主旨,起到统领全段的作用,然后重复关键的词,使用同义词、反义词,以达到前后照应、中心突出、加强语气的效果。

(5)用代词、指示代词:用"它"、"它们"代替名词,用"这些"、"那些"、"这样"等词插入段落中可起到联系和照应的作用。

(6)插入连接语句或连接段:连接语句和连接段在段落间起承上启下的作用,有的放在前一段落的末尾,有的放在后一段落的开始。例如,"下面我们将给出……"或"通过上述分析可知……"。

(7)插入连词或连接短语:连词和连接短语很多,例如"因为"、"所以"、"并且"、"但是"、"然而"、"由此可见"、"综上所述"等,它们的含义和语气一般各不相同,若恰当地使用连词或连接短语,可使段落的过渡和照应更加自然,整篇论文浑然一体。

2.4　句、词、字的写作

句子是毕业论文中表达意思时实际使用的独立而完整的最小单位,是判断和推理的基本形式。例如,"所有的金属都是导电体",既是一个句子,又是逻辑上的一个判断。

理科毕业论文的句子,既要突出论点的逻辑力量,层次分明,丰富周密,又要严谨质朴,长短合适,不拖泥带水。句子过长,把许多内容塞在一个句子中,容易使读者不得要领,产生歧义;句子太短,显得行文单调、零碎,容易使逻辑关系不畅达,读起来不顺而产生反感。所以,理科毕业论文要尽量使用意思完整的简短句。例如,可把下述69个字的长句改为共66个字的三个短句:

虽然提炼者能够不断地将催化剂的一部分排出去,代之以选择性能好的新催化剂,来控制性能的衰退,但由于增加了催化剂的消耗,这种措施增加了生产成本。

可改为:

提炼者能够保证选择性能不断改善。他可以不断补充新的催化剂,局部地代替提炼炉内的催化剂。但这将增加生产成本,因为他必须使用更多的催化剂。

在理科毕业论文的句子写作中,可使用并列句、主从复合句,使句子结构多样化、论文的表达形式丰富多彩。若两个以上的子句表达的内容不是同等重要时,就需要将其中重要的写成独立主句,其他的写成从句。若两个以上的子句表达的内容是等同的职能,就可以把它们平行地写出,组成平行结构。这样可增加句子的清新感。

另外,在理科毕业论文写作时,一定要注意在每个段落中锤炼出一个主题句放在段落的开头(或结尾),说明本段讨论问题的实质或

意思。主题句常常起着一个段落的导语作用。作者应用主题句可把提纲扩展成一些段落，而这些段落就组成了一篇流畅的论文。事实也已表明，这种写法是一种非常有效的方法，并且这种写法便于读者阅读，并很快抓住主题，便于文摘人员作二次文献，所以，大部分理科学术论文写作都是采用这种方法。

词是分析一切句子所得到的最小单位。词在一个句子里充当着不同的角色和成分。按照在句子中的功能和成分，词可以分为实词和虚词两大类。凡是能充当句子成分的，一律称为实词；凡是不能充当句子成分，只起连接作用或表示语气、情感的，一律称为虚词。

实词又可以分为名词、表词（包括动词和形容词）、副词、量词、代词五类。名词主要充当句子的主语，表词主要充当谓语，副词通常充当状语，量词的功能近似名词但又不同于名词，代词可以代替名词、表词、副词、量词，在句子中可充当主、谓、宾、补、定、状语各种成分。

虚词可以分为介词、连词、系词、叹词、语气词五类。这些词主要在句子成分之间、实词与实词之间、句子与句子之间起连接作用，或表示句子的语气、感情色彩等。

理科毕业论文中的名词，应尽量采用国家标准、专业标准中编定的名词术语。尚未编定的可采用学科部门与科学研究单位常用的名词术语。如果有作者自己创造的特殊名词或新名词，则应在论文中给出定义或说明。对于某些不属于作者专业范围内的名词术语，应该请教有关专业人员核对；对于有些不能相互代替使用的专业名词术语，使用时要谨慎，要把握其内涵和外延，例如"函数"与"函数值"、"类脂"与"脂肪"、"食品"与"食物"等；对于有些含义相似，但又确不相同的名词术语，使用时要严格区分，例如，"分析"、"测定"与"化验"，"结果"、"效果"与"效用"，"成分"、"含量"与"组成"，"试验"、"实验"、"检验"、"检查"、"鉴定"与"鉴别"等。

在同一篇毕业论文中的同一名词术语要前后统一。同一名词术语应始终表达同一概念，同一概念应始终采用同一名词术语来表达，例如，"向量"与"矢量"、"势能"与"位能"、"电解"与"电离"、"游离基"

与"自由基"等。名词术语一般也应该用全名,不要随意缩写,至于已有通用简称、简写的名词术语或在文中需要简称时,可在初次出现时用全名并附简称后,再用简称。例如,"浙江师范大学(简称浙师大)……"以后的写作中就可用"浙师大"代表"浙江师范大学"。

字是构成词的最小单位,每个字都有一个意义或多个意义,不同的几个字组成的词可能又成为另外一个意义。作者在使用字的时候,也一定要严肃认真地对待,尽量不要产生什么笔误。如果一篇毕业论文中错字、别字很多,或用不规范的简化汉字太多,不仅影响论文的水平和质量,而且还可能产生歧义。所以,在毕业论文初稿写作时,必须严格执行中华人民共和国 1964 年批准的、由中国文字改革委员会编印的《简化汉字总表》,而 1977 年公布的《第二次汉字简化方案(草案)》上的简化字已不使用,当然更不能随意杜撰汉字、自己简化汉字。

在论文写作时,要注意一些常见的容易用错的字。举例如下:摩(摩擦)与磨(磨损),园(公园)与圆(圆弧),予(给予)与预(预热),副(副教授)与付(付出),形(形状)与型(模型),涡(涡流)与蜗(蜗轮),炭(木炭)与碳(碳元素),幅(振幅)与辐(辐射),距(距离)与矩(矩形),储(储备)与贮(贮存),胀(膨胀)与涨(涨潮),临(临界点)与监(监考)。值得庆幸的是我们现在可以应用计算机打印毕业论文,从而可以大大减少毕业论文中的不规范简化字和错别字。

2.5 标点符号的运用

理科毕业论文的标点符号,除使读者容易阅读外,还能标出论文思想、摆正词句之间的关系。

(1)句号(。):表示一句话完了之后的停顿。一般在汉语文字里不能用圆点"."代替。

(2)逗号(,):表示一句话中间的停顿,用于复杂句子的分句之间或第二层的并列成分之间。

(3)顿号(、):表示一句话中间并列的词或词组之间的停顿,也表

示"次序语"之后的停顿(如"一、"表示第一的意思)。顿号只用于第一层并列成分之间。

(4)分号(;):表示一句话中间并列的分句之间的停顿。一般用于几个平行的完整句子之间。

(5)冒号(:):表示提示语之后的停顿。

(6)引号(""、' '):表示文中引用的部分,或者特定的称谓和需要着重指出的部分。用双引号或单引号可以不拘,没有意义上的区别。一般用双引号,因为它比较醒目。若引号里再用引号时,里面的引号一般用单引号。

(7)问号(?):用在问句之后。

(8)感叹号(!):表示强烈的感情,也称为感情号或惊叹号。感叹号在毕业论文里是忌讳的,极少使用。

(9)括号(()):表示文中注释的部分,也可用方括号"[ ]"表示,它多用于论文注释的标号或根据需要做某种标记,或作为参考文献的标号。括号内的句子,如果属于正文不可分割的一部分,其最后一个标点(逗号或句号)应在括号之外;括号内的句子,如果是完整的句子,而且是对正文的整句或整段的补充说明,句号应在括号之内。毕业论文中的定义、定理可使用黑体表示,也可使用鱼尾号"【】"表示。

(10)省略号(……):表示论文中省略的部分。一般用六个圆点表示,并占两格位置。在外文或公式中,常用三个圆点表示,占一格位置。

(11)破折号(——):表示下面有个注释性的部分,也表示意思的递进和转折,占两格位置。例如:爱因斯坦——相对论的作者——并没有正确地证明他所得的公式。

(12)连接号(-):表示相关的人或事物的联系,占半格位置,在理科学术论文中使用较多。例如:"盖革-弥勒计数器"。在中文与外文字母之间一般不用连接号,例如:"K介子"不应写成"K-介子"。但在化学名词中有例外,例如有"α-氨基酸"。

(13)范围号(—,~):表示时间、地点、数目等的起止,占一格位

置。例如:"5℃～10℃","杭州—北京"。外文中常用"～"。

(14)书名号(《　》、〈　〉):表示书籍、报刊、文件、论文等的名称。书名号内再用书名号时,双书名号在外,单书名号在内。在理科论文写作中,著名的(甚至一般的)书刊杂志论文可以不用书名号。

(15)间隔号(·):表示月份和日期之间的分界,也表示汉族之外其他民族人名译音的音界。例如:"D. W. Baker"译为"德·伍·贝克","I. Newton"译成"伊·牛顿"。

(16)着重号(.):表示文中需要强调的部分,加在强调字的下面。

(17)撇号(′):表示计量、计时、经纬度和上角标。

(18)化学键(—):表示化学键结构,无论单键或双键,都占一格位置。如:—CO—NH—。

(19)章节号(§):表示论文的小节,例如§3。

在理科毕业论文中,除着重号外,每种标点符号都占格。标题和表格内的文句,最后都不用句号。若在论文中出现分数,最好用斜线。例如"$\dfrac{1}{1840}$"应写为"1/1840","$me = \dfrac{1}{1840}\,mp$"应写为"me = (1/1840)mp"。若在论文中出现转行,句号、逗号、顿号、分号、冒号、问号、感叹号、连接号、间隔号(统称为点号)都不能放在某一行的开头,只能放在前一行的末尾;引号、括号、书名号的前半边,可以放在某一行的开头,但不能放在前一行的末尾;省略号、破折号可以放在前一行的末尾,但不能拆段放在两行。

使用标点符号时,容易犯的毛病很多,特别是数、理、化、生科学工作者,常常不注意标点符号的正确使用。有的作者只会用逗号,一逗到底,越俎代庖;有的作者在一大段论文中间什么标点符号也不用,只在段尾用一个句号,使读者感觉像读古代文献一样;有的作者特别喜欢用顿号,用得多、乱、杂,使论文很难看;有的作者一见到句子带有疑问词就用问号,其实带有疑问词的句子也可以是陈述句;有的作者在省略号前后还用顿号、逗号、分号、句号,或在省略号后还用

"等"、"等等"字样,这些都是不正确的。因此,初写毕业论文的作者,一定要注意标点符号的正确使用,为论文增添光彩,养成写作的好习惯。

§3 理科论文写作中的特殊要求

3.1 数字

在理科毕业论文的写作中,常常应用数学公式、数字、物理学单位符号、化学式等写作规则。这些规则是理科学术论文的具体技术细则和特殊要求,直接影响着论文的水平和准确性。所以,它们是理科毕业论文作者应掌握的基本功之一。

理科毕业论文的主要特点之一是数字多。通过数字,可以给人以量的概念,也给人以质的感觉,可以令人信服,令人联想。数字所具有的简练、准确、醒目、直观,是其他文字无法代替的。人类的一切活动,无不表现为各种数量关系,人们可以用数字形式为各种生产活动提供科学的依据,即数据。论文中的对比分析、说理等若能用数据准确地描述,则是一种更大的进步,也是理科论文的显著特点。

1.运用数字的基本要求。①真实可靠,即论文中所引用的数字必须翔实,这是科学研究必须遵循的基本规则和科技道德;②准确表达,即作者为了维护论文的准确性,必须对所引用的数字认真复核;③简练,即要求数字的表达具有针对性,针对想要说明的问题或不同性质的论文,选择合适的数字、选择恰当的表达方式,列举必不可少的数据来说明问题,无关题旨的数字略去不写,使数字在表达问题宗旨的同时尽量简练;④通俗,即尽量借助比喻、联想、形象等手法,把科学结论和单调的数据表达得生动而不枯燥,易懂而不晦涩,正确而不变形,使得论文的主要观点易于被读者接受。

2.数字的种类。一般数字有阿拉伯数字:1,2,3,…10,10^2,10^3,

$10^6, 10^{-1}, 10^{-2}, 10^{-3}, 10^{-6}, 10^{-9}$ 等；又有分数、百分数、绝对值、标准值、序数、基数、约数、概数等等。中文数字一般有：一，二，三，…十，百，千，万，亿，兆，分，厘，毫，微等；还有大写的壹，贰，叁，肆，伍，陆，柒，捌，玖，拾，佰，仟等，以及汉语中通用的两，俩，仨，念，廿等等。有时在理科论文中也使用罗马数字：ⅰ，Ⅰ(1)；ⅱ，Ⅱ(2)；ⅲ，Ⅲ(3)；ⅳ，Ⅳ(4)；ⅴ，Ⅴ(5)；ⅵ，Ⅵ(6)；ⅶ，Ⅶ(7)；ⅷ，Ⅷ(8)；ⅸ，Ⅸ(9)；ⅹ，Ⅹ(10)；l，L(50)；c，C(100)；d，D(500)；m，M(1000)等。

在论文中究竟什么时候使用什么数字，一般有四个通则：①在措辞或意义上是否合理；②是否清楚醒目；③能否节省篇幅；④可否避免歧义或错误。在一般情况下尽量使用阿拉伯数字。特别是带有计量单位时，必须使用阿拉伯数字；而在中文句子的表达中应用中文数字较好。如"重新热处理不得超过三次"中的"三"一般不用"3"；罗马数字应用得很少，一般在表达条件结论个数时可使用。

3. 数字的写法。书写数字时，一般每个中文数字占一格，两个阿拉伯数字占一格；有效数字位数应全部写出，如精确到小数点后第二位的数字"1.50"不能写为"1.5"，超过有效位数的数字一般采用"四舍五入法"修订数字；小数点前或后，若超过四位数字时，从小数点起，向左或向右，每三位数字应空 1/4 格位置，如 23 456。这种做法是根据国际标准化组织(ISO)推荐的。当数字的位数很多时，常采用有效数字乘以 10^n 的写法，如 $250000 = 2.50 \times 10^5$（三位有效数字）。

用数字表示偏差范围的书写可参照写法：$20 \pm 2℃$ 或 $18℃ \sim 22℃$（但不能写为 $20℃ \pm 2℃$）。用数字表示日期、时刻的写法可参照如下写法："2003 年 3 月 20 日 9 时 35 分"，可写为"2003.3.20. 9:35"。在同一计量单位的一系列数字中，可仅在最末一个数字后面列出计量单位，如：$5.0, 7.5, 10.0, 12.5mm$。用数字表示序数的中文句子中，一般只能用中文数字，如第六届年会中的"六"不写成"6"，但序数超过十时可采用阿拉伯数字，如第 24 届国际数学家大会在北京隆重开幕。另外，也要注意序数"二"和基数"两"不同，例如"第二次世界大战"与"两次世界大战"不同，前者也不能说成"第两次世界大战"。

3.2 数学公式

数学中有许多符号规定,例如"$a + b$"表示"a 加 b","$a - b$"表示"a 减 b",

$$\sum_{i=1}^{n} a_i = a_1 + a_2 + \cdots + a_n,$$

$$n! = 1 \times 2 \times \cdots \times n,$$

$$\lim_{x \to a} f(x)(\text{表示 } x \text{ 趋于 } a \text{ 时} f(x)\text{的极限}),$$

$$f'(x) = df/dx \text{ 表示 } f(x)\text{的导数},$$

$$\int f(x)dx \text{ 表示 } f(x)\text{的不定积分等}。$$

更详细的内容参见我国国家标准 GB3102.11-86《物理科学和技术中使用的数学符号》。

所谓数学公式,就是由数学符号组成的有意义的式子。例如,$a + b = b + a$ 就是一个数学公式。数学公式在毕业论文写作中一般另起一行居中写,有编号的式子要略为靠左,编号写在最右边并加圆括号;公式末尾是否加标点应视具体情况而定,公式与编号之间不加虚线;公式一般按全文编号,也可按章节编号。

在正文中引用前述公式时,要用"见式($\times$)",而不用"见第 $\times$ 式"。在公式与公式之间、公式与正文之间用的标点符号,要与公式离开半格,以免与下标、号码等相混淆。

公式必须缮写或打印清楚,特别注意外文字母的大小写和不同外文字母的区别,例如 c 与 C,k 与 K,o 与 O,p 与 P,s 与 S,u 与 U,v 与 V,w 与 W,x 与 X,z 与 Z,α 与 a,γ 与 r 等。若公式中符号层次较多,一定要注意上、下标的层次写法,不要混淆,例如:h_{m-1}^3,H_{R2},F^{2n-1} 等。

在数学乘式中,当字母符号与字母符号或前面数字相乘时,不用乘号"$\times$"或"$\cdot$"分开,例如 xy^2,$48g^{3x-1}$;当字母符号与后面数字相乘或数字与数字相乘时,就要用乘号"$\times$"分开(一般不用乘号"$\cdot$"),例如:$3UI\cos\psi \times 10^{-3}$,$27 \times 16$。

三角函数符号(如 $\sin, \cos, \tan, \cot$)、双曲函数符号(如 $\sinh, \cosh, \tanh, \coth$)及常用数学术语(如 $\max, \min, \lim, \ln, \lg, \sup, \inf$)等均可直接写出而不必翻译。

论文写作中,有时可能会出现一行写不下的较长的数学公式,这就需要转行。转行时,一般应选在" $=$ "、" $<$ "、" $\leqslant$ "等关系符号处转行,不得已时,也可以选在项与项之间转行,即在" $+$ "、" $-$ "、" $\times$ "、" $\div$ "处转行,甚至在运算符号如 $\int$、Σ、Π 等之前转行,但不要在这些符号之后转行。要尽量避免很长的分式转行,不得已可以把分子、分母分别写出来后,把分数线改成除号来连接,再进行转行,例如:

$$
\begin{aligned}
&\left[p_0 \sin(\alpha_2 - \alpha_1) + p_1 \sin(\alpha_3 - \alpha_1) + p_2 \sin(\alpha_3 - \alpha_2) \right.\\
&\left. - p_3 \sin(\alpha_2 - \alpha_1) \sin(\alpha_3 - \alpha_1) \sin(\alpha_3 - \alpha_2) \right]\\
&\div \left[\cos(\beta_2 - \beta_1) + \cos(\beta_3 - \beta_1) + \cos(\beta_3 - \beta_2) \right]
\end{aligned}
$$

转行时,符号应写在下行的前面,转一行的要居中写,转多行的上下等号要对齐;无等号时,可比等号缩进一个字符写,符号对齐,例如:

$$
\begin{aligned}
u^2 &= (x + 2z)^2 + (y + 2x)^2 + (z + 2y)^2\\
&= x^2 + 4xz + 4z^2 + y^2 + 4xy + 4x^2\\
&\quad + z^2 + 4yz + 4y^2\\
&= 5x^2 + 5y^2 + 5z^2 + 4xy + 4xz + 4yz
\end{aligned}
$$

3.3　物理量的计量单位

常用的物理量及其单位有许多种类,过去一直用得比较混乱,直到 1960 年第十一届国际计量大会(CGPM)才通过了国际单位制(SI)。此后,我国在 SI 的基础上制定了一系列关于物理量的国家标准,它们分别是关于国际单位制及其应用(GB3100 - 86)的有关量、单位和符号的一般原则(GB3101 - 86),空间和时间的量和单位(GB3102.1 - 86),周期及其有关现象的量和单位(GB3102.2 - 86),力学的量和单位(GB3102.3 - 86),热学的量和单位(GB3102.4 - 86),电学和磁学的量和单位(GB3102.5 - 86),光及有关电磁辐射的量和单

位(GB3102.6 – 86),声学的量和单位(GB3102.7 – 86),物理化学和分子物理学的量和单位(GB3102.8 – 86),原子物理学和核物理学的量和单位(GB3102.9 – 86),核反应和电离辐射的量和单位(GB3102.10 – 86),物理科学和技术中使用的数学符号(GB3102.11 – 86),无量纲参数(GB3102.12 – 86),固体物理学的量和单位(GB3102.13 – 86)等等。对于某方面详细的量纲单位,读者可参阅上述有关的国家标准,它们都是以国际(SI)基本单位(参见下表)为基础的。

SI 基本单位

量的名称	单位名称	单位符号
长度	米	m
质量	千克	kg
时间	秒	s
电流	安[培]	A
热力学温度	开[尔文]	K
物质的量	摩[尔]	mol
发光强度	坎[德拉]	cd

SI 基本单位的定义是:1 米等于氪 – 86 原子的 $2p_{10}$ 和 $5d_5$ 能级之间跃迁所对应的辐射在真空中的 1 650 763.73 个波长的长度;1 千克等于国际千克原器的质量;1 秒等于铯 – 133 原子基态的两个超精细能级之间跃迁所对应的辐射的 9 192 631 770 个周期的持续时间;1 安(培)是一恒定电流,若保持在处于真空中相距 1m 的两无限长而截面积可忽略的平行圆直导线内,则在此两导线之间产生的力在每米长度上等于 2×10^{-7} N;1 开(尔文)是水三相点热力学温度的 1/273.16;1 摩(尔)是一系统的物质的量,该系统中所包含的基本单元数与 0.012kg 碳 – 12 的原子数相等(在使用摩尔时,基本单元应予指明,可以是原子、分子、离子、电子及其他粒子,或是这些粒子的特定组合);1 坎(德拉)是一光源在给定方向上的发光强度,该光源发出频率为 540×10^{12} Hz 的单色辐射,且在此方向上的辐射强度为

(1/683)W/sr。

由 SI 的基本单位即可得出其他许多物理的导出单位。所谓导出单位,是由基本单位的幂次之积构成的,其指数与所讨论的导出量的代数表达式中基本量幂次之积的指数相同,但不引入数字因数。例如:容积的单位是立方米,符号是 m^3;加速度的单位是米每二次方秒,符号是 m/s^2;力的单位是牛(顿),符号是 N(N 代表 $kg \cdot m/s^2$)。这些导出单位与基本单位和少数常用单位一起,构成了我国法定计量单位。下面着重说明计量单位的使用方法。

我国有关法定计量单位的书写和使用规则可归纳为:

(1)有些带有方括号的名称,如摩[尔],表示方括号中的字是可以省略的部分。

(2)组合单位的中文名称与其符号表示的顺序一致。符号中的除(斜线或负指数)在名称中对应的字为"每","每"字只出现一次而与分母中的单位多少无关,如密度的单位 kg/m^3 称为千克每立方米。

(3)乘方形式的单位名称顺序是指数名称在前,单位名称在后。例如,断面惯性矩的单位 m^4 称为"四次方米"。

(4)单位名称不应加乘、除、幂或其他符号。例如,电阻率单位 $\Omega \cdot m$ 写成汉字时为"欧米",而不能写为"欧·米"或"欧 – 米"。

(5)计量单位和词头的符号,不论拉丁字母或希腊字母,无一例外地使用它们的正体,不附省略点,也没有复数形式。

(6)非物理量的单位,如圆(人民币)、班、组、台、件、万支等,可以使用汉字单位,必要时这样的汉字单位也可与字母组合,如,六千千瓦每台可写为 6000kW/台。

(7)摄氏度的字母符号℃可作中文符号使用,并可与其他中文符号组合,例如,$W/(m^2 \cdot ℃)$对应的中文符号为"瓦/(米$^2 \cdot$℃)"。

(8)单位符号的字母一般用小写体,若单位来源于人名则第一个字母用大写体,例如,秒(s),帕斯卡(Pa)。

(9)因数小于 10^6 时的词头字母用小写体,大于或等于 10^6 时用大写体。

(10)相乘的单位,其次序无原则规定。而当某单位符号又是某

词头的符号,并且可能发生混淆时,则应尽量将它置于右侧。例如,力矩单位"牛顿米"的符号表示为 N·m,不宜说"米牛顿",因为其相应的符号"mN"容易被误解为"毫牛顿"。

(11)由单位相除构成组合单位的字母符号,可用下列形式表示:kg/m^3,$kg·m^{-3}$,kgm^{-3}。当可能发生误解时,要用居中圆点或斜线的形式。例如,m/s 或 $m·s^{-1}$ 不应写为 ms^{-1},以免误解为"每毫秒"。若用中文形式表示只有两种:千克·米$^{-3}$或千克/米^3,一般不写成"千克米$^{-3}$"。

(12)运算中,组合单位中的除可用斜线表示,例如,$m·s^{-1}$和 m/s 是一样的。

(13)分子为 1 的组合单位符号一般不用分式而用负数幂,如,波数单位的符号是 m^{-1},可用 1/m。

(14)在用斜线表示除时,在一个组合单位符号中的同一行内,除加括号避免混淆外,斜线不得多于一条,例如,热导率单位符号是 W/(K·m),而不是 W/K·m 或 W/K/m。

(15)词头和单位的中文符号在区别于数词的情况下,应使用括号,例如,$3km^2$ 表示 $3(千米)^2$,$3000m^2$ 表示 3 千米^2。

(16)法定计量单位不得加其他形容词限制或改变其含义,其符号上亦不得附加其他限制其含义的任何记号,例如,单位中不用"标准米"、"近似千克"等。

(17)一个量值一般使用一个单位,而且居于数值完结之后,与数值间有半个字符空隙,例如,1.5 米不应为"1 米 50 厘米",但可写为150 厘米。

(18)单位的名称和符号必须作为一个整体使用,不得拆开,例如,20℃读为"20 摄氏度",不能读为"摄氏 20 度";30km/h 读为 30 千米每小时,不能读为"每小时 30 千米",但可以说"每小时跑 30 千米",不过这已不是对 30km/h 的读法了。

(19)选用的倍数和分数单位,一般应使量的数值处于 0.1～1000 范围内,例如,$1.2×10^4N$ 可以改写成 12kN;0.00394m 可以改写成

3.94mm。但在变更过程中,要保持有效位数不变。

(20)词头的名称及符号均不得重叠使用,例如,"毫微米"即"纳米"用符号 nm 表示,一般不用 mμm 表示,但人们有时也习惯用 mm 表示"毫米"。

(21)万(10^4)、亿(10^8)是数词,未列入词头,亦无符号,它们可按数字用于各种场合。

(22)词头及其符号不得单独使用表示因数,例如,k 单独不能表示 10^3,μ 单独不能表示 10^{-6} 等。但是,中文数词"千"、"百"、"十"可以单独使用。

(23)带有词头的单位,其指数系指这个倍数单位,例如,$3cm^2 = 3(10^{-2}m)^2 = 3 \times 10^{-4}m^2$。

(24)组合单位的十进倍数和分数单位在加词头时,一般只加在它的第一个单位之前,例如,kN·m 不宜用 N·km,kJ/mol 不宜用 J/mmol。

(25)还有一些与 SI 并用的常用单位,例如,小时(h)、天(d)、年(y),升(L),吨(t),度(°),[角]分(′)等。

3.4 化学式与表格

在化学毕业论文的写作中,其基本要求和大部分写法类同于数学、物理。例如,化学方程式的写法、编号法与数学公式相同:

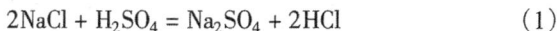

$$2NaCl + H_2SO_4 = Na_2SO_4 + 2HCl \tag{1}$$

在化学式转行时,反应式尽可能在"→"、"+"、"="处转行。结构式尽可能在"→"、"⇌"、"↔"、"−"、"≡"、"⁝"处转行。

在化学方程式和核反应方程式中,反应物和生成物之间应以"→"隔开,而不采用等号;处于激发态的原子核、原子、分子或离子,则在其右上角加星号(*)表示,如 N_2^{+*},N_2O^*。在表示某一多元体系时,组分与组分之间,用联字符相连接,例如:

$$MgO - Al_2O_3 - SiO_2$$

在化学论文的正文中,化学元素名称大多写全称,如果句子的第

一个字是元素名称时,一定要写出全称,不得用符号代替。例如,"钠化合物,碘盐",不应写为"Na 化合物,I 盐";"碳原子,氧分子",不应写为"C 原子,O 分子"。但是,酸度、碱度或氢离子浓度都可直接用符号 pH 值表示。

在化学论文的表格中,可以用化学元素符号来表示元素本身。表格的特点是列举可供运算、运用、对比的具体数值资料,用整段或大篇文字才能说明的材料,用表格则可一目了然。所以,表格是化学论文写作中最常用的表达工具之一。

从表格中的数字来源看,表格可以分为两类:一类是在试验中直接观测时记录的数据,即观测数据;另一类是由原始记录演算出来的数据,称为导出数据,如百分数、比值、总计、平均值、标准值等等,都是用作比较的有效数据。

一篇毕业论文中,表格的编号应自成一个系统,用阿拉伯数字连续编号,如表 1,表 2……每一个表格最好都有一个表名,即表格的名称。表名的字数越少越好,但意义必须明确,使读者一看便能知道表格内容、表中各因素之间的关系。

表格内有竖线和横线,竖线之间为栏,横线之间为行。在每栏顶上的一格内,写明该栏内数字代表什么,称为栏头。在最左边一栏的各行内,常常不是数字,而是文字或标号,说明该行数字表示什么,称为行头。

栏头的文字就是该栏的标题。一个大栏有时分成几个小栏,每个小栏的文字就是该小栏的小标题,或是大栏的分标题。行头的文字是该行的标题,必要时也可加分标题。栏头和行头合称为表头。表头中的文字应力求简单、明了、整洁,不用标点符号。

表格中的数字,其位置取中并从右向左对齐。如有小数时小数点应对齐,小数点后的位数要统一。表格中数字若上下一样时,应重复写出,不能使用"同上"或"同左"的字样或符号。

表格中各种数据均须将其单位标出,可在栏头上另列"单位"行。

如果与表格内各数据皆为一种单位时,则单位应置于表名之后或表

的右上角。如果分行有相同的单位,则各行应各用一个单位指明,并且,应采用法定的计量单位。

另外,在化学论文写作中,一定要注意记住化学元素的表示符号、原子量、原子序数和一些常用的数据及化学符号。例如:"≈"表示约等于,"⇌"表示可逆反应,"↑"表示气体,"↓"表示沉淀,"F"表示双键,电子电荷 $e = 1.602\ 189\ 246 × 10^{-19}$ 库仑[C],普朗克常数 $h = 6.626\ 176\ 36 × 10^{-34}$ 焦耳·秒[J·s],气体常数 $R = 8.314\ 412\ 6$ 焦耳·开尔文$^{-1}$·摩尔$^{-1}$[J·K^{-1}·mol^{-1}]等。

3.5 生物结构与插图

生物学的毕业论文写作,类同于前面所述的数理化论文写作,只是生物学论文中多有插图。插图便于显示事物的变化规律和在不同变化条件下进行相互对比,而且非常直观,所以,生物学把插图作为论文写作的最常用的工具之一。

毕业论文中的插图,只能是经过精心挑选的、最能说明问题及与内容紧密相关的。对于可有可无的插图或图中可有可无的部分,坚决舍弃不用。插图也应按照章节分别无遗漏地编号。插图的大小既有本身的要求,又要与整个版面协调。一般不宜过大,可按 1/4、1/3、1/2 的比例绘制,图中的线条也应考虑到缩小后的效果,避免过细过密,或同类型的图应有相同的比例。

插图应重点突出,在表现一个局部时,只画局部图即可。插图的线条要光洁、匀称,图面不要污染。插图中的文字注释要少而精,插图的题目、符号要与正文内容一致。

插图包括结构图、曲线图、线算图、方框图、计算机程序图、照片网纹图等等,种类异常繁多。

结构图是用于表示某事物的内部结构、示意形状和具体形态的图形,包括物质剖面图、机械施工图等。论文中结构图的有关图形符号,应符合国家有关的标准和专业标准的规定,没有规定的应以通常习用为准。如果图形复杂,线条密度很大,不允许按图中规定的线型

描绘,可适当画细些,但图中的粗实线、细实线、虚线的粗细仍须分明。图中某部分的名称尽量用号码代替,但号码顺序切忌杂乱无章,可按顺时针或逆时针方向排列。图中有"引线"时,应尽可能以最短距离引出,不可彼此交叉,避免与物体轮廓线平行,尽量不要穿过其他图线,必要时使用折线,但只宜转折一次。

线图可用于表达两个或更多可变因素之间的关系,包括曲线图、线算图等。绘制曲线图时必须严谨,线条须准确无误。对图的纵横坐标比例的选择和原点的位置,也就是图的高宽比和曲线所占图的位置与形状,应该十分注意。若表达因素中有时间因素,则时间单位用横坐标表示。纵横坐标须注明标度及坐标轴所表示的物理量名称、符号和量纲单位。

照片网纹图,是以实物的照片作为插图,照片有动植物像、示波图、金相图、计算机程序图等,其主要显示部分及主题轮廓要分明,反差要大,不应有杂乱的背景。除微观的组织图(如金相图等)可作圆形外,所有的照片应为方形图。照片网纹图应和其他插图一起连续编号。照片应特别清晰,网纹点要细些,不能有破损、折痕、针孔、锈迹、指痕、浆糊或胶水印迹等。

撰写生物学毕业论文时,也要注意应用生物学中专业术语和特有的标记符号。例如,"♂"代表雄性,"♀"代表雌性,"×"代表杂交或交配,"△"代表常绿等等。

§4　毕业论文写作中常见的毛病

初写毕业论文的大学生,往往在毕业论文写作中出现各种各样的问题,主要表现有题目不当、观点偏颇、论证乏力、表达不精四个毛病。

4.1 题目不当

所谓题目不当,是指所写毕业论文的题目过大、过小、过长、陈旧或超出了作者的专业范围。

题目过大,是指所定题目的容量超过了毕业论文本身应有的限度,没有适当的范围限制,使论文的题目可以写出一部或几部专著。例如,《线性方程的研究》、《论中学物理教学改革》、《论化学试验》、《生物学中的观察》等题目,所涉及的面过于宽广、复杂,范围也太大,它们都需要花费长时间、做艰苦细致的工作才能完成,其结果也不是一篇毕业论文就能表达出来的。毕业论文写作的时间短,要把这类课题圆满地完成,可以说是基本不可能的。毕业论文也常常出现题目过大,内容很少,"名不副实"的毛病。例如,题目为《论化学试验》,内容仅是关于一项或两项具体的化学试验。纠正这类问题的方法很简单,只需在原题目前加上范围限制即可,如上题可改为《关于一项氧化还原反应的化学试验》。

题目过小,是指所定题目的容量远远小于毕业论文本身应有的限度,而论文的内容也不是作者的新创造,论文的字数又很少。例如,《关于一次函数的图像》这类题,对于数学专业的本科生来说过于简单,限于"就事论事",很难断定论文具有创造性,也很难反映出作者的实际水平。纠正这类问题的方法是扩大题目范围,拔高题目层次,如上述题目可改为《关于一次函数图像在线性规划中的应用》。

题目过长,是指所定题目的字数过多,不能准确反映出论文的主要内容。例如,《小白鼠在所给予的不同的营养条件下和人为创造的环境条件中,其生长、发育状况以及学习、记忆能力的变化情况的初步研究》,从形式上看,文字如此之多,不够精练,仿佛是一个段落而不是一个题目,令人费解。纠正这类问题的方法是,去掉题目中可有可无、无关紧要的字词,如上题可改为《小白鼠在不同条件下生长发育情况的研究》。

题目陈旧,是指所定的题目"司空见惯"、"老调重弹",没有新意。

例如,《如何在物理教学中培养学生的动手能力》这类题目,人们一看,似曾相识,虽然题目本身很好,但若别人用过了,你再来用就缺乏新鲜感,读者的心理势必受到影响,对你论文的评价自然就"打折扣"。纠正这类问题的方法是,尽量让题目散发出新意、引人注意,如上面的题目可改为《培养学生动手能力的几种新方法》。

题目超出了作者自己的专业领域,是指作者凭着偶有所感或一时兴趣,放弃了自己的专业知识,贸然地进入另外的学科领域,把自己本来很陌生的问题拿来作为毕业论文所要研究的问题。例如,一个生物学的本科生,毕业前夕突然感到计算机软件开发的重要和走俏,于是便把毕业论文题目定到计算机的软件开发研究上,在这样短的写作时间和自己陌生的领域内,很难完成毕业论文的写作。再如,一个学数学的师范本科生,在毕业实习中,突然感到中学生生理心理因素的重要性,就把毕业论文题目定为《中学生心理因素对学习的重要影响》,抛弃了数学专业知识,贸然进入了心理学的研究领域,结果是费时费力,中途夭折,无功而返,不得已推倒重来。纠正这类问题的办法是,在毕业论文选题时就要慎重,要结合自己的专业特长来选题。

4.2 观点偏颇

理科毕业论文表达的观点,具有明显的客观性,即它是通过研究具体事物所形成的对具体事物(或同一类别的事物)的理性观念认识,它是研究对象本身所固有的,是从事物对象本身得出来的。但是,观点又是作者对客观事物认识后概括而得到的,这就带有一定的主观因素。防止作者观点偏颇,达到观点的主观性和客观性的统一,是确定论文观点的重要原则。如果对事物不加具体分析,一概而论,就难免出现观点上的偏颇,甚至出现观点错误。

论文观点偏颇主要表现在作者断章取义,主观附会;爱走极端,妄下结论;观点口号化,缺乏针对性,抽象不确切等。

所谓断章取义,主观附会,就是没有很好理解、分析已知事实,从

理科类学生毕业论文写作指导

事物的片面或个别案例就得出片面的观点,主观上违背已知事实来附和这种片面的观点。

所谓爱走极端,妄下结论,就是对自己的论文观点,或对他人文章的观点评价论述时没有把握好合适的"度"。另外,还包括作者没有对事实作深入的了解、分析,就提出肤浅的观点。纠正上述两类问题的方法是,深入研究、全面分析、实事求是地提出自己的观点,论文价值的高低要让事实来说明。

所谓观点口号化,缺乏针对性,抽象不确切,是指论文的观点流于空泛、一般化,没有明确的所指。观点四平八稳,字眼儿冠冕堂皇,但无个性特点,难以准确、清晰地表达作者自己所要表达的思想。使人阅读论文后,味同嚼蜡,总觉得论文中大话、空话连篇,论文观点模糊不清。纠正这类问题的办法是旗帜鲜明地提出论文的观点和所要讨论、解决的问题,决不类同于带有鼓动性的宣传口号或演讲稿。

4.3 论证乏力

深透的说理和严密的论证,是理科论文重要的本质特征。说理必须建立在充分的事实基础上,不能空对空,如果佐证不足,"道理"就如沙上建塔,立之不牢。如果论文的论点、定理没有严密的逻辑论证,只依赖于个别实例,那么它们就没有上升到理论的高度,难以令人彻底信服。论证乏力包括论据欠缺,论证不畅,理据相悖,逻辑性不强等。

所谓论据欠缺,就是论析时讲了一大堆道理,也很正确,但缺乏必要的论据来支撑;或是论文中提出了某个定理、想法,可能很正确,但没有给出严密的论证。

所谓论证不畅,是指在毕业论文的理论推导或逻辑证明中出现漏洞,证明过程跳跃过大或者牵强附会,使论文的分析证明成了强拉硬凑的无稽之谈,甚至把论文写成了让人啼笑皆非的文章。因为如果采用无中生有、无根无据的推理方法,难免说歪理、出谬论。

所谓理据相悖,是指论文中的论据与论点自相矛盾,不能完全或

者部分地印证所要说的道理。例如,某篇关于计算方法的论文,说是某教授论文的推广,可在正文中举例计算数值精度时,用原来教授的方法计算精度达到2%,而用新方法计算精度仅达到5%。这样,论据就与论文论点"新方法优于旧方法"相矛盾。纠正这类问题的方法是修正论据,或者改变论点。

所谓逻辑性不强,就是毕业论文中只有材料而没有观点,材料的堆放杂乱无章,没有次序。有些学生在前期收集了许多材料,写作时觉得这些材料都非常精彩,胡子眉毛一把抓。结果到处都是例子、例证,却没有自己的独到见解,使论文成了一个材料库。这种问题的原因所在,就是缺乏对原有材料数据的充分分析,对论文的写作提纲没有进行很好的逻辑安排。改进的方法是惟有重视并写好写作提纲。

4.4　表达不精

理科毕业论文要具有科学性和平易性,也就是要求论文的结构和内容层次分明,符合逻辑,符合事实与真理;要求论文的语言简洁朴素,精练生动,能恰如其分地表达论文的思想内容,使人乐于接受。所以,表达不精主要表现在两个方面,一是论文结构层次不清,二是语言表达不精。

1.论文结构层次不清。这种毛病主要表现在层次安排上:①把不同等级的概念或论证放在同一个层面上,内容显得纠缠不清,产生子层次的越级越位现象,暴露了作者思路的混乱;②把地位相同、级别相等的概念或论证放在不同的层面上,破坏了结构的均匀性和并列关系,文章显得不均衡、不美观,凹凸不平,产生了同层次的降级降位现象,暴露了作者在段落、层次安排上的随意性;③层次的顺序安排发生了颠倒,没有遵守自然顺序的规则,该先论述的段落放到了后面,该后论述的段落放到了前面,使文章显得次序紊乱,读起来令人费解,甚至不能理解。

纠正上述问题的方法,就是要求作者重视毕业论文的写作提纲,认真分析研究提纲中各条内容的层次和顺序,把层次、地位相同的几

理科类学生毕业论文写作指导

个问题在结构上搞成并列关系,把子层次放在相应的高层次的下面,把需要先论述的内容放在前面。只要提纲写得合乎逻辑、层次分明,那么论文的写作也就不会产生结构、层次不清的现象了。

2.语言表达不精。这种毛病主要表现在:①词语用得不准确,不能把论文思想顺畅地表达出来,或是在论文中用了太多的模糊词,如"大概"、"仿佛"、"好像"、"可能"、"似乎"等,这是理科论文的大忌;②句子不简练,写出的句子过长,让人读起来费力,或是句子没有实质内容,句意空虚,影响论文内容的表现;③句子语序紊乱,前后说法次序不符合人们的习惯,或是句子成分残缺不全,少了不能省略的主要成分(主语、谓语、宾语等),使句子不符合语法结构,语意含糊不清,词不达意。例如,"反应速度随温度的加大而增多",这句话就是"词语用得不准确"。其中的"加大"应为"升高","增多"应为"加快"。

再如,毕业论文中常出现这样的语句:"几个月来,我们在老师的指导下,发扬了百折不挠、艰苦奋斗的精神,夜以继日,经过上百次的实验观察,认真总结了成功与失败的经验和教训,终于弄清了下面的一系列问题:……"这样的语句就是句意空虚的句子,它写得像宣传报道性的文字,用在理科毕业论文中是不恰当的。上述语句,只需改为"实验结果表明:……"就完全可以了。

语言表达不清的毛病,在理科毕业论文写作中有许多具体的表现。有的论文词汇贫乏,文章枯燥无味,没有生机;有的文法、句法不通,难以顺畅地表达论文观点;有的故弄玄虚,使人不知所云;有的堆砌粉饰,杜撰生僻词语,生涩难懂;有的啰嗦、冗余,把明确的思想弄得朦胧;有的过于简化,导致语意不明;有的该用专业符号和公式时不用,降低了论文的专业性价值,等等。这些问题的解决方法是,多注意加强自身语言的修养和理科专业术语的使用。同时,毕业论文写作上的许多毛病也说明了在理科大学生中开设写作课的必要性。

第七章

修　改

§1　修改的意义

1.1　论文修改是保证论文质量的重要环节

论文的修改是论文写作过程的最后一道工序,是一个反复审阅、不断完善、直到完稿的过程。写出初稿只是论文写作书面工作的初级阶段,而修改与定稿则是更艰苦更细致的工作,是保证论文质量的重要环节,同时在论文的修改过程中,作者进一步提高对相关问题的认识。论文的成果要用于交流和传播,认真地修改和不断完善是正确无误地进行交流和传播论文的前提,因此,要完成高水平的毕业论文,就要重视论文的修改和做好论文修改工作。

论文的修改具有重要的意义。论文的修改过程能使作者对相关问题的认识不断地深入而趋于完善。作者反复修改论文,以科学研究的高标准要求自己,是一种尊重他人和尊重自己的高度负责的表现。

严格地讲,从论文的选题到资料的收集,从草拟提纲到初稿的撰写,从初稿的完成到最后的定稿,都是酝酿、构思、写作和修改相结合的活动。而初稿完成后,论文的修改则是对论文作全面的整体的修改,它是保证论文质量的重要环节。

论文的修改要检查文章结构的合理性,要审查论文的主题与论文的结构是否具有逻辑的一致性。例如有篇论文题目是《物理学习策略的研究》,而文章的主要结构是介绍国内外他人研究学习策略的成果,自己研究物理学习策略的东西很少。这种命题与文章结构不一致的论文,就需要大刀阔斧地进行修改。

论文修改要检查文章中有无科学性错误,要仔细地检查论文的语言阐述是否符合科学原理,语言表述是否确切。例如有的论文中出现这样的表述:"带电物体的空间叫电场","光的反射定律指出,入射角等于反射角"等。推敲一下这样的表述,就会发现它们不符合科学性原则。应当把它们改成"带电物体的空间存在电场"、"光的反射定律指出,反射角等于入射角"。

有些论文的表述不仅未能简明达意,而且使人丈二和尚摸不着头脑。例如某篇论文把某个道理称为"实打实的浅道理",使人看了不解其意。其实把"实打实的浅道理"中的"浅"字去掉,意思就明确了。

论文的文法句法也可能出现这样或那样的错误。例如有人在论文中把"研究水平"论"大小",把"研究的意义"论"强弱"。仔细地推敲,这些表达都有问题。因为"研究水平"只论"高低",比如说"研究水平高"或"研究水平低";而"研究的意义"只说"有无",比如说"有重要的研究意义"或"没有什么研究意义"。

一篇论文的表述只有通过不厌其烦、一丝不苟的修改,才能不断地提高质量。

1.2 修改是作者完善事物认识过程的必然途径

任何文章的写作都有一个初步认识,逐步完善的过程。论文的写作尤其是如此,这是一个认识不断深入、逐步完善的过程。修改不仅仅是对文章段落、文法、句法等的改动,还是不断加深对研究课题的认识的过程。

例如有篇论文《STS教育与物理课程的整合》,主要从以下几方

面来阐述 STS 教育与物理课程的整合:(1)科技发展新知识,包括现代物理新发展、新成果、新成就,如新型电池、超导体、激光、现代航空航天技术、现代信息技术等。(2)与工农业生产密切相关的知识和技能,如太阳能的综合利用、静电复印、静电除尘、低温的获得、γ射线在医学上的应用等。(3)与个人家庭生活密切相关的知识和技能,如制冷设备、安全用电、改造家庭炉灶、提高燃料的效率、安装照明电路、修理各种家用电器等。(4)一些重大社会问题,如环境保护、能源危机、噪声污染、电脑病毒和犯罪等。(5)伦理与价值观教育,如科学"双刃剑"问题。(6)面向未来社会和科技发展的教育。作者在论文初稿中把 STS 课程的优点论述得头头是道。后来作者在修改的过程中,想到这么一个问题:既然 STS 课程那么好,为什么大多数国家的学校还是采用学科课程呢? 他逐步认识到 STS 课程也有其缺陷:(1)STS 课程缺乏理论的结构和明晰的定义。(2)STS 课程尚无完善的课程构建体系。(3)教师不熟悉实施 STS 课程的教学策略。(4)跟学科课程比较,STS 课程的知识往往是非系统的,STS 课程内容是易变的,需要经常调整。(5)缺乏相应职前或在职教师 STS 教育技术的培训。(6)传统的考试很难用于 STS 课程评价。明确这些缺陷也是研究开发 STS 课程所需要注意的。

因此,在论文的修改过程中,作者要思考、修改、再思考,从而对研究的课题获得更深刻更全面的认识。其实,这一过程也是人们认识事物的必然途径。

1.3　论文修改是对科研工作高度负责的体现

论文写作是一种科研工作,论文的成果要用于交流和传播。认真修改,从严把关,是作者尊重他人和尊重自己,具有高度责任心的表现。有一些大学生在完成论文的初稿后,就以为万事大吉了。有这种想法是难以写出好文章的。大凡有造诣的学者无一不对自己的文章进行字斟句酌的审查、修改、补充、完善,他们的好文章就是通过这种认认真真、一丝不苟的修改才得到的。这种严谨的治学态度和

良好的文风是值得大学生学习的。笔者曾听到一些论文指导教师的抱怨：一些学生的毕业论文不作任何修改，文章主题、结构、逻辑、文法、句法等都存在太多严重的错误，教师甚至无法进行审阅或修改。他们认为，这些学生对论文写作的态度，一方面反映了这些学生马虎的工作作风，另一方面，反映了这些学生不尊重教师工作的态度，同时也体现了这些学生缺乏科研的责任感。

　　总之，在论文写作和修改的过程中需要严谨认真的工作作风和高度的责任心。在论文初稿完成后，一定要反复地、一丝不苟地进行修改。

§2　论文修改的范畴

　　论文的修改是保证论文质量的重要环节。那么，从哪些方面来进行论文的修改呢？本节主要从全面审视与论题修订、论文内容是否切合命题、论点与论据是否一致、语句是否合乎逻辑、论文文体是否规范等方面，谈谈论文的修改。

2.1　全面审视与论题修订

　　论文的修改，首先要对文章的主题、大小分标题、关键词、主要内容进行全面的审视。要推敲标题是否切合文章主题，关键词是否适当，大小分标题的层次和格式是否清楚；同一层次标题的表达是否一致；文章的标题、各个分标题是否构成一个结构严谨的逻辑性强的体系，等等。在进行全面审视与论题修订时，要仔细地审阅全文的结构，如果题不切意，题目过长，过于笼统，或文章结构的逻辑体系有缺陷，大小分标题表述不当，文章结构杂乱，段落臃肿，上下文连接不和谐，开头和结尾不得当，等等，都要进行修订。

　　论文的内容应当切合论文研究的课题，这是进行论文修改时要特别注意的。有的论文内容与论文的主题并不相关，有的离题较远，

有的甚至风马牛不相及。有的论文虽然没有完全离题,但属于偏题,虽然有相关之点,但不准确。如某学生在论文《化学探究性教学的理论与实践研究》中,花了大量的篇幅阐述了国内外探究性教学的历史、沿革、现状等,而真正研究化学探究性教学的内容并不多。这样的文章实质上写成了"国内外探究性教学的沿革和状况",与"化学探究性教学的理论与实践研究"的主题大相径庭。

2.2　论点与论据是否一致

学术论文包括论点、论据和论证。有的要阐明科学的研究方法和严谨的研究过程,以事实材料和数据论证论点的科学性和准确性;有的则依据论点与论据相结合,通过由表及里、由此及彼的推理论证,表明研究论点的正确性。学术论文必须以论为纲,论点明确,并以确凿的论据来说明论点,做到论点和论据的统一。

有的论文只限于表述自己的论点,而缺乏科学的论证。这种论文只有观点,没有材料,使人感到文章空洞无物,有骨无肉,枯燥无味,没有说服力。有的论文则是罗列大量材料,平铺直叙,不得要领,看不出其主要论点是什么。出现上述毛病的原因是作者没有处理好事实材料与理论的关系,没有对大量的事实材料进行深层次的理性加工。撰写毕业论文必须正确处理论点和例证的关系。准备归入正文部分的丰富材料和大量数据,应经过加工整理,取其能说明论点的关键部分,而不能什么都写进正文,使正文成为材料和数据的堆积。有的论文,用来作为论据的理论和事例不能有力地证明论点;有的引用不恰当,牛头不对马嘴;有的引用不充分,没有足够的说服力;有的引用缺乏权威性和客观性,难以令人信服;有的论据不可靠,使人疑惑,等等。

2.3　修改语句

论文的语言要求符合科学性、逻辑性和可读性,要求达意、流畅和精练。要仔细审阅文章是否有科学性、逻辑性的错误,文句是否通

俗易懂,会不会引起误解。例如,有篇论文中谈到"在常温下,镁和铝在空气里都能跟氧起反应,生成一层致密而坚固的氧化物薄膜,从而使金属失去光泽。但是,这层氧化物薄膜能阻止金属不再继续氧化。所以镁和铝都有抗腐蚀的性能"。这段话的科学性、逻辑性和句法都是值得推敲的。首先,金属的"抗腐蚀"性能的含义是很广的,主要是指其抗酸能力和抗碱能力,也包括抗氧化能力。笼统地说"镁和铝都有抗腐蚀的性能",显然是不恰当的。第二,镁和铝本身并不具有抗氧化能力。恰恰相反,它们会跟氧起反应,生成一层致密而坚固的氧化物薄膜。这层薄膜使得内部的金属不再继续氧化。只有金、铂等很少数的金属才具有抗氧化能力。另外,"阻止金属不再继续氧化"是双重否定,变成了"继续氧化"。这里应当删除"不再"两字,或者把"阻止"两字改为"使"。

这样的语句是需要仔细地推敲才能发现其中的不当之处的。例如,有学生在论文中写道:"逻辑作为工具来说,它的目的是通过运用这种工具来发现真理和论证真理。"这句话中"它的目的"中的"它"是指代作为工具的逻辑。这就成了"逻辑的目的是运用逻辑",这显然不符合逻辑。这句话应改为"……它的作用是让人们运用这种工具来……"。

总之,对论文的语言要进行反复锤炼,对那些陈词滥调、空话、大话、套话,要毫不留情地删除,力求使语言简练、明达、精美。

2.4 论文文体的规范

在修改毕业论文时,要注意论文的规范性要求。论文要符合规范性要求是指表达方式要符合国家颁布的标准要求,包括论文的编写格式、誊写要求、文献序词标引规则、文后参考文献著录规则、量和单位的用法、标点符号用法等等。

为了科学、准确、生动、形象地表达研究成果,提高文章的说服力和可信性,减少不必要的文字叙述,理科毕业论文常常采用若干表、图、照片来反映数据及数据的变化关系,语言要求简明而准确。这些

理科类学生毕业论文写作指导

与文科毕业论文是有所不同的。另外,整篇文章的撰写要用合适的语态。一般情况下,理科论文语句阐述应避免口头语言的表述,而用规范的书面语言,并突出语言表达的客观性,给读者一种信服感。

例如,有些论文中有如下一些表述:"在先前的研究中,我发现……""我挑了40个中学生作为调查的对象……""在研究中,我假设……""我的研究方法是……"这些语句的表述不是很妥贴。如果把它们改为"先前的研究表明……""40个中学生被选为调查的对象……"或"选择40个中学生作为调查的对象……""研究的假设是……""本研究的方法是……"就比较好。这样表述的语句避免了"我"或"我们"做主语,更符合书面语言的要求,使读者产生信服感。

§3 论文修改的方法

3.1 修改的一般方法

毕业论文的修改方法因人而异,也因文而异。总体上来讲,论文的修改应当先从总体着手,通篇审阅,调整结构,再进行段落中的语句斟酌。在具体修改时,各人也有自己的修改方法和习惯。有的喜欢在论文初稿完成时,立即进行反复性的修改;有的则喜欢将论文搁置一段时间后,再进行修改;有的不仅自己修改,而且还请他人修改。大多数则是综合地运用各种方法进行修改。

对毕业论文进行修改,必须对通篇内容作一番总体的分析。从题目表述、篇章结构、中心思想、内容层次、章节内容到穿插图表等,都要反复地分析思考,经过分析、比较和提炼,找出其中不足之处和谬误之处,然后修改完善。

1. 从毕业论文题目与总体内容着手

要从论文的题目与总体内容上着手,对论文进行通盘考虑。先考查:论文题目及内容的安排和布局是否合理,题目是否准确、简练

和醒目,大小标题是否准确地概括和反映了文章的主要内容,论文总体的框架是否大体适合论文主题。如果不是这样,就要对论文的总体结构布局作出修改。修改后的论文题目必须以最恰当、最简明的词句来组合、概括全篇内容,并能引人注目。修改时对于论文中的材料,要进行必要的取舍和增删,使修改后的论文的总体布局具有逻辑性和合理性,文题相符,结构自然严谨。

有些毕业论文的题目太笼统,或题目与内容不符,或题目太长,或用夸大的字眼命题,这样的题目都不符合准确、简练和醒目的要求。有的人喜欢用大题目,似乎认为,题目大了,毕业论文的价值就大。有的人掌握的材料很少,却要用一个大题目,结果论文内容却是蜻蜓点水,深入不下去。这样,就造成课题与内容不太相符,需要花大力气进行修改。

2.从论文的创新性、科学性和实践性着手

要从论文的创新性、科学性和实践性着手,对论文进行修改。毕业论文虽然在内容和形式上有所不同,但有一些基本要求:一是创新性。即对研究课题须提出新的见解,对理论有所发展,研究的方法有所突破。二是科学性。即论点明确、论据确凿、论证清晰、逻辑合理。三是实践性。即毕业论文须对实践具有现实的指导意义。

在修改毕业论文时,要注意突出论文课题研究中创造性的内容。许多学生在毕业论文中大量引用了他人的研究成果,但自己的分析和观点却少得可怜。有的干脆把大量的他人文章生吞活剥地堆积在文章中,不仅没有自己独特的分析和观点,而且也没有理解他人的文章,拼凑的东西前后矛盾,逻辑混乱。这是非修改不可的。一般要对他人研究成果进行再学习和理解,并认真思考怎样在他人成果的基础上提出自己创新性的观点或新的理论。

在毕业论文修改时,要注意检查论文论述的科学性。许多学生完成了初稿,但在论文中对概念的定义、理论的表述、因果关系的推导等等,却有悖于科学性。有的毕业论文对命题的表述从表面上看,好像没有违反科学性,但仔细推敲,并不确切。如果修改论文时比较

马虎,就不容易看出这些弊病。因此,需要持批判性的眼光仔细地审查论文,进行认真的修改。

在毕业论文修改时还要注重论文的现实意义的阐述。有的毕业论文讲了一大堆理论,审阅后却发现是一堆空洞的理论,看不出对现实有什么意义。这时就要思考理论与实际的关系问题,并进行相应的修改。

3.从细节着手

从细节着手,是指对论文中的字、词、句进行修改,加工润色。在对论文的整体结构进行修改完善,并对论文的科学性、创新性和实践性进行了审视、修改和完善之后,就要逐段、逐句、逐字地进行细致的审查和修改。

在这一阶段的修改中,要对论文的题目表述、小标题的用词、穿插的图表等,进行缜密修饰。对毕业论文的三个主要部分(即前言、正文和结论)及次要部分(即标题、署名、引文注释和参考文献、摘要、关键词和致谢等)的每一个语句和用字,都要进行润色加工。

有的毕业论文的前言并没有把课题研究的背景、意义等写出来,使人看了前言后,不知道作者为什么要研究这个课题,问题是怎么样产生的,研究这个课题有什么意义。

有的毕业论文也没有研究已有的课题研究成果。这种论文很可能是重复他人的工作,没有太大的意义,有的甚至比已有研究成果的水平还要低。

毕业论文的结论与讨论部分是作者经过反复研究后形成的总体论点,还应该指出哪些问题已经解决了,还有什么问题尚待研究。但有的毕业论文的结论部分,并不是分析问题和解决问题的必然结果,结论部分并没有总结全文,也未深化主题和揭示出规律,有的仅是正文内容的简单重复。

对以上论文中的毛病,都要进行认真的审、思、改。修改要细致,措辞要严谨,逻辑要严密,文字要准确,用词不能模棱两可,语句不能含糊。

　　有的论文的摘要、关键词的写法也有不少毛病。有的摘要并没有概括出全文的主要内容,没有起到简要介绍全文的作用。有的把论文摘要写成了提要,或把摘要写成了写作的提纲。有的论文摘要的文字唠唠叨叨,包含了许多评述性的描写。有的关键词也不是反映论文主题的最重要语汇,甚至关键词不够规范和准确。对这些毛病都要进行修改。

　　另外,还要对引用的他人的材料、数据、论点和文章进行核对。检查引用的内容是否准确,注释是否规范,资料出处是否无误。即使以上几方面不存在问题,也要作必要的修改。

3.2　论文修改的具体方法

　　按论文搁置的时间来分,论文修改的具体方法可以分成"趁热"式修改法和"搁置"式修改法。按论文修改主体来分,可分为自改法和他改法。

(一)"趁热"式修改法和"搁置"式修改法

1."趁热"式修改法

　　"趁热"式修改法是指论文初稿完成后,趁头脑中对论文的思路记忆清晰,立即进行修改。论文的修改和其他文章的修改一样,在起草和撰写的过程中,就会感觉到或发现需要修改的地方,但在行文时怕打断思路或因其他原因没有进行修改。在这种情况下,及时修改效果就比较好,因为这时作者对论文的思路和需要修改的地方还记忆犹新。"趁热"式修改并不是一次就完成的,往往需要反复推敲,不断修改。任何论文,哪怕已经经过修改,只要再仔细审阅,还会发现或大或小的问题。

　　"趁热"式修改的优点是修改论文时,头脑中对论文结构的细节比较熟悉,不需要花费很多的时间去重新熟悉文章的内容。但"趁热"式修改也有缺点:作者的思维受到定势的影响,修改的思路较难跳出原来框架,在许多情况下较难发现文章新的缺陷,往往对关联不大应当割舍的东西难以决断。

理科类学生毕业论文写作指导

2."搁置"式修改法

经过反复修改后，还要将论文搁置一段时间(如半个月、1 个月，甚至更长时间)再修改。因为一篇研究论文脱稿后，原有思路有"滞后性"，一写完就修改，往往跳不出原有构思圈子。所以搁一段时间以后再修改，原思路淡薄了，或许会有新的启发，这时修改的效果会更好些。

"搁置"式修改的优点是作者不易受到思维定势的束缚，使作者能从"读者"的角度来进行论文的修改，较容易发现原来思路的缺陷，往往会有新的看法，从而更全面更完整地进行论文的修改。"搁置"式修改的缺点是需要将论文放置一段时间，这会遗忘文章的一些内容，修改时需要花一些时间去熟悉论文的内容。

一般的毕业论文修改往往是综合运用"趁热"式修改法和"搁置"式修改法进行的。

(二)自改法和他改法

按论文修改的主体是谁，论文修改的具体方法可以分成自改法和他改法。

1.自改法

自改法就是作者自己对文章进行修改，可以是"趁热"式修改，也可以是"搁置"式修改，还可以两者结合进行。

2.他改法

他改法就是作者请他人对论文进行修改的方法。一篇毕业论文，经过自己反复修改后，还应当请人审阅。在他人对论文批评指正的基础上，作者自己进行修改，或者是请他人审阅并进行修改。

他改法可以克服自改法的一些缺点，因为"当局者迷，旁观者清"。有时候，论文虽然经过自己反复修改，但仍有一些缺漏很难被发觉。而这些不足或缺陷有时对指导教师或其他人而言却是一目了然的。因此，作者应当有不耻下问的学习态度，征求他人对文章的意见，请他人修改论文。

总之，论文的修改是毕业论文写作过程中的一个重要的不可或

缺的环节。大学生进行毕业论文写作要十分重视这一个环节。只要
具有认真负责和不辞劳苦以及虚心求教的科学精神和工作态度,以
科学的方法对论文进行反复的修改,就一定能写出高质量的论文。

第八章

指　导

§1　毕业论文工作的组织领导

1.1　指导的意义

毕业论文写作是培养学生创新能力的一个重要手段,是高等学校把学习、实践、探索、研究相结合的一个综合性的、重要的教学环节,也是对大学生从事科学研究的初步训练。因此,大学生毕业论文的写作同其他基础性课程一样,离不开学校导师的指导。

通过组织指导,学生可以了解毕业论文写作的程序、时间安排、具体要求等,以便有计划、有步骤、有目的地进行毕业论文的写作;并使所有即将毕业的大学生有一个统一的行动,营造一种开拓向上的氛围,使优秀学生脱颖而出。

毕业论文写作指导,可以使学生增加对毕业论文创作的信心,帮助他们了解毕业论文的概念、写作意义及进行科学研究、创造的方法,学会收集材料、整理材料、抓住主题、思考问题的各种技巧,知道学术论文写作的规范格式和要求,以便提高论文的水平、档次,提高自己的科学研究能力和个人修养。因为大多数理科大学生都是初次接触到学术论文的写作,以前并不知道学术论文是什么,有什么要求;不知道怎么进行科研创造,甚至怀疑自己在自然科学研究领域中

的创造能力,认为课本定律、定理、法则等都是完美的,不可能再有新创造,从而对写好毕业论文失去信心。也有的学生认为撰写毕业论文就像中学写作文一样轻松,不知道创造性是毕业论文的最基本特点之一,从而轻视了毕业论文的写作。所以,在学生撰写毕业论文之前和写作过程中,对学生进行毕业论文写作指导是非常必要的。

中外许多高等学校,为了提高本科的教学质量和学生的研究能力,使学生受到科学研究工作的基本训练,根据专业的培养目标,结合专业特点,按照学校学分制的要求,制定了本科生毕业论文教学规程,开设了"毕业论文写作"课程,学时一般为36学时左右(或搞系列专题讲座)。主讲教师多为学生毕业论文答辩委员会成员,主讲时间多为学生毕业前的第七学期,论文写作时间多为学生毕业前的第八学期。

1.2 毕业论文的组织规程

本科生的学制一般为四年共八个学期,我们以此为基础列出毕业论文写作的组织规程如下:

1.按教学计划和培养目标,在第七学期为学生开设"毕业论文写作"课程,或举办毕业论文写作的专题系列讲座,做好学生写毕业论文的宣传、发动工作,主要负责人为系、教研室主任和主讲教师。

2.确定指导教师,把学生分组,填写计划表,汇总报表并上报系主任、主管院长认可,时间约在第七学期的第15~16周,主要负责人为院系教学秘书、教研室主任。

3.院系做好指导教师及有关人员的思想动员工作,并公布毕业论文工作要求及评分标准等有关规定;做好学生的思想动员工作,公布毕业论文有关要求和规定,下达任务书,毕业论文工作正式开始运行。时间在第七学期末,主要负责人为教学院长、系主任。

4.学生做开题报告或开题综述(含文献综述、方案论证、进程计划等)。各院系检查开题情况,教务处随机抽查并备案。时间约在第八学期的第3~4周,主要负责人为系主任、教研室主任、院系教学秘

书、教学院长、教务处领导等。

5.期中检查,由院系教学主任或教研室组织检查,学生口头汇报、解答问题。院系对达不到毕业论文教学要求的学生应给予批评,对优秀的学生应注意加强培养。院系检查进程及情况,并上报教务处,教务处随机抽查。时间约在第八学期的第 8～9 周,主要负责人为系主任、教研室主任、院系教学秘书、教学院长、教务处领导。

6.第八学期的 5 月 20 日前,学生独立完成毕业论文的撰写、定稿和制作,交指导教师初审,院系组织相关教师(或外聘专家)评阅,给出毕业论文内容的初步成绩。主要负责人为系主任、教研室主任、院系教学秘书。

7.答辩,院(系)成立答辩委员会,教研室成立答辩小组具体负责学生的答辩工作,并按照评分标准和要求,评定学生的毕业论文成绩,决定学生是否通过论文答辩。答辩委员会抽查答辩,并检查评分标准执行情况,不符合标准的,组织第二次答辩,教务处抽查。时间约在学生毕业前的最后两周内,主要负责人为答辩委员会成员、答辩小组成员、教务处领导。

8.学生的毕业论文按规定(装订)归档,时间为第八学期末、学生离校前,主要负责人为院系教学秘书。

9.院系总结毕业论文的总体工作,写出书面报告(含工作经验、毕业论文完成情况、成绩评定情况、优秀和最差的学生典型、好的和差的指导教师情况等),开会总结、存档,并报教务处备案。时间约在新学年第 2 周,主要负责人为教学院长、系主任。

1.3　毕业论文的领导工作

毕业论文的工作实行校(教务处)、院(系)、教研室三级领导管理。三级均应重视和加强对毕业论文工作的领导、组织、管理、指导、检查、考核和总结。

1.教务处作为校级主管部门负责毕业论文的日常管理工作,全校其他有关部门应积极配合,提供必要的教学条件。全校上下要通

力合作,使毕业论文工作走上规范化、制度化的轨道,不断提高毕业论文的质量。因为毕业论文的质量最能反映一个学校培养学生的质量,所以,无论国家教育部还是省教育厅对高等学校综合考评、考核时,总是把对学生毕业论文的检查作为考核内容之一。

教务处要依靠广大教师的力量,调动他们的积极性,做好毕业论文撰写的各个方面工作,其具体职责是:

(1)统一管理毕业论文工作,对毕业论文进行宏观指导,协调解决有关毕业论文工作中的主要原则问题;

(2)制定本校毕业论文工作的有关政策制度及规定;

(3)加强检查和监督,要特别重视和组织好毕业论文的中期检查;

(4)协调校内有关部门,为毕业论文工作的顺利进行提供场地、设备、经费等方面的保证;

(5)做好毕业论文工作的考核、总结、评估和组织经验交流等工作;

(6)负责全校毕业论文工作的经费分配和管理工作。

2.院(系)要(各)有一名领导专门负责毕业论文工作。其任务是:

(1)根据各专业培养目标和教学基本要求,对各专业学生毕业的数量(论文、说明书的字数、中外文资料阅读量和翻译量等)、质量(难度、要求等)以及进度要求作出明确的实事求是的规定;

(2)根据学校的统一部署,组织有关教研室,拟定本院(系)毕业论文工作的计划和实施措施;

(3)组织、落实本院(系)的毕业论文工作,包括:

①审校毕业论文题目,负责组织学生的选题工作;

②审定指导教师;

③成立本院(系)毕业论文答辩委员会和答辩小组;

④负责本院(系)毕业论文经费及成绩管理。

(4)了解毕业论文情况,研究解决存在的问题。

3.教研室作为直接组织与指导学生进行毕业论文写作的基层单位,其主要任务是:

(1)根据实际情况,制定或修订毕业论文大纲和毕业论文指导书等,以供学生参考使用;

(2)帮助学生选定题目,并组织教师对选题进行论证;

(3)提供指导教师名单;

(4)以毕业论文计划任务书形式向学生下达任务;

(5)检查、督促指导教师对学生的考勤和指导;

(6)定期组织指导教师汇报,讨论毕业论文工作的进展情况及存在的问题,研究解决的办法;

(7)组织毕业论文的评阅、答辩和成绩的评定;

(8)收集编写毕业论文参考资料;

(9)组织编写毕业论文指导书;

(10)收集、整理、保存毕业论文工作的有关资料,评选优秀毕业论文并进行工作总结。

1.4 毕业论文的检查与总结

1.毕业论文的期中检查

为了了解和掌握指导教师指导学生毕业论文写作情况以及学生毕业论文写作的完成情况(进度、质量和出现的问题),更好地做好后期工作,教务处应和院(系)及有关部门对毕业论文工作进行期中检查,检查时间一般安排在第八学期的第9周。教务处的检查可以采取发放调查表(学生调查表、教师调查表)为主、专访抽查为辅的方式,也可采取走访抽查的方式。院(系)检查通过教研室由指导教师进行,教研室最后汇总情况上报院(系),院(系)再报教务处。每个学生口头向指导教师汇报课题进展情况,回答教师提出的问题,对学习不努力、表现不佳的学生,指导教师应及时进行批评,指明其努力方向;对于优秀的学生予以适当安排,充分发挥其积极性和潜能。教研室也要对教师的指导工作进行检查,督促教师抓紧后期的指导工作,

以期取得良好的成绩。

2.毕业论文的总结

为了客观地反映毕业生在知识、能力、技能等方面的情况,肯定成绩,找出存在的问题和不足,改进论文写作及教学工作,规范教学管理,不断提高论文质量、教学质量和管理水平,在完成每届学生的毕业论文工作之后,各院(系)、教研室都应采取召开学生座谈会、教师座谈会、问题调查等形式,认真做好总结工作。重点在以下几个方面进行总结:

(1)本届学生的毕业论文工作概况;

(2)本届学生的毕业论文工作做了哪些改革和尝试,个体做法与效果如何;

(3)本届学生的毕业论文是否达到教学要求,在巩固学生的基础理论、专业知识,加强基本技能训练和计算机能力培养等方面效果如何;

(4)在选题上有何改进,如何解决从本专业的培养目标出发,既满足教学的基本要求又尽可能结合生产、科研实际,各种科研论文类型的比例是多少;

(5)指导教师的配合及指导情况如何,有何典型的人和事;

(6)怎样发挥学生的积极性和主动性,保护和支持学生的探索精神和创新意识,学生中有何典型的人和事;

(7)从毕业论文中反映出本科教学质量如何,学生的基础理论、专业知识、实验实践能力、外语水平、计算机应用能力及独立工作能力如何,对今后毕业论文工作和教学改革有何启发和建议;

(8)本届学生的毕业论文整体水平如何,有何突出成果,存在哪些问题和不足。

1.5 毕业论文的质量评估

开展毕业论文质量评估的主要目的在于规范毕业论文各工作环节的管理,促进本科生毕业论文的质量提高。学校、院(系)应在适当

的时候进行毕业论文质量的自评,并有计划地组织开展评估工作。对评估不理想的院、系、教研室要提出具体的整改意见和方案,并准备在下一个毕业论文总结阶段重新评估。评估应采用日常检查和原始资料检查、评价相结合的方式。下述表格是北京市教育局组织的有关院校参加研制的毕业论文(设计)质量评估指标体系,可供参考使用。

表 1　毕业论文(设计)质量评估指标体系

评估基元	评估要素	分值	评价内容	评估标准 优秀(0.9~1.0)	合格(≥0.6)	检查方法	得分
01 教学目标	0101 德育教育	30	1. 德育大纲 2. 思想政治教育	1.结合毕业论文制定德育大纲,内容具体,要求明确 2.思想政治教育目的明确,计划落实,措施得力	1. 德育大纲 2. 思想政治教育有目的,有计划,有措施	德育大纲	
	0102 知识要求	40	1.任务、地位和作用 2.所学理论知识的掌握和运用	1.较好地体现毕业论文在专业教学计划中的地位和作用,有显著的指导作用 2.对学生在毕业论文中如何掌握运用所学知识要求明确,有计划地拓宽知识面	1.能体现毕业论文在专业教学计划中的地位和作用,有指导作用 2.对学生在毕业论文中如何掌握运用所学知识有要求	有关大纲	
	0103 能力要求		1.能力培养标准 2.措施和办法	1.制定科学合理的能力培养标准 2.制定了具体而得力的措施和办法	1.制定能力培养标准 2.制定了措施和办法	有关文件	
02 教学目标	0204 教学文件	40	1.有关毕业论文规章制度(如:规定评分标准,对师生的具体要求等) 2.毕业论文指导书 3.指导教师教学进度计划	1.有科学、规范的毕业论文规章制度 2.有符合实际教学基本要求的毕业论文指导书 3.有切合实际的教学进度计划表	1.有基本的规章制度 2.有毕业论文指导书 3.有教学进度计划表	制度、指导书、进度计划表等文件	
02 教学条件	0205 物质保障	60	1.参考资料 2.仪器、计算机、实验器材等 3.教学场地 4.毕业实践生均经费	1.手册等工具类图书资料能满足要求,并有相当数量的其他文献资料 2.实验设备、器材及计算机等条件能满足教学要求 3.有满足教学要求的固定教室等教学场地 4.毕业实践经费≥150 元/生	1.手册等工具类图书资料基本能满足要求 2.有基本的实验设备、器材、计算机等教学条件 3.有基本的教学场地 4.毕业实践经费 ≥100 元/生	教学现场及有关说明	

评估基元	评估要素	分值	评价内容	评估标准		检查方法	得分
				优　秀 (0.9–1.0)	合　格 (≥0.6)		
03 教学 目 标	0306 队伍 建设	50	1.科研成果 2.教学研究成果	1.高职指导教师比例≥50% (重点60%) 2.30岁以下指导教师≤40% 3.首次指导毕业论文(设计)教师≤20%	1.高职指导教师比例≥30%(重点40%) 2.30岁以下指导教师≤60% 3.首次指导毕业论文(设计)教师≤40%	统计表	
	0307 学术 水平	50	1.科研成果 2.教学研究成果	1.60%以上指导教师有已鉴定科研成果或已发表科研论文(重点70%) 2.60%以上指导教师有已发表教学研究论文及其他教学研究成果	1.40%以上指导教师有已鉴定科研成果或已发表科研论文(重点50%) 2.40%以上指导教师有已发表教学研究论文及其他教学研究成果	统计表	
04 教 学 目 标	0408 课题 选择	3	1.课题类型 2.符合专业教学基本要求 3.深、广、难度 4.与科研、生产等实际结合状况 5.课题分配状况	1.创新综述型≥80% 2.选题符合专业教学基本要求 3.选题深、广、难度适当 4.能用于实践的题目数占总题目数的15%以上 5.每人一题,且题目总数多于学生人数	1.创新综述型≥60% 2.选题基本符合专业教学基本要求 3.选题深、广、难度基本适当 4.能用于实践的题目数占总题目数的10%以上 5.基本能达到每人一题	任务书统计表	
	0409 指导 工作	20	1.教书育人 2.教育态度 3.指导方法	1.指导过程中在思想上对学生严格要求,做到教书育人 2.工作认真负责,治学严谨 3.指导过程中因材施教做得好,注重综合能力培养	1.指导过程中注意对学生进行思想教育 2.工作比较认真负责,教学态度比较严谨,每周对每个学生指导时间不少于2次,每次不少于2小时 3.指导过程中基本能做到因材施教,并注重能力培养	听取学生反映	
	0410 学生 状况	25	1.学生独立工作情况 2.进度执行情况 3.学风	1.绝大多数学生能独立完成全部工作 2.绝大多数按进度要求进行 3.纪律严明,班风学风好,无违纪现象,设计场所整洁	1.大多数学生能独立完成全部工作 2.大多数学生能按进度要求进行 3.遵守纪律,无重大违纪现象	抽查	
	0411 答辩 评分	20	1.答辩组织与安排 2.评分标准 3.评阅情况	1.答辩委员会(小组)组成合理,答辩组织工作安排合理 2.评分标准掌握严格,评分办法科学 3.有严格的评阅程序,评阅认真,评语准确	1.答辩委员会(小组)组成基本合理,答辩组织工作较好,安排有序 2.能掌握评分标准,评分办法较科学 3.有评阅程序和评阅人,且能写出评语	原始记录	
	0412 总结 归档	5	1.总结与自我评价 2.归档情况	1.教研室、系均能认真总结论文工作 2.论文材料严格归档	1.有总结材料 2.论文材料做到归档	总结档案	

评估基元	评估要素	分值	评价内容	评估标准		检查方法	得分
				优　秀 (0.9~1.0)	合　格 (≥0.6)		
05 (A) 毕业设计效果	0513 (A) 能力水平	40	1.理论联系实际能力 2.设计能力 3.计算能力 4.文献检索与外文翻译能力 5.技术经济分析	绝大多数学生能达到能力培养要求	大多数学生能达到能力培养要求	学生作业	
	0514 (A) 毕业设计质量	40	1.说明书撰写质量 2.图纸质量	1.说明书思路清晰、文字表达能力强、书写工整、符合技术文件要求，撰写规范的占80%以上 2.图纸规范，符合标准，图面整洁的占50%以上，且有一定难度	1.说明书思路清晰、文字表达能力强、符合技术文件要求，撰写规范的占60%以上 2.图纸规范，符合标准，图面整洁的占30%以上	学生作业	
	0515 (A) 创造性	20	主要针对毕业设计课题的创造性	10%以上的设计有创造性见解	有创造性设计	学生作业	
05 (B) 毕业论文效果	0513 (B) 能力水平	40	1.理论联系实际能力 2.科学实验能力 3.数据处理能力 4.文献检索与外文翻译能力	绝大多数学生能达到能力培养要求	大多数学生能达到能力培养要求	学生作业	
	0514 (B) 毕业论文质量	40	1.论文撰写质量 2.图表质量	1.论文思路清晰、文字表达能力强、书写工整，符合论文撰写要求规范的占80%以上 2.图表符合标准、整洁规范	1.论文思路清晰，文字表达能力强，书写工整，符合论文撰写要求规范的占60%以上 2.图表基本符合标准、较整洁规范	学生作业	
	0515 (B) 创造性	20	主要针对毕业论文课题的创造性	10%以上的论文有创造性见解	有创造性论文	学生作业	

§2　毕业论文的指导教师

2.1　指导教师的基本条件

为确保指导教师指导毕业论文的质量,每位教师指导毕业生人数一般不超过 6 名。各教研室、学院(系)可根据学生的具体人数,选定符合基本条件的教师担任毕业论文指导教师,其基本条件是:

1.为人师表,思想作风正派,有责任心;

2.身体健康,能承担指导工作任务;

3.具有讲师以上职称或硕士学历;

4.懂得并了解科学学术论文的基本格式和要求;

5.有较高的业务水平能力和具体实践经验;

6.鼓励硕士生导师、博士生导师担任本科生毕业论文指导教师。

2.2　指导教师的职责

指导教师对于学生尽快掌握论文写作方法,提高资料检索能力、创造能力和毕业论文质量,都有着重要的作用,甚至对学生以后的人生道路都有着重要的影响,所以指导教师一定要有强烈的责任感和事业心。指导教师的职责如下:

1.帮助学生合理、准确、科学地选定毕业论文题目;

2.协助并指导学生进行材料的选取、收集、整理,注意培养学生的资料收集能力和综合能力;

3.指导学生制定论文写作的具体进度和计划,按统一格式填写《毕业论文计划任务书》,包括题目、条件、要求、质量、预期结果、完成时间等;

4.帮助学生选择观察、实验、调查、试验项目与有关资料的获取方法;

5.及时掌握学生毕业论文的进展情况,定期甚至随时解答学生提出的各种疑难问题,多与学生接触(一般要求每周与学生见面两次);

6.正确引导学生拟定论文提纲,对学生写作过程中出现的问题给予必要的指导;

7.指导学生掌握毕业论文写作的基本格式和规范要求;

8.积极配合校、院(系)、教研室对学生进行论文检查或抽查,考察学生的工作态度、出勤情况、纪律情况等,根据学生的具体表现,写出毕业论文评语;

9.抓好关键环节指导,既不能放任自流,也不能包办代替,注意调动学生的积极性,充分发挥其主动性、创造性,做好指导育人工作;

10.审阅毕业论文,评定论文初步成绩;

11.向答辩委员会报告毕业论文的任务、要求、质量、价值和有争议的问题及完成情况;

12.根据院(系)安排,积极主动参加毕业论文的答辩工作。

2.3　毕业论文指导教师的选择

毕业论文的课题以命题和自选题相结合的方式让学生来选择。如采用命题形式,公布命题的同时公布指导教师的名字,学生可以根据自己的研究方向和兴趣爱好,来确定指导教师和选题;或采用自选题形式,学生可以根据平日对教师情况的了解,向教研室提出申请,选定某位教师来指导自己的毕业论文写作。

每位指导教师都承担一定的基础课和专业课的教学工作,他们是学有专攻、各有所长的。如果学生能得到一位对自己选的研究课题有专长的教师的指导,那对研究工作是大有裨益的。经导师一点拨,有时甚至会使学生的一个朦胧看法,形成为一个颇有学术价值的观点、定理或结果。

学生可以从同班同学、高年级同学或辅导教师以及其他方面了解到一些教师的研究专长。这样不仅平时可以向那些教师求教,而

且能在写毕业论文时选择一个理想的指导教师。如果学生毕业论文的选题,恰是某位导师正在研究的一个大课题中的一部分,那么,就会在毕业论文的写作中得到该教师很好的指导。毕业论文写得好,不仅是学习论文写作的一次成功的实践,还有可能对科学的发展作出自己的贡献,甚至为自己以后投身于此方面的科学研究奠定基础。

2.4　毕业论文指导书

毕业论文指导书是指导学生进行毕业论文写作工作的辅助教材和指导性资料。指导书可以组织学生定购,也可以由院(系)组织相关指导教师编写。编写时应根据毕业论文教学大纲和课题性质、任务、要求等,编写出内容翔实,要求具体明确,能起到指导作用的指导书。指导书应包含以下几方面内容:

(1)毕业论文的目的和作用;

(2)毕业论文的任务和要求;

(3)毕业论文的进程和安排。

指导书应根据课题要求对学生要完成的文献检索与外文资料翻译、思考分析和试验研究分析、完成论文所必需的内容或实验数据等都做出明确的规定。

指导书中还应向学生提出综合运用所学的基础理论、基本知识和基本技能的要求。通过毕业论文写作,使学生掌握科学研究的基本方法,树立正确的写作思想和实事求是的工作作风。

指导书中也应向学生提供撰写毕业论文的一些本专业的参考题目和论文规范化要求,以及毕业论文各阶段的大致时间安排。

总之,学生通过毕业论文指导书,可大致知道毕业论文的时间安排、内容要求、科学研究的基本方法等内容,从而在思想上和实际写作中都能做到心中有数,不盲目,以便能在较短的时间内锻炼自身的资料检索能力、思维创造能力和写作表达能力,写出较高质量的毕业论文,提高整体教学质量和水平。

§3　毕业论文的评阅

3.1　评阅的主要形式

毕业论文评阅，就是指在学生完成毕业论文之后，由指导教师或外聘专家、教师对论文进行质量（价值）的评估，然后根据评估的结果，初步给出毕业论文的成绩。

目前，全国各高等学校对毕业论文评阅的主要形式是"审阅"，即指导教师或外聘专家、教师对学生的毕业论文进行阅读后，根据阅读的印象和一定的参考标准，给出毕业论文的质量（价值）评价，划出等级。评阅论文的指导教师或专家，一般是本学科教学中造诣较深、经验较丰富、学术水平较高的教师。他们往往能认真阅读毕业论文，给出恰当的成绩，写出恰如其分的评语。但由于人为因素的影响，也可能发生论文质量水平与评定成绩不相符的现象，这主要表现在如下三个方面：

1.论文评阅者的素质有差异。由于每一位评阅者的工作作风、生活经历不同，存在着业务水平、思想道德素养等方面的差异，往往会形成不同的甚至截然相反的评价结果。比如有的审阅者，由于工作繁忙，兼职又多，或者由于别的原因，审阅比较马虎，对毕业论文作了一些不正确的或者是错误的评价，使一些质量较差的论文获得好成绩，而一些质量高的论文则被判了较低的等级。这种现象在科学史上也是屡见不鲜的。由于评价者个人的"意见"，使一些有价值的论文长期不得面世，给作者和科学研究工作造成无法挽回的损失。例如，19世纪法国著名数学家伽罗瓦（1811—1832）研究高次方程理论而创立群论，由于当时科学院院士泊松、拉克鲁阿等人的"不愿意或者不能理解"，而迟迟不能公之于世。直到1832年伽罗瓦与艾尔宾维尔决斗死了又过了14年，才由法国数学家刘维尔第一次在他创

办的数学杂志上发表了伽罗瓦的数学著作,才使伽罗瓦戴上了"著名数学家"的桂冠。假如伽罗瓦在生前就能戴上这项桂冠,他也许不至于在 21 岁时的决斗中死去,也许整个抽象代数的研究进展能提前至少 20 年。

2.毕业论文评价的标准不统一。学生在评价自己的毕业论文时,因为为论文的内容、观点、方法、结构,甚至论文的每一段话都付出了自己的劳动心血,所以容易对自己的论文作过高的评价。评阅教师在审阅毕业论文时,一般从大局出发,着重于论文的观点是否正确、论据是否充分、实验数据是否合理、是否具有创造性且合乎逻辑、是否有价值或潜在价值等,根据这些评阅标准来评定论文成绩。

由于标准不统一、要求不一样,所以在毕业论文评价中,容易出现学生与评阅教师意见不统一的情况。

3.毕业论文分组审阅所产生的弊端。由于客观原因,所有的毕业论文一般不可能由同一个(组)评阅教师来审阅,必须把毕业论文分成若干个组,分别由不同的教师来评审。由于不同的评审教师自身素质和学术水平以及实际评价标准存在差异,因此,对学生毕业论文的评价很难保证绝对的客观、公正。同时,由于每一组毕业论文的等级评价都有一个固定的比例,这就难免会造成同一等级论文在数量上而非质量上的一致性。例如,一般规定优秀毕业论文占总论文数的 20%到 30%,那么每个论文评阅小组也要大概按此比例,即一名评阅教师若审阅了十篇论文,那么他一般也只能评出 2 到 3 篇优秀论文,不可能把十篇论文都评为优秀论文。这就可能会产生某一组的良好论文比另一组的优秀论文质量还高的现象。

了解毕业论文评价的主要形式和产生评价差异的主要原因,有利于我们进一步改进评阅方法,制定评阅标准,尽量缩小评价差异。但是,无论怎样,都不可能把差异变为零,这是客观事实。因此,要求学生以平常心态来对待这种差异。同时,也要求评阅教师树立良好的思想意识和崇高的职业道德,提高业务水平和文化素养,尽最大可能减小毕业论文评价中的差异。

理科类学生毕业论文写作指导

3.2 毕业论文的评审要素

要对一篇毕业论文进行正确的评价,是一件十分困难的事。关键是缺乏一个科学的、完美无缺的统一标准。

目前,如前所述,毕业论文评价的大致标准是审查学生掌握及综合应用基础理论、基本技能和专业知识等情况。同时还应审查学生在毕业论文的文字表达、逻辑推理论证、计算与结果的分析等方面所达到的水平,特别是应考查学生创造性工作的能力,根据论文的难度、工作量和成果质量给出评语和相应的成绩。一般,审阅教师评审毕业论文的要素有:

(1)学生是否较好地掌握了课题所涉及到的基础理论、基本技能和专业知识;

(2)学生是否具有从事科学研究或技术试验的初步能力;

(3)学生是否按指导书或计划任务书所提出的要求内容及时间完成了毕业论文各环节所规定的任务;

(4)毕业论文完成的质量和在完成过程中所表现出的创造性工作情况;

(5)独立工作、思考、组织管理、文字和口头表达能力及与他人合作交流能力等情况;

(6)写作毕业论文的态度和表现出来的工作、学习、纪律情况。

评阅的指导教师应以毕业论文成果为基本依据,对学生进行全面考核,实事求是,严格要求,不以老师过去对学生的个人印象评定成绩,更不能因为是自己指导的学生而降低评分标准,要认真负责,严肃对待。

毕业论文也可根据学术论文的本质,按照论点、论据、论证三要素来设置评价系数的标准。论点系数下设三级(也可多级)指标:①全面创新;②部分创新;③没有创新;论据系数下设三级(也可多级)指标:①有自己的论据;②使用他人的新论据;③使用他人的旧论据。论证系数下设三级(也可多级)指标:①论证明确;②论证有缺陷;

③论证不当。根据这三级指标系数的标准,可把毕业论文分成三类:

1.全面创新(第一类)。此类论文具有新观点、新材料、新方法。论点全面创新,全部使用自己的实验、调查、分析、思考所得出的论据,论证明确,写作规范、流畅,在学科理论和研究上有某些突破,有所发明,有所发现,有普遍意义,如解决了国内外尚未解决的问题。

2.部分创新(第二类)。此类论文是部分有新观点或部分有新材料或部分有新方法。论点部分创新,使用的是他人新的论据,论证有缺陷,写作通顺,在学科理论和研究上有较高或一定的水平,有一定的价值或参考价值。

3.没有创新(第三类)。此类论文是旧观点、旧材料、旧方法。论点没有创新,使用的是他人原有的论据,论证不当,行文不通顺,论文仅解决了一个一般性问题,写作上有错误,只可作为一般的经验交流性质的文章。

把毕业论文分为三类后,再仔细审阅论文,把每类论文作适当的下调或上浮,即可把毕业论文分成五类,从而给出毕业论文的成绩:优秀、良好、中等、及格、不及格。也就是说,第一类论文可给优秀、良好成绩;第二类论文可给良好、中等、及格成绩;第三类论文可给及格、不及格成绩。然后,再写出恰当的毕业论文评语,评语的内容主要包括:论点(结论)是否正确,论据是否充分,论证是否有力,有何新的见解,有何学术价值和实践意义,以及该生的科研能力、文字表达能力及思维能力等。这样,就较科学地完成了毕业论文的评审工作。

第九章

答 辩

§1 答辩的意义

1.1 答辩是毕业论文的完善与补充

答辩是对大学生毕业论文的最后验收,是学校对毕业论文质量审查的重要步骤,是关系到论文成绩的最后评定和学生是否获得学位的重要环节,同时也是对大学生毕业前夕的最后一次重要训练,所以,无论是学生还是教师,都应予以高度重视。

从有益于学生的角度出发,答辩是对毕业论文的进一步完善和补充。毕业论文的答辩是指在答辩场上,教师和学生面对面地问答问题的一种教学活动。答辩是审查论文的一种辅助形式。由于大学生初次撰写毕业论文,难免有阐述不清楚、不详细、不完备、不确切的地方,难免出现种种遗漏和不足,有些同学在准备答辩过程中已有所察觉,并在自我陈述中作了相应的解释、说明或更正。而对有些问题,他们在修改中仍未发现,一直到答辩也没意识到,而在主辩教师的提示下,经过自己的迅速思考和分析,就会认识到存在的问题,并可在答辩中予以一一修正或补充。这实际上等于又一次接受了老师的指导,而这种指导更具有针对性、指导性,这对于最终完善论文,提高论文质量,有很好的补救作用。

理科类学生毕业论文写作指导

通过答辩,学生可以进一步完善和修改自己的观点,弥补原文中的不足,对有些宽泛的议论作相应的限定,使自己获得极好的锻炼。

1.2 答辩是毕业论文真实性的检验

毕业论文要求作者必须自己完成,这是撰写毕业论文的最起码要求。但是,由于社会上弄虚作假等不正之风的影响,个别学生学习目的不正确、学习态度不端正,因而在撰写毕业论文时潦草应付,拼凑抄袭,更有甚者找人提笔代劳,想凭侥幸蒙混过关。如果没有答辩这一环节,将难以抵制捉刀代笔、抄袭剽窃、弄虚作假等不良之风,因为捉刀代笔的毕业论文或抄袭剽窃的论文,评阅教师是很难发现的。因此,论文答辩还有利于考查毕业论文的真实性。如果不是作者自己辛苦劳动的结果,主辩人几个提问下来,学生便会原形毕露,这对那些弄虚作假的人来说,实际上起到了警示作用。从这个意义上讲,毕业论文答辩可以端正学术态度、纯洁学术道德、分清良莠、辨别真伪,答辩具有考核学生治学精神、纠正不良学风的功能。所以,答辩的意义非同一般。近年来,随着高校专业管理规范化的实现,电大、职大、函大、夜大、自学考试等许多开放性大学教育,也都要求对撰写毕业论文进行论文答辩。当然,普通高等学校学生的毕业论文就更应该进行答辩了。

1.3 答辩使学生能力得到进一步锻炼提高

答辩这种形式本身对于学生来说也是一个再学习和培养能力的重要途径。答辩不仅可以使学生的口头表达能力、演讲能力、思维能力、应变能力得到提高,而且可以帮助学生从中总结思辩的技巧和方法,培养自己从容应对一切的自信,一定程度上是对自我的挑战,也是对自己怯懦心理的一种超越,所以,答辩可以为将来参与社会竞争提供经验、奠定基础。未来社会竞争需要的人才是具有多方面能力的,而表达技巧、思维创造、随机应变等能力无疑是非常重要的,任何一方面能力的欠缺都会影响学生们将来的发展和进步。

通过毕业论文的答辩,学生可以明白自己在独立进行科学研究的潜能和方法上所获得的进步及存在的问题,以供今后在研究其他问题时参考借鉴;还可以从答辩教师对论文所提的问题出发,作进一步深入的研究,求得纵深的发展,取得更大的成绩。

另一方面,所谓"答辩",即是主辩教师问,学生回答,而重点应该在"辩"字上,即要双方进行辩白、辩解,甚至形成辩论。这种答辩过程中的辩论,可能就是师生双方在学术见解上的交锋—交流—深化的过程。这就是"真理面前人人平等",一方面可以充分展示主辩教师虚怀若谷的气度(因为教师也有可能对学科专业的某方面涉足不深);另一方面也体现了学生敢于挑战、勇于进取的精神,所以,通过答辩,双方都可以从中受到启发,达到学术交流的目的。

§2 答辩的程序

2.1 答辩的准备

毕业论文的答辩是一项很重要而又非常细致的工作,要切实做好答辩前各方面的准备工作,使答辩能顺利进行。

1.校方在答辩前的准备。成立"毕业论文答辩委员会",一般由院(系)组织成立,报校教务处备案。答辩委员会成员一般由 7～11 人组成,设主任 1 名,副主任 1～2 名,秘书 1 名。答辩委员会全面负责本院(系)答辩过程中的各项具体工作,如教师和学生搭配分组,时间、地点安排,问题的处理,成绩的最后评议,组织二次答辩等。

答辩委员会根据本院(系)具体情况,成立若干个答辩小组,每组成员由 3～5 人组成,设组长 1 名,秘书 1 名。答辩小组的具体任务是:①对本组的答辩进行具体组织安排;②对学生进行答辩;③对答辩成绩进行初评;④对答辩进行小结,报送答辩委员会。

2.学生在答辩前的准备。学生在答辩前可从以下几个方面做好

准备：

(1)做好思想准备。一要充分认识到答辩就是向老师、学校汇报个人的研究成果的过程。它关系到成绩的评定，关系到学位的获得，从思想上应引起足够的重视，树立必胜信心，力争答辩出好成绩，绝对不能麻痹大意、马马虎虎走过场，同时也不要害怕、紧张，精神上要尽量放松，大方、自然地回答即可。

(2)写好答辩汇报提纲。这是做好答辩的一个关键环节，只有做好充分准备，才能对老师提出的问题回答到点子上。提纲的内容一般包括：

①论文的标题。论文的标题是什么？自己为什么选择这个课题？研究此课题有什么应用价值或理论意义？

②论文的内容。该篇论文的主要内容是什么？主要说明或解决了什么问题？

③写作的技法。该篇论文结构是如何安排的？主要观点是什么？主要依据和论证方法是什么？提出和解决了哪些新问题等，可从不同角度说明论文写作新意。

④主要参考文献。主要参考文献是什么？受哪些参考文献启发？利用些什么？

⑤预测老师提出的问题。围绕自己毕业论文内容，预测答辩老师可能从哪些方面、从什么角度，提出什么样的问题，自己怎么回答。

(3)做好物质准备。这是一项类似于道具的辅助表达方式的准备。理科大学生的毕业论文答辩有时需要借助于实物或现场演示才能完成，有时在自我的陈述中要使用图表、照片、插图、幻灯、投影以及投影仪、录音带、实物模型、当场试验演示的配套仪器设备等，特别是常常需要学生把论文答辩提纲制作成课件，以备在答辩的自我陈述中利用计算机设备较快、较清楚地阐明自己的观点。

3.主辩教师在答辩前的准备。主辩教师在答辩前，首先要阅读答辩学生的毕业论文，对论文的内容有个大概了解，然后根据论文内容，准备几个适当的、相关的问题，以探测学生水平的高低、掌握知识

的深度和广度。主辩教师应注意的几个拟题原则是：

（1）提问要因人而异，深浅适中。答辩者程度参差不齐，写出来的论文水平高低不一，针对这些情况，提问时答辩教师应做到因人设题。对基础好、水平高的，可适当提些较深的问题；对基础较差、水平较低的，提些深浅适中，难度一般的问题。针对不同对象的提问，可使答辩的学生在原有的基础上有所提高。

（2）基础问题与应用问题相结合。答辩时，对每位答辩学生一般提出 3～5 个问题，这些问题可以是基础知识、基础理论问题，也可以是理论联系实际的应用问题。

（3）提问应形式多样，大小配合，点面结合，深度和广度相联系。

2.2　答辩过程

毕业论文的答辩过程一般是：

1.由答辩小组组长宣布答辩纪律，成绩评定标准，介绍参加答辩教师名单、学生名单和先后次序以及答辩的具体要求等。

2.答辩的学生按先后次序，陈述自己的毕业论文。主要介绍论题的背景、意义及结果，解决问题的思想方法、理论根据和推理过程等方面内容。时间一般不超过 15 分钟。

3.答辩教师针对学生的陈述和毕业论文，提出 3～5 个问题，包括有一定深度、广度和难度的问题或基础性问题，时间一般不超过 5 分钟。

4.答辩学生针对答辩教师所提出的问题，运用所学知识，按照答辩提纲所准备的有关内容回答。要求语言流畅，有条不紊，说普通话。对确实太难而没有把握的问题可虚心表白，不能争吵。时间一般不超过 10 分钟。

5.主辩教师对答辩学生毕业论文的内容、写作水平及答辩情况，给出简短评价，作出小结。时间一般不超过 5 分钟。

6.答辩结束后，由答辩小组组长对本场毕业论文的答辩情况、论文水平等给出整体评价和阶段小结。

7.答辩小组综合每位答辩教师的意见,兼顾整体水平,给出每位答辩学生的成绩和评语,写出本场答辩的阶段性总结(包括答辩情况、存在问题、整改意见等),一并上报答辩委员会。

8.答辩委员会审核、确定毕业论文成绩(必要时进行第二次答辩),并把毕业论文及其成绩归档且上报教务处。至此,答辩过程全部结束。

2.3　毕业论文的成绩评定

毕业论文的成绩由论文成绩和答辩成绩两部分组成,前面已给出论文审阅评价的参考标准,这里给出毕业论文整体成绩参考标准。

毕业论文成绩一般分为优秀、良好、中等、及格和不及格五个等级。

1.优秀(相当于百分制90分以上)

(1)论题具有一定的现实意义或学术价值。

(2)全面完成毕业论文各项工作,观点正确,有特色和见解,论证充分,论据充实,结构严谨,文字流畅、整洁。

(3)毕业论文能较好地综合运用所学知识,有独立查阅文献资料及分析综合资料的能力,有较强的分析、运算、论证能力和刻苦钻研精神。

(4)答辩中,态度认真,积极主动,叙述完整正确,思路清晰,能准确回答所提出的问题,对所研究的课题有较深入的理解,具有较好的应变能力。

2.良好(相当于百分制80至89分)

(1)全面完成毕业论文各项工作,观点正确,有见解,论证充分有条理,书写整洁并有逻辑性。

(2)毕业论文能反映出综合运用所学知识,有查阅文献资料和分析运算能力,善于钻研。

(3)答辩中,态度认真,陈述完整清楚,能正确回答所提出的问题,对所研究的课题有一定的理解。

3.中等(相当于百分制 70 至 79 分)

(1)能完成毕业论文所规定的任务,观点正确,叙述有条理,表达清楚,书写整洁。

(2)毕业论文能反映综合运用所学知识,有一定的查阅文献资料和分析运算能力。

(3)答辩中,态度认真,陈述正确,能基本回答所提问题,能理解课题。

4.及格(相当于百分制 60 至 69 分)

(1)能完成毕业论文所规定的任务,观点基本正确,语句通顺。

(2)毕业论文综合运用所学知识一般,查阅文献资料和分析运算能力一般。

(3)答辩中,能正确对待答辩,陈述基本正确,回答所提问题时无原则性错误。

5.不及格(相当于百分制 60 分以下)

(1)没有完成毕业论文所规定的任务,观点有原则性错误。

(2)毕业论文综合运用所学知识能力欠佳,查阅文献资料和分析运算能力较差。

(3)没有参加答辩,或在答辩中回答问题时有原则性错误。

(4)抄袭他人作品的论文,或找人捉刀代笔的论文。

关于毕业论文评审标准,可参考下表:

理科大学生学士学位论文评审参考标准

项 目	学士学位论文评审要素	分 值
平时成绩 (20分)	1.出勤、学习工作态度及完成任务情况	5分
	2.查阅资料水平、灵活应用各种知识能力	5分
	3.独立工作能力、实验技能	10分
论文水平 (60分)	4.内容正确、论证严密、有独创性	30分
	5.逻辑推理、计算能力、数据处理、结论分析正确	20分
	6.文字表达及分析水平	10分
答辩成绩 (20分)	7.在规定时间内简练正确地作出答辩报告	10分
	8.回答提问情况	10分

毕业论文的成绩在答辩过程中是不与学生见面的,答辩后若学生对公布的成绩有意见,可直接向学术委员会提交书面报告,再由学术委员会审定成绩。

2.4　答辩时的临场发挥

一般来说,毕业论文答辩是本科生第一次和教师面对面交流学术问题,有必要掌握一些答辩技巧,使其顺利通过答辩。

1.认真倾听,把握题旨。这是答辩时最基本的一条,只有专心地听取主辩教师所提的问题,快捷地思考,弄清问题的主旨,才能针对问题进行有效回答。对主辩教师的提问,答辩人首先要全神贯注,边听边记,防止遗漏,同时要沉着冷静地思考,了解所提问题的实质,千万不能弄错题意,造成答非所问的尴尬局面。

2.回答简洁,条理分明。答辩中,由于每位学生的答辩时间是有限的,需要抓紧时间进行陈述和回答,所以,答辩者要针对主辩教师所提的问题,就事论事,就事说理,切忌烦琐拖沓,横生枝节。要做到干净利落,切中要害。这样,一来可以避免言多有失,二来可以避免言多冲淡了主题。另外,主辩教师提出的问题如果包含多层意思,回答时要注意条理。

3.坦率直言,不做强辩。当主辩教师指出论文中存在的不足或失误之处时,答辩人应该以虚心的态度,坦率相待,特别是在答辩中出现的失误,比如因精神紧张而造成的口误或思路混乱,就应该表示歉意,并当即纠正。切不要急于掩饰,甚至强词夺理。而对于主辩教师所提的较难的问题,如果自己只有过粗略的接触,或者自己根本就不知道,甚至可能超过了答辩者的论文范围(一般不会),这时,答辩者应该坦然相对,直言相告,或者可以委婉地表示以后向老师请教。总之,答辩中谦虚坦诚的态度只能博得答辩老师的好感,而对失误讳莫如深,甚至强作辩解、粉饰,反而对自己不利。

4.把握分寸,善进善退。对于自己论文中研究最透彻或最具有创新意义的地方,在自我陈述时可能会最得意,但不要得意忘形,要

掌握好限度。一般应采用请教、探究的语气,委婉道出,而不要夸夸其谈,给人以洋洋得意的感觉。即使是答辩教师听得最满意的地方,也要注意详略得当,见好就收,点到为止。切莫忘乎所以,一发而不可收,以至于画蛇添足,前功尽弃。

　　5.面对难题,巧于应付。有时,主辩教师提的问题范围较广,可能会使答辩学生一时难以回答。这就需要通过巧妙的设问或设想,对题目加以限制,使范围缩小,抓住主要矛盾给予回答。如可反问:"老师,您的问题是否可从这方面考虑⋯⋯"或"我想您的问题是指⋯⋯"这样,就可拨开杂乱的头绪,抓住要点,然后以纲带目,以点带面,既说清了主要方面,也涉及到了次要方面。这不是有意回避,而是巧妙梳理,主辩教师会满意的。

　　对主辩教师提出的难以回答的问题,答辩者要沉着冷静,思考对策,不要乱了阵脚,不知所措。可采用避开障碍、迂回而进的方法,争取主辩教师的提示,或者干脆请示老师把问题重复一遍。老师的重复一般不可能是原话再说一遍,而是重新组织语言,这样就可能给予了提示。同时,在老师重复的时候,答辩者也争取了思考的时间。一般说来,有了老师的提示,又经过认真的思考,较难的问题也应该能回答出来或回答一些,即使回答得不能尽如人意,老师也会对答辩者的从容应对给予鼓励。如果遇到自己确实不能回答的问题,也要如实相告,千万不要不知强为知,硬充好汉,结果答非所问,弄巧成拙。

§3　答辩中常见的问题

3.1　准备不足

　　答辩以前的准备,包括三个环节:熟悉毕业论文、预测答辩论题和必要的心理准备。前两个环节是答辩的基础,会直接影响第三个环节。

如果不熟悉论文的内容,不对论文所涉及到的基本概念、原理、定理、方法、结论、结构、提要等作深入的了解和分析,抱着投机和侥幸的心理,势必会造成被动的局面。如果答辩老师的问题有些难度,那么,必然会出现有问无答、有疑无解、一问三不知的场面,尴尬和难堪也就在所难免了,从而影响答辩成绩。

"知己知彼,百战不殆"。所谓知己就是了解自己,在毕业论文答辩中,就是熟悉论文的各个环节:包括立意、概念、要点、结论、方法、结构、逻辑关系等,也包括哪些是自己的,哪些是引用的,哪些是借鉴别人而新发展的,论文内容在当前学术研究中有多大的理论价值和实用价值等。在此基础上,还要对论文中的一些概念和问题作进一步深入的思考,即作必要的延伸。例如,有些概念是不是一个发展概念,有些定理是否可作进一步的推广,等等。如对毕业论文《函数的极值在生活实践中的几点应用》,老师可能会问"什么叫做函数","这个概念是怎么演变来的","函数和图像有没有区别"等一系列关于函数的问题。所以,通过延伸可以丰富自己的思考,扩充论文的内容,增加论文的分量,为预测答辩论题奠定良好的基础。

知彼,就是要了解答辩老师,分析有可能提哪些问题。如答辩教师提问一般会围绕论文的真实性和论文本身的薄弱环节,或属于作者应该具备的基础知识,但又是论文中没有涉及到、没有论述清楚的,或是论文限于篇幅、不便详细展开细说的。同时,也可对答辩教师的为人处事、学识水平、行为习惯等方面作适当的了解。

总之,"凡事预则立,不预则废"。答辩好似一次综合测试的练兵训练,不应该"打无准备之仗",否则是难以取得令人满意的结果和成绩的。

3.2 信心不足

答辩场合对于答辩者来说,是经历不多甚至从来没有经历过的。严肃的答辩场面,更加重了答辩者自我表现的心理负担。答辩者可能会在答辩场上脸红心跳、口齿不清,不能做到声音洪亮、从容镇定,

许多记忆的信息都遗忘了,大脑是一片空白,这是不乏其人的。有些学生在回答主辩老师问题时总是顾虑重重:"我这样回答合适吗?""说出去的话如泼出去的水,错了怎么办?"这种种的顾虑,实际上已成了强大的难以逾越的心理障碍,从而产生消极影响,甚至会直接影响到答辩的成败。

实际上,在有些问题的研究上,主辩教师未必就比学生强,答辩者要有充分的信心。并且,主辩教师也不会专门对答辩者挑刺,让答辩者难堪。主辩教师是按照答辩目的、要求来设置一些问题的,主要是考察论文的真实性和答辩者知识的深度、广度,同时也给学生一次锻炼自我的机会。所以,答辩者不必紧张,只要准备充分,就一定能顺利通过论文的答辩。

未来社会,是竞争和挑战的社会。自信从容的心理素质是获胜的基础,"自我包装、自我设计、自我推销"越来越成为未来社会发展的选择主流,而高等院校毕业生进行论文答辩确实是一次很好的锻炼机会。到公司、到单位应聘需要面试答辩,竞争上岗需要答辩,竞争某个职务、职位需要答辩,甚至年终总结、任职汇报也需要答辩,这种考核在将来的生存竞争中会经常发生,所以,大学生要学会从容面对答辩,学会在辩论竞争中求生存、求发展。答辩者认识到这一点,也就增加了论文答辩的信心。

答辩时,答辩者还可以在走上答辩席前做一些深呼吸练习,以缓解心理紧张情绪;也可以积极进行心理暗示,告诉自己一定能行;还可以在答辩前几小时不再翻阅资料,甚至有意识地控制自己不去多想与答辩有关的问题,使自己尽可能地放松。但是,答辩前的论文提纲、答辩的预测工作是一定要做的,并且做得越充分,自信心就越充足。

3.3　答非所问

在答辩时,也经常会出现答非所问的情况,即答辩者在回答主辩教师所提出的问题时,没有答到要点上,甚至出现"牛头不对马嘴"的

现象。正如前面所述,这可能是答辩者没有听清或没有弄明白老师所提的问题,此时可请老师再重复一遍,待自己弄明白了再肯定地回答。若确实还不明白,就如实相告或委婉地说:"这个问题,我以前真没想到,以后我会注意考虑。"但是,千万不可让老师把问题重复三遍以上,以免引起主辩老师的反感。

另外,出现答非所问的原因还有:①知识积累不足,知识深度不够,只知其一,不知其二,只知其然,不知其所以然,经不起主辩教师的追问;②所学知识不能融会贯通,虽然学过许多知识,但不能运用自如,不能为我所用;③知识之间的衔接和转化能力差,逻辑推理能力差,只要涉及到分析、比较就不知所措。因而答辩时,只能从本本主义出发,从极其有限的知识和观点出发,而不能全面地、辩证地、联系地、分析论证地去说明自己的观点,结果在答辩时只能顾此失彼,出现答非所问的尴尬场面,从而影响论文答辩。当然,要解决答非所问的问题,一方面需要长期地积累知识,消化知识,融会贯通知识,提高自己分析问题、解决问题的能力和逻辑推理、运算能力;另一方面要弄明白主辩老师的问题后,再做出适当的回答。

第十章

发 表

§1 投 稿

1.1 优秀毕业论文可投稿

经过反复修改和答辩后,大部分毕业论文都被整理归档,其中有一部分学生的毕业论文可依据答辩教师的意见,进一步核实资料,反复推敲,对论文进行润改,就可以选择适当的期刊、杂志投稿,争取正式发表。

毕业论文的正式发表,标志着学生科学文化素养的整体水平有了新的提高,使毕业论文成为具有知识产权的学术论文,从而具有更高的社会价值或经济价值,同时也给作者带来了积极的影响和一定的声誉,甚至激励作者为科学研究而努力奋斗。所以,发表学术论文(此时,可把毕业论文称为学术论文了)是学生创新和竞争意识的集中反映。

所谓投稿,就是指作者向科技期刊、杂志投寄自己的论文以供发表。投稿者要有一定的方法和要求,否则,就可能影响论文的发表率。

1.2 期刊杂志的选择

学术论文向哪种刊物投寄是首要的问题。显然,选择的期刊应由学术论文的性质来决定,不同学科的论文必须投向不同学科的期刊,并根据论文的内容来决定投向哪个档次的期刊。这就必须了解本学科一些期刊杂志的特点和类型。

一般说来,期刊都有明确的办刊方针,规定了本刊物的性质、任务、范围、读者对象、篇幅以及发行方式等。根据读者对象不同,期刊可分为高级、中级、初级三类。①高级期刊是以提高为主的学术性期刊,以报道最新科研成果,发表创造性研究论文,进行学术交流,推动学科发展和发掘专门人才为中心任务。高级期刊上发表的论文,大致可以反映出主办单位在其科研工作所及的范围内的学术水平、动向和人才概貌。这类刊物读者面尽管不广,但在学术交流及情报信息上有重要作用,并有助于学术研究的记载。②中级期刊以介绍本学科新进展、新知识、新技术为主要内容,它对科技研究工作者来说起辅导提高作用。这类期刊能为教学、科研和技术实践提供新资料,同时也注意学术动态的报道。这类期刊发行量大,对社会生产力的发展起着重要的作用。③初级期刊是以普及科学技术为目的的大众性刊物,读者众多,对社会影响甚大,对于提高整个民族的科学文化水平,引导社会向科学技术进军有着极其重要的作用。由于读者对象不同,这三类期刊的选稿标准各不相同,且由于学科和侧重面的不同,即使是同类期刊其选稿标准也不尽相同,即每种期刊都有它自身的选稿标准和特别要求。这些选稿标准和特别要求,一般都刊登在期刊的每年的第一期或最后一期杂志的封三或封底上,作者在投稿前,必须认真细致地研读这些"投稿须知",然后再根据自己论文的内容和性质,选定关联密切的期刊杂志进行投稿。

1.3 论文的修改打印

选定期刊杂志后,一定要根据上面的"投稿须知"进一步修改自

己的论文,使其尽量满足选定期刊杂志的要求。除了论文的内容之外,还要看论文的格式、字数、图、表等形式是否合乎要求。同时,还要注意选定期刊杂志对投稿方式有什么要求,是要求邮寄,还是要求用 E-mail 发送。现在许多高级期刊杂志对论文稿样不但要求是打印的,而且还要求用指定软件排版。因此,在投稿前(不论稿件是否发表),要先做好"校对"工作,反复核实论文中的段落、字符、排版的美观性、合理性,以及论文中是否有差错。这从另一方面也说明,发表一篇论文是不容易的。虽然一些中等和初级期刊杂志没有要求一定要用排版打印稿,但作者也必须把论文稿件誊写清楚,方可投稿。

1.4 不要一稿多投

所谓"一稿多投",是指同一作者的同一篇论文,同时投向几家期刊杂志。这容易造成数家刊物同时或先后发表同一文稿,对社会造成重复发表和资源浪费,有损期刊的质量和声誉。同时,这种行为在学术上也是不道德的,有损作者的信誉。所以,几乎所有的期刊杂志明确提出不得"一稿多投"。对一稿多投的作者常采用批评、登报刊声明批评、指责以及通知其单位领导对其作出严肃处理等手段。

造成一稿多投的原因主要有两方面:①编辑问题。有些编辑,收到作者的交稿后,一年半载不给作者答复,有些作者发表论文心切,于是就改换门庭,投向别家期刊杂志,待这家想录用时,那家也想(或已)录用。此时,作者应如实告知其中一家期刊,取消其录用。②作者问题。有些作者动机不纯,本来论文质量不高,却要一稿多投,到处投机钻营,认为"东方不亮西方亮,黑了南方有北方",如能在一家期刊杂志发表就不亏本,数家同时刊用则名利双收,所以要一稿投几家。这只能说明作者的道德水平低下,没有起码的社会公德。对此,编辑有权作出合适的处理。

大多数作者都不喜欢一稿多投,认为"一稿一投"是每个投稿者应具备的起码的文风文德。发表论文的目的是为了让社会承认自己的研究,只需一家期刊发表即可。所以,刚从事科学研究的大学生,

更要注重个人的道德文明和素质修养,洁身自爱,决不"一稿多投"。

1.5　作者与期刊的契约

按照著作权法规定,作者在向期刊投稿后 30 天内未收到通知的,可以将同一作品投向别处,双方另有约定除外。但对于理科学术论文,一般规定的时间为 3 个月,也有规定半年(1 年)时间的,这是由于理科论文的审稿工作比起文科论文来说相对困难,审稿人并不是看一下论文就可写评语,而是需要重新推理稿件的结论、实验验证稿件中的数据等。具体多长时间,一般都在"投稿须知"中有说明。期刊社不可能与每位投稿者签订一个书面协议,"投稿须知"就应视为双方的契约,作者向该期刊投稿说明作者已同意了这个约定,无须另外签订协议。如果约定的期限已过,作者就可把同一稿件投寄其他刊物,这不是"一稿多投"。不过,在作者把稿件改投另外期刊前,最好给原来的期刊编辑部打个电话或发个 E-mail,询问稿件的处理情况和原因。

另外,要注意现在有的期刊在刊登论文时,要收取论文发表费(或称为版面费),该期刊是否收费,收多少,怎么收;是否收审稿费,收多少,怎么收等,一般也刊登在"投稿须知"这个契约中,作者也要注意这些细节问题。

§2　审稿、退稿与发表

2.1　审稿

作者的论文稿件通常是寄到期刊编辑部。编辑(一般每个期刊杂志社有数位编辑)通常有权决定是否接受稿件,这就是所谓的稿件"初审"。所以,期刊杂志的编辑一般都是本学科专业的专家学者,或有一定专业基础知识的工作人员。他们首先要看稿件的主题是否符

合该杂志的收稿范围。如果一看便清楚此稿件不符合本杂志的要求，那就将稿件立即退还作者，或稿件不退还而去信告诉作者"论文与本刊不符，不宜采用"。其次，编辑再看稿件格式是否合适，稿件本身是否"齐、清、定"，每份副本是否有缺页、缺表、缺图等。如果上述任何一项有问题，那么稿件也会立即返还给作者，让其修改、补充完整。再次，编辑可以初步审查，看稿件是否有创造性，是否有价值，是否科学，是否与别人已发表的论文不同等。如果这些问题编辑有把握确定，那么，编辑也可能把稿件退还给作者不录用。

只有符合了上述三个先决条件（适合的题目、适合的格式、适合的稿件），编辑才准备考虑是否录用发表稿件。此时，稿件才称为"通过初审"，编辑就开始认真地登记稿件。

通过了初审，稿件下一步就进入了复审阶段。复审就是编辑找两名审稿人，负责审查同一份稿件。审稿人是期刊编委会成员或编辑顾问、特约审稿人，他们都必须是稿件作者的同行专家，多是这方面的学术权威。审稿人在审稿中多考虑以下几个方面问题：①所研究的问题或课题的重要性；②研究工作的独创性；③所用方法或实验设计的合理性；④实验技术的适当性；⑤结论和推断的可靠性；⑥讨论是否中肯；⑦文章组织是否合理；⑧与期刊规定的格式是否一致；⑨标题与内容是否一致；⑩所选杂志是否合适等。然后，审稿人写出意见书，指出稿件的优点或缺点，给出稿件评语：建议录用、可用、不用。若两位审稿人都判为"不用"或一人判为"可用"另一人判为"不用"，则此稿件将不被采用，稿件退还作者；若两位审稿人都判为"可用"，或一人判为"录用"另一人判为"不用"，则此稿件可以退还作者，也可以另外找两位审稿人重审；若两位审稿人都判为"录用"，或一人判为"录用"另一人判为"可用"，则此稿件就算通过了"复审"。

审稿人在审稿过程中，要求对稿件持积极、公正的态度，保护好未发表稿件所享有的特殊权利，使之不至于被他人以任何形式利用。在稿件发表之前，审稿人不得任意引用，也不得参考文章所叙述的工作，并禁止利用稿件中的内容来为自己的研究服务。这些是审稿人

的基本要求和起码的职业道德。何况,审稿人多是权威人士,他们也是非常重视自己的社会影响和声誉。当然,审稿人在审稿过程中也是不能和作者一起讨论文章的,作者不应该知道自己的审稿人是谁,这也是一项基本要求。

通过了复审的稿件,也不一定能发表,因为还必须通过"终审"。一般由期刊杂志的主编进行终审。主编一般都是稿件作者所研究领域的权威人物或科学家,他们的造诣和声望是很高的。他们能够站在学科的前沿阵地,高瞻远瞩,往往一眼就能看出论文的价值所在。根据编辑、审稿人的意见,以及刊物的信誉和质量,最终决定是否录用发表稿件,这即称为"终审"。

所以,稿件的审查是一个复杂的过程,必须"过三关":初审、复审和终审,且每一关都是非常重要的。这里编辑好像是杂志的"守门员",是作者与审稿人、作者与主编、审稿人与主编之间的中间人,所以必须尊重编辑和编辑的劳动,尽可能地在各方面与编辑合作。

2.2 退稿

编辑部接到作者稿件后的处理决定是:发表、修改、不用,三者必居其一。对于后两种决定,作者都面临着退稿的情况。

退稿修改,即编辑部根据专家审稿的意见,对作者提出修改意见,请作者修改后再寄回编辑部重新审定。

编辑部的退稿修改意见一般有两种情况:①修改后发表。这种情况多指论文得到基本肯定,但存在某些不足,如篇幅过长,需要删减;个别地方有疏漏,需要补正;某些部分不符合写作要求和规范,需要改写;必备的项目不全,需要补充;语句欠通顺,需要修改;结构层次不尽合理,需要调整,等等。作者可以根据编辑的意见,仔细修改,进一步提高文稿的质量。②修改后再审定。这种情况多指文稿的主要内容大致可以肯定,但有些重要问题尚需修改或补充,是否可被录用,取决于修改的结果,如果研究工作做得比较深入,确实取得了创造性成果,只是文稿未写好,则修改补充后容易被录用;但如果是研

究工作本身存在较大的缺陷,则可能导致论文不被录用,只能继续做好研究工作,待把研究的问题解决了,文稿也就自然修改好了。

退稿不用,即编辑部、审稿人、主编根据审阅稿件的具体意见,决定把不采用的稿件退还给作者本人。但由于作者在撰写论文时大多留有底稿,或用计算机打印的稿件多有储存,故编辑部限于人力,一般不予退稿。若作者在编辑部约定的期限内未收到任何回音,很可能就是编辑部对稿件不予采用了。

稿件不被采用发表,可能是由于稿件质量太差,不够发表水平;也可能是由于稿件内容与期刊办刊宗旨不符,无法发表;也可能是由于期刊近期积压的稿件太多,为缩短出版周期,编辑部把部分符合要求的稿件砍掉。此时,作者可以去信或打电话询问,设法弄清退稿原因,以便有针对性地做好下一步的安排,如进一步修改、补充后,另投别的刊物;或确实质量太差的文稿只有放弃。此时,要把编辑当成朋友,及时与他们沟通。其实,通常情况下,编辑都是很乐意帮忙的,他们的惟一目的是希望作者都能够用通俗易懂的语言发表高水平的科学研究论文。

如果稿件被退还了,作者千万不要气馁、垂头丧气,要知道许多期刊杂志的退稿率超过 50%,好杂志的稿件直接录用率只有 5%。如果作者收到退稿信(或 E-mail),那么要仔细研究退稿信。退稿信一般分为三类:①完全拒绝(极少数),含有不客气定语的词;②承认稿件有一定的意义(大部分),含有一些有用的数据,但稿件本身有某些严重的缺点;③承认稿件有一定意义,但不宜在该期刊上发表,建议修改后改投其他刊物。显然,作者可根据这三种拒绝方式,对退还的稿件采取不同的、适当的处理方式。

2.3　发表

如果作者接到编辑部的录用通知,这确实是一件值得高兴和庆贺的事情。因为一篇科学论文的发表,代表了作者与编辑付出的艰辛劳动,代表着作者原始的创作被社会所承认,代表着编辑"为他人

作嫁衣"的"剪裁"成功。一篇科学论文从思考、选题、选材、写作、定稿,再到投稿、初审、复审、修改、终审、排版、校对、印刷、发表,是一个漫长的过程。这个过程少则数月,多则数年。论文从投稿到发表的过程,也是作者焦急等待的过程,可能有些作者对这个过程需要那么长的时间感到不解。为此,下图列出这个过程所经过的一般步骤,帮助广大作者认识此过程,从而有助于作者与编辑之间沟通、理解。①

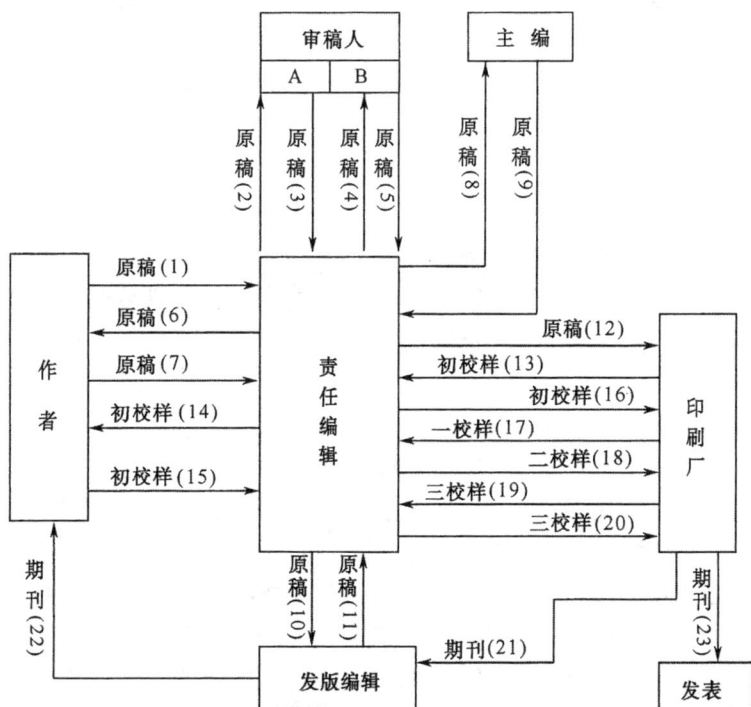

从上面的图中可以看出从原稿到发表的复杂步骤。所以作为一个责任心强的作者,必须对发表论文持谨慎态度,应把"勤研究、慎发表、深思索、探真理"作为座右铭,在确实认为自己写的学术论文正确无误的情况下,再往期刊杂志投稿。一般一篇科学论文从写初稿到

① 吴美潮.科技论文的写作与编辑.西安:陕西科技出版社,1985 年.

投稿,需要修改誊写 3 ~ 5 遍,甚至 10 遍以上,有时写出初稿后,放上十天半月后再来修改,直到自己满意为止;有时写出初稿后,可找同学、朋友商讨,可在几位同行组成的论文报告会上报告,请别人提出批评意见,以便修改。总之,在论文投稿前,尽量确保论文的正确性,以便提高论文的发表率。

相反,若作者认为发表一篇论文这么麻烦,不去投稿,那么写出来的论文就失去了意义。特别是大学生的毕业论文,若确实优秀,有创造性,那么在答辩的基础上,经过反复修改后,应大胆地往相关期刊杂志投稿。其实,有些杂志在发表学生论文方面还有许多优惠条件。

2.4 校对

当作者的稿件被期刊杂志录用后,作者还必须做好最后一项工作——校样。因为在排版印刷过程中,可能会把某些容易混淆的字母、符号搞错,即使是现代计算机排版,或者作者在投稿前已自己排过版,在印刷厂重新排版时,也常有漏字、漏行的现象。所以,多数杂志社要求作者本人校对清样,以保证论文的准确性。

作者在校样时,应特别认真地检查清样中的数据符号。因为大多数语言、汉字的错误,可由杂志编辑部门或印刷厂的校对员找出,但他们很难找出理科论文中的符号数据错误。

当作者在校样上发现错误时,应对错误做两个记号:一个标在出错的地方,另一个则标在与发现错误相对应的页边空白处。页边上做的记号是供印刷人员改错用的。如果只在印刷校样的文字内指出错误所在,就很容易造成漏改或错改。当作者用清楚易懂的符号表示修改之处,那么错误就容易得到改正。作者在校对清样时,应尽量使用《中华人民共和国国家专业标准校对符号及其用法》(ZB1 - 81),例如 ◯ ◯ 表示改正,小圆内表示错误内容,大圆内表示正确内容; ◯ 表示删除,圆内表示去掉的内容; ⌒ ◯ 表示增补,圆

内表示增添的内容等。

作者一定要注意,校对清样并不是对论文进行修改、重写、增加较新内容,或对最后的定稿做其他任何重大的改动,作者只需把清样中有错误的地方改正即可,其他正确的地方都不应做实质性变动。这是因为:①此时稿件已经是经编辑、审稿人、主编同意的稿件,若再做大的改动,它就成为编辑、审稿人、主编没有看过、更没有同意的某种修改本,在道理上说不过去;②若对稿件做大的改动,就会搞乱整本期刊杂志的排版,因为此时的稿件已经是整本期刊杂志的一部分,不仅仅是一份稿件的问题,所以,除非真有漏行或重排现象,否则一般是不允许作者在清样上加行或删行的。

§3 知识产权

3.1 著作权

论文发表以后,作者即享有著作权。其实,在作者把论文稿件寄往期刊杂志时,他便享有著作权。著作权人包括作者和依法享有著作权的公民、法人或非法人单位。

著作权包括四项人身权利(又称精神权利)和一项财产权利(又称经济权利)。人身权利是:①发表权。作者的作品完成之后,自己有权决定该作品是否公之于众。如果决定发表,有权选择发表的时间、地点和方式。②署名权。即表明作者身份的权利。作者署名可署真名,也可署假名、化名,还可以不署名。不署名并不意味着放弃署名权,恰恰相反,不署名也是署名的一种方式。但理科学术论文一般都要求署真名。③修改权。作者有权对自己的作品进行修改或授权他人对自己的作品进行修改。编辑部只可对作品做文字上的修改,但无权对作品的本质内容进行修改。④保护作品完整权。作者保护自己的作品不受歪曲和篡改的权利。财产权利是:作者对自己

的作品享有使用权和获得报酬权。即以复制、表演、播放、展览、发行和摄制电影、电视、录像，或者改编、翻译、注释、编辑等方式使用作品的权利;以及许可他人以上述方式使用作品,并由此获得报酬的权利。

著作权,一般无相反证明,应该归属作品上署名的公民、法人或非法人单位,即著作权一般归属作者所有。与人合作创作的作品,共同享有著作权;可以分割使用的,作者单独享有著作权;不能够分割使用的,作者不能单独享有著作权。合作作品著作权权利份额的确定,可由合作作者协商决定。改编、翻译、注释、整理已有作品而产生的作品,其著作权由改编、翻译、注释、整理人享有,但行使著作权时,不得侵犯原作品的著作权。编辑作品由编辑享有著作权,但行使著作权时不得侵犯原作品的著作权。编辑作品中可以单独使用的作品的作者有权单独行使其著作权。

著作权中的作者署名权、修改权、保护作品完整权的保护期,不受时间限制,著作权中的发表权、使用权和获得报酬权的保护期,为作者的终生及其死亡后 50 年截止于作者死亡后第 50 年的 12 月31 日。

著作权是不容侵犯的,但并非是无限制的。在下列情况下使用作品,可以不经著作权人许可,也不需支付报酬,但应当指明作者姓名、作品名称,并不得侵犯著作权人依法享有的其他权利:

（1）为个人学习、研究或者欣赏,使用他人已发表的作品;

（2）为介绍、评论某一作品或者说明某一问题,在自己作品中适当引用他人已发表的作品;

（3）为报道时事新闻,在报纸、期刊、广播电台、电视台等媒体中不可避免地再现或者引用已发表的作品;

（4）报纸、期刊、广播电台、电视台等媒体刊登或者播放其他报纸、期刊、广播电台、电视台等媒体已经发表过的关于政治、经济、宗教问题的时事性文章,但作者声明不许刊登、播放的除外;

（5）报纸、期刊、广播电台、电视台等媒体刊登或播放在公众集会

上发表的作品,但作者声明不许刊登、播放的除外;

(6)为学校课堂教学或者科学研究,翻译或者少量复制已经发表的作品,供教学或者科研人员使用,但不得出版发行;

(7)国家机关为执行公务在合理范围内使用已发表的作品;

(8)图书馆、档案馆、纪念馆、博物馆、美术馆等为陈列或者保存版本的需要,复制本馆收藏的作品;

(9)免费表演已经发表的作品,该表演未向公众收取费用,也未向表演者支付报酬;

(10)对设置或陈列在室外公共场所的艺术作品进行临摹、绘画、摄影、录像;

(11)将中国公民、法人或其他组织已经发表的以汉语言文字创作的作品翻译成少数民族语言文字作品在国内出版发行;

(12)将中国公民、法人或其他组织已经发表的作品改成盲文出版。

中华人民共和国第七届全国人民代表大会常务委员会第十七次会议,于 1990 年 9 月 7 日通过的《中华人民共和国著作权法》中,对著作权的各项内容情况都作了详细的规定,这是关于著作权的法律性文件。为了适应新的形势,2001 年 10 月 27 日第九届全国人民代表大会常务委员会第二十四次会议通过了《中华人民共和国著作权法》修正案。著作权侵权纠纷,可以通过调解、仲裁和法院判决等途径来解决。

3.2 版权

对于任何一种出版物来说,都必须遵守各种法律和道德准则,这包括期刊杂志社和出版社具有的出版刊物的邻接权,即出版者权利。作者在发表自己的论文或出版了自己的作品,获得了一定的酬劳后,那么论文或作品出版权利就归杂志社或出版社所有,即使作者本人再想发表该篇论文或再出版该部作品,一般也是不允许的,除非作者与杂志社或出版社有特殊约定。

特别是理科的学术论文,必须具有创造性,要求只能在正式期刊上发表一次,不允许第二次发表。倘若作者第二次发表同一篇论文,他不仅违反了科学研究的道德,也侵犯了第一次发表其论文的杂志社的权利。若是他人抄袭作者的论文,进行第二次发表,这是严重的剽窃行径,既侵犯了作者的著作权,也侵犯了杂志社的权利。经常发生这样的情况:有些作者将同样的数据或思想方法重复发表在不同的期刊杂志上。他们自认为这没什么关系,反正都是自己创造的。其实,这是不对的,因为这样,一是违反了学术论文创造性的科学规律,二是侵犯了杂志社的权利。这只能说明这样的作者只图私利、自我宣传,缺乏严谨的科学态度和科学上的道德良心,结果只会使自己名誉扫地。当然,已发表论文中的一部分内容,经过修改、创造,可以引入到作者的新论文论著中,但不能作为新论文的核心内容。英国皇家学会在"撰写科学论文须知"中指出:一篇理科学术论文(不是评论性的)送到正规期刊上发表,通常暗示着文章提出了以前从未在其他地方发表过的具有独创性的研究成果或某些新的见解,同时也意味着作者不考虑把该论文同时再送往其他地方发表。它一旦被接受发表,那么在没有得到编辑同意的情况下,是不能以同样的形式再发表在其他地方的,不管是用英文还是用其他文字。

合法的、公开发行的期刊都享有一定的权利,即对已发表出来的论文期刊社拥有专有出版权。根据我国法律规定,图书、期刊出版具有专有出版权,即图书、期刊出版者对作者交付的作品,在合同有效期内和合同约定的地区,享有以同种文字的原版、修订版和缩编本的方式出版的权利。图书出版者对某部作品享有出版权,意味着其取得了以印刷的方式复制该作品,并将该作品的复制品向公众发行(著作权人与出版社另作约定的除外)的权利;其他图书出版者在一定时期和地区内,不得出版该作品的同一文字的原版、修订版和缩编本,否则即构成对专有出版权的侵犯。应该说,出版者的专有权利是由著作权人及其他权利人通过合同授予出版者的。

作者在有专有出版权的期刊发表论文,才能有合法的依据来维

护自己的切身利益;期刊有了专有出版权,才能依法维护全体在该期刊上发表文章的作者的权益,才能保护作者的著作权,才能防止那些投机钻营者未经允许就去占有已经发表过的论文论著,才能防止对已发表的数据和思维创造劳动果实的剽窃,才能防止有人为了私利目的、金钱目的或其他目的而去盗印、盗版已经发表的论文论著。

一方面,许多作者希望自己的文章能够得到广泛的传播;另一方面,许多读者想看到更多的文章但又不花费太大。这自然与版权相矛盾。现在由于科学技术的进步,这个矛盾可以解决。读者可以堂堂正正地利用某些图书馆复制(印)自己想要的资料,还可以到一所已得到版权许可的资料服务中心,付少量的费用去复制(印)自己想要的资料,也可以在获得版权许可的网络资料中心,付一定的费用进入资料库,利用计算机观看或下载自己想要的资料。这些做法都是不违犯版权法的。

3.3　科学论文的转化

邓小平说:"科学技术是第一生产力。"科学技术的发展进步首先是通过科学论文来表现的。科学论文发表后,通过各种传媒在学术界引起反响,在劳动生产实践中通过不同的方法、方式转化为生产力,生产力发展的主要标志是劳动工具的改进、劳动对象的拓展、劳动者素质的提高和科学技术的进步。科学技术对生产力三大要素的改造,对极大地提高劳动生产率,促进经济的增长具有关键性作用。自然科学学术论文也大致是围绕着以上三个方面的内容开展研究并发挥作用的。所以,一个国家、地区的科技发展水平,很大程度上可以通过科学论文的数量和质量反映出来。

科学论文所表达的观点,通过科学实验和科学论证,逐步形成科学理论。科学理论内部知识的积累、理论的完美以及由此引发的技术改进和规模扩充,便转化为直接的生产力。科学理论在生产、生活等实践活动中加以应用,逐渐渗透到生产力的成分和结构中去,进而转化为生产力,并且对经济的发展产生直接影响。即:科学论文转化

为科学技术,科学技术渗透到生产力的各个要素中并转化为生产力,生产力推动经济的发展和社会的进步。

理科毕业论文作为科学论文的一部分,一经发表,也就成为全社会的财富,甚至整个人类知识的组成部分。发表在期刊杂志上的科学论文,记载了前人和同时代人的研究事实、数据、理论和科学假说,它们使更多的人从别人的实践中获得与自然界作斗争的知识,扩大了知识领域,启迪着人类智慧。这些知识通过文字、图像、表格等记录于科技出版物内。科学论文的作者和科技期刊的编辑,同样是知识世界的生产者、创造者,他们为科技知识在空间和时间上的运行修筑了一座知识桥梁,并最终把科学论文归入知识世界,转化为科技情报,转化为历史的记载。这种记载和情报,也是人类区别于其他动物的重大标志之一。

《中共中央关于科技体制改革的决定》中指出:"科学技术主要是人类智力劳动的产物,应当充分认识和评价智力劳动所创造的价值,要建立必要的精神奖励和物质奖励制度。报酬、奖励和荣誉要同个人贡献密切联系起来。对有重大贡献的实行重奖。"2002 - 2003 年,数学家吴文俊、物理学家黄昆等就分别获得了国家 500 万元重奖和崇高的荣誉。对科学研究、学术论文的创作实行重奖是应该的。这是因为科学研究和论文创作不但促进生产力发展和社会进步,而且对于作者来说是一项十分艰辛、呕心沥血的脑力劳动,甚至需要花费研究人员毕生的精力。

第十一章

数学毕业论文的写作

§1　数学的特点

1.1　高度的抽象性

没有抽象概括,也就没有思维,概括性是人类思维的一个重要特性,抽象概括水平是衡量思维水平的重要标志。

数学作为一种以符号语言为基本元素而构成的理论体系,其抽象性就显得更为突出。数学研究的对象虽然是现实世界的空间形式和数量关系,但数学需要在一种比较纯粹的条件下来研究这些对象的共性和本质规律。所以,抽象是数学最重要的特征,抽象反映了数学的本质。

综观数学发展的历史,我们可以发现数学发展的过程体现了"抽象、符号变换和应用"这样一个完整的过程,即:

$$\boxed{\text{现实问题}} \xrightarrow[\text{抽象}]{} \boxed{\text{数学问题}} \xrightarrow[\text{符号变换}]{} \boxed{\text{数学理论}} \xrightarrow[\text{应用}]{}$$

$$\boxed{\text{现实问题}}$$

抽象和应用都需要一个符号化的过程,这一过程就体现出了数学的抽象性。而中间的符号变换则是数学中最重要的,因为数学知识虽然源于现实,但并非时时受现实的左右,它有着自由发展的空间

和特点。在符号变换这一阶段,更是时时表现出数学的抽象性特征。

数学的抽象性可以概括为以下两个方面:

(1)数学内容的抽象性

一切数学知识,无不是抽象的结果。比如最简单的数字"3",也是从"3 粒石子"、"3 个手指"、"3 个苹果"等一系列具体内容中,经过等同抽象而形成的一个基本概念。

数学内容的抽象性,表现出从低级到高级的一种程度变化链,下一级抽象的结果往往会成为上一级抽象的基础。比如下面的两个例子便是经过逐级抽象而形成的数学概念链:数→字母代数→代数式→方程→函数→泛函;有向线段→几何向量→向量的坐标→数值向量→n 维数值向量→向量空间→张量→张量空间。

(2)数学方法的抽象性

以分析、综合、归纳、概括、类比等为手段,进行逻辑推理,数学思维形式高度抽象,正如斯根普所指出的:"数学需要的主要能力无疑是形成和运用抽象概念的能力"。数学抽象性的最高阶段就是形式化,即用一套表意的数学符号体系去表达数学对象的结构和规律,揭示其本质。20 世纪初,法国的布尔巴基学派就曾设想用这种高度形式化的方法重建数学体系。

数学的高度抽象性,使数学研究摆脱了具体内容的纠缠,而在更一般的意义上研究事物和现象的客观规律,这就保证了其结果和方法都具有普遍适用性。因而,数学的高度抽象性正是其广泛应用性的前提和保证。

1.2　严密的逻辑性

爱因斯坦曾说过,数学是一门"与我们头脑中的精确部分保持一致"的科学,数学思维过程要求具有严密的逻辑性。严密的逻辑性是数学的第二大特征,它一方面表现为数学结论的确定性,另一方面表现为数学推理的严格和符合逻辑。

数学结论反映的是事物内在的客观规律,其正确与否不以人们

的意志为转移。当我们不能证实或推翻某一猜想时,其猜想的正确与否也仍然是确定的,只是因为我们受自身能力的限制未能揭示其客观规律。在数学发展的历史上,对一些数学猜想,数学家往往要经过几十年甚至几百年的努力,才能加以证实或推翻。比如 17 世纪,费马猜想 $2^{2^n}+1$ 对任意正整数 n 都是素数,但几十年后欧拉发现,当 n 为 5 时,该数便是合数。而费马大定理则是由许多数学家经过了 300 多年的努力,才于 1994 年被彻底解决的。

在数学发展的早期,以古希腊为代表的西方数学的逻辑性、理论性与以中国为代表的东方数学的计算性、实用性形成了鲜明的对比。而在现代数学中,这两方面的特征相辅相成,得到了共同的发展。

数学逻辑性的典范是公理化思想的产生和应用。公理化思想产生于古希腊,《几何原本》是它最初的范本。到 19 世纪末 20 世纪初,公理化思想成了建立数学理论的普遍方法。公理化方法对整个人类思想也有很大的影响,比如 13 世纪阿奎那的《神学大全》、17 世纪牛顿的《自然哲学的数学原理》等许多人文科学、自然科学的著作都采用了公理化方法来组织其理论体系。

数学的逻辑性和客观规律性,还使得许多数学结论或数学方法能在不同的地方、由不同的数学家先后发现。如在古代数学中,有许多民族先后独立发现了勾股定理,该定理在西方数学中被称作毕达哥拉斯定理,而杨辉三角又被称作帕斯卡三角等。在近现代数学中,法国数学家笛卡尔与费尔马先后用坐标方法研究几何问题而创立了解析几何,英国数学家牛顿和德国数学家莱布尼茨各自独立地发明了微积分方法,德国数学家高斯、匈牙利青年波约、俄国数学家罗巴切夫斯基则先后独立地建立了非欧几何理论等。所以有人说,数学是最适宜于发明创造的学科。

1.3　广泛的应用性

荷兰数学家和数学教育家弗赖登塔尔曾指出,数学源于现实、寓于现实也必须用于现实。具有广泛的应用性是数学的又一重要特

征。无论是科学研究、生产劳动还是生活、工作，凡涉及数量和空间形式的问题都要用到数学。

中国古代数学特别强调实用性，《九章算术》实际上是一本应用问题集。古希腊的几何体系虽然抽象，但其来源却是古埃及法老们对土地面积的测量。微积分理论诞生于解决各种实际问题的需要，然后又帮助科学家们解决了更多的实际问题，牛顿就是应用了微积分工具，才导出了万有引力定律，从而揭示了宇宙的奥秘。

随着数学的发展，除了在物理、化学等学科中的传统应用外，数学正在越来越多的学科和领域中发挥着重要作用。

据统计，自 1969 年设立诺贝尔经济学奖以来，30 余位获奖者几乎都是因为将数学应用于经济学的研究而获奖的。

数学在生物学上的应用大约起始于 20 世纪初，英国统计学家皮尔逊首先将统计学应用于遗传学和进化论。1926 年，意大利数学家伏尔泰拉提出著名的伏尔泰拉方程：

$$\begin{cases} \dfrac{\mathrm{d}x}{\mathrm{d}t} = ax - bxy \\ \dfrac{\mathrm{d}y}{\mathrm{d}t} = cxy - dy \end{cases}$$

成功地解释了生物学家观察到的地中海中不同鱼种消长的现象（x 表示被食的小鱼数，y 表示捕食的大鱼数）。很有意思的是代数拓扑学中的纽结理论，早在 19 世纪，高斯等人就进行过研究。20 世纪 50 年代，科学家们发现了脱氧核糖核酸（即 DNA）的双螺旋结构，在电子显微镜下看到的 DNA 双螺旋链有缠绕和纽结的现象，为深入了解 DNA 的结构，就要用到代数拓扑学中的纽结理论。

数学的广泛应用性具有两个特征，即数学几乎应用于一切学科，同时几乎所有的数学分支都得到了应用。

数论曾被英国数学家哈代（Hardy, 1877 - 1947）称作是最"无用"的、最"清白"的学问。哈代说："至今还没有人能够发现有什么火药味的东西是数论或相对论造成的。"并预言："将来很多年也不会有人

能够发现这类事情。"但 1982 年以来,数论已在情报密码技术、卫星信号传输、计算机科学和量子场论等许多领域发挥重要作用。

数学除了在其他学科中应用外,还形成了一些相对独立的应用数学学科,如数理统计、控制论、运筹学等。这些理论的建立,使数学出现了两大阵营,即基础数学与应用数学。

§2　数学毕业论文选题原则

2.1　创新性原则

第三章已经论述了论文选题的重要意义及一般的选题原则。数学毕业论文的选题在符合这些一般原则的前提下,还需要结合数学学科的特点,符合数学研究或数学教育研究的固有规律。

我们认为数学毕业论文的选题主要应遵循如下四条原则:创新性原则、科学性原则、价值性原则和可行性原则。

科学研究是要解决前人没有解决或没有完全解决的问题,是一种创造性的劳动。数学知识就是在数学问题的不断提出和解决的过程中逐渐形成和建立起来的,数学理论的每一次重大进展或者细微的修正无不是一种创新的结果。数学毕业论文就是要展现本科毕业生的数学科研能力,因此创新性是评价数学毕业论文水平高低的首要标准。

创新性包括以下几个方面:

(1)方法的创新

新的数学方法往往是解决数学问题的突破口,同时也往往是数学新理论诞生的前奏,因而在数学发展中扮演着极重要的角色。例如:欧拉用十分巧妙的办法解决了哥尼斯堡七桥问题,从而奠定了图论的基础;笛卡尔用坐标方法解决了帕波斯等古老的几何问题,从而创立了解析几何学,并为其后微积分方法的诞生奠定了必要的基础;

而微积分本身也是牛顿、莱布尼茨等数学家在解决各种数学问题或数学应用问题的过程中创造的新方法,然后由许多数学家经过几百年的发展和完善才形成今天严密的微积分学理论。对于本科毕业论文而言,当然不可能要求大家都创造出一种惊世骇俗的数学新方法,但是对于某个重要数学定理的证明方法的改进或某类数学问题解决方法的改进等,应该也属于这一范畴的创新。

(2)应用上的创新

应用上的创新就是把已有的数学知识、方法、原理应用到新的领域中去。例如:拓扑学中的纽结理论应用于研究生物学中 DNA 的结构;古老的数论知识用来研究和开发情报密码技术;泛函分析中的无穷维冯·诺伊曼代数用来解决拓扑学三维空间纽结理论中的一些难题等。这里的应用既包括将数学知识应用于解决实际问题,也包括将某一数学分支的知识应用于解决其他数学分支中的问题或其他学科中的问题。

(3)理论上的创新

这是指给出新的概念、新的结论,从而发展数学理论。往高层次上看,这应该是大数学家们的研究方向。不过就本科毕业论文而言,如果能对某个理论体系提出新的见解,或者能将某个性质、定理进行引申、发展,同样也是理论上的一种很好的创新。

2.2　科学性原则

无论是数学学科理论抑或是数学教育理论,都是一个严谨的科学理论体系。所以数学毕业论文的选题必须符合数学或数学教育学的科学规律。这里特别要注意以下几点:

(1)材料的真实性

论文拟使用的材料内容必须真实准确,所研究的问题应该是前人提出而没有解决的问题或者是学科体系中确实有必要解决的问题,所引用的观点、结论应有明确的出处,不能杜撰。另外,调查、实验等事实材料及统计数据等也必须实事求是、准确可靠。

（2）方法的严密性

论文拟用的研究方法，无论是逻辑推理还是实验论证，都必须符合推理、论证的逻辑规则。数学推理应严密而无纰漏，调查、实验、统计的步骤与方法也必须严密、科学。

（3）结论的准确性

对数学专题研究论文来说，条件材料的准确和推理过程的逻辑严密就能有效地保证结论的准确性。但对于数学思想方法研究或数学教育研究的论文而言，结论的准确性就要求所下的结论客观合理，千万不能夸大其词。

2.3　价值性原则

毕业论文在选题的时候就应该考虑所研究课题的应用价值，不能纸上谈兵，劳民伤财，花了大量的人力财力却只得到一些毫无意义的结果。数学毕业论文的应用价值可归纳为以下几个方面：

（1）解决实际问题的价值

这是指论文所获得的结论或方法能够用于解决生活和生产实践中的问题。也包括数学教育研究类论文所得到的结论或方法对课堂教学实践有一定的指导或启发作用。

（2）解决数学或其他学科问题的价值

这里主要是指论文所总结或获得的数学思想方法，能够用来较简便地解决某类数学问题或物理、化学等相关学科中的某些问题。

（3）体现数学美的欣赏价值

大家都知道，数学知识的产生来源于解决实际问题的需要，但数学理论的发展却并非时刻受着实际应用的制约。许多数学理论（如数论等）在诞生并被研究了几十年甚至上千年之后才被发现它们在解决实际问题中的应用价值。从这个角度上说，数学理论追求自身的完美也是数学发展的不竭动力之一。因此，数学毕业论文所获得的结果，若能较好地体现完整性、和谐性、简约性等数学美的欣赏价值，也就从一个方面遵循了价值性原则。

2.4　可行性原则

可行性原则是指必须根据自身的条件来确定毕业论文研究的范围和深度。因此,在确定课题之前,就应该对该课题所需的图书资料、仪器设备、科研经费、自身能力等有一个正确的估计。论文选题特别需要注意发挥自身的特长。如果你的数学专业基础扎实,善于理论研究,就适宜选择数学理论研究类的课题;如果你的知识面较宽,又有较好的协作条件,就适宜选择跨学科的研究课题。论文选题当然还应结合自己的所学专业及自己的兴趣爱好。

§3　论题类型与选题方法

3.1　数学创造性论题

论题的分类没有绝对的标准,考虑到数学本科毕业论文的特点,根据往届毕业生选题的情况,同时也为了便于叙述,我们将数学本科毕业论题分为如下几类:数学创造性论题、数学思想方法论题、数学教研性论题、数学应用性论题和数学综述性论题。

论文的选题方式,目前主要有两种:一种是在老师指导下选题,即先由指导老师拟定各种论题,然后由学生选择;另一种是学生自由选题,即学生在学习数学毕业论文写作的基础上,自己选择题目,然后征求老师的意见,并加以完善。原则上,我们鼓励学生自由选题,因为选题也是科研工作的一部分,是反映学生科研能力高低的一个重要方面。

选择论题的方法大致可分成如下两种:①逻辑法,即利用现成的资料确定选题范围。每一本杂志在一定阶段内都有自己的选题计划,有时会在该杂志上公布,年底(或年初)还会刊登本杂志一年来(或上一年)所发表的论文目录,既便于查阅相关资料,也由此看出该

杂志的侧重点,应充分利用这些资料来选择题目。另外,一些书籍也有关于选题的推荐、介绍。②将自己在平时阅读材料、积累材料过程中的偶有所思、偶有所感积累起来,作为选题的来源。

当然,不同类型的论题,其选题方法也会各有特点。

所谓数学创造性论题是指作者对基础数学、应用数学、边缘科学等特定领域中某一专题进行深入研究,获得创造性成果的论题。论文的主要内容就是对其创造性成果进行理论分析、逻辑论证及应用分析。

数学创造性论文的观点、结论、方法在所研究的专题领域内,应具有一定的开拓性和创新性。其种类包括解决了前人没有解决的问题,发现并解决了新问题,发现了新规律并发展了原有理论,发现或创造了新方法等。其特点是既有较高的理论水平,又有较大的应用价值。

数学创造性论文是一种数学专题研究论文,数学研究者们所撰写的论文大多属于这一类型,所以这类论文对作者的专业知识及科研能力都有较高的要求。不过,成果的创新程度也有高低之分,对本科毕业论文当然不能要求过高。比如,能够对某个重要定理的条件弱化或结论加强后加以推广,或对某个重要定理的证明方法或某类问题的解法加以改进等,只要其结果具有一定的价值和意义,就属于数学创造性论文。

这类论题必然是在勤学、善思的基础上,在阅读、钻研的过程中形成的。数学创造不同于一般的技术发明,它不可能依靠突发奇想来实现,而必须以前人的研究成果为基础。就本科毕业论文而言,数学创造性论题可以来源于:(1)在数学课程的学习过程中,对某一问题产生了疑问,或发现了改进、推广的可能;(2)在大量阅读专业期刊中同一领域的论文后,发现了问题或形成了自己的观点。

值得注意的是,产生了一定的想法后,能否将其确定为研究课题,还得对研究结果的价值及自己是否有能力胜任这一研究工作作出充分的估计。必要的时候应求教指导老师或在相关领域有较深造

诣的专业教师,请他们帮助对研究课题的价值性和可行性作出判断。

3.2 数学思想方法论题

经过几千年发展的数学学科,创造了大量可供人们应用的数学知识,同时也形成了丰富的数学思想方法。这些思想方法,对人们的日常思维、科学研究以及各种问题的解决起着具有指导意义的重要作用。对其特征、规律、作用等进行专门的研究,有利于人们学习、掌握、应用这些数学思想方法。长期以来,有许多数学家和科学家致力于这方面的研究,并形成了一个具有自身独立性的学科体系,包括"数学思维论"、"数学方法论"等。

数学思维是人脑和数学对象交互作用并按照一般的思维规律认识数学本质和规律的理性活动。数学思维也是通过对数学问题的提出、分析、解决、应用和推广等一系列工作,以获得对数学对象(空间形式、数量关系、结构模式)的本质和规律性的认识过程。在数学思维的过程中,就孕育着数学思想,也就是说数学思想源于数学思维。因此,数学思想方法论题也包括对数学思维进行研究的课题。

一般认为,数学思想是属于高一层次具有统领性质的,数学方法则是数学思想的体现或实现方法,而数学方法又可分级为一般方法和具体方法。但是,思想与方法之间并没有明确的界限,有时也将思想方法连用甚至混用而不作严格的区分。关于数学思想方法或数学思维形式的分类也各有各的说法,至今未形成统一的标准。这里,我们介绍两种观点,供读者参考。

胡炯涛老师在《数学教学论》中认为,数学的基本思想包括如下3类:符号与变换思想、集合与对应思想及公理化与结构思想;而中学数学中的基本思想则包括如下10种:符号思想、映射思想、化归思想、分解思想、转换思想、参数思想、归纳思想、类比思想、演绎思想及模型思想。

任樟辉老师在《数学思维理论》中将数学思维划分为如下6种基本类型:数学抽象思维、数学逻辑思维、数学形象思维、数学猜想思

维、数学直觉思维和数学灵感思维;同时又提出了如下 15 种基本的数学思维方式:数与符号思维方式、形式推理思维方式、公理结构思维方式、数学模型思维方式、变量函数思维方式、空间想像思维方式、无穷分析思维方式、概率统计思维方式、系统优化思维方式、计算逼近思维方式、化归映射思维方式、探索归纳思维方式、模式构造思维方式、反例反驳思维方式及数学审美思维方式。

至于各种资料上提及的具体的思想方法或解题方法则有数百种之多,这里不再赘述。

当然,无论是高等数学和初等数学共有的思想方法,还是它们各自特有的思想方法,都可以成为我们的研究课题。在选择某一数学思想方法作为研究课题时,应大量阅读、收集相关书籍或期刊中的文献资料,对该思想方法的理论构成、历史渊源、应用情况等有一个较全面的了解,并从某一角度对其进行深入的研究,提出自己的见解,以期对前人的研究成果有所超越。

3.3　数学教研性论题

数学教育研究包括高等数学教育研究和初等数学教育研究。但目前在各级各类期刊上发表的数学教研性论文,大多属于初等数学教育研究。

数学教育研究按其研究的内容和特点又可分为数学教育理论研究、数学课程研究、数学教学方法研究、调查与实验等。

(1)数学教育理论研究

数学教育理论研究以现代教育理论为基础,结合数学学科教育的特点,对数学教育的传统理论及新理论进行研究,从而构建具有时代特征和民族特色的数学教育的基础理论。这类研究要求研究者具有较扎实的教育学、心理学等方面的基础知识,对数学的本质有较深刻的理解,而且对相关的传统教育理论和新兴教育理论有较广泛的了解。研究者可以从某一角度对一种教育理论作较深入的研究,并提出自己的见解。如:建构主义教育理论对数学教育的启示,建构主

义教育思想在数学教育中的实现方式,以及数学学习中研究性学习方式的特征、实现途径、操作程序、教师行为等方面都有许多有待深入研究的问题。这类研究特别需要注意以下几点:①突出数学学科的特点,避免脱离数学内容的空泛讨论;②针对教育观念或课堂教学中存在的问题进行探讨,不是对数学知识的研究或总结;③论题不宜过大,应从某一角度切入,既要有理论依据,又要有自己的新见解;④结论要有可操作性,不要空谈泛论、不着边际,千万不可写成某种教育理论的一般性介绍(综述类论文属介绍性质,但也要有自己的见解)。

(2)数学课程研究

数学课程研究包括对数学教学目标、数学课程设置、内容安排及教学评价等方面的研究。这里既包括高等教育中的数学课程研究,也包括初等教育中的数学课程研究。但对本科毕业论文来说,重点可能是与初等教育有关的数学课程研究,如:高等师范院校数学系的课程设置,中小学数学课程的内容安排、教材编写、评价方式等方面都可以作深入的探究。

目前,我国的基础教育正在进行声势浩大的课程改革,数学课程试图从基本理念、教学目标、内容安排、评价方式等方面进行较全面的变革。因此,这方面可供研究的课题应该是十分丰富的。

(3)数学教学方法研究

这类研究包括教材分析、教法探讨等方面。有人说数学教学是一种技术,有人说数学教学是一门艺术,而更新的观念则认为数学教师仅仅是数学学习的组织者、引导者、合作者,学生才是数学学习的主体,他们在教师与学生组成的数学"学习共同体"中,通过自己的主动建构去获取数学知识、发展数学能力。不同的教学观念形成了千差万别的教学行为,这中间孰优孰劣、谁是谁非,有许多问题值得探讨。而课堂教学中,针对不同的数学内容,又会出现形形色色的教学方法,这其中就更有大量的问题等待我们去研究。

撰写数学教学方法类论文,特别需要注意的是理论与实践相结

合。目前被广泛采用的一种结合方式是进行"案例分析"。陕西师范大学罗增儒教授撰写的《中学数学课例分析》(陕西师范大学出版社，2001 年)、华东师范大学李士锜教授主编的《数学教育个案学习》(华东师范大学出版社，2001 年)等著作，为中小学数学教学的案例分析提供了很好的范式。

(4)调查与实验

这里的调查是指为了解数学教育的现状，针对某一特定问题如教师的数学观、数学教学观等展开的专题调查，包括问卷调查及访谈调查。实验则是指为掌握某种教育理论实施时必须具备的条件，检查某种课程教材的合理性与可行性，检验某种教学方法的实际效果等而进行的各种教学实验。调查、实验由于和数学教学实践紧密结合，而且可以积累较丰富、具体的调查数据与实验数据等材料，由此写出的论文一般具有内容翔实、联系实际等优点。但是，调查、实验需要投入较多的人力、物力，特别是教学实验，还得有一定的实验对象和实验时间，对本科毕业论文来说，会有一定的困难。

数学教研性论题可以从以下几个角度去确定：

(1)批驳、修正已有观点

研究同一个课题，得出不尽相同甚至截然相反的学术观点，是十分正常的现象。但若选题相同，观点又毫无差别，那就成了重复研究，也就没有学术价值。有些问题已有定论，如果对此没有高于通说或异于通说的新观点，就不能将其作为研究课题。批驳、修正已有观点，主要有两种情况：

① 参加学术讨论，就一个有争议的问题，提出不同的见解。

人们的认识水平、认识方法和认识材料的差异，决定了认识成果的不同。在同一课题研究中，不同的认识成果并存，就产生了学术争论。学术争论利于澄清问题，深化认识，使数学教育理论得到进一步发展，同时也有利于营造良好的学术氛围。所以，许多杂志都鼓励这种学术争论。如《数学教育学报》不定期地就某一问题开辟专栏，刊登几家不同的见解。《数学通报》也会在某一段时间内，就某一问题

的讨论征稿,如"课程标准研制大家谈"等。

　　② 针对已有通说、定论的问题,提出新的见解。

　　纠正通说的论文具有较高的学术价值,有时会对一系列学术问题的探讨产生影响,也比较容易引起人们的关注,能产生一定的社会反响。

　　事实上,数学教育研究中影响重大的学术论文是不可能仅靠思辨完成的,而必须辅以科学实证研究方法。这是目前大力倡导的方法,将思辨与实证结合起来,用事实来说话,反驳一些过时的传统观点,是深化数学教育实践和理论的需要。

　　(2)深化、补充已有的观点

　　就是在原有研究的基础上,进行更加广泛、深入的研究,以丰富、发展已有的研究成果。

　　客观地讲,任何一种观点的形成,任何一种理论的完善,都要经过一个从不够成熟到比较成熟,从不够深入到比较深入的发展、演化过程。何况数学教育研究还很年轻,许多内容还处于众说纷纭的阶段,数学教育学术观点需要在反反复复的研究中,不断深化、发展和完善。

　　(3)赋予已有的理论以新的实践意义

　　能动地指导数学教育实践,有效地服务于数学教育实践,是数学教育科学研究应追求的目标。随着数学教育改革的深入,需要赋予一些传统的观点新的内涵。比如奥苏贝尔发展了传统的讲授式教学方法,赋予了其新的内涵,给讲授法注入了新的活力,使讲授法成为促使学生有意义学习的重要教学方法。

3.4　数学应用性论题

　　数学应用性论文是指作者将所学习掌握的某一领域的数学知识,应用于解决本学科内部的问题或其他学科中的问题或生产生活实际中的问题而撰写的论文。

　　从不同的角度,运用已掌握的数学知识作为工具解决数学问题,

从中选择研究课题,并撰写毕业论文,往往要求作者对原有的数学概念、定理、方法等有所改进、创新和推广。

运用数学知识解决其他学科中的问题,如用数学知识解决物理、化学、生物学等学科中的问题,或用概率论中的方法解决数学分析问题、用几何方法解决代数问题等,往往要求作者具有较宽广的知识面、独特的视角和新颖的方法。

应用数学知识解决实际问题,同样也要求作者具有良好的应用意识和较强的应用能力。

将数学知识应用于解决实际问题,是数学学习的主要目的之一。然而长期以来,我国的数学教育较严重地忽视了数学知识的实际应用,也因此造成了种种弊端。近年来,许多数学家和数学教育家纷纷强调,在数学教育中要重视数学应用意识和应用能力的培养,当前大学和中学都在开展的"数学建模"竞赛以及在中学开展的"数学知识应用"竞赛便是重视数学应用的一种具体体现。所以,选择这方面的研究课题,具有很好的现实意义。

复杂问题的解决,常常需要运用基础数学、应用数学、计算数学作为工具,建立数学模型,用数学模型方法求出优化解。所以作者可以通过选择不同的应用领域确定研究课题。如:人口模型、交通模型、环境模型、生态模型、城市规划模型、水资源模型等。当然可以就其中某一领域的特定问题进行研究,建立数学模型,求出模型的解并对其进行分析和加以应用。

这里也可以从一些应用数学分支,如运筹学、控制论、经济数学、生物数学、地质数学等学科中选择问题,从方法论的角度,对模型方法及其理论基础加以研究,撰写毕业论文。

3.5　数学综述性论题

这类性质的论文是指对数学或数学教育中的某一研究方向或新的发展动向进行调查研究,对其历史发展过程和目前的现状以及各个阶段的主要成果和影响进行比较全面、系统的综合论述。它与通

常的读书报告不同,要求毕业生进行大量的调研、文献阅读和整理,理解所综述论题的中心内容,提出自己的见解、想法和体会,不能仅限于事实的罗列。论文要体现毕业生自己对所述论题的分析观点。

综述性论文的最大特点就是将某一研究方向的各种观点或成果进行较全面的汇总,并由作者按一定的逻辑顺序进行分析和论述。优秀的综述性论文很受各期刊及读者的欢迎,因为综述性论文具有很强的资料性。

撰写综述性论文,最重要的就是资料的收集与整理。平时摘记保存资料的手段通常有卡片、笔记本、活页夹及档案袋等。当作者根据平时积累的资料,确定某一综述性论题后,就要有针对性地查阅相关论题的文献资料。

下面我们把资料的一般分类作一简单介绍,供读者参考。

资料的分类一般可冠以序号,分别称为零次、一次、二次、三次文献。

(1)零次文献也称第一手资料,是指作者自己的手稿、日记、调查实验资料、学生的作业及试卷等。

(2)一次文献包括专著、期刊、报纸、会议论文集、学位论文、档案材料等。这类资料是我们通常所收集、整理、研究的主要对象。

(3)二次文献包括题录、文摘、书目、索引、综述等。二次文献是在一次文献的基础上,经过加工、压缩后产生的资料,是查找一次文献的检索工具,所以也称检索性文献。在今天这样一个计算机高度普及的信息时代,二次文献能更有效地帮助研究者在较短的时间内获取大量的信息。

(4)三次文献包括教科书、百科全书、辞典、丛书、年鉴、手册等。三次文献是综合一、二次文献,把知识系统化。

随着科技的进步、时代的发展,现代文献已突破了印刷型的传统框框,出现了缩微胶卷、音像资料、电子资料等新的储存和阅读方式,但其功效仍大体符合上述四类文献所呈现的框架。

3.6　数学毕业论文参考题目列举

(1)求极限的若干方法；

(2)关于函数项级数与函数序列的一致收敛问题；

(3)几个重要不等式的证明；

(4)曲线积分与曲面积分的计算方法；

(5)带参数的线性方程组的解法；

(6)向量组线性相关性的几种证明方法；

(7)广义逆矩阵的性质及相互关系；

(8)实对称正定矩阵的推广；

(9)具有循环加群的环——循环环的性质及种类探讨；

(10)二次曲线方程的分类与化简；

(11)关于解析函数的等价定义；

(12)复积分的方法与技巧；

(13)函数 Riemann 可积的条件及其特征；

(14)Hilbert 空间所继承的欧氏空间的几何性质；

(15)分布函数与函数分布；

(16)若干问题的概率解法；

(17)假设检验与统计推断；

(18)数学教学中如何渗透数学思想方法；

(19)数学创新意识及其培养途径；

(20)数学素质教育的实现方式；

(21)解题教学与创新思维能力的培养；

(22)数学课程改革与教师教学行为；

(23)数学课程改革与教师教育观念的转变；

(24)数学教育目的探讨；

(25)数学概念的教学；

(26)问题解决与数学教育；

(27)直觉思维及其培养途径；

(28)形象思维及其培养途径；

(29)逻辑思维及其培养途径；

(30)数学审美与数学教育；

(31)建构主义教育理论对数学教育的启示；

(32)数学史对数学教育的启示；

(33)数学文化与数学教育；

(34)中外数学教育比较研究；

(35)数学能力与性别差异；

(36)高观点下的初等数学；

(37)中学微积分的教学；

(38)中学概率统计的教学；

(39)导数在证明不等式中的应用；

(40)积分在求数列通项中的应用；

(41)凸函数的性质及其应用；

(42)泰勒公式及其应用；

(43)多元函数的极值及其应用；

(44)积分在求和中的应用；

(45)微分在近似计算与误差估计中的应用；

(46)欧氏空间理论在求极值中的应用；

(47)运用仿射变换研究椭圆的有关仿射性质；

(48)残数定理在计算实积分上的应用；

(49)回归分析在教育测量中的应用；

(50)随机存储策略研究。

§4　数学毕业论文范文

　　本节提供两篇被评为优秀的本科毕业论文。论文中已略去了英文题名、摘要、关键词等。

4.1　范文1:函数与其幂函数的可测性的关系

点评:本文作者在平时的学习中发现研究课题,对一般实变函数教科书中未作完整讨论的问题“函数与其幂函数的可测性的关系”进行了深入研究,得到了具有一定创新意义的结论(文中的主要定理),表明作者具有很好的分析问题意识及解决问题的能力。论文对所得结论进行了严密的逻辑论证,全文结构合理,推理严密,是一篇优秀的本科毕业论文。

函数与其幂函数的可测性的关系

梁　超

(浙江师范大学数理与信息科学学院数学 971 班)

指导老师　何伯镛

摘要:本文证明了勒贝格可测集上的函数与其幂函数的可测性在一定条件下的等价关系,并把结论推广到了一般测度空间。

关键词:勒贝格可测集;勒贝格可测函数;幂函数;可测函数;可测变换

一、引言

Halmos 的经典著作《测度论》指出:“对任意的实数 $a>0$,由等式 $\Phi(t)=|t|^a$ 确定的定义在整个实数直线上的函数 Φ 是波雷耳可测函数。因此,如果 f 是可测的,则 $|f|^a$ 也是可测的。”(见[1])但[1]及通常的实变函数教科书(例如[2]～[5]),对可测集上的函数与它的幂函数的可测性的关系,一般不作完整的讨论。为此,本文将综合[1]～[5]的相关讨论,给出一个新的完全的结果:

定理　设 $E\subset \mathbf{R}^n$ 是勒贝格可测集,f 是定义在 E 上的实函数,$a>0$ 是任意实数,若 $E[f>0]$ 是可测集,则 f 为勒贝格可测函数当且仅当 $|f|^a$ 为勒贝格可测函数。

二、两个引理

在给出定理的详细证明之前,我们先来证明一条命题与两个引理。

命题　若 $f(x)$ 是定义在 $\mathbf{R}^1$ 上的实值函数,则 $f(x)$ 在 $\mathbf{R}^n$ 上可测的充分且必要条件是对于 $\mathbf{R}^1$ 中的任一开集 G, $f^{-1}(G)$ 是可测集。

证明　充分性是显然的,下证必要性。

由假设知 $f^{-1}((t,+\infty))$ 是可测集,故知对任意的区间 $(a,b) \subset \mathbf{R}^1$, $f^{-1}((a,b)) = f^{-1}((a,+\infty))/f^{-1}([b,+\infty))$ 是可测的。若 $G \subset \mathbf{R}^1$ 是开集,则 $G = \bigcup_{k \geqslant 1}(a_k,b_k)$,从而根据 $f^{-1}(G) = \bigcup_{k \geqslant 1}f^{-1}((a_k,b_k))$,可知 $f^{-1}(G)$ 是可测集。证毕。

引理 1　若 $\Phi:\mathbf{R}^1 \to \mathbf{R}^1$ 为连续函数或单调函数, f 为 E 上的勒贝格可测函数,则 $\Psi = \Phi \cdot f$ 为 E 上的勒贝格可测函数。

这一引理本质上不外是[1]第四章 §19 定理 2 指出的可测函数的波雷耳可测函数是可测函数的特款。现为了看清这一点,我们给出具体证明。

证明　对于直线 $\mathbf{R}^1$ 上的任一开集 G,若函数 Φ 为 $\mathbf{R}^1$ 上的连续函数,则 $\Phi^{-1}(G)$ 为 $\mathbf{R}^1$ 上的开集,又因为 f 为 E 上的可测函数,所以 $f^{-1}(\Phi^{-1}) = f^{-1} \cdot \Phi^{-1}(G) = \Psi^{-1}(G)$ 为 E 上的可测集。根据上面的命题的结论, $\Psi = \Phi \cdot f$ 为 E 上的勒贝格可测函数。

若函数 Φ 为 $\mathbf{R}^1$ 上的单调函数,不妨设 $\Phi(y)$ 为单调增加函数,则对 $\forall a \in \mathbf{R}^1$,设 $b = \inf\{y:\Phi(y) \geqslant a\}$,若 $b \in \{y:\Phi(y) \geqslant a\}$,有 $\{x:\Phi[f(x)] \geqslant a\} = \{x:f(x) \geqslant b\}$;若 $b \notin \{y:\Phi(y) \geqslant a\}$,有 $\{x:\Phi[f(x)] \geqslant a\} = \{x:f(x) > b\}$。因此,如果 $f(x)$ 在 E 上可测,那么 $\{x:f(x) > b\}$ 与 $\{x:f(x) \geqslant b\}$ 均可测,从而 $\{x:\Phi[f(x)] \geqslant a\}$ 可测,故 $\Psi = \Phi \cdot f$ 为 E 上的勒贝格可测函数。证毕。

引理 2　设 $E \subset \mathbf{R}^n$ 是勒贝格可测集, f 是定义在 E 上的实函数,若 $E[f>0]$ 是可测集,则 f 勒贝格可测当且仅当 $|f|$ 勒贝格可测。

证明　先证必要性。作 $\Phi:\mathbf{R}^1 \to \mathbf{R}^1$ 为对 $\forall t \in \mathbf{R}^1$, $\Phi(t) = |t|$,

显然 $\Phi(t)$ 是 $\mathbf{R}^1$ 上的连续函数。由 $|f| = \Phi \cdot f$ 及引理 1，即得 $|f|$ 是 E 上的勒贝格可测函数。

再证充分性。对 $\forall t \in \mathbf{R}^1$，

当 $t \geq 0$ 时，

$$E[f > t] = E[|f| > t] \bigcap E[f > 0]，$$

当 $t < 0$ 时，

$$E[f > t] = E[f > 0] \bigcup E[t < f \leq 0]$$
$$= E[f > 0] \bigcup E[|f| < t]/E[f > 0]$$
$$= E[f > 0] \bigcup E[|f| < t]。$$

因为 $|f|$ 可测，所以 $E[|f| > t]$ 与 $E[|f| < t]$ 均可测，又由条件 $E[f > 0]$ 可测，根据可测函数的定义，f 可测。证毕。

三、定理的证明

设 $E \subset \mathbf{R}^n$ 是勒贝格可测集，f 是定义在 E 上的实函数，$a > 0$ 是任意实数，且 $E[f > 0]$ 是可测集。一方面，若 f 为勒贝格可测函数，我们定义函数 $\Phi : \mathbf{R}^1 \to \mathbf{R}^1$ 为对 $\forall t \in \mathbf{R}^1$，$\Phi(t) = |t|^a$。因为 $|t|^a = [t^{2a}]^{1/2}$ 为初等函数的有限次复合运算，所以易见 $\Phi(t)$ 为 $\mathbf{R}^1$ 上的连续函数。根据引理 1，$|f|^a = \Phi \cdot f$ 为勒贝格可测函数。

反之，若 $|f|^a$ 为勒贝格可测函数，我们定义另一个函数 $\Phi : \mathbf{R}^1 \to \mathbf{R}^1$ 为对 $\forall t \in \mathbf{R}^1$，$\Phi(t) = |t|^{1/a}$。因为 $1/a$ 仍为正实数，类似于上一部分的证明，我们同样可以得到 $\Phi(t)$ 为 $\mathbf{R}^1$ 上的连续函数，且 $|f| = \Phi \cdot (|f|^a)$ 为 E 上的可测函数。又因为 $E[f > 0]$ 可测，根据引理 2 可知 f 为勒贝格可测函数。证毕。

四、几点说明

1. 设 f 是可测集 $E \subset \mathbf{R}^n$ 上的实函数，记 $N[f] = E[f(x) \neq 0]$。若 $E - N(f)$ 为 E 上的零测度集，则 $E - N(f)$ 对 f 或 $1/f$ 的可测性没有影响。在 $N(f)$ 上，f 恒不为零，容易证明此时 f 为勒贝格可测函数当且仅当 $1/f$ 为勒贝格可测函数。

根据 $E[f > 0] = E(f)[1/f > 0]$，结合引理 2，我们有以下关系：

$f \in \iota(E) \Leftrightarrow 1/f \in \iota(E) \Leftrightarrow 1/|f| \in \iota(E)$，对 $\forall a < 0, |f|^a =$

$(1/|f|)^{-a}$,即转化为本文提出的正文的情况,就此不再赘述。

2.从定理证明的前一部分,我们可以看出:如果令 $\Phi:\mathbf{R}^1\to\mathbf{R}^1$ 为对 $\forall t\in\mathbf{R}^1,\Phi(t)=t^n(n\in\mathbf{N})$,则易见 Φ 为 $\mathbf{R}^1$ 上的连续函数。根据引理 1,$f^n=\Phi\cdot f$ 为勒贝格可测函数。这一结论可应用于实例中。

(1)对于复函数 $f(x)=f_1+if_2$,其中 $f_1(x),f_2(x)$ 均为 E 上的实函数,$f(x)$ 为勒贝格可测函数当且仅当 $f_1(x),f_2(x)$ 同时为勒贝格可测函数。对 $\forall n\in\mathbf{N}$,由二项式展开公式,$[f(x)]^n=[f_1(x)+if_2(x)]^n=\sum_{l=0}^{n}C_n^l f_1^l(x)i^{n-l}f_2^{n-l}(x)$。因此,对 $\forall n\in\mathbf{N}$,$[f(x)]^n$ 均为一复函数,且其实部与虚部均为 $f_1(x),f_2(x)$ 的自然数幂的乘积或其相反数之和,而它们均为可测函数,故为可测函数。

(2)一般的向量函数 $\mathscr{R}:\mathbf{R}^n\to\mathbf{R}^m(n,m\in\mathbf{N})$,取 $\mathbf{R}^m$ 的标准正交基 $\{e_1,e_2,\cdots,e_m\}$,对 $\forall x=(x_1,x_2,\cdots,x_n)\in\mathbf{R}^n,\mathbf{R}(x)=\sum_{i=1}^{m}\rho_i(x)e_i$,其中 $\rho_i(x)(i=1,2,\cdots,m)$ 为 $\mathbf{R}^n$ 到 $\mathbf{R}^1$ 的投射,定义为:$x'=(x_1',x_2',\cdots,x_m'),\rho_i(x')=x_i'$。则类似于(1)可知 $\mathbf{R}^k(x)(k\in\mathbf{N})$ 为可测函数。

3.设 X 是一个集合,S 为由 X 的子集组成的 σ—环,使 (X,S) 为一个可测空间。

定义 1　对于 X 上的任意实值函数(或广义实值函数)f,如果对于直线上的任何波雷耳集 M,实值函数(或广义实值函数)f,能使 $N(f)\bigcap f^{-1}(M)$(及 $f^{-1}\{+\infty\},f^{-1}\{-\infty\}$)为可测集,则称 f 是一个可测函数。

定义 2　设 $\mathfrak{S}$ 是 (X,S) 在 (Y,T) 中的变换,如果每一个可测集的原像是可测集,那么称 $\mathfrak{S}$ 为可测变换。

如果把定理中的 $E\subset\mathbf{R}^n$ 改为 (X,S),取 $(Y,T)=(\mathbf{R}^1,B)$,其中 B 为实数直线 $\mathbf{R}^1$ 上的波雷耳集全体,则定理仍成立。

首先我们证明两个引理。

引理 3　设 $\mathfrak{S}$ 是 (X,S) 在 (Y,T) 中的变换,g 是定义在 Y 上的广义实值函数,则 $g\mathfrak{S}$ 对于 σ—环 $\mathfrak{S}^{-1}(T)$ 为可测。

证明　对于直线上的每一个波雷耳集 M，$N(g\mathfrak{S})\bigcap(g\mathfrak{S})^{-1}(M)$ $=\{x:(g\mathfrak{S})(x)\in M-\{0\}\}$。

根据 $\mathfrak{S}$ 的可测性得到 $N(g\mathfrak{S})\bigcap N(g\mathfrak{S})^{-1}(M)\in\mathfrak{S}^{-1}(T)$。证毕。

引理 4　设 f 是 X 上的实值函数，且 $\{x:f(x)>0\}$ 为可测集，则 f 为可测函数当且仅当 $|f|$ 为可测函数。

证明　先证必要性。作 $g:\mathbf{R}^1\to\mathbf{R}^1$ 为对 $\forall t\in\mathbf{R}^1$，$g(t)=|t|$，显然 g 是 $\mathbf{R}^1$ 上的实值可测函数。根据引理 3，$|f|=g\cdot f$ 为可测函数。

再证充分性。对于实数直线 $\mathbf{R}^1$ 上的任何波雷耳集 M，

$N(f)\bigcap f^{-1}(M)$

$=\{x:f(x)\in M-\{0\}\}$

$=\{x:f(x)\in M\bigcap(0,+\infty)\}\bigcup\{x:f(x)\in M\bigcap(-\infty,0)\}$

$=[\{x:|f|\in M\bigcap(0,+\infty)\}\bigcap\{x:f(x)>0\}]\bigcup[\{x:|f|\in -M$ $\bigcap(0,+\infty)\}/\{x:f(x)>0\}]$

$=[N(|f|)\bigcap |f|^{-1}(M\bigcap(0,+\infty))\bigcap\{x:f(x)>0\}]\bigcup$ $[N(|f|)\bigcap |f|^{-1}(-M\bigcap(0,+\infty))/\{x:f(x)>0\}]$，

其中，$-M$ 表示 $\{-x:x\in M\}$，显然 $-M$，$M\bigcap(0,+\infty)$，$-M\bigcap(0,+\infty)$ 均为 $\mathbf{R}^1$ 上的波雷耳集。因为 $|f|$ 为可测函数，所以 $N(|f|)\bigcap |f|^{-1}(M\bigcap(0,+\infty))$ 与 $N(|f|)\bigcap |f|^{-1}(-M\bigcap(0,+\infty))$ 都是可测集。于是，由上面的等式及 $\{x:f(x)>0\}$ 为可测集，即知 f 为可测函数。

利用引理 3 和引理 4，类似于原定理的证明过程，我们易推出相关结论：

设 f 是定义在 X 上的实函数，$a>0$ 是任意实数，若 $\{x:f(x)>0\}$ 是可测集，则 f 为可测函数当且仅当 $|f|^a$ 为可测函数。

参考文献

[1] Paul.R.Halmos.测度论[M].王建华译.北京:科学出版社，1958.

[2] E.Hewitt,K.R.Stromberg.实分析与抽象分析[M].孙广润译.天津:天津出版社,1994.

[3] 周民强.实变函数.第二版[M].北京:北京大学出版社,1995.

[4] 胡适耕.实变函数[M].北京:高等教育出版社,1999.

[5] 赵静辉,徐吉华.实变函数简明教程[M].武汉:华中理工大学出版社,1996.

4.2 范文2:数学开放题及其设计

点评:数学开放题的研究是 20 世纪 90 年代数学教育研究中的一个新兴的热点问题,还没有形成完整的理论。作者对这一问题从理论和实践两个层面进行较深入的研究,选题具有前沿性和实用性。论文提出的开放题分类方法、设计方法、教学建议等都有新意,特别是几种设计方法具有很好的应用价值。论文结构合理、条理清晰、文笔流畅,是一篇优秀的本科毕业论文。

数学开放题及其设计

任 环

(浙江师范大学数理与信息科学学院数学 971 班)

指导老师 张维忠

摘要:本文讨论了数学开放题依据数学命题中的未知要素、解题目标的操作模式、学习过程的训练价值、问题答案的结构类型四种不同标准的分类情况,以及设计开放题的弱因法、隐果法、类比法、索因法和结合实际法。同时针对开放题的教学提出四条建议:在课堂教学中适时适当地渗透开放题;在习题课上用开放题训练思维;在课外活动、兴趣小组中开展数学教学;教师在教学中起主导作用。

关键词:数学开放题;设计;教学

数学开放题是应时代而生的一种新题型。在素质教育全面推进

的今天,用开放题来培养学生的创新能力已成为教改的热点。开放题的研究如火如荼,据统计,十几年来我国公开发表的有关研究数学开放题的论文已达 80 篇。1996 年 2 月,"开放题——数学教学的新模式"立项为全国教育科学"九五"规划重点课题。本文针对当前人们对开放题认识不统一、开放题题源不充足等情况,在前人研究的基础上对开放题的概念、分类以及编制方法进行深入探讨。

一、数学开放题的有关理论

1　数学开放题的概念

所谓开放性问题,是相对于传统的"条件完备、结论明确"的封闭性问题而言的。目前,国内对开放题的概念还没有形成统一的定义,主要有以下几种观点:

"凡是具有完备的条件和固定答案的习题,我们称为封闭题,而答案不固定或条件不完备的习题,我们称为开放题。"[1]

"具有多种不同解法,或者有多种可能解答"的问题称为"开放性问题"。[2]

根据前苏联学者奥加涅相的要素分析法,数学习题是一个系统 $\{Y, O, P, Z\}$,其中 Y 表示习题的条件,O 表示解题的依据,P 表示解题的方法,Z 表示习题的结论。上述系统的四个要素中有三个未知的习题称为问题性题,有两个未知的习题称为探索性题。数学开放题大多属于问题性题,也有的属于探索性题。

总结上述几种观点,发现这些对数学开放题的界定有一个共同点,即数学开放题的特性是思维的发散、思维的开放。故可以对开放题下一个定义:能激发解题主体的开放发散性思维的数学习题,称为数学开放题。

2　数学开放题的分类

2.1　按数学命题中的未知要素分类

数学命题一般可根据思维形式分成假设——推理——判断三个部分。一个数学开放题,若其未知的要素是假设,则为条件开放题;若其未知的要素是推理,则为策略开放题;若其未知的要素是判断,则为

结论开放题。有的问题只给出一定的情境,其条件、解题策略与结论都要求主体在情境中自行设定与寻找,这类问题可称为综合开放题。

2.2　按解题目标的操作模式分类

一个数学问题系统由"解题主体、题设条件、解题依据、解题目标"四个要素组成。解题目标规定了解题主体在解答问题时所必须进行的操作,如证明某个结论,探索某种对象,等等。而这种操作可概括成以下几种常见模式:规律探索型,量化设计型,分类讨论型,构造对象型,数学建模型,问题探索型,情境研究型。

2.3　按学习过程的训练价值分类

不同的数学习题有不同的训练价值。有的用于巩固知识,起同化作用;有的在解题过程中能引起解题者原有认知结构的改组,起顺应作用。因此数学开放题又可分为:知识巩固型,信息迁移型,知识发生型。

2.4　按问题答案的结构类型分类

开放题的魅力主要来自答案的多样性。数学开放题的答案一般有以下几种结构类型:有限可列型,有限混沌型,无限离散型,无限连续型。

二、数学开放题的设计

1　设计原则

(1)开放性与封闭性相结合的原则。在开放题的设计中要把握一个开放"度",并非"度"越大越好。

(2)知识性原则。开放性问题的编制与使用应当有利于引导学生深刻理解所学得的知识,有利于知识的综合应用。因此,在编制与设计数学开放题时要落实到知识点上,要注意将知识串成一条线。

(3)适应性原则。由于学生的年龄特征及认知水平的阶段性,在设计开放题时必须符合学生心理特征,反映出梯度层次,做到既能面向大多数学生,又能有利于发展数学优生的特长。

(4)趣味性原则。开放题中所包含的事件应为学生所熟悉,其内容生动有趣,是学生所愿意研究的,是通过学生现有知识能够解决的

可行性问题。

(5)科学性原则。虽然开放题允许出现条件不足的情形,但题目本身仍应遵循科学性原则,要叙述清楚,有明确的要求,以便学生根据情境自设条件、分辨情况、得出结果。

(6)灵活性原则。开放题应能使学生获得各种不同的解答。因此,编题时要力求体现灵活性。

(7)应用性原则。数学的发展应满足现代科学技术发展及生产生活实际的需要,应用性是数学的主要特征之一。数学教育应使学生懂得数学的价值,并对自己获得数学能力充满信心。在编制数学开放题时应遵循应用性原则,注意理论联系实际,引导学生用数学的眼光看待周围世界。把数学知识运用到实际中去,分析解决力所能及的问题,有意识地体现数学来源于实践又作用于实践的辩证唯物主义观点。

　2　设计方法

数学开放题作为一种新兴题型,题源并不丰富。如何得到更多的开放题是教师在数学教学中碰到的一个实际而有意义的问题。教师可以根据现行的教材和资料,立足课本,把传统数学题改编成数学开放题;也可以结合实际,创造出一些新颖别致的数学开放题。

　2.1　立足课本,巧变例题、习题为开放题

(1)弱因法

弱因法是指在传统数学题中减少某些已知条件,或者弱化命题条件,再适当修改题目指令,从而得到一些开放题。

例1　已知 $a, b, m \in \mathbf{R}^+$,并且 $a < b$,求证 $\dfrac{a+m}{b+m} > \dfrac{a}{b}$。

把条件“$a < b$”去掉,可以得到:

题一　已知 $a, b, m \in \mathbf{R}^+$,试讨论 $\dfrac{a+m}{b+m}$ 与 $\dfrac{a}{b}$ 的大小关系,并加以证明。

例2　面面平行的判定定理:如果一个平面内有两条相交直线平行于另一个平面,那么这两个平面平行。

去掉"相交"这一条件,就得到:

题二　如果一个平面内有两条直线平行于另一个平面,试分析这两个平面的位置关系。

(2)隐果法

把传统数学题的结论隐去,使其结论待定化或多样化,这种改编方法叫隐果法。结论隐去后,问题解决的背景同时被去掉,因而也就更灵活了。

例3　用数学归纳法证明:

①$1 + \dfrac{1}{2} + \dfrac{1}{2^2} + \cdots + \dfrac{1}{2^{n-1}} < 2$;

②$1 + \dfrac{1}{2!} + \dfrac{1}{3!} + \cdots + \dfrac{1}{n!} < 2$。

隐去结论"<2",改编成:

题三　①是否存在最小正整数 M,使对任何 $n \in \mathbf{N}^*$,都有 $1 + \dfrac{1}{2} + \dfrac{1}{2^2} + \cdots + \dfrac{1}{2^{n-1}} < M$? 请说明理由;

②是否存在最小正整数 T,使对任何 $n \in \mathbf{N}^*$,都有 $1 + \dfrac{1}{2!} + \dfrac{1}{3!} + \cdots + \dfrac{1}{n!} < T$? 请说明理由。

例4　过抛物线 $y^2 = 2px$ 焦点 F 的一条直线和这条抛物线相交于两点 A,B,求证:$y_A y_B = -p^2$。

这是一道具有单一结论的习题,现隐去其结论"$y_A y_B = -p^2$",可得:

题四　过抛物线 $y^2 = 2px$ 焦点 F 的一条直线和这条抛物线相交于两点 A,B,问由此可得哪些结论?

本题除原有结论外,尚可得其他的结论,如:

①A,B 两点的横坐标之积为常数;

②A,F,B 三点的横坐标成等比数列;

③$y_A y_B = -p^2$ 是直线 AB 过 F 的充要条件;

④ $x_A x_B = \dfrac{p^2}{4}$ 是直线 AB 过 F 的充要条件；

⑤ 以 AB 为直径的圆与抛物线的准线相切；

⑥ $\dfrac{1}{|AF|} + \dfrac{1}{|BF|}$ 为常数。

（3）类比法

类比一些相似或相同的数学命题、数学方法，再加以深化或推广，往往可发现更深刻、更普遍的数学命题和方法。用类比的方法不仅可以得到数学开放题，而且还是模拟数学创造的过程。

例 5　求证：$\dfrac{\sin\alpha + \sin3\alpha + \sin5\alpha}{\cos\alpha + \cos3\alpha + \cos5\alpha} = \tan3\alpha$。

由该结论，再联想到相关结论，可编制下面的开放题：

题五　①化简 $\dfrac{\sin\alpha}{\cos\alpha}$，$\dfrac{\sin\alpha + \sin3\alpha}{\cos\alpha + \cos3\alpha}$，$\dfrac{\sin\alpha + \sin3\alpha + \sin5\alpha}{\cos\alpha + \cos3\alpha + \cos5\alpha}$；

②分析①的结果，你能看出什么规律？

③请用两种方法证明你的结论。

例 6　平面内一个角的两边与另一个角的两边分别垂直，则这两个角相等或互补。

类比到空间得：

题六　一个二面角的两个半平面分别垂直于另一个二面角的两个半平面，试分析这两个二面角的关系。

（4）索因法

即先给出预期结论，执果索因，寻求使结论成立的多种充分条件的编制方法。

例 7　已知空间四边形 $ABCD$ 中，E，H 分别是边 AB，AD 的中点，F、G 分别是边 CB、CD 上的点，且 $\dfrac{CF}{CB} = \dfrac{CG}{CD} = \dfrac{2}{3}$，求证四边形 $EFGH$ 是梯形。

我们期望四边形是平行四边形、矩形、菱形、正方形，可编制成一道数学开放题：

题七　已知空间四边形 $ABCD$ 中，E，H 分别是边 AB，AD 的中

理科类学生毕业论文写作指导

点,*F*、*G* 分别是边 *CB*、*CD* 上的点,①要使四边形 *EFGH* 是平行四边形,*F*,*G* 的位置应该怎样?

②使平行四边形 *EFGH* 为矩形的充分条件是什么?

③使平行四边形 *EFGH* 为菱形的充分条件是什么?

④使平行四边形 *EFGH* 为正方形的充分条件是什么?

例8 设复数 z_1, z_2, z_3,在复平面内的对应点分别是 Z_1, Z_2, Z_3,那么三角形 $\Delta Z_1 Z_2 Z_3$ 为等边三角形的充要条件是 $z_1^2 + z_2^2 + z_3^2 = z_1 z_2 + z_2 z_3 + z_3 z_1$。

实际上,使三角形 $\Delta Z_1 Z_2 Z_3$ 为等边三角形的充分条件还有很多,由此可得下面的一道开放题:

题八 设复数 z_1, z_2, z_3 在复平面内的对应点分别是 Z_1, Z_2, Z_3,请尽可能多地写出使三角形 $\Delta Z_1 Z_2 Z_3$ 为等边三角形的充分条件(用复数 z_1, z_2, z_3 表示)。

2.2 以现实问题为背景设计数学开放题

结合实际,从生活中提取一些能激发学生学习兴趣,培养学生发散性思维的有利素材,编拟一些开放题。

例9 某单位计划组织员工到 *A* 地旅游,人数估计在 10~25 人之间。甲、乙两旅行社的服务质量相同,且组织到 *A* 地旅游的价格都是每人 200 元。该单位联系时,甲旅行社表示给予每位游客七点五折优惠;乙旅行社表示可先免去一位游客的旅游费用,其余游客八折优惠。问该单位应怎样选择,才能使其支付的旅游总费用最少?

例10 某糖果公司举办春节促销活动,其方式是买一份糖果摸一次奖。摸奖器具是绿、白两种颜色的乒乓球,乒乓球的大小和质地完全相同。该公司期望中奖率为 50% 左右,且其中的 1% 为大奖,其余为小奖。请你为该公司提供具体摸奖办法。

三、几点思考

数学开放题由于其答案的不确定性,解题方法的多样性,因此往往较费时间。在我国现有的教学模式下,要广泛开展开放题教学,还存在很多困难和问题。为此,笔者就如何在实际教学中使用数学开

放题提几点建议。

1　在课堂教学中选择适当的时机,以适当的方式渗透开放题教学

利用开放题进行课堂教学,主要是为了克服固有的模式,为学生提供一个发现和创新的环境及机会。根据数学开放题的特点,为培养学生的解题能力、创新能力和应用数学知识的能力,就必须给学生留有充分的思考时间。但平常的课堂教学内容多、时间紧,不可能大量地使用开放题。因此,教师要注意时间的合理性安排,在适当的时候用适当的方式引入开放题。如:以开放性问题的形式引入定理、公式;例题讲解后,将其改编成开放题,供学生思考和探索。

2　在习题课或复习课上,利用开放题进行思维训练

教师可以通过合理地制订自己的教学计划,经常安排此类复习课。改变传统教学中"主要知识点＋例题＋练习"的复习课模式,利用开放题尝试复习课的教学。这样既可以做到重视学生主体地位,发挥学生的主观能动性,培养学生的创新意识,又能达到对所学知识总结的效果,可谓一举两得。

例如,在高三复习课上给出这样一道题:

已知平面直角坐标系中三点 $A(0,1)$, $B(2,0)$, $C(-2,0)$,请你构造一些函数关系式或曲线的方程,使其图像或曲线经过 A, B, C 三点。试尽可能地找出这些图像或曲线的共同点与不同点。

这道开放题适应范围广,程度不同的学生都可以根据自己的知识水平发挥想像力,从不同的角度去思考。大多数学生都会想到初中代数中的二次函数,有的还会想到高中代数中所学的指数函数、对数函数、幂函数和三角函数;解析几何中的圆、椭圆、双曲线和抛物线。而一些反应快、能力强的学生,还会想到一些分段函数、带绝对值符号的函数等。因此这道题不仅可以在较大范围内概括高中阶段学过的一些较重要的函数曲线和圆锥曲线的图像特征,比较它们的共同点与不同点,起到复习旧知识的作用,同时还能促使学生从全新的角度去认识这些函数,起到启迪、培养发散思维能力的作用。

3　在课外兴趣小组活动中大胆、广泛地开展开放题教学

由于课外兴趣小组活动不像课堂教学那样,受时间和空间的严格限制,所以可以不受约束,引进开放度较大的开放题,开展数学开放题的教学。在课外兴趣小组活动中,学生有较充裕的时间用以积极思考、相互讨论。适量地引入一些开放度较大的开放题,对学生的思维能力培养将起到更好的促进作用。

4.　开放题教学离不开教师的主导作用

教师在利用开放性问题进行开放式教学时要避免陷入一个误区,即过分强调"开放",过于注重学生的主动性,而忽略甚至于放弃了教师的引导作用,对学生给出的不同解答没有作出积极的总结与评价。实际上,教师在教学过程中要做积极的引导工作,引导学生对已有答案作进一步的比较和评价,试着发现各种不同答案间的逻辑关系,对各种解答的正确性作出判断并给出必要的论证,以及进行必要的修改或推广。

开放性问题的教学已为广大教师所重视,随着众多教师的积极参与和研究,数学开放题的内涵及题库会越来越丰富,必将对学生思维能力的培养和良好个性品质的形成起到更大的作用,对数学教学方法的变革产生更积极、更深远的影响。

参考文献

[1] 戴再平.数学习题理论[M].上海:上海教育出版社,1996.

[2] 郑毓信.开放题与开放式教学[J].中学数学教学参考,2001(3):2.

[3] 戴再平主编.高中数学开放题集[M].上海:上海教育出版社,2000.

[4] 张彦.数学开放题及其编制方法[J].数学教学,1999(6):22-24.

[5] 夏国良.立体几何开放题的编制[J].数学教学,1999(4):6-8.

第十二章

物理学毕业论文的写作

§1　物理学毕业论文的含义和特点

1.1　物理学的特点

物理学毕业论文的写作不仅要符合理科毕业论文的规范要求，而且还要符合物理学研究或物理学教育研究的特点。因为物理学研究及其教育研究有其自身的特点，在其毕业论文写作中也会反映出来。因此，讨论并明确物理学毕业论文写作的一些基本问题，对物理学毕业论文的写作是必需的。本章将从物理学的特点、物理学研究的特点来讨论物理学毕业论文的含义和属性；从物理学毕业论文选题的问题意识、物理学毕业论文选题的原则、物理学毕业论文选题的来源、物理学毕业论文选题的评价来讨论物理学毕业论文选题的问题；从物理学毕业论文的基本类型(观察类毕业论文、实验类毕业论文、理论类毕业论文、评述类毕业论文)及物理学教育毕业论文的基本类型(理论类毕业论文、应用类毕业论文、开发类毕业论文)，来阐明这些论文的基本要求。

明确物理学的特点和物理学研究的特点，是进行物理学毕业论文写作所必需的。因为物理学毕业论文的选题、研究的过程、方法的运用、资料的分析、结论的获得等，与物理学研究都有相似之处。理

解物理学的特点和物理学研究的特点,并在物理学毕业论文的研究和写作中注意这些特点,对科学地顺利地完成毕业论文写作是不无裨益的。

1. 物理学是一门以观察实验为基础的科学

物理学是一门以观察实验为基础的科学。这是因为物理学的知识和理论及其发展都来源于物理观察和实验,特别是来源于物理实验。人们通过观察和实验来认识物理现象和事物,也常常通过观察和实验来研究物理问题。物理学的重大发现和理论的建立都离不开实验这一基石。物理观察和实验也是检验物理科学假设和科学理论正确性的手段。也就是说,物理实验是检验物理知识真理性的标准。物理实验不仅是科学研究的重要方法,而且是一种重要的科学思想。

2. 物理学是一门结构严谨的精密科学

物理学体系是由一系列基本概念、基本规律和理论按照一定的逻辑体系组成的,其中物理概念是构成学科知识体系的基石,物理规律和理论则是构成学科知识体系的主干。物理学结构的严谨、精密,与其他学科有不同的内涵。例如数学一般研究纯数量关系、纯空间关系,反映出一种纯数学的精密性。物理学理论体系的严谨,主要是指其体系的逻辑性严密。物理学的精密,反映了在一定条件下、一定范围内的精确与近似的统一。又如生物学的研究主要是采用半定量与定性的方法,哲学的研究主要采用定性的方法。而物理学则是在定性研究与定量研究相结合的基础上形成的结构严谨的精密科学。

3. 物理学是自然科学和工程技术的基础

物理学是研究物质最基本和最普遍的运动形态和物质的基本结构、相互作用及其运动基本规律的科学。物理学研究的这种最基本、最普遍的运动形态存在于一切高级的运动形态之中,因而物理学揭示的规律就具有很强的普遍性。它是自然科学的基础科学,也是生产技术的理论基础。物理学基础理论的重大突破,往往推动着生产技术的发展和变革,促进新的技术科学的兴起。以蒸汽机为动力标志的第一次工业革命与以应用电能为标志的第二次工业革命,以及

随着现代科学技术进入核能、电子计算机、自动化、空间技术、生物材料、信息技术、基因技术等领域而正在经历的一场新的产业革命,都是与物理学理论的创立和发展密切相关的。正是由于物理学研究对象的广泛性和普遍性,物理学成为科学技术最重要的基础学科之一。它带动并结合其他学科产生新的边缘科学,促进工程技术和生产发展。一系列与物理相关的交叉学科方兴未艾,如化学物理、生物物理、大气物理、地球物理、海洋物理、材料物理等等,这些新兴学科正在向科学的前沿发展。

4. 物理学具有广泛的应用

物理学在社会发展和人类生活中具有极为广泛的应用。物理学理论的发展和重大突破都会引发技术的变革和新发明,如激光在短短几十年里就从实验室走进工程、医院、舞台、家庭。现代物理学的发展,如超导、高能粒子、凝聚态等等的研究,推动着其他科学技术的发展,对社会生产力和国民经济的发展起着重要的作用。物理学发展也与其他科学发展一样,极大地改变了工农业生产方式和结构。日常生活中的许多现代化设备,或多或少与物理学知识相联系。物理学知识被人们广泛用来解释自然界、日常生活和生产中的现象,解决日常生活和实际工作中的问题。一个现代社会的成员,不具备基本的物理知识,将是难以生存的。

5. 物理学具有科学价值体系

物理学的构成主要有四个层面:一是知识层面,包括基本概念、科学事实、定律、原理、理论等,这是物理学的基础部分;二是技术层面,是物理学知识的物化或应用部分;三是方法和能力层面,包括科学方法、科学思维、解决问题的能力、科学探究的能力等,这是物理学的科学方法部分;四是价值体系层面,主要包括由科学思想、科学态度、价值观等组成的科学精神,这是物理学的精华部分。在物理学研究中,科学价值体系主要反映在怀疑精神、求真精神、人文精神和创新精神上。

科学怀疑的精神是以反思和质疑为本质特征的。具有科学怀疑

精神的人，凡事都会问"为什么"，追究事物及其关系的根据和来龙去脉。他们对判断、命题、信念等决不会盲从，也不会轻信。科学怀疑是科学发展的动力之一。没有科学的怀疑，伽利略就不可能揭示几千年来人们信奉的亚里士多德的"物体下落的快慢是由它们所受的重力决定的，物体越重，下落得越快"学说的矛盾，也就不可能发现自由落体的规律。科学的突破和发展，无一不是由科学怀疑所揭露的矛盾和问题引起的。应当指出，科学怀疑并不是毫无根据地否定一切。毫无根据地否定，本身就是一种盲从，与科学精神背道而驰。

科学精神具有创新的品质。因为科学的怀疑，能从熟悉的现象中发现问题的矛盾；能去伪存真，把原来不正确的东西加以纠正；能对前人的成果进行批判性的继承和吸收，并有所发现、有所创新。可以说，没有科学思维的批判性，就不可能有科学的创新，也不可能求得科学的"真理"。

科学精神具有求真的品质。科学怀疑和创新的目的就是要得到对科学世界的正确认识。在追求客观世界的真实知识的过程中，任何思维的结论都要经过实验或实践的检验。如果思维的结论或现有理论与实验结果不符，就可能要修正甚至推翻原有的思维结论或理论。没有实验的验证，思维的结论只能是一种假定而已，尚不能成为理论。科学思维的正确性要受到实验的验证，使得科学思维凸显出其追求客观和理性的批判性。

科学精神也反映人文精神。正是由于科学精神的批判性，我们认识到"科学主义""理性主义"畸形膨胀的弊端，认识到科学是一把双刃剑。科学一方面推动人类社会进步，给人类生活带来无与伦比的福音，但另一方面科学的不当运用也产生危及人类社会发展和生存的负面效应。人们要批判性地思考科学、技术和社会的关系，要从单纯的"科学主义"解脱出来，一方面要张扬科学真善美，另一方面要遏制利用科学危害人类的负面做法。科学精神要与人类的现在和未来、社会的现实和发展相联系，突出其人文精神的追求。

1.2 物理学研究的特点

综观物理学发展,物理学研究主要体现了如下的基本特点:

1.物理学研究往往起源于观察和实验以及从中挖掘的问题

无论是力学、热学、电学、光学、原子物理学的发展,还是古代、近代、现代物理学的研究,无不如此。例如人类最早对电学的认识起源于对静电、雷电、磁现象所产生的问题。古人发现有些物体经过摩擦后能吸引轻小物体,萌发"为什么会有这种现象"的问题;古人对大气电光现象的观察产生了探索它们形成原因的欲望;对磁现象问题的研究导致指南针的应用……

在近代物理研究中,由于物理学家对问题的发掘,开拓了新的研究领域。如人们通过对真空放电现象的研究,发现了电子,宣告了原子是可分的,进入了原子领域的研究。卢瑟夫通过 α 粒子散射实验,认识到汤姆逊原子模型的不正确,从而提出"一切原子都有一个核,它的半径小于 10^{-12} 厘米,原子核带正电,它的电荷是 + Ze,电子的位置必须扩展到以核为中心,以 10^{-10} 厘米为半径的球内或球面上。为了构成平衡,电子必须像行星一样绕核旋转着"。这就是著名的卢瑟夫原子核式模型理论。卢瑟夫提出原子核式模型以后,许多问题也应运而生:原子核是什么? 原子核是由什么构成的? 原子核能不能再分裂? 物理学家通过对这些问题的探究,发现了质子、中子以及其他的基本粒子。使物理学研究跃上了新的层面。

在现代物理研究中,通过日益精确的实验设备和日益先进的技术手段,人类能够在许多极端条件(如超高温、超低温、超高压、超真空、超强电磁场、强光等)下进行实验和观察,观察到以前人类无法观察到的现象,从而产生新的研究问题。超导的研究就是一个典型的例子。1911 年,昂乃斯用液态氦所得到的低温,测量在 - 40℃ 到 - 268℃ 中汞线的电流及其两端电压时发现,它的电阻率并不随温度的下降逐渐趋于零,而是在 42K 以下突然变为零。他还通过实验证实铅在 7.2K 时也产生同样的效应。他把这种现象称为"超导电性"。

超导电性是某些材料在温度接近绝对零度时导电率为无限大的性质。以后世界各国科学家纷纷投入超导的研究,出现"超导热"。其研究特点是以金属氧化物为对象,以寻找高临界温度超导体为目标。在超导体基础研究竞争的同时,应用研究的竞争也是你追我赶。超导技术已经应用于军事、能源、交通、通讯、微电子、计算机、生物工程、医学、远距离无损耗输电、悬浮列车、发电机、粒子加速器、核聚变装置等方面。展望未来,超导技术能更广泛地应用于人类生活的各个方面,造福于人类。

综上所述,物理学研究往往是离不开人们对事物的观察和实验的。即使物理学理论的研究,不是直接建立在观察和实验的基础上,但也是间接地建立在观察和实验的基础上的。

2.物理学研究常常采用抽象和概括的思维方法

客观存在的事物和现象往往是错综复杂的。它们往往受到非本质和本质因素、非主要和主要因素等的影响。然而,在一定的问题中,并不是所有的因素都起着同等重要的作用。因此,为了便于研究,要舍弃个别的和非本质的因素,突出主要的和本质的因素。这种思维是一种科学抽象的过程。科学抽象是根据大量的现象和实验事实,经过分析、综合、比较、分类等思维活动,对现实原型进行的一种突出其本质属性或主要特性的理想化思维过程。概括是指从某些具有相同属性的事物中,抽取出共有的本质属性,再推广到具有这些相同属性的一切事物中,形成这类事物的普遍概念的一种思维方法。概括就是把分析、比较、抽象的结果加以综合,形成概念的过程。

物理思维的科学抽象、概括事物本质的功能使得物理学研究成为可能。把复杂的现实中的物体或现象,用简单的模型来代替,简化研究问题,突出主要因素,便于找出其中的规律。现实中的所有问题,在一定范围内,或在误差允许的条件下,都可以通过看作是某个理想化的模型来处理。物理学中所研究的对象和过程,多是利用科学抽象的方法建立起来的理想化模型和理想化过程。例如,质点、刚体、理想气体、点电荷、点光源、光滑表面……这些研究对象都是理想

化的模型;又如,匀速直线运动、匀变速直线运动、匀速圆周运动、抛体运动、简谐振动、等压变化、等温变化、绝热变化……这些过程都是理想化的过程。可以说,没有科学抽象和概括,物理学研究是难以进行的。

3.科学推理在物理学研究中具有重要作用

物理学研究中运用的科学推理主要有归纳推理、演绎推理、类比推理。正是由于人具有推理的思维能力,才能从复杂的物理事物及其运动变化中发现其中的因果关系,描述出反映物理事物运动变化的客观规律。

(1)归纳推理,发现科学规律

归纳推理是以个别或特殊的结论为前提,推出一般性规律的思维。归纳推理的过程是:根据观察和实验获得的材料,分别得知关于个别事物的知识,再经过分析、比较、综合、抽象、概括,得出一般性的规律。归纳推理可分为简单枚举归纳推理、完全归纳推理和科学归纳推理。例如,根据天文观测得知:地球是运动的;月球是运动的;金星是运动的。于是得出结论:太阳系的所有天体都是运动的。这种归纳推理叫做简单枚举归纳推理。由于它只是知其然,不知其所以然,而且是在未观察太阳系所有天体的情况下,就得出太阳系所有天体都是运动的结论,这个结论需要实验检验。有些简单枚举归纳推理的结论未必是完全正确的。例如,酒精、水银等大多数液体是热胀冷缩的,并不能由此断言任何液体都是如此,0℃到4℃之间的水就恰好是热缩冷胀的。

又如,通过天文观测得知:木星沿椭圆轨道绕太阳运动,金星、地球、火星、水星、土星、天王星、海王星、冥王星也沿椭圆轨道绕太阳运动,于是得出结论:太阳系的九大行星都沿椭圆轨道绕太阳运动。这种归纳推理叫做完全归纳推理。只要完全归纳推理所依据的事实是完备的和正确无误的,其推理结论就具有不容置疑的意义。

再如,通过实验发现:铁受热后膨胀,银、铜受热后也膨胀;经过分析知道:铁、银、铜等金属受热后,分子运动加剧,反抗分子间相互

束缚作用的本领增强,从而分子间的距离增大,引起体积膨胀;最后得出结论:所有纯金属受热后体积都要膨胀。这个思维过程不仅仅是把大量实验事实归纳起来,而且探求了事物的本质,从而发现规律,这种推理叫做科学归纳推理。

(2)演绎推理,认识科学规律

演绎推理是从一般性的判断推出个别性的判断,即从一般性规律推出个别性结论的思维。演绎推理的思维过程是:根据已知的一般性规律,通过分析、比较,或通过逻辑判断或数学推导,得出个别性的结论。物理学中的定理、推论、原理等一般是运用演绎推理发现并描述的。例如从牛顿第二定律可以推出动量定理,也可以推出动能定理。由库仑定律和场强迭加原理,可以推出任意电荷分布的电场强度,也可以推出高斯定理,而利用高斯定理又可以得出电荷分布具有对称性的带电体的电场强度。这些都是演绎推理的结果。

爱因斯坦创立相对论也利用了演绎推理,他首先总结大量前人研究成果,提出两条基本假设:①相对性原理:所有惯性系都是等价的。物理规则对于所有惯性参考系都可以表示为相同的形式。也就是无论通过力学现象,还是电磁现象,或其他现象,都无法觉察出所处参考系的任何"绝对运动"。相对性原理是被大量实验事实检验过的物理学基本原理。②光速不变原理:真空中的光速相对于任何惯性系沿任一方向恒为 c,并与光源运动无关。由爱因斯坦上述两条假设,可以推导出洛伦兹变换公式,而无需引入以太的概念;也可以推出闵可夫斯基四维空间,也可以演绎证明将质量守恒定律和能量守恒定律结合成质能守恒定律;也可以推导出一系列重要的推论,如时钟变慢、长度收缩、质量随运动增加、质能相当论等。这一切成果都离不开演绎推理。

(3)类比推理,提出科学假设

类比推理是从个别的特殊的判断,推出另一个别的特殊的判断的思维。它是根据两个或两类对象有部分属性相同,从而推出它们的其他属性也可能相同。类比推理的思维过程是从特殊到特殊,能

使人们从已知的事物去认识新的事物,它具有较大的创造性功能,这在物理学中是不乏其例的。例如惠更斯把光现象与声现象进行类比,根据光也像声那样能够发生反射、折射,从而推出光也是一种波动,提出光的波动说;德布罗意根据光的波粒二象性而提出微观粒子也具有波动性,提出了物质波的概念……这些都是物理学史中应用类比推理提出假说而形成理论的实例。

4.物理学研究要经过实验和实践的检验

物理学任何研究的结论都要经过实验或实践的检验。如果物理学研究的结论或现有理论与实验结果不符,就可能要修正甚至推翻原有的研究结论或理论。没有实验和实践的验证,物理学研究的结论只能是一种假定而已,尚不能成为科学理论。从归纳推理的局限来看,在物理学研究中利用简单枚举归纳推理的结论未必是完全正确的,需要实验和实践的检验。从逻辑学上看,演绎推理只要前提正确,推理的规则无误,导出的结论始终为真。但从实践来看,演绎推理的结论也必须经过实验和实践的检验。从类比推理的局限看,类比推理是根据比较而进行的推理,一般并没有分析属性间联系的性质,因此,它不能准确地表明属性间的关系,从而推出的结论是或然的,需要经过实验的检验。

1.3　物理学毕业论文的基本属性

1.物理学毕业论文的含义

物理学毕业论文是高等院校物理学专业和物理教育专业的毕业生,根据专业教育目的,选择某一个课题,在导师的指导下,综合运用所学专业的理论和技能,对课题进行研究,并把研究的成果和自己的学术观点撰写成论说性的文章。

物理学毕业论文可以分成两大类:物理学专业毕业论文和物理学教育毕业论文。物理学专业毕业论文是选择物理学领域的问题进行研究并撰写而成的毕业论文;物理学教育毕业论文是选择物理学教育的问题进行研究并撰写而成的毕业论文。物理学毕业论文是物

理学专业和物理学教育专业课程所规定的,是物理学专业和物理学教育专业大学生毕业和取得学位必须独立完成的总结性课程。物理学专业和物理学教育专业大学生在毕业前要撰写毕业论文,具有多方面的功能:用以全面综合地考核和评价物理学专业和物理学教育专业大学生所学的知识和能力,是授予相应学位的重要依据,也是发现和选拔人才、保证人才质量的有效手段。同时,学生在学习了物理学专业和物理学教育专业课程后,要综合运用所学的理论、知识、技能、能力,分析和解决实际问题,独立地进行科学研究。在这一研究过程中,大学生可以学习科学研究的方法、科学论文撰写的环节和步骤,得到科学研究的基本体验,并培养起科学的精神和科学的价值观。物理学毕业论文也是一种学术信息交流和传播的载体,可以促进物理学研究和物理学教育研究的发展、研究成果的应用及科学技术的繁荣和发展。

2．物理学毕业论文的基本属性

认识了物理学的特点和物理学研究的特点后,我们要进一步思考物理学毕业论文所选的课题研究的基本属性问题。所谓物理学毕业论文的基本属性,反映了物理学毕业论文的课题研究与写作工作的基本性质。如果物理学毕业论文缺乏这些基本属性,则说明这篇物理学毕业论文可能在研究课题的重要性、创新性、科学性、客观性等方面有问题,我们就需要重新检讨和评估研究的问题、研究的过程和研究的结论。因此,物理学毕业论文的基本属性是我们有效开展物理学毕业论文写作应当明确的。

(1)物理学毕业论文的创新性

物理学毕业论文所选择的课题研究,与科学课题研究一样,应当是对某一未知领域的探索,而不是对已知事物的简单再认识,或是把已有事物进行零碎堆砌。物理学毕业论文的选题、研究和内容应当具有创新性。

怎样的物理学毕业论文课题研究具有创新性,物理学毕业论文课题研究应具有怎样的创新性,对这些问题可说是见仁见智。考虑

到物理学毕业论文课题研究一般是建立在前人研究的基础上的,所谓完全的创新是不切合大部分学生实际的,在许多情况下也是不必要的,因此,可以将物理学毕业论文的创新性分为如下几个层次:

高度创新性。如果物理学毕业论文课题研究是对未知事物的全新认识,则它体现高度的创新性。它包括:对物理学新现象新事实的揭示;物理学新概念的界定和新论点的提出;物理学新方法的创造、新手段的发明和应用;物理学新理论的构建等等。例如率先在物理学中提出一种新的假设,进行实验探究,并创建有关新理论。

局部的创新性。物理学毕业论文课题研究对未知领域的探索也可以是对已有知识的补充和完善。它包括:对已有物理学现象和事实的进一步阐明;对已有物理学概念的完善和已有论点的补充;对物理学已有方法、手段的改进和应用;对物理学已有理论的补充与完善等等。例如研究在一般运动参照系中功的表达式及动能定理与功能原理的表达式的问题,可以阐明运动参照系及非惯性参照系中功的表达式及动能定理与功能原理的表述。而在物理学文献中功的表达式及动能定理与功能原理只是在惯性参照系中论述得比较详尽。从这个角度看,该课题也有一定的新意。虽然它并未提出一种新的理论,但可以在不同层次上发展已有的认识,是对已有知识的补充与完善。

物理学毕业论文课题研究具有创新性,这是物理学毕业论文课题研究的一项基本要求。但它并不完全排斥重复研究。有些物理学毕业论文课题研究的问题,前人已经解决了,但有时仍需要加以验证,或者在不同的时空,采用不同方法或手段进行研究。

(2)物理学毕业论文的科学性

物理学毕业论文另一基本属性是科学性。所谓科学性是指物理学毕业论文内容必须符合科学原理和科学原则。论文中对物理事物的阐述、物理概念和物理规律的表述都要求是正确的。对物理观察和实验的进行、物理概念和物理规律的论证,也必须是实事求是的。论文的词句要合乎科学原理,用词正确,表达确切。例如,不应当说

"物体的密度",而应当说"物质的密度";不应当说"带电体的周围空间叫做电场",而应当说"带电体的周围空间里存在电场",等等。

物理学毕业论文的科学性也要求论文的阐述有条有理,顺序合理,层次分明,具有逻辑性。主题与各段落、各环节都有严密的内在联系。例如,从实验导出结论时,要合乎逻辑地确定物理实验中现象与结论的因果关系;从各个现象进行分析、综合、抽象、概括,得出科学结论必须是合乎逻辑的。

(3)物理学毕业论文的学术性

物理学毕业论文具有学术性的特点。所谓学术性是指毕业论文所研究的课题是具有一定深度的、相对系统的,而不是一种小的文章写作。物理学毕业论文的写作,是作者在学习了物理学专业或物理学教育专业课程后,综合运用所学的理论、知识、技能、能力,分析和解决实际问题,进行独立的科学研究。在这独立的科学研究过程中,作者要对所学的知识有所超越,是较系统和较深入的一种学术研究。

物理学毕业论文一般都是由某种理论作为指导,运用一定的方法、专业知识和技能,对实践中的问题进行研究。在内容和形式上,物理学毕业论文的学术性具体表现在:一是对研究的问题提出新的见解,对物理理论或其教育有所发展,研究的方法上有所突破;二是论点明确、论据确凿、论证清晰、逻辑合理;三是毕业论文对实践具有现实意义。毕业论文表述要简洁精练,突出论文中最主要的创造性的内容,注重论点与论据的一致,论据要丰富充实,论证要符合逻辑。

正是由于创新性、科学性和学术性要求,物理学毕业论文写作是一项艰巨的研究工作,需要作者认认真真地、不怕艰难地进行研究。也正是由于物理学毕业论文的创新性、科学性和学术性,它也是一种很有价值的学术信息交流和传播的载体,可以促进物理学研究的发展,促进研究成果的应用及物理学和技术的繁荣。

§2 物理学毕业论文选题

2.1 选题的问题意识

物理学毕业论文课题研究起始于选题,它规定了物理学毕业论文课题研究的方向和工作范围。因此,选择正确且合适的研究课题,是物理学毕业论文课题研究非常重要的工作。但选择正确且合适的课题是进行毕业论文写作最为棘手的问题之一,甚至有经验的专门人员有时也会对选题举棋不定。物理学毕业论文的选题是毕业论文写作的一个极为重要的环节,应引起足够的重视。

物理学毕业论文的选题需要很强的问题意识,表现为大学生在学习和实践中,经常地意识到一些有疑惑的问题,并产生一种由疑惑到探索的心理。这种心理驱使他们积极思考问题,不断地提出有价值的问题并设法解决。一个人如果没有这种研究问题的意识,是不可能发现有价值的研究问题的,也就无从谈及研究和论文写作了。如果搞什么"虚拟问题"的论文写作,或进行没有问题的研究和写作,那是毫无价值可言的。

一个人要从事研究,首先要有很敏锐的问题意识,具有发现问题、提出问题和解决问题的能力。物理学就是起源于观察、实验所揭示的问题,无论是力学、热学、电学、光学、原子物理学的发展,还是古代物理学、近代物理学、现代物理学的研究,无不如此。例如人类最早对电学的认识就起源于对静电、雷电、磁现象所产生的问题。在近代物理研究中,物理学家通过对问题的发掘,开拓了新的研究领域。例如卢瑟夫发现原子核式模型以后,许多问题也应运而生:原子核是什么? 原子核是由什么构成的? 原子核能不能再分裂? 物理学家通过对这些问题的探究,发现了质子、中子以及其他的基本粒子。之后,问题并未终止,而是产生了更多的问题:这些基本粒子是不是

最基本的？它们的规律是什么？如何测定基本粒子的各个特征量？如何开发基本粒子在生活和生产中的运用新途径？宇宙中一些"暗物质"是什么？如何用实验去捕捉它们？……

可以毫不夸张地说，没有问题就没有物理学，没有问题，科学将停滞不前。发现问题和提出问题不仅是一种能力，而且是一种批判性的理念和意识。这种能力、理念和意识在科学研究中是至关重要的。正如爱因斯坦所说："提出一个问题比解决一个问题更重要，因为后者仅仅是方法和实验的过程，而提出问题则要找到问题的关键、要害。"

2.2　选题的原则

物理学毕业论文的选题应当正确，是指应当选择有意义且合适的物理学问题或物理学教育问题来进行研究。那么如何正确地选题？物理学毕业论文选题的基本原则又是什么呢？从经验来看，选题最容易犯的毛病主要有以下几类：选择的课题范围过大，难以在一定的时间内对问题深入研究；或者选择自己力不能及的课题，难以在规定的时间内有效完成；或者选择一些意义不大的课题，这些意义不大的课题一般不值得去做；或者选择一些可能是他人已经研究过的课题，做这样的课题又不可能超过前人，这些课题一般也不值得去做。

为选择合适的物理学毕业论文课题，要考虑多方面的因素，一般可以从课题是否符合如下基本原则加以衡量：

1. 重要性原则

物理学毕业论文的选题要符合重要性原则。即选择的论文课题要有一定的学术水平，对物理学相关领域的发展与实践有一定的必要性和实际意义，必须紧扣物理学理论和实践或者物理教育发展与改革过程中重大的理论问题与现实问题。课题研究的结果应能对物理学理论或物理学教育理论问题和现实问题产生一定的影响和作用，或者对物理学理论的发展或物理学教学有促进作用，等等。因

此,要时时处处留心观察物理现象,多动脑筋思考实际问题,多多请教他人,交流问题。只有这样,才可能发现一些需要解决的具有一定意义的研究课题。临时抱佛脚去找问题搞毕业论文,对问题的考虑和认识往往是肤浅的。

2. 独创性原则

物理学毕业论文的选题要符合独创性原则。选择的物理学毕业论文课题要有创新之处,或者课题的某些部分要具有新意,而不是简单地重复他人的研究。这是因为毕业论文并不是解决一般客观性试题,也不是小论文式的作业,而是一项相对系统的科学研究。因此,选题时要了解有关的信息。要了解在这个问题上,哪些是前人已经做过的重要工作,哪些问题是已经解决了的,哪些是遗留下来待解决的,他们研究的方法是什么,他们所得结论的科学性如何。如果不了解前人已有的成就,贸然行事,可能只是重复别人的路子。这样的论文就不符合独创性的原则,其研究就很少有什么价值了,有时甚至是枉费精力。

3. 可行性原则

物理学毕业论文的选题要符合可行性原则。物理学毕业论文课题的选择,必须要审议主客观条件是否切实可行。客观条件指给研究工作提供的设备、经费、时间、研究对象及资料等。主观条件指可以投入研究工作的人力及自己的水平与能力等。因为物理学毕业论文写作是在一定的时间内完成的,研究工作的条件比起正规的科研人员也要差些,所以作者要根据这些条件,结合专业的特点、问题的大小与难度,来选择自己力所能及的课题。

2.3　课题的来源

发现问题和提出问题不仅是科学研究的起点和动力,而且也是进行毕业论文写作的起点和动力。这些问题是由大学生自己提出的,或者是由大学生和导师共同讨论而产生的。它们主要来源于以下几个方面:

1. 从生活中寻找研究课题

从生活和学校教育活动中寻找物理学毕业论文研究的课题，经过思考会产生一些与个人或家庭生活密切相关的问题。例如观察一些事物的现象和装置所产生的问题，如傻瓜相机为什么不用调焦，为什么人能通过门镜从室内看到门外的人，而门外的人却不能看到室内的人等等。从这些问题可以萌发出"现代家庭光学原理的应用与设计"、"后现代家庭用电智能设计"、"现代炉灶燃烧效率的原理与改进"、"家庭自动控制电器原理与制作"等课题。

2. 从工农业生产活动中寻找研究课题

可以从与工农业生产密切相关的问题中，衍生出许多论文的课题。如"在制动和导航中惯性原理的应用与设计"、"太阳能的综合利用综述与展望"、"静电利用和危害防范研究"、"农业生产中的物理学原理运用"、"高科技在抗洪救灾中的应用研究"等课题。

3. 从科技前沿发展或重大的社会问题中寻找研究课题

通过对现代科学技术的新发展、新成果、新成就的扩展性学习，产生与之有关的理论或应用问题。如新型电池、超导体、激光、现代航空航天技术、现代信息技术、纳米技术、蓝牙技术等等。从一些重大社会问题，如环境保护、物理污染、能源危机、新能源开发等等，也可以挖掘出许多研究课题。

4. 从教材、学术文献、学术会议中寻找研究课题

通过教学，往往对教材体系、结构、内容、呈现方法等会产生一些疑问，可以挖掘需研究的问题。有些问题教材未作深入阐述或未阐述，但在大学生探索能力范围之内，可以作为毕业论文的研究问题，如研究"运动参照系（包括非惯性参照系）中动力学规律的表述"、"再论洛伦兹关系的协变性及其速度的含义"、"电荷守恒定律的边界条件的探讨"等等。持批判性态度经常阅读学术刊物和其他文章，积极参加学术报告会和学术讨论会，一方面可以学习他人的课题研究方法，另一方面可以发现他人的研究可能存在的欠缺甚至谬误之处，也可能发现对同样的问题有不同的研究方法，从而提出新的研究课题。

5. 向研究经验丰富的他人请教

初次从事毕业论文课题研究时,向有经验的教师和专门的研究人员求教是非常有益的。许多人对选择研究课题往往感到困难,举棋不定。对研究课题的重要性、可行性、独创性等方面了解甚少,是选题困难的重要原因。请教研究经验丰富的教师和专门研究人员,一方面他们可以提供一些合适的研究课题,另一方面他们能帮助阐明课题的重要性、独创性和可行性,提炼出合适的研究课题来。

2.4　课题的评价

在初步选择了物理学毕业论文的课题后,需要对研究课题进行评价,以决定研究课题的科学性、重要性、独创性、可行性。评价可以通过自己的反思,也可以请其他专家、学者来评价。一般若能对下列问题作出肯定的回答,那么这个课题可以初步认为是一个可以做的课题。

1. 课题是否具有一定的意义。课题的研究是否涉及到重要的物理理论及其运用,对物理理论或实践是否会产生一定的影响或使其变革,是否对物理研究工作和其他人员有借鉴或参考作用? 这是做课题首先必须解决的问题。

2. 课题是否有新意。课题在哪些方面具有创新的成分? 是否有人对问题进行过研究,课题的哪些方面已经有了研究,并有了现成的答案,如果有人已经进行了研究,就要根据具体情况对研究课题的价值仔细斟酌。独创性虽然是研究课题价值的一个重要因素,但是并不是说过去已经研究过的课题就不值得再探索了。因为对某些已经研究过的课题,总是存在某些适当时机,需要重复研究以检验它们的结论,或者在不同的范围重复实验,把成果进行推广,或者运用不同方法和手段进行该课题的研究。

3. 课题研究的可行性。有的研究课题很重要,也有新意,但对某个人来说,不一定是一个好课题,因为研究的课题可能对他不合适。为此,必须首先解决以下问题:

（1）是否有相关的知识和能力进行这个课题的研究。例如对这个研究领域的有关知识了解程度如何，是否能理解课题的意义，能否利用有关知识解释研究的结果，是否掌握了有关研究方法，能否运用有关研究手段，是否具有足够的研究设计及相关的知识。

（2）有关研究数据能取得吗？具有一定效度和信度的数据收集方法和步骤是否切实可行？有关领导或人员是否同意论文作者进入实验室进行研究，是否同意接触有关的资料，等等。

（3）是否有足够的研究经费。估算一下进行课题研究所需的花费，例如购置和使用研究的器材和收集数据工具的费用，如复印、测试、查询有关材料、会议的车旅费和其他的开销，是否能从有关部门申请到资助。

（4）是否有足够时间完成课题研究。大多数毕业论文课题研究有时间限制，要估计各步骤需要的时间，如制订研究计划，各研究步骤的实施，收集和整理有关资料，分析和处理数据，完成研究报告或研究论文各需要多少时间。

（5）通过研究，能有效地解决这一问题吗？例如收集到的数据能够说明问题的症结所在吗？等等。

§3　物理学毕业论文的类型

物理学毕业论文有一般理科毕业论文的共性，也有其个性。对物理学毕业论文进行分类，既要考虑到毕业论文的共性，又要体现物理学毕业论文的个性。根据不同的分类标准，物理学毕业论文课题研究有不同分类方法。根据物理学特点，按物理学专业毕业论文课题研究的领域分为观察类毕业论文、实验类毕业论文、理论类毕业论文、评述类毕业论文。

3.1 观察类毕业论文

1. 观察类毕业论文的含义

观察类毕业论文是综合运用所学的专业理论和研究方法,有目的、有计划地通过感官和辅助仪器,对研究的事物进行考察,在对事物及其现象进行观察的基础上,进行测量研究事物的有关变量,将观察与测量的结果进行客观性和逻辑性的描述,并通过对这些结果的分析,找出事物的规律和性质。

观察法是科学研究的一种常用的研究方法。在科学史上,利用观察获得创造性发现的例子比比皆是。例如,物质微粒无规则运动是英国人布朗(Brown R)首先发现的。布朗是一位严谨博学的科学家,在研究植物的授粉过程中,用显微镜仔细观察花粉中的微粒。他发现花粉在做不停息的运动,布朗断定这些运动并不是起因于水的流动,也不是起因于蒸发,而是微粒本身自发的运动,并且微粒运动看来永不停止。后来为纪念布朗首先观察到这种由分子运动引起物质微粒运动的现象,人们把这种运动称为布朗运动。

观察是科学研究的重要方法,是获取感性材料最基本的途径,而有计划、有目的的对事物的感知,则是把感性材料上升为理性认识的前提。

2. 观察的类型

观察主要有以下几种类型:

(1)自然观察和实验观察

自然观察是在自然发生的条件下,在对观察对象不加变革或控制的状态下进行的观察。实验观察是在做实验的过程中进行的观察。

(2)直接观察和间接观察

直接观察是指直接通过感官考察研究对象,其优点是直观、生动、具体、真实。间接观察是指人的感官通过仪器观察研究对象,其优点是扩大了感官的范围,提高了观察的效率,使获得的材料更为

精确。

（3）结构性观察与非结构性观察

结构性观察有详细的观察计划、明确的观察指标体系、观察的量化标准以及详尽和系统的记录。这种观察多用于描述性研究和实验研究中的资料收集。非结构性观察大多没有周密的观察计划和观察提纲，只限于对观察客体的一般性了解。

（4）参与观察和非参与观察

在参与观察中，观察者深入到观察的客体中去，作为其中的一个角色，参加其中的活动，使该团体的人们把他作为团体的一员，以相应的态度对待他。观察者便利用这种有利的条件观察研究对象的深层的材料。非参与观察是指观察者纯粹扮演观察者的角色，观察者被视为局外人，不参与被观察者的任何活动。非参与观察既可在自然情境下进行，也可以在实验情境下进行。

了解各种观察类型的特征，可以使我们在制订研究计划、确定观察对象和实施观察研究时，对各种观察加以综合地优化运用。

3. 观察类论文的主要特点

第一，观察类论文体现了一种有目的的考察性研究。它是根据研究课题的需要，为解决某一问题而进行的以观察为主要手段的研究。因此，进行观察研究要有明确的目的、范围、对象和方法。例如，研究"烧水过程中水温与水泡的变化规律"，就要对"在烧水过程中水温是如何变化的，水温是如何分布的"、"水泡是如何产生的，又是如何变化的"等现象进行观察研究。研究者就要明确观察的目的、对象、方法，在整个研究过程中，他的观察应具有很强的目的性和针对性。

第二，观察类论文收集的是第一手材料，具有直接性。论文的作者要通过感官对事物进行直接观察，或通过仪器进行间接观察。要保证观察的客观真实，就要求研究人员能客观、全面、详细地进行观察和记录。观察类论文是基于这些第一手材料，进行组织加工而成的。因此观察类论文就体现了很强的直接性。

第三,观察类论文要具有客观性。由于观察是利用感官或仪器直接感知事物的,它也有局限性。恩格斯说:"单凭观察所得的经验,是决不能充分证明必然性的。"例如,白天和黑夜的依次交替是观察到的现象,但这并不能判定两者存在因果必然性。因此,要对观察所获取的材料进行整理和分析,要避免片面性和表面性,有时需对研究对象进行多次详细观察,缜密地分析观察的材料,使研究的结论具有较高的客观性。

总之,要写好观察类论文,就要选好观察研究的课题,要周密设计观察的全过程,要全面客观地收集观察的第一手材料,这样得到的材料可靠性才高。对材料分析得出的结论要慎审,必要时要反复论证。

4.观察类论文的一般结构

观察类论文的一般结构如下:

(1)引言。观察类论文的引言应说明观察的目的、任务、时间、地点、对象,简单交代观察的过程、方法、意义及观察的对象和范围、所用的观察设备与手段、观察的简明结果等等。

(2)正文。观察类论文的正文一般要对观察的过程、观察的方法、观察所得的数据作出客观的具体的描述。要说明观察是在什么条件下,通过什么方法,根据什么事实得到有关数据的。要说明观察的条件、观察的样本及取样方法、观察误差的控制措施、观察数据的收集和分析。在许多情况下,要通过统计图表、统计数字及有关文献资料,用纲、目、项或篇、章、节的形式把观察的内容有条理地准确地揭示出来。

(3)结论。观察类论文的结论要客观地、科学地从观察数据中概括出来,并提出需要进一步解决的问题。

3.2　实验类毕业论文

1.实验类论文的含义

物理实验类论文是利用实验为主要手段,来探索某个物理事物

或现象的规律或验证物理研究的假设,通过合理地控制实验的变量,观察与这些实验变量相伴随现象的变化,探索或验证实验变量与效果变量的因果关系。

按实验中量和质的关系,实验方法可分为定性实验和定量实验。定性实验用以判别某因素是否存在,某些因素之间是否有关系等。物理学研究有许多著名的定性实验,如赫兹证明电磁波存在的实验,列别捷夫证明光有压力的实验,迈克尔逊-莫雷否定以太存在的实验,戴维逊-革末证明实物具有波粒二象性的电子衍射实验,等等。定量实验用以测定研究事物的数值,或求出因素之间的因果关系式。物理学有许多著名的定量实验,如卡文迪许测定引力常数的实验,斐索测定光速的实验,焦耳测定热功当量的实验,汤姆逊测定电子荷质比的实验,密立根测定普朗克常数的实验,等等。

2. 实验研究要处理的问题

实验类论文的撰写,要处理以下一些问题:实验的目的是什么,实验研究对象是什么,怎样把影响实验研究对象的主要因素凸显出来,选择什么样的实验仪器和设备,其精度要求如何,实验中施加什么样的变量,如何施加,怎样控制干扰变量和无关变量的影响,怎样观察实验的过程和测量实验的数据,怎样分析实验的数据,用什么样的方法分析和阐释实验结果。

例如,对"绝热式电水壶的制作及其效率的研究",研究者要根据物理学的基本原理,研制出"绝热式"电水壶,用实验比较研究这种新式电水壶与常规电水壶的效率,另外还要实验研究电水壶以不同方式煮水时,其效率的差异。

第一个实验是为了比较研究这两种电水壶的效率。为此,先要定义电水壶的效率,电水壶的效率定义为被加热水所吸收的热量与电水壶所消耗的电功(总功)之比。在设计实验方法时,对两种电水壶,除了"绝热"不同外,其他如材料、大小、水量、环境等因素都要设置成相同或相近。还要考虑如何来测量电水壶所消耗的电功和水吸收的热量,如何减少实验的误差,如何观察和记录实验的数据,实验

数据如何处理,等等。

　　第二个实验是要研究同种电水壶不同的煮水方式的效率的比较。实验目的是要研究电水壶以不同方式煮水,其效率的差异。研究不同的煮水方式加热相同的水至同一温度,所需时间和热量各为多少的问题。要思考需要哪些实验器材,数据如何记录,数据如何处理,要注意哪些事项。例如,要注意排除其他变量干扰,当进行不同方式煮水的电水壶为同一只时,应注意不同方式煮水时的环境温度、水初始温度及电水壶初始温度应相同;当用几只同型号同规格的电水壶做实验时,应采用轮换实验的方法,也就是第一次实验中第一只电水壶用 A 方式煮水,第二只电水壶用 B 方式煮水,等等;第二次实验中,第一只电水壶用 B 方式煮水,第二只电水壶用 A 方式煮水,等等。这样才能最大程度地消除由于电水壶本身差异造成的干扰。

　　应当指出,实验研究应根据具体的研究课题、研究目的和要求及主客观条件等来设计。不同的课题有不同的设计,即使同一课题,也是因人而异的。

　　3.实验类论文的主要特点

　　(1)探究事物因果关系。物理实验类论文所探索的问题是为了探究物理事物的规律或验证假设,通过合理地控制实验的变量,观察与这些实验变量相伴随现象的变化,探索或验证实验变量与效果变量的因果关系。

　　例如有人要研究"声肥"对农作物的作用问题,他认为不同强度、音调、音频的声波对植物有不同的刺激作用。噪音可以抑制植物的生长,而优美的音乐可使农作物生长加快。为此他要做实验:在两间温室里种下玉米和土豆,其中一间里每天播放音乐,另一间不播放音乐,其他条件相同。经过一段时间后,检查两种不同环境中玉米和土豆的生长情况。在这个实验研究中,研究者要探索的是"声肥"与农作物成长或产量的关系。

　　在物理学教育研究中,实验研究也是这样。在物理学教育的实践中,人们发现教育的问题,提出研究假设,设计教育实验,规范实验

的进程和结果,认识和探索物理教育的规律。在物理学教学中有许多问题,如运用自学辅导的教学方法与学生学习物理学效果的关系如何,合作竞争的学习方式和传统的学习方式对培养学生合作竞争的精神究竟有无差异,物理学研究性学习和传统的学习方式对培养学生的探索和创新精神有什么样的差异等问题,都需要研究人员提出研究假设,设计对比实验,对实验结果进行分析比较,来探索教育实验变量(如自学辅导教学方法、合作—竞争的学习方式、研究性学习等)与效果变量(如学习物理学效果、合作竞争精神、探索与创新精神等)的因果关系。

(2)实验变量的操纵。实验变量又叫自变量,是实验前假定存在因果联系的原因变量。在实验研究中,实验变量往往是可以控制或施加的条件和因素。它可以是某种方法、某种手段、某种特定条件下的物理量等。效果变量又叫因变量,是实验前假设存在因果关系的结果变量。实验是人工操纵实验变量,主动干预现象发生的条件或进程来研究实验变量与效果变量的因果关系。

在操纵实验变量这一点上,实验研究与经验总结、调查研究是不同的。经验总结是把自己或他人的实践经验累积起来加以分析和归纳整理,成为符合客观实际的具体丰富的材料或理性认识,从而为进一步进行实验研究提供思路和假设。而实验研究由于主动操纵实验变量,具有较强的目的性和针对性,从而能超越经验的局限。而调查研究中广泛应用的观察,一般在自然状态下进行,常常受到各种自然因素的干扰,因此,调查得到的资料不一定能充分证明因果联系和必然性。但三者存有一定的联系,通过经验总结和调查,可以发现实验的问题,提出假设。在实验研究的过程中离不开观察和经验总结。但实验研究是在人为地使现象发生,并在对产生现象的情景或影响现象的条件加以操纵的情况下进行观察、分析和研究的。

(3)干扰变量和无关变量的控制。实验研究中对实验变量与效果变量关系的探求往往受到其他一些因素的干扰。例如研究人员要研究"声肥"能否促进农作物生长的问题,他要做比较实验。为了突

出"声肥"这个因素与农作物生长这个因素的关系,他要控制其他一些因素的影响。也就是说,除了一类农作物有"声肥"作用而另一类农作物没有"声肥"作用外,其他所有的因素都应当相同或相近。实验中就要控制这些无关的因素或干扰因素的作用。

在物理学教育实验研究中也是这样。例如要研究某种教学方法对学习物理的效果的关系,但是学生的情绪、健康、动机等因素都会影响实验的结果。学生的情绪、健康、动机等就是一些干扰变量。又例如比较三种教学方法的教学效果,参加的是同年级的三个班,显然,三个班的实验前知识能力水平的差异,教师的热情与否、教学才能、年龄等因素都会对实验结果产生影响。学生原先的知识能力水平差异、教师的热情与否、教学才能、年龄等是一些无关变量。如果这些无关变量单方面作用于实验对象,就会对实验研究的实验变量和效果变量的关系产生干扰。

因此,要对研究过程中涉及的各种变量作出分析和控制,把复杂的条件简化成若干单独的因素,使自变量和因变量的关系不受干扰地以相对纯的形态呈现出来,以利于认识和研究实验变量与效果变量的逻辑关系。

4.实验类论文的一般结构

实验类论文的结构一般如下:

(1)引言。实验类论文的引言需阐明:问题的提出,实验的目的,选题的依据,课题的作用,实验的对象,实验的时间和实验的方法,国内外这一方面的研究成果、现状、问题和趋势,该项研究所要解决的问题以及理论的框架等。

(2)正文。实验类论文的正文一般阐明实验研究所使用的方法,也就是要说明实验是在什么条件下,通过什么方法,根据什么事实得出实验结论的。它主要包括:

研究课题的主要概念;

实验的条件、样本的含量、取样方法;

实验的设计、实验变量和效果变量的关系、无关变量和干扰变量

的控制；

实验的过程和步骤；

实验数据的收集和分析。

(3)结论。实验类论文的结论须对整个研究作出概括性的总结，对论文的主旨、创造性的成果、研究的展望等，都要作出恰如其分的阐述。

3.3　理论类毕业论文

理论类毕业论文是指毕业生对所学专业范围内的研究课题，通过理论的分析和论证，来阐述自己对研究课题的思想、观点的理论性论文。理论类毕业论文不同于观察类和实验类论文，理论类毕业论文一般是选择物理学理论性的问题作为研究的对象，运用演绎、归纳、类比等推理，对研究问题进行理论的论证，在一般的情况下，并不涉及观察、实验的实践活动。

1.对理论的批判性思索是理论研究的重要源泉

库恩曾阐述了科学理论发展的基本过程：理论正常阶段→理论危机阶段→理论革命阶段→新理论建立。在理论正常阶段，理论被大多数人所接受。然而，在一些事实经验与理论不融洽时，理论就会面临危机。在理论的危机阶段，理论的支持者千方百计要解释这种不融洽，以保护这种理论的生存；理论的批判者却思索新的甚至是革命性的理论，以取代旧的理论。综观物理学史，理论的矛盾激发物理学家有意识的探究的例子比比皆是。例如对光现象的解释，在相当长的时期内，牛顿的微粒说占主导地位，因为微粒说很容易解释光的直线传播现象、光的反射现象。但光的微粒说在解释一束光射到两种媒质分界面处会同时发生反射和折射以及几束光交叉后相遇会彼此毫不妨碍地继续向前传播等现象时，却发生困难，更难以解释光的干涉、衍射等现象。因此，光的波动说得到人们的认同。后来，又由于波动说不能解释光电效应等现象，人们又用光子说去解释这些新的现象，最终融合了光的波动说和粒子说，而认为光具有波粒二象

性。又如在近代物理中,由于电磁学和光学的研究结果与经典物理学的时空理论产生了尖锐的矛盾,促使了人们重新去审视原有的时空观念,去探索新的关于时间、空间和引力的理论,导致相对论的创立。可见,对理论的批判性思索是理论研究的重要源泉。

2．理论类论文的基本特点

(1)科学概括性。理论类论文具有科学概括的特点。在心理学中,概括是指从某些具有相同属性的事物中,抽取出共有的本质属性,再推广到具有这些相同属性的一切事物中,形成这类事物的普遍概念的一种思维。概括就是把分析、比较、抽象的结果加以综合,形成概念的过程。所谓理论类论文的科学概括性,就是指论文内容是通过把被研究事物的共同特性和本质特征抽取出来加以理论概括,或者能够将多次感知到的事物之间的联系和关系加以概括,得出有关事物内在联系的结论。一切科学概念、规律和理论都是思维概括的结果,是人脑对客观事物的一种概括性反应。物理学理论类论文也反映了这一个特点。

(2)严密逻辑性。理论类论文具有严密逻辑性的特点。它要以严密的逻辑、充足的理由来进行理论推导、逻辑论证,来证明自己的观点。理论类论文在阐述时,要遵守逻辑规则。这些逻辑法则主要是同一律、矛盾律、排中律和充足理由律。同一律要求在同一思维过程中,每个概念和判断必须具有确定的同一内容,也就是使用的概念和判断应当针对同一对象,并在同一时间内和同一关系下进行。遵守同一律,使思维具有确定性。矛盾律要求在同一思维过程中,对同一对象,在同一时间和同一关系下所作的两个相反判断不能同时为真,其中必有一假。遵守矛盾律,使思维保持一贯性,即不互相矛盾。排中律要求在同一思维过程中,对同一对象,在同一时间和同一思维过程中,必须两者择一,断定一个为真。遵守排中律,使思维消除是非之间的"两不可"。充足理由律要求思维在判断或推理论证时,必须要有充分的根据,也就是说,在解决问题时,必须以条件和结论的必然联系为基础,找出充足的理由,作为论证的根据,没有根据的判

断或迷信或偏见都会使推理发生谬误或使问题陷入不能解决的困境。可见,理论类论文无论在论文结构的安排上,还是在论证的过程中,都要求严谨无隙、有条有理、环环紧扣、体系完整。理论类论文无论在论文主题与各个大小标题之间,还是段落与整体之间,段落与段落之间,都要体现出严密的逻辑性。

(3)一定的理论性。理论类论文要阐明某个理论,而理论具有一个最基本的特点,那就是人们对客观事物的理性认识。这种理性认识要反映在一定的条件下和一定的范畴内,人们对客观事物"真"的、全面的、合逻辑的认识。理论的另一个特点是它具有一个相对完整的体系,而不是零碎的认识或者是简单的堆砌。理论类的毕业论文不仅要具有这些特点,而且还要在理论上体现新颖性,即应当在科学发现的水平上,具有新的内容、新的形式和新的方法等。在作用上要有高成效性,即应当显示较大的理论作用,能对物理学有关的理论和实践有一定的意义。在理论与实践的关系上能够经得起实践的检验,其他研究人员容易理解和接受,并能学习、借鉴和行之有效。在理论的发展性上,要能在一定的条件下,一定的范围内,用理论有效地预测事物。

3.理论类论文一般研究的问题有以下几种:

(1)纯粹的理论问题。例如关于两种媒体的界面的电磁波问题:在一定的条件下,两种媒体的界面可以存在所谓的表面电磁波。这种电磁波在垂直界面方向迅速衰减,而在平行于界面方向却以类似波的方式运动。对这个问题,大多数电磁学教材都没有讨论。因此,可以试从有关的电磁学理论及麦克斯韦方程进行探讨,从理论上研究表面电磁波存在的一般条件和性质。

(2)从已有理论中进行挖掘或引申的问题。例如电磁学理论中,利用圆的特殊对称性,求出了圆形物体的电磁场,但是对其他形状如椭圆形物体所具有的电磁场却很少讨论。因此,可以运用相关的理论和数学知识进行研究。

(3)对已有理论问题的不同观点。例如关于"地球两极、赤道和

内部的重力加速度"问题：地球赤道的重力加速度值约为 $g_e = 978.0$ 厘米／秒^2，两极处的重力加速度值约为 $g_p = 983.2$ 厘米／秒^2。两者数值差约为 $g_p - g_e = 5.2$ 厘米／秒^2。对这个差值，有些人作了解释：一是由于地球的自转，赤道处存在一个较大的离心力；二是地球不是真正的球形，而是椭球形，在两极处略为扁平。有人认为，在这两个原因中，第一个原因是正确的，但对第二个原因有不同的观点。为此，要从理论上来论证和阐明。

（4）对已有理论的新论证。包括物理概念、定理、定律、原理等新的理论论证，阐明它的意义、作用、局限。例如对"互感系数 $M_{21} = M_{12}$"的证明，在普通物理学中，通常都是计算两回路的磁能，根据磁能与建立两回路电流的先后次序无关，从而得出 $M_{21}I_1I_2 = M_{12}I_2I_1$ 而得证的。也可以利用磁场的矢势 A 来表示两回路的互感磁通量，从而证得 $M_{21} = M_{12}$。也可以用另外新的方法来论证 $M_{21} = M_{12}$。

4.理论类论文的一般结构

理论类论文的一般结构如下：

（1）引言。理论类论文的引言要阐明研究的缘由、研究目的和意义、本问题研究的历史与现有情况及最新发展动向、论文的基本论点、研究的简要框图、预期的结果等。

（2）正文。理论类论文的正文要对论文的论点进行科学的逻辑论证。要通过理论推导和理论分析，阐明自己的思想、理论、观点等，并运用充分的论据，对论点进行严密的符合科学性的逻辑论证。

（3）结论。对整个研究作出概括性的总结，对论文的主旨、创造性的成果、研究的展望、存在的问题等，都要作出简明的阐述。

3.4　评述类毕业论文

评述类毕业论文是毕业生根据所学专业的基本知识、基本原理以及一定的价值理念，对特定时期的某一学科的研究成果、理论发展、学科沿革、科技走向等问题，进行综合性叙述和评论的论文。评述类论文要全面收集与所研究课题相关的国内外文献，并对它们进

行分析、综合、比较、抽象、概括,对研究课题的研究状况进行客观的描述,并有理有据地提出自己的观点。

评述类毕业论文是科技评述中的一大类别,科技评述根据研究内容的广度,可分为综合性评述和专业性评述两大类;根据所研究的内容的对象,科技评述可分为文献评述、讨论评述和会议评述三大类。科技评述是总结科技研究成果,汲取世界最新科技成就和科学思想,提出有关研究问题的重要手段,具有系统检索、提供信息、借鉴经验、咨询参考、发现课题等多种功能和作用。

1. 评述类论文的作用

大学生参与评述性课题的研究,可以进一步理解所学专业的基础理论,拓宽所学的知识范畴,掌握本专业某重大课题的已有成果、发展现状、研究水平、发展走向。学生通过评述类论文的写作,可以学到系统总结研究的基本方法、基本能力,特别是批判的能力。

例如,若要对物理学发展中"思想实验"的问题进行综合性的评述研究,必须收集物理学发展史上运用"思想实验"的主要的研究实例,并对这些"思想实验"的背景、"实验"的步骤、特点和局限等进行理性的思维加工,对"物理学思想实验"的起源、涵义、作用、局限等提出自己独特的看法。

又如,若要选择"计算机在物理学教学中应用综述"课题,作为计算机教学应用的一个方面,计算机在物理学教学中的应用发展很快,其应用也有一些不同的模式。为此,必须广泛地收集国内外的有关资料,对国内外计算机物理学教学应用的状况作出描述,分析计算机物理学教学应用的各种方式及优缺点,并提出计算机物理学教学应用发展的可能走向。

2. 评述类论文的特点

评述类论文主要有下列特点:

(1)综合性。评述类论文的特点反映在其评述要以综合为基础,它首先要根据研究的课题,系统全面地收集国内外相关的资料与信息,并通过资料的阅读、记录、分类、鉴别、分析、综合、比较、抽象、概

括、系统化等整理和加工手段,客观准确地将研究课题的已有研究成果、研究现状、研究问题、研究发展走向等情况描述出来。在此基础上,作者对研究课题的相关问题加以评述,提出自己有新意的见解。显然,在评述类课题的研究中,收集全面的完整的资料是成功的前提。收集的这种资料既要有纵向资料,又要有横向资料。所谓纵向资料就是从历史发展的维度上全面系统地收集的相关的资料;所谓横向资料就是全面系统地收集的国内外主要的相关研究情况及发展趋势等资料。评述类论文的研究惟有在充分占有资料的基础上,才能客观地准确地进行评述。否则的话,仅有一点零碎的材料,是不可能作出科学的有说服力的评述的。

(2)评论性。评述类毕业论文的特点反映在其既述又评上。研究论文的创新性,在评述类论文中体现在作者对研究课题已有的研究成果、研究的现状、研究的问题、研究发展走向等提出独特的见解。作者不仅要对与课题相关的问题的过去和现在作出实事求是的描述,而且要对它们的将来发展作出有根据的预测;不仅要对课题主要的研究状况作出介绍,而且要对课题研究的目的、研究的方法、研究的内容、研究的手段、研究的评价等,提出自己的看法;不仅要介绍研究课题已有的研究成果、研究方法的优点,而且要分析出已有研究的不足之处以及存在的问题,并提出合理化建议。可以说,评述类论文是作者在广泛收集资料进行整理加工的基础上对研究课题进行的客观叙述和科学评论。

(3)浓缩性。评述类论文是在广泛收集资料并整理加工的基础上对研究课题进行客观的叙述和科学的评论的。由于收集的资料非常多,一般要经过资料的整理、核对、挑选和汇总等过程。核对就是对收集资料的真伪及准确与否进行查对核实,并鉴定资料是否充分。挑选就是对收集的资料进行选择。对解决问题有用的、正确的资料,要妥善地保存下来,以便研究时应用;错误的或不适用的资料,就要淘汰。汇总是将分散的资料加以分类,然后将同类的资料归类在一起。经过汇总,才能对资料分析研究。因此,真正用于评述类论文的

资料是经过作者加工过的浓缩性资料。也就是说,评述类论文应当是在摒弃了非本质的非主要的资料的基础上,综合了大量原始资料的精华,描述的事实确凿可靠,方法科学,分析严谨,结论客观。因此,在写作评述类论文时,应当注意运用科学的思维方法对收集并经过整理的资料,去伪存真,由表及里,形成对研究问题的理性认识。

3.评述类论文的一般结构

评述类论文的一般结构如下:

(1)引言。引言要阐明评述问题的缘由、研究目的和意义、评述材料的来源、评述的方法、评述适用的范畴等。

(2)正文。正文一般要从纵向阐明历史上该研究问题的发展状况和在一定阶段该研究问题的实质、特点、意义,同时也要从横向阐明同一时期的各国、各地区对该课题研究的成就、水平和发展特点;同时还应阐明各国、各地区、各流派对该问题在理论与观点上的类同之处,并指出他们的主要分歧及尚待解决的问题;还要对该问题研究的发展趋向、影响因素、经济效益等作出预测。从而在这些工作的基础上,提出对相应问题的建议或观点。

(3)结论。结论是对整个评述作出概括性的总结。即对论文的主旨、研究的展望和注意的问题等做出既是概括性的又是加深性的阐述。

3.5　教育类毕业论文

物理学毕业论文中另一类是物理学教育类论文。这是指大学生综合运用所学物理学教育专业的理论、知识、技能和能力,分析和解决物理学教育问题,进行独立的研究,并把研究成果撰写成文。同样,这种研究也是具有一定系统性的学术研究。根据不同的分类标准,这种论文也有不同的分类。根据物理学教育的特点,可以将物理学教育类毕业论文分为物理学教育理论类毕业论文、物理学教育应用类毕业论文和物理学教育开发类毕业论文等。

一、物理学教育理论类毕业论文

1.物理学教育理论类毕业论文的涵义

所谓物理学教育理论研究,是从理论上研究物理学教育的基础理论问题,如物理学教育的指导思想、物理学教育的目的任务、物理教学原则、物理课程编订和教材编写的思想和原则以及物理学教育在基础教育中的地位、作用等问题。基础理论研究的特点是探索面广、研究的因素多、研究的层次深、研究的周期较长。典型的课题如:

中学物理学教育的目的和任务的研究;

中学物理学素质教育指导思想的研究;

中学物理学课程编订指导思想的研究;

高、初中物理学教育目标分类的研究;

中学物理学教材编写原则的研究;

中学物理学教学原则的研究;

高、初中学生物理学学习心理的研究;

高、初中物理学教育中德育的研究;

高、初中物理学教育中能力培养的理论研究。

物理学教育理论类论文是在深入学习已有的教育理论基础上,通过广泛地收集资料并进行合乎逻辑的理性分析,揭示某一研究问题的实质,初步提出物理学教育的科学假设,通过有关理论和实践论证,提出具有创新性的教育理论。

2.物理学教育理论类毕业论文要求

物理学教育理论类毕业论文要反映科学理论本质,如理论的客观性——它能反映不以人的主观意志为转移的物理学教育客观规律;理论的全面性——它必须完整地反映物理学教育的规律和特点;理论的系统性——它的各部分不是简单的堆砌,而是按其内在联系组成体系;理论的逻辑性——有明确的论点、正确的推理以及严密的逻辑论证,它能够解释物理学教育的现象和事实,并能预见物理学教育的发展与变化。

物理学教育理论类毕业论文要阐明如下问题:教育的思想、理

念、价值观等理论性的问题,理论与实践的内在联系(论点与论据)问题,理论对教育实践的意义、作用和局限性等问题。物理学教育理论类毕业论文从形式上看,也离不开具体的实践经验,但论文本身往往较少涉及具体教育活动,而较注重阐述理论性和普遍规律性。

二、物理学教育应用类毕业论文

1. 物理学教育应用类毕业论文的涵义

所谓物理学教育应用研究,是指注重研究物理学教育中的具体问题,包括教学内容、教学形式、教学方法等问题,以及探索如何将基础理论研究的成果应用到教学实践中去。应用研究的特点是实践性强,比较实用。这类研究不仅有利于提高中学物理的教育质量,也有利于理论研究成果的检验与深化。对于参加过一定教育理论和教学法学习及教育实习的大学生来说,参加这一领域的研究是适宜的。典型的课题如:

高、初中物理学具体章节教学目标的研究;

高、初中物理学教材体系和结构的研究;

高、初中物理学教学方法的研究;

高、初中物理学实验教学的研究;

高、初中物理学概念教学的研究;

高、初中物理学规律教学的研究;

高、初中物理学教育测量与评估的研究;

高、初中物理学探究性教学的研究;

高、初中物理学课外活动的研究;

高、初中物理学复习方法的研究;

高、初中物理学考试命题工作的研究。

物理学教育应用类研究就是将教育理论、心理学理论和教学法理论运用到物理学教育研究中去的过程。被应用的理论是公认为正确的理论,应用的过程实际上就成了有关教育理论与自我经验不断整合的过程。物理学教育类毕业论文的许多研究课题,如"中学生学习物理思维障碍及对策研究"、"中学物理教学思维定势的研究"、"物

理教学注意规律的理论及其运用"、"感知觉规律在物理教学中的应用"等，都属于这类课题。

2. 物理学教育应用类毕业论文要求

物理学教育应用研究的主要方法是：学习相关理论——构思应用理论或在实践中应用理论——总结经验或理论。其中要注意：

(1)领会相关理论的实质

要有效进行应用类研究，要求学习并掌握教育学、心理学、教学法等有关理论，并能正确理解它们的基本精神。例如，要研究物理教学中的迁移能力问题，首先应全面领会迁移的心理学理论。迁移是教育心理学中的一个重要问题，所谓迁移，就是已经掌握的知识在新情况下的应用，即已有经验对新课题学习的影响。迁移分为两类：一类叫正迁移，表现为已有经验对新课题的学习起促进作用。另一类叫负迁移，表现为已有经验对新课题的学习起干扰作用。如果研究人员没有掌握心理学中迁移的理论，就无从把心理学的迁移理论运用到物理教学中进行研究。

(2)切合教学实践

应用类研究应该切合教学实践，并根据研究的课题对理论作出必要的调整，不能生搬硬套。例如应用教育心理学中迁移的理论来研究物理教学迁移问题，要根据物理教学的特点，思索下列若干问题：影响学生学习的迁移现象的主要原因是什么？有些什么规律？如何避免负迁移和培养学生正迁移能力？研究人员可根据物理学教育的特点，把研究的课题分解为"物理学习负迁移现象研究"、"物理学习中影响迁移的原因"、"物理教学迁移能力的培养"等课题。

(3)注意应用研究的创新性

物理学教育应用研究通常是一般教育原理在物理学教育中的演绎。研究推出的结论一般并不超出前提（即一般原理）的知识范围，但是可以使前提中所包含的较为模糊的知识得以展开和明晰，使得一些尽管理所当然、但还不为人知的道理被揭示出来。从这个意义上讲，这也是一种创新。

物理学教育应用研究最常见的形式是将教育学、心理学的基本理论和最新成果应用到物理学教育中去,探索它们在物理学教育这个特殊领域中的结论。在这一研究中,应注意研究方法、手段、结果的创新,甚至是理论的创新。

三、物理学教育开发类毕业论文

1.物理学教育开发类毕业论文的涵义

所谓物理学教育开发类毕业论文是指在物理学教育理论的指导下,对物理学教育手段进行研制开发。撰写这种论文要进行物理教学仪器、装备、教具、学具、教学视听材料、计算机辅助教学软硬件的研制。这种开发研究经验性强,实用性也强,要求大学生有较强的手脑并用能力。典型的课题如:

中学物理学实验仪器改进的研究;

高、初中物理学实验组合仪器的研究;

高、初中物理学教具的研究;

高、初中物理学学具的研究;

高、初中计算机辅助物理学教学软、硬件的研究。

可见,物理学教育开发研究要通过理论的指导,研制新的教学手段(包括对已有的教学手段的革新),研究如何运用于教学并促进教学。

2.物理学教育开发类论文要求

(1)开发类毕业论文要注重理论的指导

物理学教育开发类毕业论文要进行物理学教育手段的研制,这种研制是受教育理论或教育思想制约的。因为,只有在先进和正确的教育理论或思想或经验的指导下,才能研制出符合教育规律,吻合学生认识特点的教学手段,才能正确地运用于教学,促进物理学教育。例如,在物理学教学中运用多媒体手段的研究是近年来开发研究的热点,但是有些软件却没有受到学生的欢迎,也未能受到广大教师的好评,也自然不能在教学中推广运用。原因之一是这些软件本身不符合教育和教学法的要求,有的甚至违背教育的基本规律。产

生这种现象有诸多的原因,但主要原因是软件的开发研究缺乏教育理论和教学法理论的指导。严格来说,物理学教学手段的开发研究只有在教育理论或先进的教育经验的指导下,注重教育手段创新和改进,并探求其在教学中的运用与教学效果的关系,才可以称为一种教育研究。

(2)开发类毕业论文要具有实践性

开发类毕业论文要具有实践性,其原因是:第一,开发研究的问题一般是要从教育实践和经验中挖掘出来的。只有在教育实践中,发现某些物理实验的缺点或某些教学手段的缺陷,才会发现需要研制新的教学手段的问题,才会产生要进行研究的初步想法。第二,开发研究要求大学生具有较强的动手能力。一个大学生对物理实验及器材、物理学教具和学具、物理视听材料、计算机辅助教学软硬件的研制,除了具备相应的理论知识外,还要有较强的动手操作技能,否则难以有效地进行研究。

3.6　物理学毕业论文参考题目列举

(1)基于 MATLAB 的数字信号处理实验系统;

(2)各向异性体中热波分布的三维理论模型;

(3)圆柱体在水平面上的滚动原理及其应用;

(4)惯性力及其应用;

(5)计数器设计的新方法;

(6)反物质星系存在之考证;

(7)静电场中移入介质的相互作用能;

(8)基于 Web 网上实验数据的传输;

(9)原子光谱中外磁场强弱的分析及量级估算;

(10)粘滞性对液体运动的影响;

(11)基于建构主义的物理教学设计;

(12)结晶的热力学过程分析;

(13)论高速运动球体的视觉形象;

(14)太阳对地球的影响；

(15)温度自动检测电路的设计及优化；

(16)用计算机描绘液体表面的母线；

(17)电子隧道的量子电流输送；

(18)任意形状孤立带电导体环的线电荷分布；

(19)熵及其在电磁学中的应用；

(20)碱金属原子核质量亏损规律及其实质；

(21)概念图在物理学教学中的应用；

(22)物理学教学评价多元化的探讨；

(23)中学物理学学习策略；

(24)信息技术与物理学教学整合研究；

(25)多媒体技术在物理学教学中的应用；

(26)物理学课程目标的沿革与分析；

(27)物理学反思性教学之探讨；

(28)中学物理学探究式教学模式；

(29)霓虹的偏振；

(30)厚反射镜的基点及光心。

§4 物理学毕业论文范文

4.1 范文1:光控照明灯的原理及其制作

点评:"光控照明灯的原理及制作"课题是采用理论、实验设计与制作相结合的方法进行研究的。作者首先对光控照明灯的器件的原理进行了理论分析,然后设计出光控照明灯的电路图,并实际制作了光控照明灯。该光控照明灯的电路图是作者独立设计出来的,简单方便;从研制实物测试结果来看,该设计电路具有功耗低、抗干扰强、适应面广、体积小的特点。若进一步完善,该设计与制作具有应用价值。

光控照明灯的原理及其制作

周洪力

（浙江师范大学数理学院物理本科 993 班）

指导教师　虞献文

摘要　本文阐述了光敏电阻和热动继电器的工作原理,详细介绍了光控照明灯的电路设计、安装和调试,也介绍了该电路具有回差功能的优点,以及它的应用前景。

关键词:光敏电阻;双金属片;热动继电器;照明控制继电器

光控照明灯的制作主要是利用半导体光电器件——光敏电阻的特性制作而成的。半导体光电器件是随着半导体物理学和半导体工艺学的发展而产生和发展的。1839 年培克雷尔发现了光生伏特效应,1883 年夫利兹制作了第一个硒光伏特电池,以后随着半导体光电效应的研究又制出了光敏电阻和其他探测器。1914 年奥勒制出了第一个单晶硅光电池。到了 20 世纪 50 年代,在发展半导体器件工艺的同时,研制了光电二极管和以后的光电晶体管。半导体光电器件经过了一个多世纪的发展,现在已经广泛应用于国民经济、军事、科学技术等各个部门。在工业自动化、自动控制等方面,光敏电阻、光电池、光电二极管等器件的应用有重要地位。利用红外光电器件的红外探测、跟踪、遥感和红外成像等技术,在军事上有重要意义。太阳电池为宇宙航行、空间技术提供了可靠的长期能源;此外,随着地球上石油、煤等能源的大量消耗,太阳能的利用已提到了议事日程,现在已得到了广泛的重视。总之,半导体光电器件在现代科学技术发展中占有重要的地位。

下面就一种半导体光电器件——光敏电阻作一介绍。

物体在光的作用下释放出电子的现象称为光电效应。所释放出的电子称为光电子。光电效应分为内光电效应和外光电效应。入射

光子使吸收光的物质表面发射电子,这种效应称为外光电效应或光电发射效应。光激发的载流子仍保留在晶体内部称为内光电效应,它又可分为光导效应和光伏效应。有些半导体材料在黑暗环境下电阻很大,但受到光照射时,若光子的能量大于半导体材料的禁带宽度,则价带中的电子吸收光子的能量后就会跃迁到导带,从束缚状态变成自由状态,激发出电子—空穴对,使半导体中载流子浓度增加,从而增加了导电性,使电阻值减小。照射光线愈强,电阻值下降愈多,光照停止,自由电子与空穴逐步复合,电阻又恢复原来值。这就是光电导效应。根据这一原理制成的器件称为光敏电阻。

光敏电阻没有极性,使用时在电阻两端加直流或交流偏压。光敏电阻不受光照射的电阻称为暗电阻,此时流过的电流称为暗电流。受光照射的电阻称为亮电阻,对应的电流称为亮电流。亮电流与暗电流之差称光电流。光电流越大,灵敏度越高。

1. 光敏电阻的结构及种类

光敏电阻是利用半导体材料制成的。最简单的光敏电阻的原理图和符号如图1所示。它由一块涂在绝缘板上的光电导体薄膜和两个电极所构成。当加上一定电压后,产生载流子在电场的作用下沿一定的方向,即在电路中产生电流,这就达到了光电转换的目的。

因为吸收光子的能量而产生的载流子只限于光敏电阻的表面层内,所以要提高光电导灵敏度,光电导体薄膜的厚度越薄越好,一般光敏电阻都制成薄层结构。光敏电阻的基本结构有梳状式、涂膜式、刻线式。图2为光敏电阻的结构示意图。

光敏电阻按照它的光谱特性及最佳工作波长范围,基本上可以分为三类:对紫外光灵敏的光敏电阻,如硫化镉和硒化镉等;对可见光灵敏的光敏电阻,如硒化镉、硫化铊和硫化镉等;对红外光灵敏的光敏电阻,如硫化铅、碲化铅、硒化铅和锑化铟等。

2. 光敏电阻的基本工作原理

我们用图1的电路来测量电流。当光敏电阻无光照射时,测得有微小电流通过,这种电流称为暗电流(I_{DK})。暗电流是在室温条件下

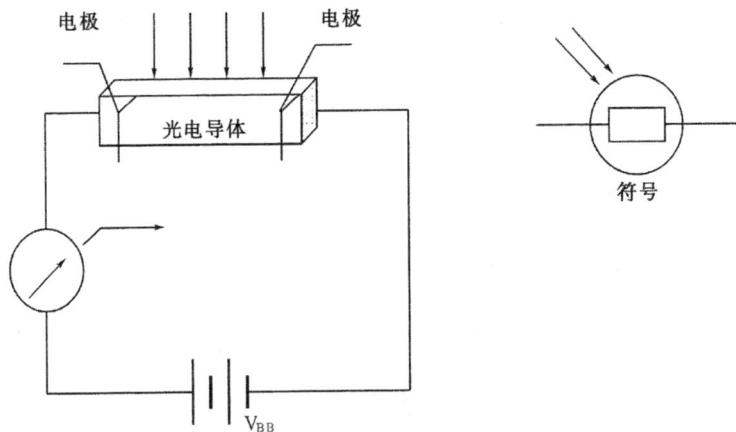

图 1 光敏电阻的原理图及符号

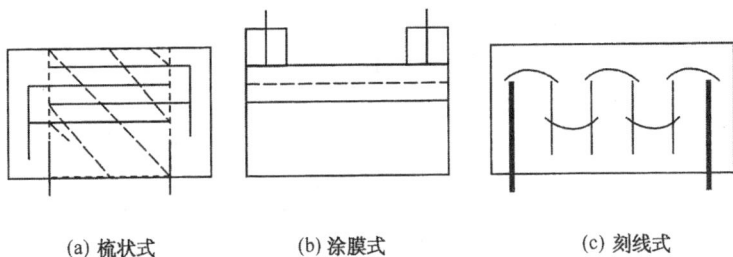

(a) 梳状式　　　(b) 涂膜式　　　(c) 刻线式

图 2 光敏电阻结构示意图

热激发载流子而形成的电流。当有光照射时，测得某一电流值，称为亮电流(I_{LT})。由于光照而产生的光电流(I_φ)应等于电流的增加值，即

$$I_\varphi = I_{LT} - I_{DK} \qquad (2-1)$$

一般暗电流很小，有时可以忽略。

光电流 I_φ 与外加直流电压 V 和入射照度 E 的关系，可以用下式表示

$$I_\varphi = SgV^\alpha E^\beta \qquad (2-2)$$

式中 Sg 是光电导灵敏度，它与材料特性有关；α 是电压指数，与电压

值大小有关,一般在工作电压范围内 α 近似为 1; β 是照度指数,其在弱光时为 1,在强光时为 0.5. 当所加的电压一定时,光电流与照度曲线如图 3 所示。

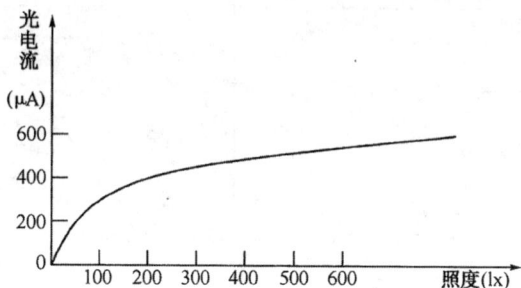

图 3　光电流-照度特性曲线

从曲线可以看出,在强光照射下,光电流与照度成非线性关系,而在弱光照射下则近似成线性关系,即

$$I_\varphi = SgV \cdot E \tag{2-3}$$

因为光敏电阻的电导为

$$g = I_\varphi / V \tag{2-4}$$

$$g = Sg \cdot E \tag{2-5}$$

若考虑暗电导所产生的电流,流过光敏电阻的电流

$$I_{LT} = I_\varphi + I_{DK} = gV + g_0 V \tag{2-6}$$

在光电技术中入射光大都为弱光信号,所以,式(2-3)、式(2-5)和式(2-6)是光敏电阻电路计算的基本公式。通常采用光电导计算比用光电阻计算方便得多,因为 $\varphi = AgE$,通量 φ 与照度 E 只差光敏面积 Ag,所以,当光敏电阻的入射光采用通量单位时,电路计算基本公式的形式与式(2-3)、式(2-5)和式(2-6)相同,只是将 E 换为 φ 和光电导灵敏度 Sg 所采用的单位不同而已。光电导灵敏度 Sg 的表示式为

$$Sg = \mathrm{d}g/\mathrm{d}E \quad 或 \quad Sg = \mathrm{d}g/\mathrm{d}\varphi \tag{2-7}$$

电导的单位为 S(西门子)。所以,光电导灵敏度 Sg 用光度量单

位时,其单位为 S/lm 或 S/lx。用辐射单位时为 S/μW 或 S/μW·cm^{-2}。光敏电阻载弱光照射时,Sg 值近似为一常数,即光电导 g 与照度 E(或通量 φ)是线性关系。图 4 为硫化镉光敏电阻在不同光照下得到的伏安特性曲线。

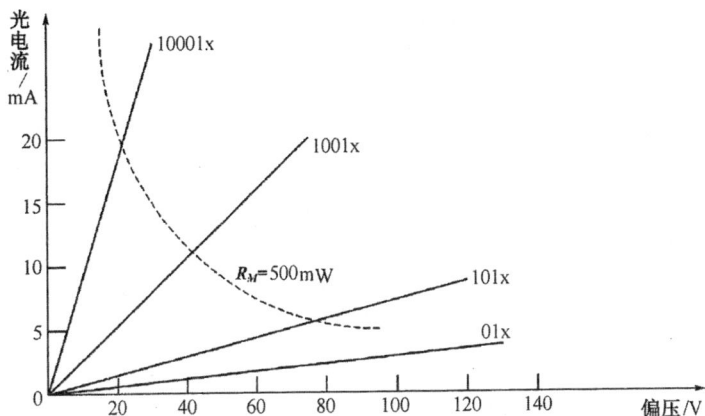

图 4　硫化镉的伏安特性曲线

3.照明控制继电器

下面我们重点介绍一下照明控制继电器:照明控制继电器俗称光控开关,是一种根据环境亮度变化能够自动接通或切断电源的装置。照明控制继电器广泛使用于户外照明,例如街道上的路灯。现有的照明控制继电器基本沿用两种方法。

一种是利用光敏元件(光敏电阻、光敏二极管等),经过电子线路驱动电磁继电器工作,实现接通或切断电源。这种方法的优点是工作可靠,控制功率大,过载能力好。缺点是成本高,体积很大,装置本身要消耗较大的功率。

另一种是利用光敏元件(光敏电阻、光敏二极管等),经过电子线路驱动双向可控硅工作,实现接通或切断电源。这种方法的优点是体积小,缺点是工作可靠性差、过载能力差、成本高,不适合控制大功率的感性负载,如高压汞灯和高压钠灯。

　　我们设计的照明控制继电器采用专用设计的热动继电器作为执行机构,其特点是体积小、功耗极低、过载能力强、成本低,适用于各种负载的光控电路(开关),电路原理图如图5所示:

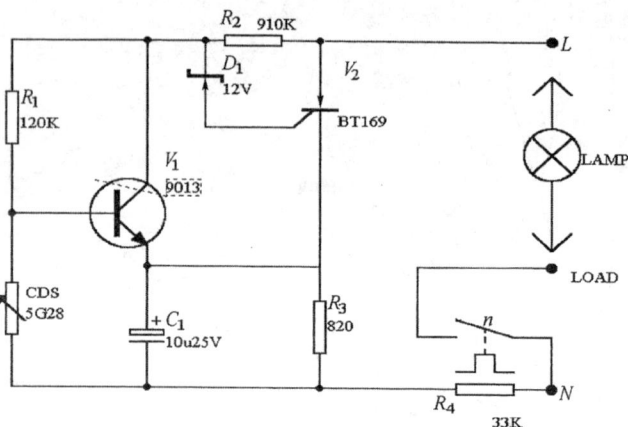

图5　光控灯电路图

　　该照明控制继电器有三个接线端,L 连接火线,N 连接零线,LOAD 连接负载。我们所选用的可控硅 BT169 为单向可控硅,它的参数为 $1000V_1A$。在负半周时(L 为负电压,N 为正电压)单向可控硅 V_2 不会导通。本电路不工作,基本不消耗电能。

　　当在正半周的时候(L 为正电压,N 为负电压):当环境亮度较亮,光敏电阻 CDS 电阻很小,V_1 处于截止状态,稳压管 D_1 被击穿,单向可控硅 V_2 导通。电流经过 R_3、R_4,由于 $R_4 \gg R_3$,忽略 V_2、R_3 的压降,可以认为 220V 半波电压全部作用在 R_4 两端。其消耗的功率 $P = 0.5UU/R_4$,式中 0.5 表示半波,$P = 0.5 \times 220 \times 220/33000 = 0.733(W)$。这些电能在 R_4 上转化为热能,传递给紧连 R_4 的双金属片,经过时间的积累,双金属片由于温度升高而发生弯曲,推动银触头分离,关闭照明电路。

　　正半周,当环境亮度变暗,CDS 电阻变大,V_1 基极电压升高使得 V_1 导通 → D_1 截止 → V_2 截止 → R_4 没有电流 → 双金属片由于温度下

降而恢复原来形状→银触头闭合。由于照明控制继电器控制的对象是照明电路,必须解决一个使用中发生的特有问题:当环境暗,电路自动接通照明电路后,环境由于灯的照明变亮,电路又会自动切断照明电路,导致整个系统处于照明－熄灭的振荡中。我们在可控硅 V_2 的回路中串联 R_3,当可控硅 V_2 导通时(当前环境亮,V_1 截止,R_4 发热,灯灭),R_3 上有一个压降,该压降可计算得出为 1.5V,将此电压加到晶体管 V_1 的发射极,使得晶体管 V_1 更加截止。要使可控硅 V_2 改变工作状态进入截止,必须使晶体管 V_1 的基极有一个更高的电压,同样可以计算得出 V_1 基极所需的电压为 2.2V。对整个系统来说,很暗环境才接通照明电路(例如 20lx),较亮环境(例如 100lx)才切断照明电路。同时不能够把照明控制继电器安装在照明灯光直射的位置。由于电路是半波工作,为了使 V_1 可靠、稳定地工作,在 R_3 两端并联 C_1,调整 R_3 的大小,可以改变照明控制继电器照明-熄灭的亮度差值。R_3 大可以推出亮度差值大。

4. 本电路的特点:

1)功耗低,在暗环境下几乎不通电,白天整个电路理论消耗的最大功率为 0.73W,实际消耗的功率在 0.5W 以下。

2)抗干扰能力强,由于采用热动继电器,对短暂的干扰不会有反应。如黑夜里的闪电,车辆的灯光。

3)适合于各种照明电器,包括大功率的高压汞灯和高压钠灯。

4)极小的体积。

关于热动继电器:

电路采用的是双金属片热动继电器,可以购买现成超小型45℃温度开关,R_4 必须是功率 0.5W 以上的金属膜电阻,在保证绝缘的前提下紧贴双金属片。为了使其工作可靠,我们使用专门的双金属片热动继电器。

5. 电路的调试:

由于双金属片热动继电器本质上是一个双金属延时继电器,这个微功耗照明控制继电器使用时有明显数分钟的延迟现象,给电路

的调试带来困难。我们的办法:在 R_4 一端串联发光二极管,方向与可控硅一致,当可控硅导通时发光二极管亮。改变环境亮度,二极管能够发生亮灭的跳变。调整 R_1 的大小,可以满足不同的亮度要求。

该光控照明灯可以应用在许多照明设施上,比如路灯。目前社会上所采用的路灯光控设备不但体积庞大,功耗大,而且无法解决光控设备的致命缺点:就是在某个照度下,系统会处于照明 – 熄灭的振荡中,抗干扰能力差。我们所设计的光控照明灯解决了上述缺点,巧妙利用了双金属片,成功引入了"回差"技术,增加了它的抗干扰能力。

6. 结论

以上对光敏电阻和照明控制继电器的特性作了详细的介绍,还深入地研究了光控照明灯的制作原理,分析了该光控照明灯的特点和优点。如果在设计光控照明灯的基础上,再加上用单片机来控制 VT 的导通和延时,当环境变暗时,光敏电阻阻值上升,触发单片机工作,使得 VT 导通,一旦导通可以使电路连续工作 1 ~ 8 小时或者可以自己设定工作时间,那么光控照明灯的工作性能就可以更上一层楼了。

参考文献

(1)[苏] A·B·巴普洛夫. 光电装置. 长沙:国防工业出版社,1981.

(2)王君容,薛召南,等. 光电子器件. 长沙:国防工业出版社,1982.

(3)江月松. 光电技术与实验. 北京:北京理工大学出版社,2000.

(4)赵宏国. 实用电路小丛书——光电电路. 北京:电子工业出版社,1992.

(5)张彤. 光电接收器件及其应用. 北京:高等教育出版社,1987.

4.2　范文 2：光在晶体中的传播

点评：作者用演绎的方法研究了光在晶体中传播的问题，研究方法与他人研究方法有所不同。一般对这个问题的研究是进行定性研究及用惠更斯原理图解说明光线在单轴晶体中所发生的双折射现象。而作者用电磁学麦克斯韦方程组和光学知识进行数学推演，从理论上阐明了光在晶体中发生双折射的实质。其中一些研究内容，如晶体中波法线折射率、晶体内折射光线位置的确定及普遍情况下的折射定律，也具有一定的新意。

光在晶体中的传播

夏　洁

（浙江师范大学数理学院物理本科 982 班）

指导教师　叶美盈

摘要：以平面电磁波为研究对象，对光线在晶体中不发生双折射的特殊方向进行探讨，进一步讨论在单轴晶体和各向同性介质交界面上光线的折射，给出晶体中波法线与光线的折射率的具体形式，并求解出光轴任意取向时非寻常光方向的确定；最后，仍从电磁理论出发讲解了学习过程中常易混淆的两类光轴的区别，并证明了普遍成立的折射定律。从而，对光在晶体中的传播有系统的了解。

关键词：晶体；光线；波法线；非寻常光；光轴；折射角

由于光在各向异性介质中传播规律比较复杂，因而一些光学教程通常只对光的双折射现象作些定性的说明。当介质是单轴晶体时，则着重介绍惠更斯作图法，在晶体光轴与入射面平行的简单情形下，给出 o，e 光线折射方向。本文从理论上解释并推导了普遍情况下光线在晶体中的传播。

一、电磁理论解释

光在媒质的各向异性特征,从光学观点看,是媒质对入射光的作用的反应能力在各个方向有所不同。这个反应是指电荷在光波场作用下所发生的位移。对于光学上各向异性的媒质来说,随着媒质的介电常数不同而方向有所不同。

对于晶体,介电常数为二阶张量

$$\vec{D} = [\varepsilon]\,\vec{E} \tag{1-1}$$

式中:$$[\boldsymbol{\varepsilon}] = \begin{bmatrix} \varepsilon_{11} & \varepsilon_{12} & \varepsilon_{13} \\ \varepsilon_{21} & \varepsilon_{22} & \varepsilon_{23} \\ \varepsilon_{31} & \varepsilon_{32} & \varepsilon_{33} \end{bmatrix} \tag{1-2a}$$

透明无吸收电介质材料的介电张量是对称的,即

$$\varepsilon_{ij} = \varepsilon_{ji}$$

因此,式$(1-2a)$中的独立系数共有六个,一般存在三个主方向,在这些特殊方向上,矢量$\vec{D}$和$\vec{E}$是相互平行的,将其选为坐标轴x,y,z,则

$$[\boldsymbol{\varepsilon}] = \begin{bmatrix} \varepsilon_{11} & 0 & 0 \\ 0 & \varepsilon_{22} & 0 \\ 0 & 0 & \varepsilon_{33} \end{bmatrix} \tag{1-2b}$$

下面从麦克斯韦方程出发,仅就平面电磁波进行讨论:

$$\left.\begin{array}{l} \vec{E} = \vec{E}_0 e^{i(\vec{k}\cdot\vec{r}-\omega t)} \\ \vec{B} = \vec{B}_0 e^{i(\vec{k}\cdot\vec{r}-\omega t)} \end{array}\right\} \tag{1-3}$$

式中$\vec{K}$为传播矢量,ω为圆频率,如图1所示。

波阵面是切于波面的切面,波的传播方向则与此切面垂直。各向同性媒质中,能量传播方向$\vec{S}$与波法线传播方向$\vec{K}$重合;在各向异性介质中,则不然。

设晶体为非磁性,且体内无电流,即$\vec{J}=0$,则:

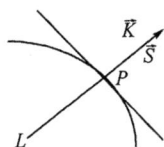

a各向同性介质

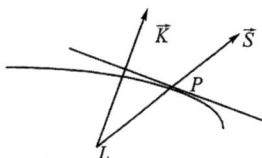

b各向异性介质

图 1

$$\nabla \times \vec{E} = -\frac{\partial \vec{B}}{\partial t} = i\omega\mu_0 \vec{H} = i(\vec{K} \times \vec{E})$$

$$\nabla \times \vec{H} = -\frac{\partial \vec{D}}{\partial t} = -i\omega \vec{D} = i(\vec{K} \times \vec{H})$$
$$(1-4)$$

式 (1 – 4) 表明, $\vec{H}$ 与 $\vec{K}$, $\vec{E}$, $\vec{D}$ 三者垂直, 且 $\vec{D}$ 垂直于 $\vec{K}$, 四者关系如图 2a 所示。

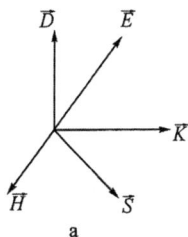

a

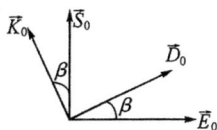

b

图 2

由式 (1 – 4) 可推出

$$\vec{D} = \frac{1}{\mu_0\omega^2}[(\vec{K} \times \vec{E} \times \vec{K})] = \frac{1}{\mu_0\omega^2}[(\vec{K} \cdot \vec{K})\vec{E} - (\vec{K} \cdot \vec{E})\vec{K}]$$

$$= \frac{k^2}{\mu_0\omega^2}[\vec{E} - (\vec{K}_0 \cdot \vec{E})\vec{K}_0] \qquad (1-5)$$

能量传播方向由玻印廷矢量 $\vec{S}$ 确定

$$\vec{S} = \vec{E} \times \vec{H}$$

此时, 相速 v_p 和能量传播速度 v_r

$$v_p = \frac{\omega}{k} = \frac{c}{n_k}$$

$$v_r = \frac{S}{u}$$

且能量密度 $u = \frac{1}{2}(\vec{D} \cdot \vec{E} + \vec{B} \cdot \vec{H}) = \frac{\vec{K} \cdot S}{\omega}$

故 $v_r = \frac{S}{u} = \frac{v_p}{\cos\beta}$

光线折射率定义为 $n_r = \frac{c}{v_r} = \frac{c}{v_p}\cos\beta = n_k\cos\beta \qquad (1-6)$

n_r 是与能量传播相对应的光线折射率，n_k 是与相速相对应的波法线折射率。由图 $2b$ 可见，

$$\vec{D} - \vec{S}(\vec{D} \cdot \vec{E_0})\vec{E_0} = (\vec{D} \cdot \vec{E})\vec{E_0} = \frac{(\vec{D} \cdot \vec{E})\vec{E}}{E^2} = \frac{K^2}{\mu_0\omega^2}\cos^2\beta\,\vec{E}$$
$$(1-7)$$

由式 $(1-5)$、$(1-6)$、$(1-7)$ 可得

$$\left.\begin{array}{l} \vec{E} = \dfrac{\mu_0 c^2}{n_r^2}[\vec{D} - \vec{S_0}(\vec{D} \cdot \vec{S_0})] \\[2ex] \vec{D} = \dfrac{n_k^2}{\mu_0 c^2}[\vec{E} - \vec{K_0}(\vec{K} \cdot \vec{E_0})] \end{array}\right\} \qquad (1-8)$$

把式 $(1-1)$、$(1-2b)$ 代入式 $(1-8)$ $\left\{\begin{array}{l} D_i = \dfrac{S_{i0}(\vec{D} \cdot \vec{S_0})}{1 - \dfrac{n_r^2}{\omega_i}} \\[3ex] E_i = \dfrac{K_{i0}(\vec{K_0} \cdot \vec{E})}{1 - \dfrac{\omega_i}{n_r^2}} \end{array}\right.$

$$(1-9)$$

式中 $i = x, y, z$；S_{i0} 和 K_{i0} 分别表示单位矢量 $\vec{S_0}$ 和 $\vec{K_0}$ 的直角分量。

由式 $(1-9)$ $\vec{D} \cdot \vec{S_0} = \sum D_i S_{i0} = D_i \cdot S_0 \sum \dfrac{S_{i0}^2}{(1 - \dfrac{n_r^2}{\omega_i})}$

这要求 $\displaystyle\sum \frac{S_{i0}^2}{\left(1 - \dfrac{n_r^2}{\omega_i}\right)} = 1$

由各向异性形成的微观原理分析得 $n_i^2 = \omega_i$（主方向折射率）

所以化为 $\displaystyle\sum_i S_{i0}^2\left[\frac{1}{1 - \dfrac{n_r^2}{n_i^2}} - 1\right] = 0$

$$S_{x0}^2(n_r^2 - n_y^2)(n_r^2 - n_z^2) + S_{y0}^2(n_r^2 - n_x^2)(n_r^2 - n_z^2) + S_{z0}^2(n_r^2 - n_x^2)(n_r^2 - n_y^2) = 0 \qquad (1-10)$$

设 $n_z > n_y > n_x$，并引入两个正数 m, n，满足

$$n_x^2 = n_y^2 - m, \quad n_z^2 = n_y^2 + n \qquad (1-11)$$

又引入一个参数 ζ，使得

$$n_r^2 = n_y^2 + \zeta$$

这样，化简式（1-10），并由 $S_{x0}^2 + S_{y0}^2 + S_{z0}^2 = 1$，有：

$$\zeta^2 + (mS_{y0}^2 + mS_{z0}^2 - nS_{y0}^2 - nS_{x0}^2)\zeta - mnS_{y0}^2 = 0$$

用 ζ_1 和 ζ_2 表示其解，则

$$\zeta_1\zeta_2 = -mnS_{y0}^2$$

$$\zeta_1 + \zeta_2 = nS_{y0}^2 + nS_{x0}^2 - mS_{z0}^2 - mS_{y0}^2$$

因 m, n 是正数，ζ 为虚数无意义，所以 ζ_1 和 ζ_2 有相反的符号，特别是沿某一特定方向，$\zeta_1 = \zeta_2$，则它们必须等于 0，

即 $S_{y0} = 0$ 和 $nS_{x0}^2 - mS_{z0}^2 = 0$ $\qquad (1-12)$

沿光线折射率相等的方向，叫做第一类光轴，是对于光线的能量传播而言的，此时，第一类光轴位于 xz 平面内，用 α 表示其与 z 轴所成的角如图 3 所示，则

$$\tan a = \frac{S_{x0}}{S_{z0}} = \pm\sqrt{\frac{m}{n}} = \pm\sqrt{\frac{n_y^2 - n_x^2}{n_z^2 - n_y^2}}$$

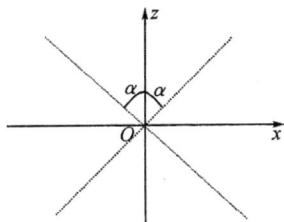

$$(1-13)$$

图 3

沿这两个方向,光线折射率相等,即为双轴晶体。若 $n_x = n_y$ 或 $n_y = n_z$,两光轴重合,为单轴晶体。

二、单轴晶体中光线传播规律

在 $n_x = n_y$ 时,由式(1 – 13)知,光轴沿 z 轴方向。

1. 光线的折射率 n_r

由式(1 – 10)、(1 – 12)得

$$(n_r^2 - n_x^2)\left[S_{x0}^2(n_r^2 - n_z^2) + S_{z0}^2(n_r^2 - n_x^2)\right] = 0$$

$$n_r = n_x \quad 或 \quad n_r = (n_z^2\sin^2\zeta + n_x^2\cos^2\zeta)^{\frac{1}{2}}$$

对于单轴晶体,有两个主折射率,一个是 o 光的折射率,n_0 与光线传播方向无关;另一个是 e 光折射率,它等于光速 C 除以 e 光在垂直于光轴方向传播(即 $\zeta = 90°$)的速度,如图 4 所示

$$\left.\begin{array}{l} n = n_x = n_0 \text{ 寻常光} \\ n_r(\zeta) = (n_e^2\sin^2\zeta + n_0^2\cos^2\zeta)^{\frac{1}{2}} \end{array}\right\} \quad (2-1)$$

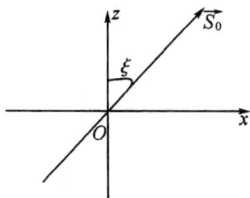

图 4

2. 波法线折射率

同样,由式(1 – 9)可推出类似于式(1 – 10)的关系式(参见图 5):

$$k_{x0}^2 n_x^2(n_k^2 - n_y^2)(n_k^2 - n_z^2) + k_{y0}^2 n_y^2(n_k^2 - n_x^2)(n_k^2 - n_z^2) + k_{z0}^2 n_z^2(n_k^2 - n_x^2)(n_k^2 - n_y^2) = 0 \quad (2-2)$$

此时可推

$$\left.\begin{array}{l} n_k = n_x = n_0 \text{ 寻常光波法线} \\ n_k(\theta) = \left(\dfrac{\sin^2\theta}{n_e^2} + \dfrac{\cos^2\theta}{n_0^2}\right)^{\frac{1}{2}} \text{ 非寻常光波法线} \end{array}\right\}$$

$$(2-3)$$

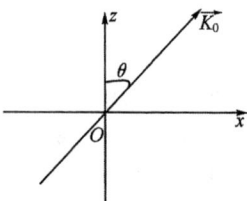

图 5

3. 单轴晶体内折射光线位置的确定

在实验上研究 o 光和 e 光,结果发现,这两个光都是线偏振光,不过它们的电矢量的振动方向不同。o 光是一个电矢量的振动方向垂直于自己的主平面(包含晶体光轴和光线的平面)的线偏振光;e 光则为电矢量的方向在自己的主平面内的线偏振光。

结合式 $(1-4)$ 可知:e 光波法线与晶体光轴、光线共面,如图 6 所示。

由式 $(1-6)$ $n_k^2\cos^2(\zeta-\theta)=n_r^2$

把式 $(2-1)$,$(2-3)$ 的 $n_r(\zeta)$,$n_k(\theta)$ 表达式代入

图 6

$$\tan\zeta=(\frac{n_0^2}{n_e^2})\tan\theta \qquad (2-4)$$

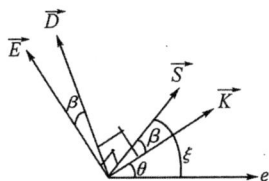

从 e 光的通常定义,e 光线折射不符合折射定律。但折射定律本质上是对波法线而言,对 o 光成立是由于其波法线与光线方向相同。

因此,普遍的折射定律是:折射波法线、入射波法线及界面法线三者共面;波法线与界面法线间夹角的正弦和折射率的乘积在界面两侧是相等的。

即
$$n_k(\theta)\sin v=n\sin i \qquad (2-5)$$

由折射定律:$n_k(\theta)\sin\gamma=\left(\dfrac{\sin\theta}{n_e^2}+\dfrac{\cos\theta}{n_0^2}\right)^{\frac{1}{2}}\sin\gamma=n\sin i$

由几何关系:$\cos\theta=\sin\theta_0\sin(\varphi_0-\gamma)$

联立解得

$$2\gamma=\varphi_0-\arctan(\frac{b}{a}\tan\varphi_0)+\arccos\frac{1-(\frac{2}{n_e^2a})}{\sqrt{\cos^2\varphi_0+\frac{b^2}{a^2}\sin^2\varphi_0}}$$

式中 a,b 分别为

$$\begin{cases} a=\dfrac{1}{n^2\sin^2 i}+(\dfrac{1}{n_e^2}-\dfrac{1}{n_0^2})\sin^2\theta_0 \\[2mm] b=\dfrac{1}{n^2\sin^2 i}-(\dfrac{1}{n_e^2}-\dfrac{1}{n_0^2})\sin^2\theta_0 \end{cases} \qquad (2-6)$$

上式确定了 e 光波法线的方向,也就确定了主平面,再由式(2 - 4)可确定 e 光线的方向。

三、讨论

1. 在第一部分的理论解释中,对双轴晶体求出了第一类光轴的位置,即当光线沿该方向传播时不发生双折射。但从严格意义上来说,该方向是晶体的光线轴,是 e 光波面(椭球)与 o 光波面(球)的四个交点的对角连线方向。如图 7 所示,取其中一截面 xz。

晶体的光轴应该是两个波面的公切面的垂线方向,也称为第二类光轴,沿此方向入射,e 光与 o 光波法线方向重合,但实验上仍观察到双折射现象。第二类光轴位置可由折射率椭球确定,这里进一步用电磁理论进行推导。

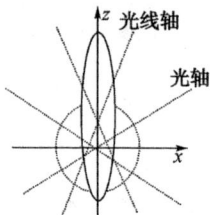

图 7

由式(2 - 2)和式(1 - 11),设 $n_k^2 = n_y^2 + \zeta'$ 则可求出两个特殊方向:

$$k_{y0} n_y = 0 \quad \text{和} \quad n k_{x0}^2 n_x^2 - m k_{z0}^2 n_z^2 = 0$$

则
$$\tan a_0 = \frac{k_{x0}}{k_{z0}} = \pm \frac{n_z}{n_x} \sqrt{\frac{m}{n}} = \pm \frac{n_z}{n_x} \sqrt{\frac{n_y^2 - n_x^2}{n_z^2 - n_y^2}} \tag{3 - 1}$$

比较式(1 - 13)和(2 - 7),可见一般情况下,两类光轴并不重合。但当晶体为单轴晶体时,两者重合为一个方向。因此,研究单轴晶体时,我们简称为光轴,该特殊方向上 o 光、e 光波法线与光线方向均重合。

2. 在确定 e 光波法线中,运用了普遍折射定律,现用惠更斯作图法证明如下:

如图 8 所示,令平面波入射到界面上,在第一媒质中波阵面是 MQ。

在第二媒质中,折射波的两个波阵面是两个平面,这两个平面和第二媒质中的光线面相切并通过入射波波阵面与界面的交线,这个交线的痕迹在图中由 P 点表出。这个交线垂直于入射面,所以折射波的两个波阵面的平面垂直于入射面,因而不管光线面的形状如何,

这两个波阵面平面的法线将永远在入射面上。至于波阵面和光线面的切点，一般不在入射面上，因此折射定律不适用于 e 光线。

　　设以 q_0 代表第一媒质中的光速，而以 q_1 和 q_2 分别表示两折射光线的法线速度，并设在 t 时间内，第二媒质中波阵面到达了 PA 和 PB 的地方，

$$\left. \begin{array}{l} QP = q_0 t = MP\sin i_0 \\ MA = q_1 t = MP\sin i_1 \\ MB = q_2 t = MP\sin i_2 \end{array} \right\}$$

得出：$\dfrac{\sin i_0}{\sin i_1} = \dfrac{q_0}{q_1}$，$\dfrac{\sin i_0}{\sin i_2} = \dfrac{q_0}{q_2}$

图 8

　　可见，折射定律对波法线始终有效，且该讨论对单轴晶体和双轴晶体同样适用。

参考文献

1. 兰斯别尔格.光学:下.北京:高等教育出版社,1957.

2. 母国光,战元龄.光学.北京:人民教育出版社,1979.

3. 于乾鹏.双折射现象的电磁理论解释.物理通报,1984,(6).

4. 许方官.非寻常光的折射定律.大学物理,1996,15(5):22.

5. 麻永杰,张铁强,千庆姬.晶体光学性质折射率椭球分析法.吉林工业大学学报,1993,70(2):44.

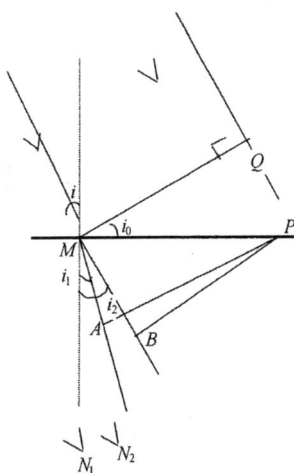

第十三章

化学毕业论文的写作

§1　化学的特点

1.1　发展速度快

化学是自然科学的中心学科之一,是人类认识和改造世界的重要方法和手段。它的研究对象是物质,研究物质组成与结构和性能的关系,研究物质转化的规律和控制手段。

化学与很多的其他学科领域有关,它对农业、电子学、生物学、药学、环境科学、计算机科学、工程学、地质学、物理学、冶金学以及其他的领域,都作出过重大的贡献。因而化学对人类的生存、文化及生活质量都有重大影响,确切地说任何领域都存在着化学,也都离不开化学,化学使人类由饮血茹毛的原始社会走向现代文明社会。

随着社会、经济、科技和文化迅猛发展,现代化学学科的发展已经进入从宏观深入到微观,从定性走向定量,从描述过渡到推理,从静态推进到动态,从平衡态拓展到非平衡态,从体相外延到表相的发展阶段。各种交叉学科的发展,标志着化学学科发展到了一个更高的水平,因而化学学科成为自然科学的中心学科之一。

化学学科的发展速度可从美国化学文摘(CA)年收集论文数和发现新化合物种数这两个统计数字来说明。美国化学文摘自 1907

年创刊以来,年收集论文数从 1907 年的 11847 篇增加到 1997 年的 436887 篇,90 年间增加近 36 倍;发现新化合物的种数,在 20 世纪 50 年代初约为 200 多万种,到 1990 年已突破了 1000 万种,其中 400 万种是在 1985～1990 年的五年间发现的。到目前为止,已发现 1200 多万种新化合物(仅 1995 年就完成了 100 万种新化合物的设计和合成)。

化学学科之所以有这么快的发展速度,其原因是多方面的:

(1)20 世纪以来,化学学科的研究从宏观进入了微观这个新开辟的领域,拓展了发展空间,需要研究的问题越来越多。

(2)各种学科与化学学科互相渗透,产生很多交叉学科,拓宽了研究领域,需要研究的新课题数量猛增。

(3)人类生活各方面的实际需要及生活质量的提高,需要化学帮助人们解决能源、交通、医疗、居住、衣着、环保等生产和生活方面的问题。

(4)计算机技术和激光技术的发展,对化学学科的发展起到了强大的促进作用。由于有了计算机作为辅助手段,使得研究工作简化,同时激光可让化学工作者了解到反应过程中的细节,这样就缩短了研究的周期,大大加快了研究工作的进展。

1.2　交叉学科多

这表现在化学学科自身向纵深发展和化学学科与其他学科的相互交叉、相互渗透。

20 世纪 20 年代以前,化学一级学科分为无机化学、有机化学、分析化学、物理化学四个二级学科。到了 20 年代以后,由于化学学科的发展,化学二级学科又增加了高分子化学与物理、环境化学、放射化学三个学科。这些二级学科之间、二级学科与其他学科之间的相互渗透、相互交叉又形成了许多新的分支学科,如无机化学产生配位化学、有机金属化学、生物无机化学、地质化学、无机固体化学、金属原子族化学、催化化学、光化学、过渡金属化学等分支学科。其中

配位化学即是无机化学与物理化学、有机化学、生物化学、固体物理和环境科学相互渗透、交叉产生的新兴学科。

科学上的新理论、新发明的产生，新的工程技术的出现，经常是在学科的边缘或交叉点上，因此，重视交叉学科将使科学本身向着更深层次和更高水平发展。经过 20 世纪科学的发展和交叉研究，目前又逐渐形成了新的交叉学科，如生命科学、材料科学、环境科学、绿色化学、能源化学、计算化学、纳米化学等。这些交叉学科的产生，将进一步促进化学学科的发展并有助于解决国计民生中的重大社会问题。

1.3　影响范围广

化学与国民经济的关系十分密切，具体表现在农业、能源、环境、石油化工、天然气化工和煤化工、健康与医药、新功能材料、日用化学和精细化工等方面。

随着人口的不断增加，粮食的供不应求将成为严重的社会问题。1999 年世界人口已达 60 亿，预计 2025 年将达到 68 亿。解决粮食供应问题除依靠改良品种、扩大耕种面积（但耕地的扩大是有限的）以外，更重要的是提高单位面积产量和食品质量，这些都必须依靠科学，如植物生长的促进、病虫害的防治、土壤结构和肥力的保持等，这些问题都与化学有关。

化学在能源问题上也是大有可为的。目前人类利用的能源有：煤、天然气、石油、核能、水力、太阳能、生物原料等，其中煤、天然气、石油的含量总是有限的，而要利用太阳能等其他自然能源，必须依靠化学工作者去作基础研究和应用开发。

化学工业给人类的生存、生活和生产带来了许多好处，同时也造成了环境污染，因此，环境污染是当今全球性的严重问题。20 世纪 60 年代出现的酸雨，80 年代发现的臭氧空洞及近年来由于温室效应造成全球变暖，汽车尾气的排放、燃料的燃烧及大量氮氧化物、硫化物、一氧化物对空气质量的影响等正日益威胁着人类的生存环境。

如何治理并保护环境,已成为化学家义不容辞的研究责任。

§2　化学毕业论文选题原则和论题类型

2.1　选题原则

本科毕业论文的题目应由指导老师结合自己课题研究的领域或实际情况确定。作为毕业论文,其题目大小、难易程度须适宜,实验路线、研究方案须切实可行;须具有一定的学术价值或实际应用意义;须有一定的开拓性或创新性。论文题目形式最好是实验性的学术论文。

论文题目大小、难易程度适宜指的是对于大学四年级学生,毕业论文的写作时间较短,因此必须根据实际情况,选择目的性比较明确,实验方法、路线基本确定,并包含一定探索性内容的课题。这样便于调动学生的主观能动性,有利于培养学生的实验能力和思维能力,并能使其在较短的时间内完成毕业论文。否则题目过大、过难或题目过小、过于简单,都不利于发挥学生的积极性,达不到综合训练和系统学习的目的。

学术价值指的是所选择的研究课题应该对本学科的发展有一定的促进作用,能揭示一种新的自然规律,或者能提供新的科学事实和证据,或者表述新的观点、理论、模型或方法。

实际应用意义指的是选择联系实际的课题,对现实生活中工业、农业上出现的问题具有指导作用,或对开发新产品具有贡献,或开发了新的产品等。

开拓性或创新性指的是课题内容不是简单地重复前人的工作,而是在前人工作的基础上有创新内容。如合成了一种新试剂,或者是发现了某种试剂新的性能或新的用途,或者是某种测定方法经改进后灵敏度有显著的提高等,也可以是发现有重要意义的新论据,这

些论据有利于加深对某种科学观点的认识,有一定的理论意义。

论文题目形式首选的应该是实验性的学术论文,这是由化学学科本身的特点决定的,因为化学学科是一门实验性科学,它离不开实验。因此,必须保证学生有足够的时间做实验,通过实验论述学术观点,探讨科学规律。要求学生如实描述实验条件、过程、产物及表征方法,或者报道研究技术、研究方法、研究手段,并进行理论分析、结果讨论等,这样便于培养学生严谨的科学态度、勤奋的工作精神和团结的协作作风。

其次是综述性论文,即某一领域的文献总结。通常综述性论文由该领域的权威人士或具有一定影响的专家撰写,而本科生没有这一水平和能力,且对学生训练不全面,故一般不主张本科毕业论文以综述性论文出现。但如果由于研究经费短缺,无法满足所有本科毕业生选取实验性学术论文形式,而让少数学生选择综述性论文形式也是可以理解的。虽然这种方法对学生综合科研能力的培养不利,但能提高学生的文献查阅能力和文献综合能力,所完成的论文可以称之为文献总结、读书报告、问题综述。因此,有条件的院校应尽量使本科毕业论文选取实验性学术论文形式。

对于师范院校化学教育专业,可针对学生将从事教师工作的性质,选择中学化学教学的实际问题进行研究。如根据中学化学教学内容,制作多媒体教学软件等。

2.2　发明发现性论题

化学是最古老的学科之一,在改善人类生活方面,它也是最有成效的学科之一。生活中很多创造发明几乎都与化学有关,如新催化剂、新材料、新药物、新农药和新分析方法等,据此可以根据相关的领域选择毕业论文的题目。

1.催化剂

催化剂是化学研究中永久的主题。催化是自然界存在的具有促进化学反应速度的特殊作用,生物体内产生的化学反应均借助于酶

催化。催化剂是一种加速化学反应而自身在过程中不被消耗掉的物质,它可使化学反应速度增大几个甚至几十个数量级。只要有化学反应,就有如何加快反应速度的问题,就会有对催化剂的研究。而要设计某一特定反应的催化剂,必须通过不断实验,不断探索,以比较多种催化剂的性能,从而筛选出较好的催化剂。

催化剂研究领域可从以下几方面选题:

(1)多相催化:这类催化剂是固体材料,如分子筛、金属、金属氧化物、硫化物等,催化反应发生在固-气相的界面上。

(2)均相催化:这类催化剂通常是含有金属的复杂分子,催化反应在气相或液相中进行,催化剂和反应物均溶解于气相或液相中。

(3)光催化。

(4)电催化。

(5)酶催化和仿酶催化。

2.新材料

材料是构成现代文明的三大支柱之一,是人类进行生产的最根本的物质基础,也是人类衣、住、行及日常生活用品的原料。如有了高分子材料,就有了合成纤维、轮胎、塑料用品等;有了荧光物质,就有了电视等;有了半导体,就有了电子计算机和信息产业等。

目前新材料品种繁多,日新月异,为得到各种性能和满足某种需要及用途,均可设计和制造新的材料,可从以下几方面选题:

(1)金属材料。

(2)非金属材料。

(3)高分子材料。

(4)复合材料。

(5)生物医学材料。

3.新药物

世界各国政府均把人的健康列为社会发展计划的首位。社会发展是由生产力所决定的,而生产力最重要最活跃的因素是人。研究如何保护人的健康和安全,充分发挥人的积极性和创造性是当今世

界的头等大事。人类健康与医药工业的发展密切相关,医药工业离不开化学,因此制造新药是通过化学工作者完成的。这一领域可从以下几方面考虑:

(1)基因药物;

(2)手性药物;

(3)常见病和多发病治疗药物;

(4)中医药现代化。

4.新农药

在农业生产中,自然界的病虫害带来的危害是十分严重的,常常可造成一个地区颗粒无收的局面。一般人们通过使用农药对付病虫害,如杀虫剂、除草剂和杀真菌剂。因此,研究和制造具有杀虫、杀菌、除草效果好,且低毒、对环境污染小的新农药具有广阔的前景。

5.新分析方法

分析化学是测量和表征物质的组成和结构的学科。而分析化学的作用是通过分析方法去实现的,如新催化剂、新材料、新药物、新农药等的发现都需要化学工作者采用一定的分析方法去测量和表征其组成和结构,才能确认是否得到了新的所需要的物质。

随着生命科学、信息科学和计算机技术的发展,分析化学不只限于测定物质的组成和含量,还要对物质的状态(氧化－还原态、各种结合态、结晶态)、结构(一维、二维、三维空间分布)、微区、薄层和表面的组成与结构以及化学行为和生物活性等作出瞬时追踪,无损和在线监测等分析及过程控制,甚至要求直接观察到原子和分子的形态与排列。因此,对未来的分析方法有了更高的要求,需要探索和研究新的分析方法,可从以下几方面考虑:

(1)高灵敏度、高选择性、高准确度和高精密度的分析方法;

(2)同时进行多元素、多组分(分析物)分析;

(3)微损或无损分析;

(4)原位、活体内、实时分析。

2.3　高等化学知识性论题

化学本科专业划分为化学专业、应用化学专业和材料化学专业。化学一级学科一般可分为七个二级学科,即无机化学、分析化学、有机化学、物理化学、高分子化学与物理、环境化学、放射化学。随着化学学科的发展,它与其他学科交叉又产生了材料化学、生命化学两个新的学科方向。化学学科的毕业论文选题可在以上领域内选择,而研究课题可以是基础研究课题或应用基础课题,也可以是根据具体实际情况提出的纯粹应用性课题。

现就化学学科方向和毕业论文选题内容作简单介绍:

1. 无机化学

当前无机化学的发展有两个明显趋势:一是研究广度拓宽,尤其是与材料科学和生命科学的融合和交叉形成了一些新兴交叉学科,如固体材料化学、生物无机化学、金属有机化学等;二是研究向纵深发展,表现在结构测定和谱学方法及理论分析得到广泛应用,分子设计思想在指导合成方面日显重要,出现了新的合成方法。

(1)无机材料化学:研究无机化合物及各种特殊性能的无机材料的制备、性能和应用。

(2)配位化学:有机配位化合物的合成、结构和性能研究。

(3)物理无机化学:无机化合物的结构与成键规律的研究。

(4)稀土化学:稀土的分离、萃取及稀土配合物的研究。

(5)生物无机化学:金属酶活性中心,金属的配位作用对生物功能的影响及生命过程中的作用等。

(6)同位素化学。

(7)无机固体化学。

2. 分析化学

分析化学目前的趋势:进一步提高分析方法的灵敏度及选择性,研究复杂体系的分离、富集技术,开展形态分析、表面分析及微环境分析,生物大分子及生物活性物质的表征及测定,非破坏性检测、遥

测及过程分析等。

（1）原子光谱、分子光谱分析，用于测定食物、生物体中的微量元素。

（2）色谱分析，包括气相色谱、液相色谱和毛细管电泳的研究。

（3）电化学分析。

（4）高效分离与富集技术。

（5）物质的表面分析、形态分析、微区分析。

（6）化学和生物传感器的应用基础研究。

（7）化学计量学。

（8）来自生产实践的分析化学问题等。

3．有机化学

有机化学目前的发展趋势和特点是：有机化学与生命科学、材料科学和环境科学的密切结合；分子识别和分子设计正在渗透到有机化学的各个领域；选择性反应尤其是不对称合成，已成为有机合成研究的热点和前沿领域。

（1）天然有机化学：天然产物和以中药为基础的生物活性化合物的结构、性质、合成和构效关系的研究。

（2）合成有机化学：新型光电响应性功能材料的设计合成和性能研究等。

（3）生物有机化学。

（4）金属和元素有机化学。

（5）药物化学。

（6）有机化合物的分离和分析化学。

（7）物理有机化学。

（8）应用有机化学。

4．物理化学

当前物理化学研究最活跃的领域和前沿是：分子动态物理化学（分子反应动力学、分子激发态光谱等），结构化学与分子谱学，催化科学和表面物理化学，理论化学（量子化学、化学统计力学、分子力

学等)。

(1)结构化学:配位化合物的结构和性能,离子化合物的结构化学,金属、非金属以及生物大分子的结构与性质。

(2)催化化学:开发高效、低毒、成本低廉的新型催化剂,新结构分子筛催化材料和新反应研究,均相催化、多相催化等。

(3)胶体界面化学:表面活性剂的研制及性能研究,分散体系的物理化学性质研究,胶体的表面及界面性质的研究,溶液的表面吸附及纳米材料研究。

(4)化学动力学。

(5)化学热力学。

(6)电化学。

(7)量子化学。

5.高分子化学与物理

(1)高分子合成:高分子单体经自由聚合、正离子聚合、负离子聚合、络合聚合、电荷转移聚合及共聚合等合成高分子的研究,可控性聚合反应合成具有指定结构(包括立体结构、序列分布、指定接枝点及长度等)与分子量的高分子。

(2)高分子反应:聚合物分解反应或降解反应的研究,实现高分子改性的功能化高分子反应的研究。

(3)功能高分子:一些功能高分子材料的研究开发,如感光树脂、光电子器件等。

(4)高分子物理化学与物理。

(5)高分子成型的基础研究。

(6)高分子表征。

6.环境化学

(1)环境分析化学:水、大气污染物的分析与治理,酸雨的形成及其对环境影响的研究,土壤污染物包括重金属污染和迁移、农药污染和降解,光化学和光化学烟雾的研究等。

(2)污染控制化学:酸雨成因研究及防治,"三废"的防治、转化、

处理及综合利用,城市垃圾的处理及综合利用。

(3)环境污染化学:大气污染物及各种有机物的毒性,水体污染物对人体及生物体的毒害,酸雨对环境的影响,土壤中重金属污染及农药残留物对植物的影响等。

(4)污染生态化学:环境污染与人体相互作用的研究,非金属污染物和重金属污染物与生态效应的研究等。

(5)环境计算化学。

7.放射化学

(1)普通放射化学:研究在超微量下,放射性同位素在溶液、气体、固体中的状态,研究共沉淀吸附、离子交换、同位素交换过程中放射性同位素在其中的分配,放射性元素的电化学等。

(2)核转变化学:研究核转变过程的原子—"热"原子的反应,核反应产物的研究,放射性同位素的制备、浓集和分离方法的研究,自辐射作用下的化学转变(自辐射分解)的研究。

(3)放射性元素化学。

(4)应用放射化学。

(5)放射分析化学。

(6)放射性污染与防治。

8.材料化学

(1)开发新材料,充分利用已有的优质材料或者把多种各具特性的材料组合成复合材料,仿生材料的研究和开发。

(2)以结构材料为主,向结构和功能并重的材料发展,由单一功能材料向复合功能材料发展。

(3)由被动性功能材料向具有主动性功能的机敏材料和智能材料发展。

(4)发展有利于改善人类生活质量的材料、医疗保健、修复人工器官和脏腑的生物材料、无环境污染的新能源、可降解的塑料、能促进洁净生产反应的催化剂等。

(5)纳米材料。

(6)材料的表征与评价。

9.生命化学

(1)生物物理化学。

(2)智能型化学体系的研究与开发。

(3)生物有机化学。

(4)微囊化技术在生物医学中的应用。

(5)生物医用高分子材料的研究和开发。

(6)应用生物化学。

2.4　中学化学教研性论题

化学教学研究是探索化学教学规律,认识化学教学活动及其本质的过程。具体地说,在于如何提高化学教学过程的效率,即在尽量短的时间内实现教学目标,包括知识的掌握、能力的培养、技巧的形成,并促进人的一般发展。要思考如何提高课堂教学质量,因为化学教学质量主要是通过学生的能力、化学知识水平的提高程度来衡量的。

教学研究离不开教育理论,教育理论知识可以指导化学课堂教学活动,但不能机械地套用理论公式开展教学,因此,可以根据教学中的具体问题进行探索。

中学化学教学研究主要是解决化学课堂教学问题,需要将教育理论、化学教育理论与课堂教学实际问题的解决结合起来,从而体现理论与实践沟通的性质。中学化学教学研究有三个基本要素:一是解决中学化学课堂教学问题的教育科学理论,中学化学教育论;二是发现中学化学教学实践中的问题;三是制订解决问题的方案。另外,也可进行一些理论研究,根据教育、教学的一般规律和法则,对实际教学行为提出预测和假设,然后用实证来说明预测和假设是否成立。

总而言之,中学化学教学研究要着眼于中学课堂教学实际,以解决实际问题为主要目的,在沟通理论与实际过程中,丰富和深化教育理论。因此,中学化学教学研究论题可从以下几方面考虑:

（1）化学教学中的科技素质教育

培养科技素质是目前世界各国共同的教育目标。科技素质的内容包括科技兴趣、科学知识、科学过程和科学方法、科学思想。课堂教学是实现科技素质教育的主渠道,学生在学习化学基础知识和基本技能的同时,了解化学在实际生活中的重要应用,自觉地关心与现代社会有关的化学问题,培养和发展学生的学习能力及创新精神,提高学生分析问题的能力,使学生能运用所学知识解释和解决一些简单的化学问题。

（2）多媒体课堂教学

在化学课堂教学中,如何利用计算机改革传统的化学课教学,突破化学教学中的重点、难点,帮助学生更好地掌握化学基础知识、基本技能,提高其对化学课的兴趣是当前化学教学的新课题。

把计算机应用于课堂教学,增强了直观性,同时又能培养学生观察、思考问题的能力,特别是一些抽象的理论知识、概念、化工生产过程及在课堂内难以实现的化学实验,可借助于多媒体的动画效果生动形象地反映出来,提高学生的学习兴趣,并能使学生更好地理解和掌握。

（3）化学课堂教学方法。

（4）化学课堂教学改革。

（5）化学课堂教学设计。

（6）中学化学知识结构。

（7）学生能力的培养。

（8）教学管理。

2.5　化学实验观察分析报告

化学是一门了解物质的性质和物质发生化学反应的科学,是以实验为基础的科学。因此,无论是在学习化学的过程中,还是以化学作为研究领域进行科学研究时,都离不开实验。

化学本科专业的学生,在校期间要做许多实验。实验教学是使

理科类学生毕业论文写作指导

学生巩固和验证所学理论知识、培养创造思维、接受实验方法训练的重要环节。通过实验课，培养学生严肃的科学态度和严谨的工作作风，正确使用各种仪器、仪表并培养观察现象、测量和处理实验数据、分析实验结果、撰写实验报告的能力。

一个完整的化学实验，首先要根据所选的题目，查阅资料，写出实验方案，准备仪器设备并安装调试，准备试剂及配制溶液等；其次，根据实验内容的多少，实验时间可能长短不一，但无论是数小时的实验，还是数天，甚至长达数月的实验，在实验过程中，都需要观察现象，测量和记录数据；然后根据实验现象和测量到的数据进行数据处理和结果分析；最后撰写实验报告。撰写实验报告时要求做到以下几点：

1.仔细观察，详细记录

实验报告是实验工作的记叙，是实验记录的整理。实验记录是撰写实验报告的基本素材，没有好的记录，不可能有好的实验报告。因此，进行实验时，一定要仔细观察实验中发生的各种现象，认真读取实验中得到的数据，并如实记录下来。另外，实验中出现的特殊现象、特殊情况，也应详细记录，以便日后分析其原因。

2.真实可靠，重现性好

实验报告中实验内容、实验过程、实验现象和实验结果，都必须从客观出发，做到绝对真实可靠，并且具有重现性。如实验数据不全，或者实验现象不明，则务必补做实验，切不可因时间或其他原因弄虚作假。

3.语言确切，条理清楚

实验报告的语言，要求确切、简明。实验报告要尽量层次清楚、主次有别、突出重点。

4.图表规范，图文并茂

实验报告中适当使用插图、表格，可使读者对实验报告中的内容一目了然，并且可使实验报告图文并茂，但图表必须规范化。

化学实验类型很多，可按不同情况进行分类，下面作简单介绍：

(1)按实验目的分为教学实验和科研实验。

(2)按课程层次分为基础课实验和专业课实验。

(3)按课程内容分为无机化学实验、有机化学实验、分析化学实验、物理化学实验等。

(4)按实验作用分为演示性实验、验证性实验和探索性实验。

(5)按涉及面大小分为单项实验和综合性实验等。

2.6　化学毕业论文参考题目列举

(1)溶胶-凝胶用于过氧化氢生物传感器的研究;

(2)壳聚糖聚合物用于葡萄糖生物传感器的制备与研究;

(3)丝网印刷技术用于酶生物传感器的制备;

(4)电子介体在叉指微电极表面的电化学响应研究;

(5)阻抗技术在免疫生物传感器中的应用;

(6)Schiff 碱金属配合物的合成和表征;

(7)金刚烷甲酸过渡金属配合物的合成;

(8)在线预富集石墨炉原子吸收光谱测定痕量元素;

(9)DNA – 金属离子 – 偶氮试剂作用的研究。

§3　化学毕业论文范文

3.1　范文 1:离子交换树脂相光度法测定钯的研究

　　点评:《离子交换树脂相光度法测定钯的研究》是一篇化学学科分析化学专业的毕业论文。从结构形式上看,基本符合化学毕业论文的通用格式与写作规范,内容上基本达到了本科毕业的要求,并达到了一定的深度。论文主要写了引言、实验部分、结果与讨论三个部分。整个体系比较完整、数据充分、结论正确,是一篇水平较高、质量较好的本科毕业论文。此外,如能增加文献综述和结论部分,效果会

离子交换树脂相光度法测定钯的研究

周静芬

（浙江师范大学化学系化学本科971班）

指导老师　　陈建荣

摘要　　根据钯（Ⅱ）与1-[5-溴-2-吡啶(偶氮)]-2-萘酚-6-磺酸（5-Br-PAN-S）形成稳定络合物这一性质,利用阴离子交换树脂为吸附载体,建立了离子交换树脂相光度法测定钯的新方法。以最大吸收波长690 nm为测定波长,800 nm为参比波长,用双波长法进行测定,灵敏度高,选择性、重现性好,钯量在0~20 μg范围内服从比尔定律。该方法用于合成水样及催化剂中钯的测定,结果满意。

关键词：钯；1-[5-溴-2-吡啶(偶氮)]-2-萘酚-6-磺酸；离子交换；树脂相光度法

为了提高测定微量元素的灵敏度和选择性,常用离子交换树脂进行分离富集,但吸附在树脂上的离子需用合适的淋洗剂将其淋下,这样带来不必要的稀释作用,且操作费时。离子交换树脂相光度法是近年来发展起来的一种痕量元素分析方法[1]。它把分离富集和测定结合在一起,既提高了分析的选择性和灵敏度,又提高了分析效率,已用于多种微量元素的测定[2~4]。以 5-Cl-PADAB[5]为显色剂的离子交换树脂相光度法测定钯已有报道,而钯与 5-Br-PAN-S 络合物的树脂相光度法未见报道。本文研究了阴离子交换树脂吸附钯的有色络合物的性能。在 pH 2.5 的邻苯二甲酸氢钾-HCl 缓冲溶液中,搅拌 40 min,钯-5-Br-PAN-S 络合物能完全被吸附,选择 690 nm 为测定波长,以 800 nm 为参比波长,拟定了双波长树脂相光度法测定钯的新方法。该方法具有灵敏度高、选择性好等特点,直接用于水样及催化剂中钯的测定,结果满意。

一、实验部分

1　仪器与试剂

Perkin-Elmer Lambda 17 紫外可见分光光度计；pH S-2 型酸度计；磁力搅拌器。

钯标准溶液：称取光谱纯钯(99.99％)0.1000 g 于 100 mL 小烧杯中，加 5 mL 王水，加热溶解后，蒸至近干，加入 HCl 10 mL，再次蒸干，加 HCl10 mL 和水 20 mL，溶解后，移入 100 mL 容量瓶中，用去离子水稀释至刻度摇匀，此为 1.000 mg·mL^{-1} 的储备液，用时再稀释成 10 μg·mL^{-1}工作液；

5-Br-PAN-S 水溶液：浓度为 0.1％；

邻苯二甲酸氢钾-HCl 缓冲溶液：pH = 2.5；

离子交换树脂：201 × 4 强碱性苯乙烯阴离子交换树脂，粒径 0.177 ~ 0.25 mm，先用乙醇浸泡洗涤，再用 4 ％ 的 HCl、4 ％ 的 NaOH 交替处理，洗掉树脂上可能存在的杂质，经转型后于 40 ℃烘干，保存于棕色试剂瓶中备用。

其他试剂均为分析纯，实验所用水均为去离子水。

2　实验方法

取适量钯标准溶液于 250 mL 烧杯中，加入 0.1％ 的 5-Br-PAN-S 溶液 10 mL，加入 pH2.5 的缓冲溶液 10 mL，加水稀释到 100 mL，加入 0.5g 处理过的阴离子交换树脂，用磁力搅拌器搅拌 40 min，把树脂填充在 5 mm 比色皿中，以吸附了试剂的树脂为空白，以 800 nm 为参比波长，于 690 nm 处测定其吸光度，得 $A_C = A_{690} - A_{800} - A_R$，式中 A_R 为试剂空白树脂在二波长处的吸光度差，即 $A_R = A'_{690} A'_{800}$。

二、结果与讨论

1　离子交换树脂的选择

我们选择 201 × 1，201 × 4，201 × 7 三种强碱性苯乙烯阴离子交换树脂，分别测定了它们在 400 ~ 900 nm 之间的吸附值。结果表明，在该波长范围内，201 × 4 强碱性苯乙烯阴离子交换树脂的本底值最小。树脂颗粒的大小对树脂相光度法的影响很大，颗粒小，交换速度

快,但沉降速度慢,转移、填充困难,对于 5 mm 比色皿,选择粒径为 0.177 ~ 0.25 mm 的 201 × 4 阴离子交换树脂。

2　吸收光谱

图 1 是显色剂 5-Br-PAN-S 与钯络合物在阴离子交换树脂相和溶液中的吸收光谱。钯与 5-Br-PAN-S 形成的络合物在水溶液中的最大吸收波长在 624 nm 处,在树脂相中的最大吸收波长位于 690 nm 处,最大吸收发生红移,这是由于络合物与离子交换树脂发生化学反应导致的,是树脂相光度法的特点之一。且树脂相的灵敏度比水溶液中的有明显的提高,仅采用 25 mL 体积进行交换,灵敏度即可提高十几倍,实验中采用 100 mL 体积进行交换,灵敏度可提高 40 多倍。

3　酸度的选择

溶液酸度对钯(Ⅱ)与 5-Br-PAN-S 络合物的形成及树脂的交换有较大的影响。按实验方法试验了不同 pH 时树脂相的吸光度,结果见图 2。在 pH 1 ~ 3,树脂相吸光度最大且基本恒定,实验中选用 pH 2.5 的邻苯二甲酸氢钾-HCl 缓冲溶液,对于 100 mL 的交换体积,需要 5 mL 以上的缓冲溶液,实验中选用 10 mL 的缓冲溶液。

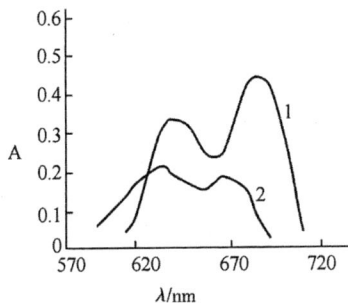

1. 树脂相　2. 溶液

图 1　吸收光谱

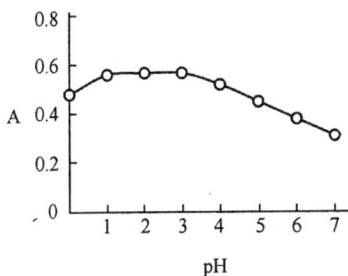

图 2　酸度对吸附的影响

4　搅拌时间对树脂交换的影响

试验了 20 μg 钯(Ⅱ)在不同体积溶液中所需的搅拌时间。对 25

mL 溶液,搅拌 15 min;对 100 mL 溶液,搅拌 30 min,树脂已能有效地吸附钯(Ⅱ)与 5-Br-PAN-S 形成的络合物,见图 3。对 100 mL 体积,实验选择搅拌时间为 40 min,以保证吸附完全。

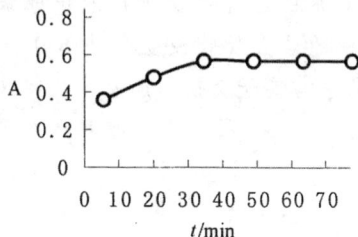

图 3　搅拌时间对吸附的影响　　　图 4　显色剂用量的影响

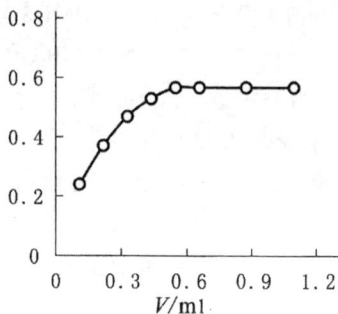

5　显色剂用量的选择

对于 20μg 钯(Ⅱ),加入 0.3~2.0mL 0.1% 的 5-Br-PAN-S 溶液,树脂相吸光度达最大且恒定,见图 4。实验选择 1.0mL 0.1% 的 5-Br-PAN-S 溶液。

6　树脂相络合物的稳定性

树脂在比色皿中填充得是否均匀,直接影响实验的准确性。实验中采用滴管将树脂及少量液体一起装入比色皿中,树脂自由沉降在比色皿中,多余的清液用滴管吸去。树脂填充完后需放置一定时间才沉降完全,实验证明需 4 min 才完成,放置 5 min 后进行测定,且可稳定 1h 以上,结果见图 5。

7　树脂相络合物组成比的测定

在 pH 2.5 中,采用摩尔比法,等摩尔连续变化法测得树脂相中络合物的组成比为钯(Ⅱ):5-Br-PAN-S = 1:1,与溶液中一致[6]。

8　工作曲线

实验表明,钯量在 0~20 μg 范围内,树脂相的净吸光值与钯量呈线性关系,见图 6。曲线的回归方程为 $Ac = 0.02906M - 0.00505$,

理科类学生毕业论文写作指导

M 为钯质量,单位为 μg,相关系数 $r = 0.9989$。

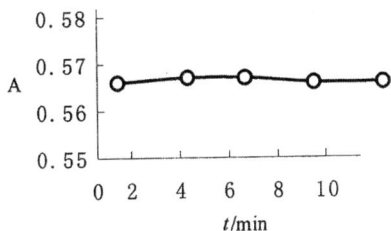

图 5　树脂相对稳定时间的影响

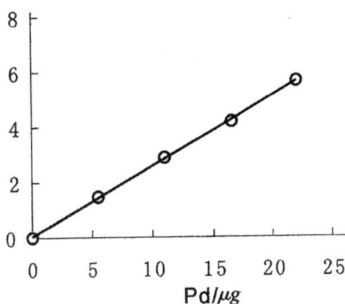

图 6　工作曲线

9　共存离子的影响

在实验条件下,对 20 μg 钯,测定误差小于 5% 时,共存离子的允许量为 (mg):K^+、Na^+、Ca^{2+}、Mg^{2+}、Mn^{2+}、Zn^{2+}、$U(Ⅵ)$、Cl^-、NO_3^-、SO_4^{2-}、ClO_4^-、酒石酸根 > 10,Al^{3+}(5)、Pb^{2+}、Cd^{2+}(3)、$Pt(Ⅳ)$(1.0)、$Au(Ⅲ)$(0.5)、$V(Ⅴ)$(0.2)、Cu^{2+}、Co^{2+}、Ni^{2+}(0.1)、Fe^{3+}(0.06)。与溶液法相比,共存离子的允许量有明显提高,可不经分离、掩蔽直接用于水样、催化剂等样品中钯的测定。

三、样品测定

1　水样的测定

自来水经过滤后,取 100 mL 三份按实验方法进行测定,未检出钯。加入适量钯进行回收试验,结果见表 1。

表 1　水样测定结果

水样体积/mL	加入钯量/μg	测得钯量/μg	回收率/%
100	0	0	
100	8.00	8.08	101.0
100	16.0	15.8	98.8

2　催化剂中钯的测定

准确称取 0.5000 g 含钯催化剂,用王水溶解样品,蒸去过量试剂,加适量水溶解,过滤。滤液倒入 50 mL 容量瓶中。取上述溶液 5.0 mL 加适量水,调 pH 值约为 2.5,按实验方法进行测定,并与原子吸收光谱法测定值相比较,结果见表 2。

表 2　催化剂中钯的测定结果

样品	本法测得值/%	原子吸收光谱法测得值/%
催化剂 1	0.0242	0.0250
催化剂 2	0.0365	0.0352

参考文献

1. 郭文生,孟莉.离子交换剂比色法测定尿液中微量铬.分析化学,1980,8(4):349.

2. 杨泉生,聂基兰,郭群,等.树脂相分光光度法研究(Ⅲ)—稀土—硝酸根—变色酸双偶氮类试剂树脂相显色反应.高等学校化学学报,1989,10(4):360.

3. 张贵珠,张智慧,马建华,等.镉的离子交换树脂比色法的研究.分析化学,1990,18(8):695.

4. 嘎日迪,高疑.硫氰酸盐树脂相分光光度法测微量铁(Ⅲ).分析化学,1996,24(11):1309.

5. 易瑞士,文丽,冯钰铸.离子交换树脂比色法测定天然水及废水中的钯.分析化学,1984,12(3):215.

6. 毛雪琴,汤福隆,金庆平.1-〔(5-溴-2-吡啶)偶氮〕-2-荼酚-6-磺酸分光光度法测定痕量钯的研究.分析化学,1992,20(8):951.

3.2　范文 2:稀土金刚烷甲酸配合物的合成及晶体结构的研究

点评:《稀土金刚烷甲酸配合物的合成及晶体结构的研究》的作

者首次合成了金刚烷甲酸与稀土 Nd(III)配合物,用红外光谱和热重分析方法对配合物进行了初步表征,并测定了晶体结构。实验有一定工作量,数据可靠,论文格式规范。由于实验时间较短,实验数据尚欠完整,但仍然是一篇优秀的毕业论文。

稀土金刚烷甲酸配合物的合成及晶体结构的研究

王红霞

(浙江师范大学化学系化学本科 981 班)

指导老师 冯云龙

摘要 在水-乙醇溶液中合成了配合物 $[Nd_2L_6(HL)_2(H_2O)_2]\cdot 2EtOH\cdot 2H_2O$,进行了 IR 和 DTA-TG 表征,并测定了晶体结构。此晶体属单斜系,空间群 $P\bar{1}$,晶胞参数:$a = 1.0556(2)$ nm, $b = 1.4913(3)$ nm, $c = 1.4920(3)$ nm, $\alpha = 106.26(3)°$, $\beta = 93.51(3)°$, $\gamma = 97.23(3)°$, $V = 2.2253(5)$ nm^3, $D_{cal} = 1.406$ Mg·m^{-3}, $Z = 1$, $F(000) = 986$, μ(Mo Ka) $= 1.225$ mm^{-1}, $Mr = 1884.50$. 该配合物呈双核结构,Nd^{3+} 为 9 配位。其中每个 Nd(III)离子除了与来自金刚烷甲酸的八个氧原子配位之外,还与一个水分子配位,形成三帽三棱柱配位多面体。

关键词:稀土金属;金刚烷甲酸;晶体结构;配合物

引言

利用晶体工程方法裁剪和组装具有一维、二维、三维框架结构的固体化合物已成为材料科学和化学学科中最活跃的研究领域之一。研究表明,在这些框架内镶嵌活性组成可得到新型功能材料,如磁性材料、非线性光学材料及新型催化剂等[1]。

金刚烷是一种高度对称、非常稳定的笼状烃,可看作由三个椅式环己烷结合而成,碳原子的排列方式和金刚石结构相似,故名。其桥头碳上的氢原子易被取代而生成各种衍生物,从而可以合成各种具

有不同作用的化合物。由于具有特定的结构和性质,金刚烷及其衍生物在医药、高分子材料、航空等领域具有广泛的应用[2,3]。如金刚烷四环素,除具有四环素的作用外,并具有抗病毒作用[4];又如金刚烷胺(Amantadine)具有显著的抑制甲型流感病毒脱壳作用,能阻止病毒穿入宿主细胞。可用于亚洲 A2 型流感病毒预防和早期治疗,亦可减轻震颤麻痹的症状[3]。Glidewell 等报道了 1,3-金刚烷二甲酸和 1,3-金刚烷二乙酸的晶体结构[5];Rath 等报道了 1-乙酰基-3-金刚烷醇的晶体结构[6]。我们用金刚烷的一种衍生物金刚烷甲酸为配体合成了一个稀土配合物。

一、实验

1 主要仪器

电子分析天平

78-1 型磁力加热搅拌器

Rigaku RAXISCS3 单晶衍射仪

Nicolet 傅立叶红外光谱仪

TGA/SDTA 851^e 型热重-差热联用仪

2 主要试剂

Nd_2O_3	纯度 99.99%	中国医药集团上海化学试剂公司
金刚烷甲酸	98%	自制
$Co(NO_3)_2 \cdot 6H_2O$	分析纯	上海试剂二厂
吡啶	分析纯	中国江苏如东助剂厂
无水乙醇	分析纯	浙江杭州萧山化学试剂厂
H_2O	二次水	自制

3 $Nd(NO_3)_3$ 乙醇溶液的制备

称取氧化钕 0.25mmol,加入稍过量的 6mol/L HNO_3,在 80℃ ~ 90℃下蒸发至干,加入 20mL 无水乙醇和 4mL 水。

4 配合物的合成

将 1.5 mmol 的金刚烷甲酸和上述制备的 $Nd(NO_3)_3$ 溶液 (0.5mmol)放入锥形瓶,加入 0.5 mmol $Co(NO_3)_2$,搅拌回流 3h 后滴入

4~5 d 吡啶,回流 24 h,冷却过滤。滤液置于空气中缓慢挥发溶剂,一周后得到适合 X 射线衍射的浅红色单晶。

5 晶体结构分析

选用适当大小的化合物单晶,在带有石墨单色器的 Rigaku RAX-ISCS3 单晶衍射仪上进行衍射实验。用辐射 Mo Ka($\lambda = 0.71069$ Å),在设定 2θ 角范围内收集衍射数据,衍射数据经 L_p 因子。晶体结构由直接法和连续差 Fourier 法解出。所有非氢原子的坐标用全矩阵最小二乘法进行各向异性温度因子修正。除了氧原子上的氢原子没有找到外,氢原子的坐标由理论加氢给出,氢原子的坐标和各向同性温度因子参加结构因子计算,但不参加修正。晶体结构分析工作在 Pentium III PC 计算机上用 SHELXL 97 程序[7]进行。配合物的主要晶体学参数列于 Table1,主要的键长和键角列于 Table2。

Table 1 Crystallographic data and refinement details

	$[Nd_2L_6(HL)_2(H_2O)_2] \cdot 2EtOH \cdot 2H_2O$
Formula	$C_{92}H_{138}Nd_2O_{22}$
Formula weight	1884.50
Crystal system	Monoclinic
Space group	P $\bar{1}$
a (nm)	1.0556(2)
b (nm)	1.4913(3)
c (nm)	1.4920(3)
α	106.26(3)
β (°)	93.51(3)
γ	97.23(3)
V (nm³)	2.2253(5)
Z	1
$D_{cal}(Mg \cdot m^{-3})$	1.406
$\mu(mm^{-1})$	1.225
$F(000)$	986
Crystal dimensions (mm)	$0.30 \times 0.25 \times 0.15$

Independent reflections	9516
Observed reflections $[I > 2\sigma(I)]$	8589
Variables	525
R/wR	0.0398/0.1074
S	1.047
A/B	0.0729/1.8777
Residual electron density $(e \cdot nm^{-3})$	1507(-760)

$$* \ wR = \{ \sum [w(F_o^2 - F_c^2)^2] / \sum [w(F_o^2)^2] \}^{1/2},$$
$$w = 1/[\sigma^2(F_o^2) + (AP)^2 + BP],$$
$$R = (F_o^2 + 2F_c^2)/3.$$

Table 2　Selected bond lengths (Å) and angles (°) for $[Nd_2L_6(HL)_2(H_2O)_2] \cdot 2EtOH \cdot 2H_2O$

Nd(1)-O(1a)	2.379(3)	Nd(1)-O(5a)	2.407(3)
Nd(1)-O(2)	2.427(3)	Nd(1)-O(6)	2.479(3)
Nd(1)-O(8)	2.503(2)	Nd(1)-O(9)	2.515(3)
Nd(1)-O(7)	2.584(3)	Nd(1)-O(3)	2.615(2)
Nd(1)-O(5)	2.753(3)	Nd(1)-Nd(1a)	4.0494(12)
O(1)-C(11)	1.248(5)	O(2)-C(11)	1.267(4)
O(3)-C(22)	1.216(4)	O(4)-C(22)	1.312(4)
O(6)-C(33)	1.259(4)	O(5)-C(33)	1.259(4)
O(8)-C(44)	1.282(4)	O(7)-C(44)	1.244(4)
O(1a)-Nd(1)-O(5a)	72.69(10)	O(1a)-Nd(1)-O(2)	133.94(10)
O(5a)-Nd(1)-O(2)	78.95(10)	O(1a)-Nd(1)-O(6)	90.77(11)
O(5a)-Nd(1)-O(6)	125.26(9)	O(2)-Nd(1)-O(6)	76.80(10)
O(1a)-Nd(1)-O(8)	79.41(10)	O(5a)-Nd(1)-O(8)	101.69(9)
O(2)-Nd(1)-O(8)	142.65(9)	O(6)-Nd(1)-O(8)	126.61(9)
O(1a)-Nd(1)-O(9)	141.84(10)	O(5a)-Nd(1)-O(9)	143.01(10)
O(2)-Nd(1)-O(9)	78.80(10)	O(6)-Nd(1)-O(9)	77.10(10)

O(8)-Nd(1)-O(9)	79.42(11)	O(1a)-Nd(1)-O(7)	71.77(10)
O(5a)-Nd(1)-O(7)	138.43(9)	O(2)-Nd(1)-O(7)	142.44(9)
O(6)-Nd(1)-O(7)	76.04(9)	O(8)-Nd(1)-O(7)	50.92(8)
O(9)-Nd(1)-O(7)	70.21(10)	O(1a)-Nd(1)-O(3)	130.98(10)
O(5a)-Nd(1)-O(3)	77.00(9)	O(2)-Nd(1)-O(3)	73.84(9)
O(6)-Nd(1)-O(3)	138.23(10)	O(8)-Nd(1)-O(3)	70.08(8)
O(9)-Nd(1)-O(3)	68.61(10)	O(7)-Nd(1)-O(3)	112.03(8)
O(1a)-Nd(1)-O(5)	68.74(9)	O(5a)-Nd(1)-O(5)	76.83(9)
O(2)-Nd(1)-O(5)	69.94(9)	O(6)-Nd(1)-O(5)	48.86(8)
O(8)-Nd(1)-O(5)	147.15(8)	O(9)-Nd(1)-O(5)	121.61(10)
O(7)-Nd(1)-O(5)	108.96(8)	O(3)-Nd(1)-O(5)	138.50(8)
O(1a)-Nd(1)-C(44)	73.55(10)	O(5a)-Nd(1)-C(44)	121.74(10)
O(1a)-Nd(1)-C(33)	81.89(11)	O(5a)-Nd(1)-C(33)	100.89(10)
O(2)-Nd(1)-C(33)	68.59(10)	O(6)-Nd(1)-C(33)	24.38(9)
O(8)-Nd(1)-C(33)	144.72(9)	O(9)-Nd(1)-C(33)	97.99(11)
O(7)-Nd(1)-C(33)	94.79(9)	O(3)-Nd(1)-C(33)	141.98(9)
O(5)-Nd(1)-C(33)	24.87(9)		

Symmetry codes: $(a) -x+1, -y+1, -z$

二、结果与讨论

1　红外光谱分析

配体和配合物的红外光谱图见图1。

比较配合物与配体金刚烷甲酸的红外光谱图,配合物在 3386 cm^{-1} 出现了一个新的吸收峰,此为 υ_{OH} 的特征峰,说明配合物中结合了结晶溶剂分子(乙醇和水)。根据水配位化合物的观测频率和谱带归属[8],配合物在 803 cm^{-1} 处为配位水的 σ_{OH} 特征吸收峰,这表明配合物含有配位水。与配体 IR 图谱中 2907 cm^{-1} 和 2852 cm^{-1} 处的 υ_{CH_2} 的双峰比较来说,配合物在 2904 cm^{-1} 和 2849 cm^{-1} 处的双峰增强,说明形成配合物后 $-CH_2-$ 数目增多。形成配合物后,金刚烷甲酸的羧基 υ_{COO} 振动峰(1694 cm^{-1})消失,而在 1575,1453,1416,1385,

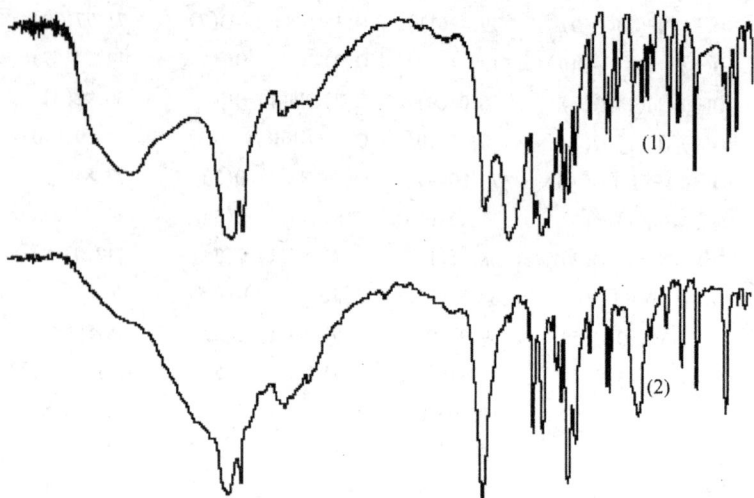

图1　配体和配合物的红外光谱图

（1）　$[Nd_2L_6(HL)_2(H_2O)_2]\cdot 2EtOH\cdot 2H_2O$　　　　（2）HL

1365 cm^{-1}处出现了几个新的特征峰，分别为一个 $\upsilon_{as(COO)}$ 和四个 $\upsilon_{s(COO)}$。这表明金刚烷甲酸已参与配位。配合物中的 $\Delta\upsilon_{coo}$ 值 $|\upsilon_{as}-\upsilon_s|$ 分别为：122,159,190,211 cm^{-1}。根据文献报道：159,190 cm^{-1}为羧酸的桥式配位的特征峰，122 cm^{-1}为双齿配位特征峰，211 cm^{-1}为单齿配位特征峰。这说明配合物中既有单齿配位，又有双齿和桥式配位，这与 X-射线衍射分析所得结果一致。

2　热谱分析

表示配合物的差热和热重图谱见图2。

钕配合物的热分解主要分 4 个阶段进行，第一个阶段和第二个阶段失重比较缓和，第三个阶段失重比较快，最后一个阶段失重很快。根据失重百分率，配合物的分解过程大致为：第一阶段，配合物在 107.8℃ 开始失重，失重百分率为 3.5%，相当于失去 1 分子乙醇和水；第二阶段失重区间为 107.8℃ ~ 142.5℃，失重百分率为 5.37%，

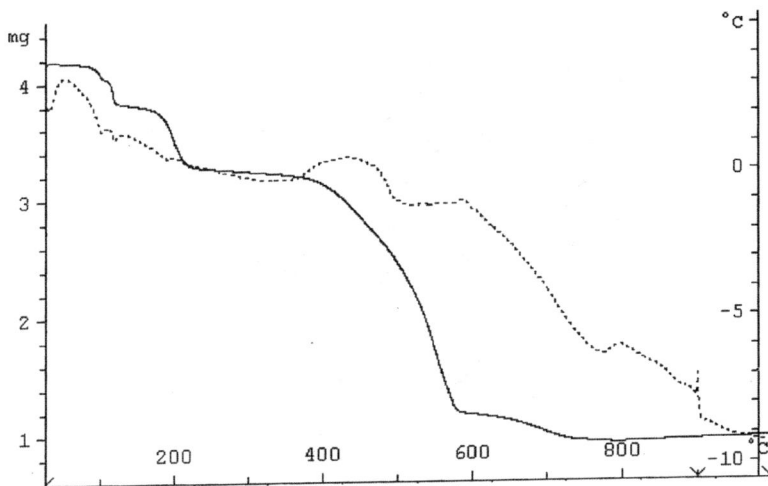

图2 配合物的 TG-DTA 图

它对应于失去剩余的1分子乙醇和水以及配合物中的2个分子配位水;第三和第四阶段失重百分率分别为13.46%(142.5℃~274.6℃)和55.70%(274.6℃~778.8℃)。这说明配体金刚烷甲酸根开始分解失去。当加热到778.8℃时开始出现一平滑直线,最终加热到900℃,得到残余物 Nd$_2$O$_3$(实测残重值为22.14%,理论残重值为17.84%。实验在氮气条件下进行,可能燃烧不充分)。

3 晶体结构描述

配合物 Nd$_2$L$_6$(HL)$_2$(H$_2$O)$_2$ 的分子结构见图3。该配合物呈双核结构,Nd^{3+} 为9配位。其中每个 Nd(Ⅲ)离子除了与来自金刚烷甲酸的八个氧原子配位之外,还与一个水分子配位,形成三帽三棱柱配位多面体,如图4所示。

四个金刚烷甲酸根桥联两个 Nd^{3+} 离子。根据配位情况金刚烷甲酸根可分为四类:第一类,金刚烷甲酸的羧基以螯合桥式配位,其中一个氧原子只与一个 Nd(Ⅲ)离子配位,而另一个氧原子同时与同一单元的两个 Nd(Ⅲ)离子配位而形成三原子桥氧键,其中单配位的 Nd-O 键,

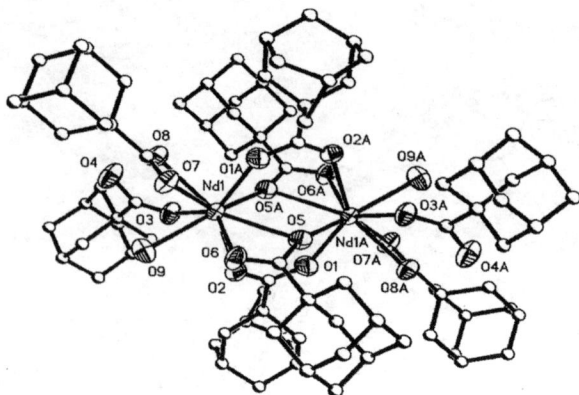

图3　$Nd_2L_6(HL)_2(H_2O)_2$ 的分子结构

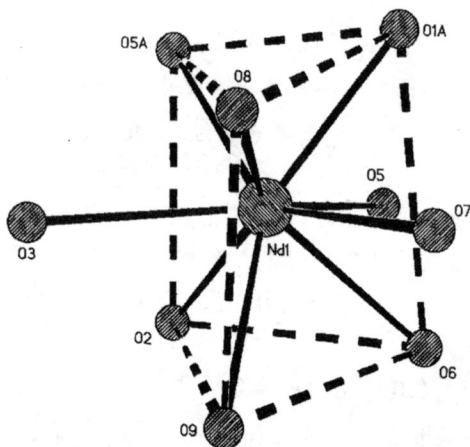

图4　Nd^{3+} 的配位构型

如Nd(1)-O(6)键长为2.479(3)Å,桥联的Nd-O键,如Nd(1)-O(5a)键长为2.407(3) Å。这种配位方式与配合物 $[Nd(CH_3CH_2COO)_2(NO_3)(phen)]_2^{[9]}$ 中 CH_3CH_2COOH 的配位方式相同;第二类金刚烷甲酸的羧基的两个氧原子呈双齿配位,即分别与同一单元的两个Nd(Ⅲ)离子配

位;第三类金刚烷甲酸的羧基中的两个氧原子均与同一个 Nd(Ⅲ)螯合配位,其 Nd-O 键键长如:Nd(1)-O(7)键长为 2.584(3)Å,Nd(1)-O(8)的键长为 2.503(2)Å;第四类金刚烷甲酸羧基中的一个氧原子与 Nd(Ⅲ)离子配位,而另一个氧原子与氢结合。

参考文献

1. 崔英德,郭建维,宋晓锐,等.金刚烷合成新工艺.化学通报,1999,7:58.

2. George A Olah, Omar Farooq. Superacid-Catalyzed Isomerization of endo-toexo-Trimethylenenorbornane (Tetrahydrodicyclopentadiene) and to Adamantane. J. Org. Chem., 1986,51:5410

3. 陆凤翔,杨玉.临床实用药物手册.南京:江苏科学技术出版社,1996.

4. 赵克键.化学药品药名手册.天津:天津科学技术出版社,2000.

5. Glidewell Christopher, Ferguson George. 1, 3-adamantanedicarboxylic acid and 1,3-adamantanediacetic acid. Acta Cryst., 1996, c52:1466.

6. Rath, Nigam P, Gu Hong, Murray Robert W. 1-Acetyl-3-hydroxyadmantane and 1-carboxy-3-hydroxyadamantane. Acta Cryst., 1997, c53:944.

7. Sheldrick G.M. SHELXL97［PM］.Program for the Refinement of Crystal,Structures.Germany: University of Gottingten,1997.

8. 中本一雄.无机和配位化合物的红外和拉曼光谱.北京:化学工业出版社,1998.

9. 谢学鹏,咸春颖,朱龙观,等.镧系四元混阴配合物［Nd(CH$_3$CH$_2$COO)$_2$(NO$_3$)(phen)］$_2$ 的晶体结构.化学通报.2000,63(2):52.

第十四章

生物学毕业论文的写作

§1　生物学的特点

1.1　生物学的生命性

　　生物学又称为生命科学,是研究生物(包括植物、动物、真菌、原核生物和原生生物)的生命现象和生命活动规律的科学,是自然科学的基础学科之一。自 20 世纪 60 年代以来,生物学迅速发展,并且与其他学科如化学、物理学、数学、医学等相互渗透、交叉,产生了许多新的学科,如生物化学、生物物理学、生物数学、生物医学等,21 世纪更可谓是生物的世纪,可以预言,生物科学的发展影响与改变社会和人类将会是前所未有的深刻。生物学专业的本科生会越来越多,如何帮助生物学本科毕业生掌握一些生物学毕业论文选题的方法和技巧,完成毕业论文的写作是非常重要的。本章将就生物学毕业论文的特点及写作要求,特别是论题的选择原则和选择方式作些讨论,希望对广大生物学本科生的毕业论文写作有所帮助。

　　生物学是研究生命活动规律和现象的科学,研究对象是有生命的生物体,所以生命性是生物学的本质特征。地球上的生物体种类繁多,虽然它们具有不同形态结构、生理功能、生活方式,但它们都是由细胞作为统一的基本结构单位的。生物通常具有新陈代谢、生长、

繁殖、遗传、变异和对环境的适应性等特征，与外界环境之间可以进行物质交换，同时伴随着能量转移。生物体在不断建成和破坏中得到更新，一切生命活动都依靠新陈代谢的正常运转得以维持，随着新陈代谢的终止，生物体也就死亡。生物体从极为简单的受精卵（合子）发育成有各种器官和组织分化的复杂成体，当生物个体发育到一定阶段，又能通过繁殖产生后代，使个体数目增多。在繁殖过程中，又有遗传和变异，保证生物个体的稳定性和多样性。生物系统发育从简单的原核生物，经一系列中间类型，直至发展到现代最高级生物——被子植物和哺乳动物，都是经过无数个体发育逐步形成的。

生物还可以对环境的刺激（如光、温度、压力、化学物质、碰触、渗透、重力、土壤、空气、水分及化学药剂等等）在一定限度内产生感应。例如高等动物和某些高等植物的茎和叶可以对外界的刺激和作用产生反应，使生物对环境的适应性更强，在生物对环境的适应中具有极重要的意义。高等动物的神经系统非常发达，感应特别敏锐而复杂。至于植物，因缺乏神经系统，所以感应简单而迟钝且属局部性，但是对于光线、地心引力等的感应仍然明显，如向地性、向光性。生物的这些基本特征的物质基础源于两类高分子有机化合物——核酸（DNA、RNA）和蛋白质。核酸和蛋白质分子组成的多样性和复杂性，造就了生物界物种多样性和生命现象的复杂性，其中还有许多"生物之谜"有待人们进一步认识和探索。

生物界与非生物界之间存在的本质区别就是一切生物都具有生命。它们是活的物体，即在生物体的整个运动过程中，贯穿了物质、能量和信息三者的变化、协调和统一，形成了有组织和有秩序的活动。生物体的这种运动和变化，既复杂而又迅速，为无生命物质所不具备。正是具有生命这一特点，不仅把整个生物界统一起来，同时也把生物界与非生物界区别了开来。

1.2　生物学的广泛性

生物学是极其复杂多样的，这主要体现在以下三个方面：一是生

物种类的多种多样性,分布广泛多样,形态结构和生理功能复杂多样;二是生物学知识本身的广泛性,涉及生物界的各个方面,形成很多分支学科;三是生物学与其他学科之间具有广泛的联系,可以说,生物学是自然科学中渗透最广、涉及面最宽、知识性最浩大的科学。

1.种类的多样性。生物种类繁多,形态多样,生物界包括遍布地球上的各种菌藻草木、虫鱼鸟兽和人类本身,从微小的支原体到参天大树,从水中的动物到天上的飞鸟,据估计,目前人们已鉴定命名的生物约有 200 万种,个体大小相差悬殊,小到几个纳米,大到以吨计。其中动物约有 150 万种,植物约有 50 万种,微生物约有 10 万种。随着时间的推移,新发现的种类还会逐年增加。有人(R.C.Brussca 等,1990)估计,在地球上曾经生活过的生物约有 2000 万到 5000 万种。生物圈(biosphere)是指地球表面,生命进行活动的、连续的有机圈层,它由大气圈下层、水圈、土壤岩石圈及活动于三圈中的生物组成。根据生物分布幅度,生物圈上限可达海平面以上 10km,下限可达海平面以下 12km,分布极其广泛。但是绝大多数生物都集中生活在地表以上、水面以下各 100 m 的范围内。在这一空间,阳光比较集中,绿色植物能够生长,直接或间接依靠植物生活的动物、微生物群密度高,活动能力强,是地球表面生命活动最旺盛的区域。

2.生物学知识的广泛性。生物学不但研究的物种种类繁多,而且不同对象的研究范围、深度也繁杂多样。依照研究类群不同可以分为动物学、植物学、生理学、人类学、古生物学、微生物学等;依照研究生命现象内容的不同可分为形态学、生态学、生理学、胚胎学、分类学和遗传学、进化论;依照研究的生物结构水平不同可分为分子生物学、细胞生物学、个体生物学、生物群落学、生态系统学等等。对于生物种群、群落和生态系统,就有种群结构、群落物种多样性、生态系统多样性及它们的发展趋势等的研究;对于一个单一的物种,可以有形态研究,还可以有种群研究,还可以有更深入的分子遗传学等的研究。总的来说,随着现代科技的发展,生物学同时向微观和宏观两个方面飞速发展,开辟了一系列领域(如分子生物学、遗传工程、仿生

学、地球生态学等等)，获得了许多新的成就(如结晶牛胰岛素的人工
合成、人的基因在烟草植株中的表达、杂交水稻新品种的培育、克隆
羊多利等等)。

3.生物学与其他学科之间具有广泛的联系性。生物学科中传统
的各分支学科彼此交叉渗透，各分支学科间的界限逐渐淡化，而且生
物科学与非生物科学间也存在交叉渗透、相互影响、相互推动的现
象。比如运用化学、数学、物理学等对生命科学进行最本质的研究，
出现了许多的交叉学科，如生物数学、生物化学、地理生物学等学科。
生物科学将在这种广泛的交叉渗透中得到更大的发展，产生许多新
的研究方向和新的交叉学科。

1.3　生物学的实验性

生物学是一门实验科学，观察和实验是生物学基本的研究方法。
实验是生物学研究最基本的方法和手段，生物学的起源和发展与观
察和实验是分不开的。生物学的每一次发展和进步都与实验工具和
手段的发明、改进和发展有密切关系。科学实验作为一种独立的实
践形式，是伴随着近代实验科学的产生和发展，逐渐从生产实践中分
化出来的。它具有模拟、简化、纯化、强化、综合、抑制或排除某些自
然现象的作用，因此可以较为迅速、可靠地认识自然和变革自然。通
过观察、实验还可以使学生加深理解并掌握生物学知识，激发学生学
习生物学的兴趣和积极性，促使学生形成实事求是的科学态度。通
过观察和实验技能的训练，培养学生观察、实验、思维和自学的能力。

生物学是在观察和实验相结合中得到发展的，观察、描述、比较和
实验论证是研究生物学的基本方法。由于生物发展历史悠久，对生命
现象的研究和某一生物的产生和发展会出现时空上的"中断"，因此研
究生命本质要从微观的分析到宏观的综合，必须持辩证的观点，从而
揭示生命活动规律和生命现象的特征，继而应用这些规律改造生物，
通过实验探索新的规律，揭示事物本质。达尔文根据所观察的形形色
色生物以及它们对环境的适应过程，得出了生物在其生长环境的长期

作用下会产生变化的结论,开创了进化论。特别值得一提的是,孟德尔在豌豆杂交实验中认识了遗传现象,并得出相关的遗传规律。这一遗传规律在农业和医学实践中得到了检验和证明。此外,通过对植物细胞、组织或器官的人工离体培养,有目的地控制植物生长发育所需要的外界条件,可以研究形态构造、胚胎发生、分化及反分化等问题;也可探明细胞分裂、分化的原因,细胞中生物合成的条件、细胞呼吸与酶活动等问题,还可在人工离体培养的植物花粉、幼胚、茎端或单个细胞中得到纯系品种,从而缩短育种周期和克服杂种不育等。生物学实验常常能使人们对生命现象的观察更正确、更深刻。

　　生物学由于其包罗万象,系统复杂,其中有相当的生物我们现在还没有研究清楚,需要我们研究的方向还有很多。生物学研究需要实验观察,可以说没有实验观察就没有现在辉煌的生物学体系。

1.4　生物学的定性和定量

　　从定性到定量,向精确的方向发展,这是现代生物学的一个特点,这个特点的出现,关键在于数学方法的运用。19世纪的生物学研究基本上不需要数学,而在现代生物学中,数学的渗透日益加强,数学运用的比重正在不断增加。运用数学模型方法可以进行很大数量的分析处理;能够对现象的各个方面以隔绝的形式进行分析;还能处理杂交等试验的研究资料。运用数学,借助电子计算机,使生物学中一些过去不能解决的重大问题得到了解决。例如,生物大分子合成中的数学运算,生物分类的运算,生态学中的数学分析,甚至理论性很强的进化论研究也需要运用数学测定不同生物蛋白质结构的差异等。不仅如此,近30多年来,还出现了一门崭新的学科,即生物数学。这门学科在不长的时间内发展的分支就有将近20门,例如与挖掘、保存生物资源密切相关的数量遗传学,与延长人类寿命密切相关的数量生理学,与生物防治、人口控制密切相关的数量生态学等等。生物学由定性向定量发展,是生物学达到完善境地的重要标志。

§2　生物学毕业论文选题原则和论题类型

2.1　生物学毕业论文特点

1.用材料反映论文的特点。生物学论文特别强调实验所用的材料。不同的地理位置、气候条件对生物的生态学特点是有影响的。《晏子春秋·杂下之十》云："橘生淮南则为橘,生于淮北则为枳,叶徒相似,其实味不同,所以然者何？水土异也……"讲的就是这个道理,同一种生物在不同的环境条件下,会表现出不同的生长发育特点与规律,这对实验结果有很大的影响。生命运动是一切物质运动的最高级、最复杂的形式,同种生物个体之间差异很大。在实验取材时应注意选取有代表性的材料,如要测试 NaCl 对某种耐盐植物种子发芽率的影响,应选取个体大小适中、有代表性的种子作材料,实验得出的结果才可能是准确的、全面的;避免选取个体极大或极小的种子作材料,因这些取材缺少代表性,会使实验和调查得出的结果有片面性,甚至导致错误。

2.用对照方法反映论文的个性。"结果与讨论"部分是生物学论文所要报道的中心内容。论文水平的高低,对读者有无价值都在此表现出来。因为用生物作实验材料,意料不到的差异很多,所以任何实验都应当有对照,有了对照就可以部分地消除这些差异。所谓对照就是用一样的实验材料,但在方法或处理条件上作不同的处理,而当把实验的结果与对照的结果对比时,两者的差异便显现出来了。

3.用数理统计方法反映论文的可靠性。所谓可靠性,指的是在下一次由实验者自己或别人重复这个实验所得的另一个随机取样,其误差不超出第一次实验所预料的大小。生物实验测验的数据大部分都是随机的,随着时间的推移,随机变量以不确定的方式随其他变量而变化。大部分生物学变量都不具有严格确定的值,必须用统计

学原理来描述,即在某一时间、某一特定条件下做测试所获得的数据,不一定与另一时间相同条件下做测试所得的数据相同。为了求得各变量间的关系,必须用统计学方法进行分析。但是,分析的重点应放在对数据的探讨上,而不是统计本身。

2.2　生物学毕业论文的写作要求

生物学论文属科技学术论文一类,它的写作要求一般与科技学术论文的写作要求基本一致,要求文章内容有科学性、创新性,推理论证严密,结构繁简得当,层次分明,表达流畅,同时,图、表、文字三者处理得当等。但生物学科又有自身特点,因此对论文的写作还有一些特殊要求:注意量和单位的正确使用;要求实验具有重复性;正确使用正斜体等。由于这些不是本章论述的重点,这里就不详细介绍了。

由于生物学科的发展以及与其他学科(如化学、物理、数学、医学等)相互渗透、交叉,产生了许多新的学科,如生物化学、生物物理学、生物数学、生物医学等。这种生物学与各学科综合和交叉的情况,导致了生物学论文的新特点。这就要求我们在运用其他学科的方法时,也要相应地考虑其他学科论文的写作特点和要求,以便准确把握生物学论文的写作。

2.3　选题原则

毕业论文同其他文章一样,按照不同的标准可以分为不同的类型,按照研究内容的不同,可以把毕业论文分成两大类,即社会科学类和自然科学类,生物学是属于自然科学类的。我国的生物学本科教育一般可以分为植物、动物、微生物、生理、细胞、遗传、生化、生物教学法和生态学等专业。本科生最好在这些专业内选题,当然也可以在其相关学科,如生物化学、生物物理学、地理生态学等方面选题。生物学毕业论文写作是一种能力的训练、研究的尝试,是所学知识和能力的一种应用实践,从某种意义上来说是对科研论文写法的学习

和锻炼,所以选题的范围不一定要和毕业生将来的工作和学习有直接的关系。

　　毕业论文的选题是指所要研究论证的学术问题(又称论题),或在实际工作中常常碰到和希望加以解决的问题。论文的题目一般是由学生和导师讨论拟订的,学生可以通过阅读介绍材料及导师近年来发表的论文,通过与指导老师讨论、参观实验室等来了解导师目前工作的研究方向。导师通过讨论等方式来了解学生的兴趣、特长和工作能力,根据目前的研究基础或实验条件提出一些可能的研究题目,也可以由学生提出题目,经过讨论确定选题。

　　高等学校各专业大学生毕业论文和毕业设计的选题,不同于其他学术论文,写作的过程都由作者独立完成。毕业论文是在教师指导下的独立作业,它有一定的独立性,也有一定的依靠性。从它的写作过程来看,有这样一些特点:一是必须在限定的时间(一般为半年)内完成,而且尽可能拿出自己认为较好的成果;二是毕业生虽然可能是初次搞科学研究,但也必须按学术性文章的要求和写法要求自己;三是要求学生与教师积极主动地配合,真正反映出自己对某一方面知识掌握的程度和运用的能力;四是要尽量做有创新的工作,不能做重复无效的劳动。虽然大多数学校各专业的学生毕业论文和毕业设计的选题,一般由老师提出,但作为必备的素质和基本功之一,学生仍然有必要理解和掌握选题的一些基本知识和技巧。这对于顺利完成毕业论文或毕业设计,充分发挥自己的主观能动性和创造性,提高文章质量,以及今后开展科学研究和从事其他实际工作,都是十分必要的。

　　毕业论文设计是从选题开始的,如何选好题、选准题,可以说是写好毕业论文的一个关键性环节。论题不同于题目和课题,题目是指论文的标题,就其研究的范围来说,要比论题小;课题要比论题的范围更大,是其上一层次,一般是某一学科重大的科研项目。比如关于国家珍稀濒危植物七子花的研究是一个大的课题,其中可以有许多论题,如七子花土壤的研究,七子花种群和群落的研究,七子花种群的遗传结构的研究等,可以从中选择一个论题,如七子花的扦插繁

殖。而对七子花的扦插繁殖有许多因素产生作用,如果侧重于将 Mo 浓度对七子花扦插繁殖的影响作为研究方向,题目就可以定为《Mo 对濒危植物——七子花扦插繁殖的影响》。毕业论文的选题是从事科学研究和写好文章的第一步,而且是至关重要的一步,"题好文一半"是颇有见地的经验之谈。

生物学中具体的选题原则有:

(1)适应性原则。所谓适应性就是题目的方向、大小、难易等都应与自己的知识积累、分析问题和解决问题的能力相适应,同时能回答和解决现实生活或学术研究领域中的实际问题。在选题时,要充分注意选题的实用价值,充分考虑具有学术价值的题目。我们所选的研究论题,应是在所学专业内与社会生活和科学文化事业密切相关的问题,可以回答和解决人们在思想、工作、学习中亟待解决的问题,或者提出根据事物的发展可能预见的问题。遵循这一原则,选题时必须注意:选题应是亟待解决的论题;富有开创性的论题;填补空白的论题;具有争鸣性的论题;总结实践经验的论题;或补充前说、纠正通说的课题。同时论题必须符合生物学本专业的培养目标和教学基本要求,体现出本专业科学研究和科学实践的基本特征,使学生得到一次完整的科学实践的学习和锻炼机会。所以选择什么样的课题,既要考虑客观上的适应性,也要考虑主观上的适应性。

(2)可行性原则。一个课题的选择必须具备一定的主观和客观条件,要选择有能力和有利于展开的论题和文章题目。主观条件包括个人的知识、技能、特长、爱好、身体状况等;客观条件包括科学发展程度、人员、资金、设备、期限等。所以,在选题时要注意:量题而为,量力而为,扬长避短,宜实不宜空,宜专不宜泛。有人把选题形象地比作"篮球架子":如果球篮设在合适的位置,人们可以投进去,而且有一定的难度,可以提起人们运动的乐趣;如果球篮放得过高,人们无法投进去;如果放得过低,太容易投进去,就毫无乐趣可言了。后两种情况,对于真正的篮球运动而言是毫无意义的。所以,选的论题要难易适中,深浅适中,宽窄适中,大小适中,应是经过自身的努力

或主要靠自身的努力,并在别人一定的帮助下可以完成的论题。选题时还应充分估计自己的知识储备情况。大凡会做文章的人,无不具有雄厚的知识基础。如果知识根底浅薄,要写出好的文章是不可能的。学生经过几年的努力学习,掌握了相当数量的知识。但是也要承认不同的学生在不同的知识层面上的水平是不同的,所以在选题之前一定要恰如其分地估计自己的力量。如果选题正好有利于发挥自己所学知识的优势、能力特点和兴趣爱好,能够积极地调动自己的知识储备,那么研究起来就会得心应手,易于深入,在文章的构思谋篇,展开讨论时才能左右逢源。如果选的论题不适合自己的实际情况,就会力不从心,弄得筋疲力尽,甚至白费了心血。

(3)合理性原则。选题不但要考虑是否满足科学发展的客观需要,具有研究价值;还要考虑是否适应主、客观条件,是否切实可行;而且还要看论题本身是否合理。所谓合理性原则,是指选题必须符合最基本的科学原理和客观实际,也就是要有理论基础和事实根据。如果对某些具体论题是否合理、是否科学的界限一时难以分清、鉴别,要十分慎重,不要轻易下结论。但是对于早已证明的迷信、谬说,即使经过改头换面,也应及时批驳和纠正。

(4)创新性原则。创新是科学研究的精髓,不管哪一类文章,新颖、别致、有突破性历来为人们所追求。即前人没有专门研究过或虽已研究但尚无理想的结果,有待进一步探讨和研究,或是学术界有分歧,有必要进一步深入研究探讨。文章的新,包括题目、内容、表现方法、语言等多方面。就毕业论文来讲,重在有新意,即表现自己的新看法、新见解、新观点。有了较新颖的观点,文章就有了灵魂,有了存在的价值。所谓新意,王连山先生在《怎样写毕业论文》一书中有较详细的阐述:

a　题目、材料、谋篇、论述方法、观点全是自己的;

b　以新材料论证旧的课题,从而提出新的观点、新的看法;

c　以新的研究方法、新的研究角度重做已有的课题,处理旧有的材料,从而得出全部或部分新观点;

d　以新的材料、新的角度去证明已有的观点,从而赋予了文章新的内容;

e　用新的方法去证明已有的材料、已有的观点,从而使已有的观点得到补充,有新的理解;

f　对已有的观点、材料、研究方法提出质疑,虽没有提出不一样的看法,却能启发人们思考;

g　对已有的观点有部分订正,或对已有的事实有部分修订;

h　为证明已有的观点,提供了较多的新材料,并且能提出一些可供进一步研究的问题。

(5)特殊性原则。大学生毕业论文选题有其自身的特点,时间短,必须在限定的时间(一般在3个月到半年左右)内完成,而且要尽可能拿出自己认为较好的成果。学生初次涉猎毕业论文、毕业设计以及相关文章的写作,没有选题的经验,写作过程中要有指导教师。教师的指导,是一个不可忽视的问题。由于知识结构的特点,本科生对于基础知识有初步了解,但是对于比较详细的知识点掌握深度不够,看问题不够深入。本科生有了教师的指导,就可以弥补知识的不足,较快地掌握科学研究的方法,选到合适的课题。学生学习、借鉴教师的科学研究经验,容易发现和补偿自己的不足之处,从而使得研究工作顺利进行。同时,在教师的指导下,可以比较快地定下选题,避免耽误时间,走弯路,影响下一步的工作。再者,在教师的指导下,可以及时发现和纠正选题中的偏差,保证整个研究工作顺利进行。

当然,接受教师的指导,并不代表要言听计从,应该有个人的主观见解。教师的指导或许超过自己的设想,也许没有满足自己的要求。同时,教师所列出的参考选题,事实上不可能照顾到所有学生的兴趣与专长,所以学生在选题时,既要虚心听取教师的意见,又不能轻易放弃自己的想法。很多经过自己的主观努力取得的想法往往是非常珍贵的。我们可以把自己的想法向老师表白,和老师辩论,共同探讨,这绝不是对老师的不尊重,反而恰恰是一个研究工作者应具有的精神。

生物学专业毕业论文根据不同的标准有不同的分类,这里我们将其分为发明发现性论题、高等生物学知识性论题、中学生物学教研性论题和生物学实验观察分析报告。下面我们重点论述一下以上各种论题的选题方式和方法。

§3　生物学毕业论文的类型

3.1　发明发现性论题

关于什么是"发明"、"发现",国家科委成果局于 1983 年 3 月发布"关于什么是发明的问题——对《发明奖励条例》第三条解释"明确提出:"在科学技术成就中只有改造客观世界的才是发明……至于认识客观世界的科学成就,则是发现。"条例中还明确说明"新"是指前人所没有的、先进的、经过实践证明可以应用的。凡是公知和公用的都是前人的成果。不论以下列任何方式公之于众,都属于公知公用的,例如:(1)世界各国公开发行的专利、发明说明书等;(2)世界各国发行的书刊、教科书、学术论文、小册子、样本等;(3)公开展览会所展出的技术;(4)以广播、电视、录像而公开的技术;(5)以讲演、报告、发言而公开的技术;(6)公开出售的产品和公开使用的制造工艺等。以上这些都是公知和公用的,不是新的。因此,衡量学术论文水平是否属于创新,可以此作为标准。

本科毕业论文要有一定的开拓性和创新性。科学课题研究论文,无论是基础理论研究还是基础科学研究,都应该是前人尚未得到的新成果或尚未涉足的新领域,仅仅简单重复和复述前人已经得到的研究结果,不能作为生物学本科毕业论文。前人尚未得到的新成果是指国内外前人在科学研究中尚未得到的新成果,在教科书中没有记载或在科学专著和其他科学性书籍资料中也没有研究的内容作为判断是否新成果的依据。毕业论文不仅要对专门学术问题进行研

究，而且还要报告自己的独到的学术见解，可以说是理论探讨和研究成果的文字表述。因此，创造性不仅是毕业论文的重要特征之一，而且是毕业论文生命之所在。毕业论文对理论性的要求是，能言前人所未言，能发前人之未发。具体说来，一是文章能揭示出事实的本质；二是文章的论点能引起人们的普通关注；三是文章中的发现和创造在实践中能得到广大读者的赞同并被有效地应用。

论文的创造性既有大小之别，又有水平高低之分。大到开创一门新的学科，或建立一个新的学派；小到推翻一个旧的观点或发现一条有价值的资料，同时创造性又是多方面的。在校生第一次写论文，要求达到学术研究中最高、最理想的境界，或者说有较大的创造，是不可能的。但如果我们能从其他方面(比如论题、材料、方法等)做到与前人不同或有创新之处，也可以说是具有创造性。

1.发现法

发现的本意是经过深入的研究、探索以后，看到或找到还没有被发现过的事物或规律等。要想真正掌握好的方法进行选题，必须弄清楚以下三个问题：在什么地方找；寻找什么；怎样找。

a　在什么地方找。自然界气象万千，生物界复杂多样，我们完全可以说，论题处处有，就看我们如何去寻找。我们应该在社会实践和生活中找论题，在包罗万象、变化无穷的社会现实中，蕴藏着取之不尽、用之不完的研究课题。同时，要到自己所学的课程中去寻找课题。深入课程中从自己学过的知识中找突破点。这既符合高等学校对大学生毕业论文、毕业设计以及论文写作的基本要求，也有利于发挥大学生在这方面的优势。强调这一点，会顺理成章地促进大学生深入课程中，运用所学知识去寻找研究的课题。大学生对于自己所学过的知识，一般都比较熟悉，在对所学课程的分析研究中，往往容易选到适合的研究课题和文章题目。同时，因为有一定的学业基础，对所选题目，做起来就比较得心应手，能够顺利地完成。

本科生应该利用大学阶段学习的相关知识，在实践中发现、寻找论题的着眼点，平时要培养自己发现问题的能力，要敢于提出不同的

见解,要善于发现、敢于怀疑。对日常生活中接触到的疑问,要利用本科阶段学到的专业知识,去深入理解这种现象或事物出现的内在根源。比如,平时稍加留心,就会发现有些植物本身可以产生种子,但是由种子萌发形成的幼苗却很少,于是可以提出疑问:为什么会出现这种现象?我们知道这是生物的一种生殖对策,那么就可以对该种植物的繁殖对策进行深入的研究。当然,也可以对其他有着类似现象的植物进行研究。如荆棘植物月季的快速繁殖问题。随着我们生活水平的提高,人们对鲜花的需求大大增加,实现重要的花卉植物月季的快速繁殖,以提高产量和品质,同时缩短生长周期和降低成本,就显得很有意义。再如随着我们环保意识的加强,人们对于天然的污水处理系统产生了兴趣,这样湿地污水处理系统就应运而生,关于其研究也是很好的论题。在美国,博士研究生的论题,大多是从公司的管理和生产提出来的问题,这种论文选题,在书本上是很难找到现成答案的。同时可以在本学科领域的"空白处"、"空缺处"、"交叉口处"和"热点"寻找论题,这里的论题大多没有人涉及,创新性很强。所谓"空白处",就是本学科领域别人尚未涉猎研究过的课题,这类课题,参考文献较少,甚至无从借鉴,但对于作者来说,发挥创造性的余地较大,作者可以在了解总体研究状况的基础上,运用联想、推理、演绎、判断等思维方式,达到对客观事物的主体认识。这种探索性的课题一方面可供研究的空间较大,有一定发挥主观能动性的天地;另一方面又具有一定的学术价值,对发现新情况有一定的启发作用。所谓"空缺处"就是在本学科领域别人已经研究过,但还有科学探讨余地的课题。科学发展表明,各种学科的知识正在互相渗透、互相交叉、互相分化、互相综合。在学科与学科的交叉地带,不断地涌现出一些新的学科门类,如生物化学、生物地理学等,这就必然带来新问题,要求我们善于留心选择某些多学科交叉的新课题。这些交叉学科的课题,往往容易从各个学科不同的特点入手,在综合和比较中发现问题,探讨出具有价值的规律来。

对于本科毕业生而言,完全依靠自己得到新的发明和新发现等

论题的难度较大。在平时应多和老师探讨,这样才能避免本科生知识面狭窄、看问题不够深入等缺点。毕业论文的选题放在哪个层面,这要根据自己的能力、需要等等具体而定。选题不是越大越好,更不是越小越好。用这种方法可以十分顺当地选择出一个好的题目,去作一篇高水平的毕业论文。例如,就濒危动植物而言,其中某个地区的濒危物种调查、濒危种群和群落的未来发展趋势、濒危的原因等,都是好的论文选题。我们可以根据自己的实际情况,从不同层面的一个或多个问题去研究和写作,必定可以获得预期的成果。

　　b　寻找什么。写发明创造性毕业论文必然决定了论文选题的新颖性。就这一前提,如果我们选出的论题不能显示出创新点和出其不意,就必然没有生命力。因此,从根本意义上来说,我们必须学会善于从一般的问题中看到突出现象;在一般的事物中找到特殊的例子;在普遍的活动中悟到新鲜的个别。这些正是我们着力去寻找的。当然,在选题的时候我们也要考虑到知识水平和实验条件等。只要我们从自己的范围去搜索,找到一个与众不同的"点",还可以根据自己的能力,创造性地解决"什么"的问题。

　　c　怎样找。观察同一种事物或现象,必须站好自己的位置,选准角度,否则看到的仅仅是表象而非实质。我们要善于透过现象看本质,懂得从变化过程中找出规律,才能算得上真正学会怎样看或找问题。这不但需要一定的专业知识为前提,也不能离开用眼看、用心找、用脑想这三个方面的综合。由于本科生学习的多是理论基础知识,所以对于自己不能理解的问题,要敢于、勇于积极地向老师提出,可以和老师争论,不管自己提出的问题是否正确,总会在提问和争辩的过程中得到更好的理解和掌握。

　　人类文明史上,许多伟大人物都爱思考,具有很强的思维能力和想像能力。爱因斯坦说过:"学习知识要善于思考、思考、再思考,我就是靠这个学习方法成为科学家的。"选题是一个创造性思维过程,这个过程要贯穿于选题的各个环节。一个人良好的思维力品质表现为思维的广阔性、深刻性、灵活性和创造性。广阔性就是要打破思维

的局限和僵化,勤于在更加广阔的领域思考;深刻性就是要克服思维的表面化,透过现象看本质,敢于在别人认为已经有答案的地方问一个"为什么";灵活性就是不钻牛角尖、走死胡同,要善于从各个不同角度和侧面去思考问题;创造性就是要勇于根据客观事实,进行批判性、突破性的思考,不迷信盲从,不满足于现成的方法和结论。

2.文献法

文献泛指图书、报纸和杂志等,是人类智慧的结晶、知识的海洋,是保存、传播科学研究成果的主要载体,通过文献资料的查阅,最容易了解本学科研究的历史和现状,特别是已经确定了的研究范围内的研究历史和现状。了解本学科的研究历史,能知道本学科中过去已经进行了哪些研究,有些什么成果;了解本学科的研究现状,能知道现阶段的研究达到了什么程度,以及哪些问题尚未得到解决,本学科发展的新动向、新问题是什么。这两方面的资料占有得多,情况就会比较清楚,选题就不会盲目,就会有进行创造想像的基础,就可能产生出新颖、独创的选题。否则,选题时心里一片茫然,什么样的途径方法也无济于事。要大量地查阅文献资料,存储丰富的知识,并对所储存的知识加以积极思考,一方面从前人的思想与研究成果中获得启迪,从中发现问题,寻找题目;另一方面在深刻理解和掌握前人的知识与研究成果的前提下,去选取那些更高层次的课题。坐在房间里光靠手边的一点书本和杂志是无法办到的,必须到图书馆或资料室去查阅大量的文献资料。从查阅文献资料入手,要花费相当多的时间和精力,这是做研究工作的重要基础工作,必须耐心细致地做好。尤其是在当今的时代,只有善于利用文献,才能把握科学技术发展的脉搏。我们可以从图书、杂志、报纸、网络等,寻找下面三个方面的问题:看热点,爆冷门;找空白,揭矛盾;涉本行,越边界。只要善于从这三个方面去寻找问题,许多新颖合适的课题必然会浮现在眼前。

a 看热点,爆冷门。热点指的是引人注意、令人注目的事物,或者是能吸引许多人研究的问题。而冷门则是指在现阶段不为人们所注意,不时兴的,乃至被冷落、被忘却的,但是这并不意味着今后一直

是这样的。我们应当学会善于从众多的信息资源和渠道里看到热点、看清热点，要勇于提出与众不同、有独到见解的问题，要学会透过热点话题的分析，通过冷静的思考，爆出一些"冷门"。

b　找空白，揭矛盾。现在我们对于自然界的认识，包括对于自身的认识，可以说是很肤浅的，还有很多未知的事物和现象等待我们去探索，研究中的空白多的是，关键在于我们要有敏锐挑剔的眼光，要有独立思考的能力。自然界是辩证统一的，很多事物和现象都是相互矛盾地存在和发展的，比如遗传的稳定性和变异性等。在知识的海洋里，我们不但要有接受信息、学习成果、借鉴经验的能力，还要有分析问题、加工信息和消化吸收的能力，否则我们将被淹没在知识的海洋里而无所作为。如果带着疑问看问题，在我们学习知识的时候，那些没有论述的问题，那些相互对立、彼此矛盾的问题和观点，必然进入我们的视野。

c　涉本行，越边界。现在学科发展的方向是各学科的融合，产生新的边缘学科。在科技高速发展的今天，学科与学科之间的空隙越来越明显，在这其中有许多重大的问题要我们研究。一般而言，对于本行知识应该是比较了解的，而对于"边界"也应该不会陌生，同时在学科或专业边缘或交会处，往往更加容易找到最佳的选题。在这种边缘或无人区选题时，应该在两相邻学科边缘处寻找结合点。

3.综合法

从系统论的观点去看，任何系统中，整体的功能不是等同于而是大于各个孤立部分功能之和。在利用综合法进行选题时，并不是将各种方法简单地相加，而是利用系统论的观点，做更高层次的推进。只有综合运用各种方法，才能更好地体现出整体的功能，使我们的选题能力跃上新的高度。将各部分同时考虑、同步推进，使综合结果的整体功能得到全面的发挥。同时，也要抓住论文的特点和个人特长，重点利用其中一种或几种策略、原则、方法等。要善于以辩证唯物主义的观点去审视问题，善于用系统论的观点去处理问题，这样就可能对教育研究论文的选题原则、策略和方法驾驭自如，写出反映自己能

力的高水平论文。

针对发明发现性论题"新"的特点,选题的方法主要有以下几种:

a　抓住疑难点。就是从有争议、有疑问、有较大难度的一些"敏感"点去获得和发现选题的方法。抓住这些带争议性的问题,得到某些事实,发现新线索;或者是吸取各个方面的合理成分,另辟蹊径,创立新说;或者是择其善者而从之,补充新的论据,改变论证方法,使论证更为充分、更加严密等。对某些已有理论、传统观点和结论,用批判的眼光,提出质疑,寻找它们的缺点,指出其偏颇甚至谬误,从中也可得到许多值得人们思考的新认识、新看法和新问题。还有某些看似很难或本就很难的问题,只要细心分析、悉心研究,也可能会发现新的值得深入探讨的东西。大学生要在虚心学习、努力实践的基础上,不畏艰难,敢于和善于在毕业论文、毕业设计说明书的写作中,提出疑问,参加争鸣。

b　寻找结合部。就是从某些交叉学科的结合部,去寻觅和发现选题的方法。科学的发展是交叉和渗透的,自然科学和社会科学各学科的变化,已经出现以下特征:一门学科内各分支学科的交叉结合;各门学科交叉结合(包括自然科学和社会科学的交叉结合);科学与技术、科学技术与艺术日益紧密结合的软科学、软技术等大量出现;数学向一切领域渗透;系统论、信息论等新兴学科向各门自然科学、技术科学和社会科学领域渗透等。这些结合部容易被人忽视,或由于双方专业性质不同而未曾涉及,许多创新的研究课题和文章题目,往往蕴藏在这些地方。

c　捕捉偶发事件。就是在偶然发生的事件中,捕捉和发现选题的方法。在调查、观察、实验或研究某一事物过程中,有时会遇到"意外"的、非所预料或"反常"的现象,这些偶发事件,很可能会成为科学研究的新起点,也可能是形成新研究题目的好机会。大学生要努力培养自己敏锐的观察力和直接思维力,处处留心,善于捕捉偶发机遇,充分利用偶发机遇,绝不能"守株待兔",否则,许多有意义、有价值的课题,很可能会失之交臂。

　　d　探索前沿内容。就是到别人未曾涉足或刚刚开始涉足的科学前沿,去探索和发现课题的方法。大学生应该学习和培养这方面的品质,在研究领域,做前人所未做的,许多重大科研成果很可能就出在这些地方。作为有开拓、进取精神的当代大学生,应该有胆识、有魄力涉足新领域,在老一辈科学家的带领和指导下,敢冲前沿,敢攀高峰,争取做一名科技创新的勇士。

3.2　高等生物学知识性论题

　　与发明发现型的论文相比,不论从理论的深度还是从知识的广度来看,知识性论文的写作要容易一些,但并不意味着撰写这类论文就不需要系统的理论知识。它需要对研究对象的来龙去脉、前因后果以及该对象与其他现象的相互联系有一个透彻的了解,而不能只是单纯地就事论事。

　　综述性毕业论文是对某个科学方向或科学研究的国际国内研究工作的发展成果进行比较系统、完整的介绍、总结和评述,内容应集中于概括国际范围内该方向的发展、动向和结论。在生物学领域,综述型论文是指对生物学中某一个研究方向或新的发展动向进行调查研究,对其历史、发展过程和目前的现状以及各个阶段的主要成果和影响进行比较全面、系统的综合论述。比如药用植物红豆杉的研究进展、动物抗病毒感染工程基因育种、根组织特异性基因研究进展等,不要求对论题有个人独到的见解,也不要求对所述的问题有新的发现。它以文献阅读为主,要求对该方向的最新进展有较全面的认识、对其历史与发展过程有较系统的了解。在此基础上综述其理论成果、实验依据以及尚待解决的问题,同时应该提出自己的见解,以及对某些具体研究的体会。应该指出的是,综述性论文应针对前沿问题,而不是简单的读书报告。它只是要求作者就某一课题一定时期以来在学术界的研究情况及成果作一综合性的评述。课题的内容既可以是某一学派的形成过程,也可以是某一学术争论的过程;既可以是某一学术现象,也可以是某一学术观点。综述的目的或是使其

来龙去脉清楚,或是令学术阵营分明,或是要分清主次轻重,或是要让争论焦点明朗。虽然主要是对已经存在的现象和事实的综述和介绍,但其间当然也要有评论的成分,发表自己对某些事实和现象的看法,这些都是不可或缺的。综述型论文的价值主要是为理论界提供学科前沿的最新动态、学术信息和系统的学术资料,是科学研究中不可缺少的一环。写好综述型论文,并不是十分容易的。它首先要求作者必须全面、详尽地占有资料;资料不详尽,文章便会失去价值。其次是作者须具有高度的概括能力,没有对资料的高度概括,也就谈不上综合和评述了。

评析型论文的选题范围比较宽泛,无论是自然现象还是自然科学理论,都可以作为评析的内容或对象。它可以对各种现象从根源、影响到结果进行透彻的分析;也可以利用自己所掌握的科学理论,对学术界的某种学说或某种思潮进行评价。本科生可以依据所学的专业,根据自己对某一现象、理论所占有的材料选择评析课题。要写好评析型论文,还需注意两个方面的问题:一是要突出"评"和"析",有分析,有自己的见解和结论,不能只是机械的、简单的介绍;二是在选择评析的对象时要突出一个"新"字,也就是说,评析的对象要在某一学科领域内有新意,且前人还未曾发现和评析,通过介绍和评析能给人以新的启迪。

对于知识性论文的其他类型这里就不一一介绍了,其总的选题方式也和发明发现性论题大同小异,但是知识性论题由于重点介绍某一方面某一领域的研究的进展和应用,所以选题有其自身的特点,重点是大量材料的分析与综合。我们重点讲述一下用材料提取法选择论题。

材料提取法,是指通览所占有的和可以借阅的文献资料,从中提取自己感兴趣的问题,从而确定选题,当然也应该是目前的热点问题或即将成为热点的问题。阅读材料一定要全面,把到手的材料仔仔细细、认认真真地看一遍。不能看了一些材料,从中受到一点启发,有了自己的点滴看法,就急于确定选题。只有将所有材料全面彻底

地通览一遍,并经过认真分析,反复思考以后才能确定选题。在阅读材料时,一定要勤动手、勤思考,随时记下资料的纲目,记下资料给予自己印象最深刻的东西(观点、论证、方法、论据等),记下随时涌上心头的点滴体会,而不是"走马观花,流于形式"。接下来的工作,就是将阅读所得到的方方面面的材料进行分类,看看哪些内容属于本学科目前亟待解决的问题,哪些内容属于本学科争论的焦点问题,然后从中提取自己体会最深的东西,经过反复琢磨,形成自己的选题。

3.3　中学生物学教研性论题

教育研究论文,既不同于学术研究论文,更区别于通常的教育或教学工作总结。教育研究论文跟学术研究论文虽然是有区别的,但它们都是对创造性的研究成果进行理论分析和科学总结的文体;是交流探索进展和最新信息的书面材料等。而它们的不同点在于,两者研究对象、研究范围等是有所区别的。一般来说,学术研究论文是指某一学术课题在实验性、理论性或观测性上,具有新的科学研究成果或者创新见解和知识的科学记录;或指某种已知原理应用于实际中取得新进展的科学总结。从某种意义上说,教育研究论文同样应当是科学记录或科学总结,具有高度的概括性,严格的科学性,突出的创造性,明显的可读性。

教育研究论文的写作,也决不外乎两个问题:写什么,怎么写。而选题的有关内容,正是要解决"写什么"的问题。因此,全面、准确地懂得关于选题的基本知识,是抓住论文写作的第一个关键。选题探索的方向,研究的范围,奠定了论文的水准。选择一个恰如其分的论题,方向就会看得准确,问题可以说得深刻,结论可以下得透彻。而大题目往往由于题目过大,我们把握起来力不从心,很难做透,难免半途而废,即使是勉强成功,也不大可能取得满意的结果。同时,就教育论文的探讨对象而言,应当就近避远,也就是要选择平时熟悉的、可以用自己的专业知识解决的论题。对于我们熟悉和常接触的事物和现象,我们必定对其了解,应用专业知识写起来也就顺手。小

的论题容易驾驭,可以研究得更加透彻。但并不是说论题越小越好,研究的各个论题之间总有或近或远的联系,如果问题分得过细,相邻问题之间的联系性就会越强,很可能不能把问题讲述清楚、分析透彻。教育研究或问题探索的程度,当然是越深入越能显出水平。

任何研究成果的取得,都离不开正确的方法运用。因此,有的学者认为没有方法就没有科学。在中学生物教育研究性毕业论文选题时,要注重选题的方法,这是十分必要的。我们这里论述的选题基本方法也和发明发现性论题的选择大体相似。当然,由于教育研究论文自身的特点,其选题方法也有自身的特点,这里我们仍就发现法、文献法和综合法等方法论述一下教育研究论文的选题方法。由于我们平时很少接触初高中生,并不能及时了解目前各种教学方式和方法的效果,也很难在第一课堂了解学生的心理和想法。所以,中学生物学教研性论题的选择应侧重于社会调查式选题法,深入课堂中,掌握第一手资料。撰写毕业论文的最终目的是为社会服务,作为毕业论文写作关键的第一步——选题的确定,也理应以社会需要为出发点,注重社会调查,从社会实践中收集第一手资料,将其去伪存真,上升为理性的本质的认识,最终确立自己的选题,真正做到选题源于实践,服务于实践。

①发现法

要撰写教育研究论文,也必须弄清楚以下三个问题:何处看或找,看或找什么,怎样看或找。

a 何处看或找。论题处处有,重要的是要知道怎样才能找到最佳的论题。我们应该充分利用所学的相关知识,善于在实践中发现、寻找论题的着眼点。在教学中,需要多方面的条件配合,其中最主要的是:教师、学生和教材。我们以学生方面为例,对生物学教育研究论文的选题作简单阐述。学生是知识的接受者,教学的最终目的就是使学生能够很好地掌握知识。我们可以再考察学生的接受能力在课前、课上、课后的体现;综合素质中的理解能力、知识结构、知识水平和兴趣爱好等,可以继续往下延伸。例如,有些中学生不喜欢生物

学这门课程,这一问题的形成原因、学生心理特点、教育方法的原因等,都可以是好的论文选题。还可以根据自己的实际情况,从不同层面的一个或多个问题去研究和写作,必定可以获得预期的效果。

b 看或找什么。教育研究和写作所具有的特点,必然决定了论文选题要和实际课堂教学紧密联系,同时也要有新颖性。如果选出的论题不能和实际情况相结合,没有创新性,就必然没有生命力,也没有写作的必要了。因此,从根本意义上来说,我们必须学会善于在日常生活中,看到突出现象和急待解决的问题。只要我们从自己的范围去搜索,就能找到一个与众不同的"点"。

c 怎样看或找。前面讲过,对于同一个问题的认识,必须站好自己的位置,选准角度,否则看到的仅仅是表象而非实质。例如教学软件画板在生物教学中的应用,就要把着重点放在应用的效果上,即对学生接受知识的影响。要善于透过现象看本质,懂得从变化过程中找出规律,这才能算得上真正学会怎样看或找问题。这不但需要一定的专业知识为前提,而且不能离开用眼看、用心找、用脑想这三个方面的综合。

总而言之,运用发现法进行选题,既是一种技术,更要讲究科学方法;既要充分利用感觉器官去接受信息,更要全面开动思维机器去加工信息。这样,才可以做到平中出奇,选择一个独具卓识的题目去进行研究和写作。

②文献法

当今世界是一个信息化的社会,知识化的世界。我们无时无刻不在从书本、杂志、电视、报纸、互联网等各种渠道接受着各种各样的信息。当然,并不是所有的知识和信息都是有用的,平时要注意信息的筛选和整理,要取其精华,去其糟粕。在当今的时代,要善于利用文献才能把握科学技术发展的脉搏,教研性论文也不外乎寻找下面三个方面的问题:看热点,爆冷门;找空白,揭矛盾;涉本行,越边界。只要善于从这三个方面去寻找问题,许多新颖合适的课题必然会浮现出来。这些在发明发现性论文选题中已经讲过,此处不再论述。

③综合法

在任何系统中,整体的功能不是等同于而是大于各个孤立部分的功能之和。在利用综合法进行选题时,要利用系统论的观点,做更高层次的推进。只有将各种方法进行综合运用,才能更好地体现出整体的功能,使我们的选题能力跃上新的高度。将各部分同时考虑、同步推进,使综合的整体功能得到全面的发挥。同时,也要抓住论文的特点和个人特长,重点利用其中一种或几种策略、原则、方法等,并善于以辩证唯物主义的观点去审视问题,善于用系统论的观点去处理问题。只有这样,才能驾驭自如。

3.4　生物学实验观察分析论题

所谓实验,是指为了检验某种科学理论(包括假设),或者为创造发明和解决实际问题,而有计划、有目的地进行的某种操作,或是为了查看某事的结果、某物的性能而从事的某种活动。由于科学技术的进步,实验早已成为人们认识世界、发展科技的伟大实践活动,生物学更是实验性的科学。现在生物学专业的学生,在校期间要做许多的实验。生物学实验是巩固和验证所学理论知识,培养创造性思维,接受实验方法训练的重要环节,也培养学生严肃的科学态度和严谨的工作作风以及正确使用仪器、仪表,培养学生观察现象、测量处理实验数据、分析实验结果、编写实验报告的能力。

实验观察型毕业论文的正文部分有实验材料、实验方法、实验结果和讨论等。其格式一般比较固定,既可以表述作者根据特定的研究目的,自行设计出一套全新的实验方案,利用外加的因素去干扰实验对象,看它将会产生什么样的结果;也可以表述运用新的原理、设备和方法,验证前人、他人已有的实验及其结果(理论或假说)是否正确;还可以表述运用前人、他人的实验原理、设备和方法,做出更高数量级的精度测定,进一步加深对研究对象某些性质和规律的认识,将研究工作引向深入。生物学实验论文论题的选择和发明发现性论文相似,都要侧重于创新性,也讲发现法、文献法、综合法等方法,同时

具体内容也大同小异,我们这里就不再重复了。

由于生物学包罗万象,系统复杂,许多领域有待我们深入研究、探索。实践证明,生物学研究是需要实验观察的,可以说没有实验观察就没有现在的生物学。科学实验的过程,就是实验者通过自己有目的的活动,借助于实验手段使实验对象发生预定变化的过程。通过实验,可以较为迅速、可靠地认识自然和变革自然。

3.5　生物学毕业论文参考题目列举

(1)Mo 对七子花扦插繁殖成活率的影响研究;

(2)苜蓿叶蛋白的分离及性质研究;

(3)皮纹与运动机能的相关研究;

(4)番红花组织内氨基酸组成研究;

(5)蒺藜中氨基酸的含量测定;

(6)动物组织脂肪中羟脯氨酸测定方法研究;

(7)PCR 方法检测我国脊髓灰质炎病毒Ⅰ型野毒株的研究;

(8)氮乙酰化转移酶多态性表型检测方法的探讨和应用;

(9)基因工程的发展与应用;

(10)抑制 PCR 技术及其在基因分析中的应用;

(11)稻瘿蚊的发生与防治研究进展;

(12)无公害生物农药研究进展;

(13)害虫生态控制研究进展;

(14)农田生物群落多样性研究进展;

(15)烟草害虫综合防治概况;

(16)柑橘溃疡病研究进展;

(17)应用基因技术治理害虫综述;

(18)生物学课堂教学的"点";

(19)生物学教学中主动思维教学模式;

(20)生物学教学中的爱国主义教育;

(21)在科技活动中培养和发展学生的创造性思维;

(22)生物学教学中要重视学生人格的塑造;

(23)试论模型方法在提高学生生物科学素质中的功能。

§4 生物学本科毕业论文范文

4.1 范文 1:铝对大豆光合特性及生理特性的影响

点评:由于酸雨所引起的铝对植物的毒害是近二十多年以来出现的新问题,目前已对作物的产量和品质造成了很大的影响,尤其在红壤地区,铝对植物生理特性的影响研究具有重大的理论意义和实际运用意义。本文以南方红壤地区广泛推广的 3 个大豆品种为主要材料,通过比较分析各品种不同生育期对不同水平铝处理的光合和其他生理特性反应的差异,来揭示大豆抗铝胁迫的机理。论文选题紧密联系了与国民经济相关的重大问题,参阅了大量的国内外最新的相关文献,实验设计合理,研究方法准确,工作量非常大,以图和表的形式来明示研究结果,清晰明了。论文条理性和逻辑性强,层次分明,文字通顺,语言流畅,但在讨论方面还可更进一步展开。本文是一篇优秀的学士论文。

铝对大豆光合特性及生理特性的影响

应小芳

(浙江师范大学生命与环境科学学院 98 级)

指导老师 刘 鹏 徐根娣

摘要 利用土培方式,研究了铝对 9703、浙春 2 号、浙春 3 号三个不同品种大豆的光合作用和生理特性的影响。结果表明,铝对大豆的生长具有明显的抑制作用。在铝胁迫下,大豆叶片的光合作用

减弱,质膜透性增大,脯氨酸和可溶性糖含量增加,根瘤数量减少,根系活力下降,同时叶绿素含量和 CAT、POD 活性也发生了变化。从种间差异性来看,三个大豆品种对铝毒的抗逆性不同,按耐铝性大小依次为:浙春 2 号 > 9703 > 浙春 3 号。

关键词:铝;大豆;光合特性;生理特性

铝是地壳中含量最丰富的金属元素,通常以难溶性的硅酸盐或三氧化二铝的形式存在,对植物没有什么危害,但在酸性条件下(pH <5),难溶性的铝会变成可溶性铝(主要是 Al^{3+}),从而对植物产生危害。近年来,随着环境酸化问题的日益严重,尤其是酸雨的频繁沉降和生理酸性肥料的施用,土壤酸化加剧,铝溶出量增加,严重制约了植物的生长[1,2,3,33,36]。目前,铝已经成为酸性土壤中抑制植物生长的重要因素[2]。

在我国的南方地区,广泛分布着以红壤为主的酸性富铝化土壤,而这一地区又是我国酸雨分布的地区之一,随着土壤酸化的加剧和铝溶出量的增加,红壤中富铝化程度加大,对植物造成了极大的危害,许多地区出现了由于铝毒而导致大豆固氮能力下降从而导致大豆严重减产的现象。

大豆是我国重要的经济作物,在我国国民经济中一直占有重要的地位。但从 1996 年开始,我国由大豆出口国逆转为大豆进口国,进口量逐年骤增,1998 年净进口量突破 200 万吨,而到 2000 年,净进口量则已突破 1000 万吨。我国的大豆生产形势极为严峻。本文探讨了铝对三个不同大豆品种的光合特性和各项生理指标的影响,为进一步揭示铝在大豆中的生理作用提供科学依据,促进我国南方酸性土壤地区大豆的生产。

1. 文献综述

自 Ulrich(1980)发现全球森林衰退和土壤的酸化程度与土铝含量密切相关,从而提出铝毒假说以来,有关土壤铝毒及其改良的研究越来越引起人们的重视。从那以后,人们在铝元素的土壤科学、环境

化学、地理分布、营养生理学和毒害的防治等方面做了不少研究工作,取得了一定的研究进展。

植物受铝毒胁迫的症状首先表现在根系上[22,24,25,29,32]。植物受到铝毒害后,其主根和侧根生长受到抑制而变得粗短[26],根呈褐色[46],根尖弯曲膨大,呈不规则的勾状,根冠脱落。根系缺少分支[22],大小降低,呈珊瑚状。有时较深的铝毒会导致根系坏死。铝毒害在叶片上的表现症状则与植物营养缺乏的症状相似。叶片小而发育不良,幼叶沿边缘卷曲,叶片易黄化,坏死。茎、叶和叶脉变成紫色。Fagria(1982)通过对水稻的研究指出,铝减小了根、冠的干重以及根系长度和株高。但铝对植物叶片的光合作用过程有何影响,目前尚未有报道。

在研究过程中,关于铝对植物的毒害机理方面也开展了一些研究,取得了一定的成果。目前有许多试验表明,铝可与植物细胞的蛋白质、糖类和核酸等结合,干扰植物体内的一些离子代谢,影响植物细胞各种生理生化过程的正常进行,从而影响植物的正常生长发育。有关铝对植物毒害的机制有众多的观点和学说,主要有:1)铝易与细胞质膜的脂质或膜蛋白结合,影响膜的结构和功能[31,37,45];2)铝与细胞壁的成分结合,影响其正常功能,从而影响细胞的代谢活动[47,48];3)抑制DNA的合成和细胞的有丝分裂[32,46];4)通过对钙的作用而影响植物的生理代谢(抑制根对钙的吸收;扰乱细胞内钙的平衡;取代重要位点上的钙)[10,27,40];5)影响细胞骨架微丝的排列和稳定性,对植物根的形态建成、细胞增大、细胞壁的合成及细胞器的移动产生作用[24];6)使植物体内激素平衡失调;7)与钙调蛋白作用,诱导其结构产生变化,抑制钙和钙调蛋白的相关酶的生理活性[46];8)影响植物对矿质营养的吸收和代谢,如铝毒抑制植物对磷、镁、氮、钾、铁和铜等矿质元素的吸收,因而在外观表现上,植物的铝毒症状与营养缺乏症状相似[37]。但到目前为止,许多观点还没有得到广泛的认同,仍存有争议,如铝毒的最初作用部位究竟是根尖分生组织还是极尖伸长区;铝毒是先抑制细胞分裂导致根系生长被抑制,还是

根系生长受到抑制后才致使细胞分裂受阻等。这些方面还有待于进一步研究和探讨。

与此同时,对于植物耐铝毒的机理也开展了不少的研究工作[29,39]。业已证明,不同植物种类和品种对铝的抗逆性存在着很大的差异,这种差异为植物耐铝毒机理的研究提供了基础。目前,有关植物耐铝毒的机理大致可分为两个方面[7,21,29,39]:一是植物外部抗性机理,认为植物耐铝毒主要是通过阻止铝离子进入植物体或到达细胞内的敏感代谢部位,如细胞壁对铝的固定作用,质膜对铝的选择透过性,植物根际诱导产生的 pH 屏障,植物根系分泌螯合物与铝结合,铝的跨膜外流,植物根系无机磷和有机酸的分泌等;二是植物内部机理,铝离子进入植物体内以后,植物通过内部解毒作用获得对其的抵抗力,如细胞溶质的螯合作用,细胞液泡的分离隔化作用,分泌可与铝结合的蛋白降低铝的毒性,抗铝酶系的诱导形成等。但从整体研究进展来看,现有对植物耐铝机理的理解还缺乏整体性和系统化,对植物内部的耐性机理研究甚少,有关植物耐铝差异的生理生化基础和机理至今仍没有形成一致的观点和完整的体系。

此外,在铝毒对大豆生理生化特性的影响及大豆的耐铝毒性方面也开展了一点研究。如 Startain(1974)报道耐铝大豆品种的根每单位长度吸收磷量较多。Foy(1978)指出,耐铝毒大豆品种抗铝诱导缺 Ca 症能力强[36],Foy(1992) 通过试验认为大豆耐铝毒能力与其排斥铝离子进入植物体和内部细胞的能力相关[22];Klimashevskii(1981)认为大豆叶绿素蛋白复合体的稳定系数可以作为大豆抗铝毒的指标[23],并报道铝毒导致大豆体内 ABA 含量大大增加;Pan(1988)在对酸性铝毒土壤的研究中证实:铝毒抑制大豆敏感品种地上部分侧枝的生长,而通过细胞分裂素的叶面喷施或对侧枝进行局部处理可以得到恢复;Lazof(1994)利用离子质谱技术发现在大豆根系生长受抑制之前,铝已经进入大豆根尖的共质体,表明铝毒害可能是 Al^{3+} 与细胞内部相互作用的结果,同时还发现敏感品种根尖积累的铝含量要显著高于耐铝品种;Olivertti(1995)提出铝毒胁迫引起大豆细胞的

质膜发生去极化[32];万延慧等研究了大豆种质耐低磷与耐铝毒部分指标及其相互关系[9]。但是,总的说来,与小麦、玉米、水稻、大麦等作物的铝毒生理生化影响及其耐铝性研究相比,国内外对大豆的相关研究较少。在铝毒胁迫对大豆根际土壤的营养元素、微生物和酶的影响、根系营养和生理特性的系统研究,铝赋存形态及大豆耐铝毒的真正机理等方面还很少见报道。国内对大豆铝毒研究近十年才起步,相关研究报道不多,还有待于进一步研究和探讨。

2. 材料与方法

2.1　材料与试剂

供试大豆为浙江省农业科学院大豆组提供的优质高产大豆 (*Glycine max* Merrill)品种"9703"、"浙春2号"和"浙春3号"三个品种。

铝肥用硫酸铝(分子式为 $Al_2(SO_4)_3 \cdot 18H_2O$),为分析纯。

供试土壤:浙江师范大学校园深层红壤。土壤的基本性状为: pH 为 5.96;有机质 18.2g/kg;阳离子代换量 3.94cmol/kg;水溶性盐总量 2.64g/kg;全氮 0.53mg/kg;水解氮 22.8g/kg;速效磷 60.4mg/kg;速效钾 147.9mg/kg。

用 18×23 塑料米氏盆装风干土,每盆装土 5.0kg。

基肥为:尿素 2.14g/盆、磷酸二氢钙 1.17g/盆、氯化钾 1.58g/盆、钼酸铵 0.02g/盆、四硼酸钠 0.04g/盆。

所有肥料均在移苗7天前溶解施入。

2.2　试验设计

本试验采用土培的方式进行。

试验设三个不同的土壤饱和度:T_0(CK,不另外施铝肥)、T_1(施硫酸铝 7.0g/盆)、T_2(施硫酸铝 14.29g/盆),也在移苗7天前溶解施入。

试验于 2002 年 4 月 15 日开始。选择经过消毒处理的饱满健壮、大小一致的三种不同的大豆种子播种在石英砂中,当幼苗第一片复叶展开时,将三个不同大豆品种的长势一致的幼苗分别移入各塑料盆中,每盆留苗4株,每个处理重复8次。

2.3　取样

于五叶期取样,每盆间苗 1 株。取样时间为上午 7:30~8:30,各测定均取从上到下第 2 或第 3 片完全展开叶。

2.4　测定方法

(1)光合作用各指标用 LCA-4 光合作用仪测定。

光合速率用 $\mu mol \cdot m^{-2} \cdot s^{-1}$ 表示。

气孔导度用 $mol \cdot m^{-2} \cdot s^{-1}$ 表示。

保卫细胞间[CO_2]浓度用 $\mu mol \cdot mol^{-1}$ 表示。

气孔阻力用 $m^2 \cdot s \cdot mol^{-1}$ 表示。

(2)质膜透性用电导仪测定[12],用相对渗透率(%)表示。

(3)丙二醛采用硫代巴比妥酸法[12],以 $\mu mol \cdot L^{-1}$ 表示。

(4)脯氨酸含量采用茚三酮比色法[12],以 $\mu g \cdot ml^{-1}$ 表示。

(5)过氧化物酶(POD)采用愈创木酚法[12],用 $\triangle A470 \cdot min^{-1} \cdot g^{-1} FW$ 表示。

(6)过氧化氢酶(CAT)采用硫代硫酸钠滴定法(曾绍西等,1991)[13],以 1min 变化 0.01 个 OD 值为一个活力单位,用 $units \cdot g^{-1} FW$ 表示。

(7)蛋白质测定用考马斯亮蓝法[12],用 $\mu g \cdot ml^{-1}$ 表示。

(8)叶绿素含量用分光光度计法测定。

(9)根系活力用 TTC 法测定,用 $\mu gTPF \cdot g^{-1} FW$ 表示。

3. 结果与分析

3.1　铝对大豆叶片光合作用的影响

作物生产的实质就是光能驱动的一种生产体系。研究表明,作物生物学产量中的 90%~95% 的物质来自光合作用的产物,只有 5%~10% 的物质来自根部吸收的营养物质,因此,光合作用是决定产量的最重要因素。大多数学者认为大豆光合速率与产量呈正相关。叶片光合过程中,CO_2 从空气中向叶绿体光合部位扩散受诸多因素影响,如叶界面 CO_2 导度、气孔导度、叶肉导度、保卫细胞间 CO_2 浓度等的影响,而气孔是气体和水汽扩散进入叶内或蒸腾的必经通道,它的开张程度对 CO_2 的吸收影响较大。孙广玉等[20](1991)研究

了水分胁迫下大豆光合速率和气孔导度的关系,认为它们在一定范围内呈直线关系。Wong 等[49](1979)认为,气孔导度影响光合速率,光合速率对气孔导度具有反馈调节作用,即在有利于叶肉细胞光合时,气孔导度增大;不利于光合时,气孔导度减小,从而使光合速率与气孔导度之间遵循严格的线性关系。

由图1我们可以看出,随着铝饱和度的增加,所受的铝毒胁迫增大,三个品种大豆的气孔阻力均大致呈增大趋势,其中,浙春3号大豆增大得最为明显,T_1 比 T_0 增大了 57.26%,T_2 比 T_0 增大了 268.32%,而浙春2号增大幅度较小,T_1 与 T_0 相比仅增大了 12.33%,T_2 比 T_0 增大了 22.50%。由此可见,铝胁迫增大了大豆叶片的气孔阻力,对光合作用造成了一定的影响。

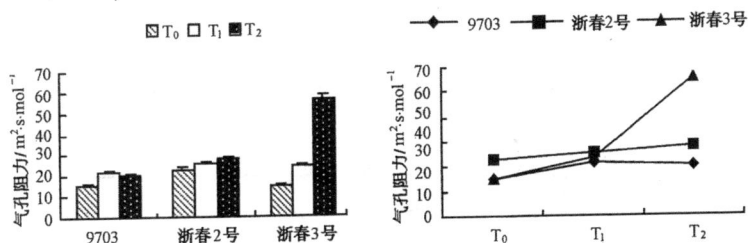

图1　铝对大豆叶片气孔阻力的影响

从图2可以看出,随着铝饱和度的增加,三个品种大豆的气孔导度呈下降趋势,其中,仍是浙春3号大豆下降得最为明显,T_1 比 T_0 下降了 24.74%,而 T_2 比 T_0 则下降了 79.98%,但浙春2号大豆仍是较为耐性的,T_1 比 T_0 只下降了 8.76%,T_2 比 T_0 则下降了 21.17%。可见,铝胁迫使气孔导度减小,这对光合作用是不利的。

我们再来看铝对大豆叶片保卫细胞间$[CO_2]$的影响。从图3可以看出,随着铝处理浓度的增加,三个不同品种大豆叶片保卫细胞间$[CO_2]$降低,T_1 下降度均不大,分别为 26%、15.7%、14.52%;但 T_2 下降度增大,其中,还是浙春3号下降得最快,下降了 67.62%,而浙春

理科类学生毕业论文写作指导

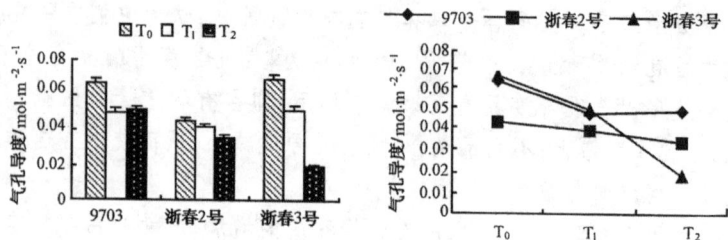

图 2　铝对大豆叶片气孔导度的影响

2 号最慢，为 33.26%。由此可见，铝胁迫降低了大豆叶片保卫细胞间 $[CO_2]$，而不同品种对铝胁迫的抗性是不同的。

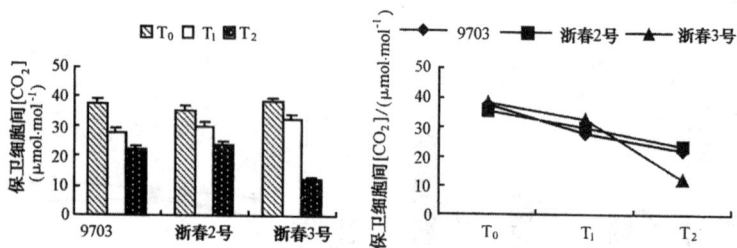

图 3　铝对大豆叶片保卫细胞间 $[CO_2]$ 的影响

铝对大豆叶片的光合速率也有一定的影响。从图 4 可以看出，铝处理对大豆叶片的光合速率具有抑制作用。随着铝处理浓度的增加，三个不同品种大豆叶片的光合速率均呈下降趋势，其结果仍是浙春 3 号下降最多，达 67.68%；而浙春 2 号下降得较少，为 33.7%。

结果表明，铝胁迫对大豆光合作用有较为明显的影响，抑制了大豆光合作用的进行，且随着铝处理浓度的增加，这种抑制作用增强。分析原因可能是铝胁迫导致大豆叶片气孔阻力增大，从而使气孔导度减小，保卫细胞间 $[CO_2]$ 浓度减小，造成叶片光合作用所需的 CO_2 减少，光合作用受到抑制，而使光合速率减小。从不同的大豆品种来

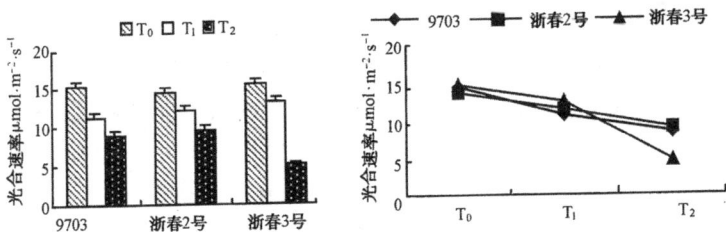

图4　铝对大豆叶片光合速率的影响

看,铝胁迫对三个品种大豆的抑制作用是不一样的,铝对浙春3号大豆的影响较大,而对浙春2号大豆的影响较小。分析原因可能是不同品种大豆对铝胁迫的抗逆性不同,浙春2号的抗铝能力最强,9703品种次之,浙春3号的抗铝能力最弱。

3.2　铝对大豆叶绿素含量的影响

铝对大豆叶片叶绿素含量也有一定的影响,但不是特别明显,且不同品种的大豆所受的影响是不同的。从表1可以看出,9703品种的大豆,随着铝处理浓度的增加,叶片叶绿素A、叶绿素B和A＋B的总含量有一点下降的趋势,但不是很明显;浙春2号和浙春3号的叶绿素含量则有一点上升的趋势,但总是低铝胁迫下的叶绿素含量最高。分析原因可能是大豆在根部吸收的铝主要积累在根部,向上运输的量较少,因而对大豆叶片叶绿素含量产生直接的影响较小。

表1　铝对大豆叶片叶绿素含量的影响

处理 Treatment	A			B			A＋B		
	T_0	T_1	T_2	T_0	T_1	T_2	T_0	T_1	T_2
9703	1.2985	1.2322	1.2840	0.9132	0.8094	0.8889	1.8565	1.7472	1.7973
	0.9837	1.4058	1.5014	0.8720	0.8323	0.8631	1.4247	1.9628	2.0920
	1.1751	1.2644	1.3215	0.8374	0.8598	0.8270	1.6898	1.7875	1.8414
浙春2号	1.3922	1.6640	1.4305	0.7735	0.6861	0.7597	1.9391	2.3204	1.9796
	1.4804	1.3116	1.4907	0.7400	0.7058	0.7311	2.0752	1.8272	2.0859
	1.2915	1.6889	1.2078	0.7036	0.7333	0.6995	1.8278	2.3575	1.7013
浙春3号	1.1094	1.3722	1.2188	0.6555	0.7048	0.6211	1.5994	1.9259	1.7324
	1.1599	1.3230	1.2334	0.6687	0.6786	0.6296	1.6209	1.8499	1.7499
	1.2636	1.3448	1.3457	0.6832	0.6497	0.6382	1.7971	1.8886	1.7226

3.3　铝对大豆生理生化特性的影响

　　植物在受到外界环境的胁迫时,干扰了体内的某些离子代谢,某些生理指标会发生变化。植物体内的可溶性糖含量的变化是植物体内碳水化合物代谢的重要标志,既可以反映碳水化合物的合成情况,又可以说明碳水化合物在体内的运输情况。因而,对可溶性糖含量的变化要从多方面来分析。一般来说,植物受到胁迫时可溶性糖含量增加,但我们的实验结果有所不同。从图5可以看出,随着铝处理浓度的增加,三个品种大豆叶片的可溶性糖含量均是有所降低的,其中,浙春3号下降得较为明显。

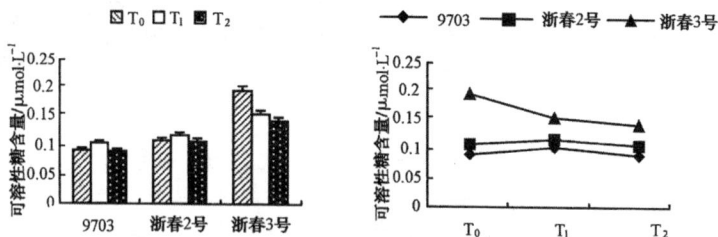

图5　铝对大豆叶片可溶性糖含量的影响

　　而MDA(丙二醛)是植物抗性生理中常用的膜脂过氧化指标。一般情况下,植物受到胁迫时,体内的MDA含量增加。从图6来看,随着铝处理浓度的增加,不同品种大豆的变化趋势是不一样的。9703和浙春2号在T_1处理下比T_0有所增加,这与前人的说法符合,但在T_2处理下又有所下降。而浙春3号随着铝处理浓度的增加,则始终是呈下降趋势。这可能是与在高铝胁迫下,质膜受到大幅度损伤有关。

　　植物体内的脯氨酸可降低细胞渗透压,维持压力势,保持和稳定大分子物质,参与叶绿素的合成,维持细胞的渗透压,故植物在逆境胁迫下体内脯氨酸大量积累。由图7可见,随着铝处理浓度的增加,除浙春2号外,9703和浙春3号叶片脯氨酸含量均呈增长趋势,表明铝浓度越高,脯氨酸含量就越高。浙春2号在T_1处理时降低,可能是因为它对铝毒害具有一定的抵抗力,在低铝胁迫下还不至于对其

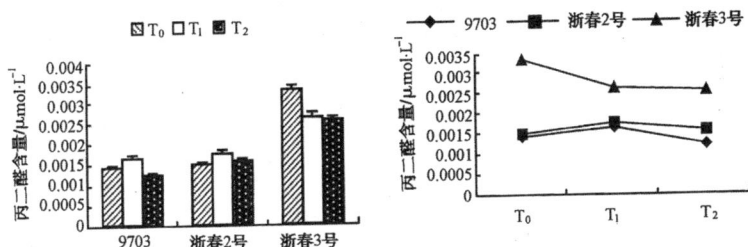

图6　铝对大豆叶片丙二醛含量的影响

产生危害,直到高铝胁迫时才表现出毒害症状。由此说明了浙春2号大豆的抗铝胁迫能力较强,受铝胁迫的影响较小。

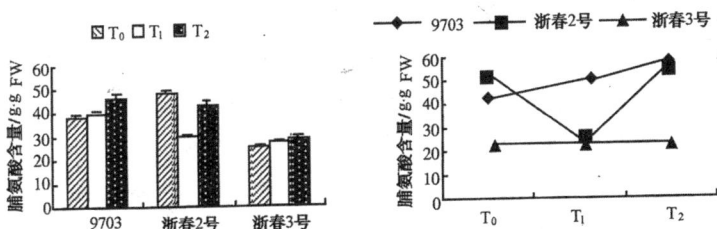

图7　铝对大豆叶片脯氨酸含量的影响

3.4　铝对大豆叶片质膜透性的影响

细胞质的质膜具有选择透过性。植物细胞与外界环境之间的一切物质交换必须依靠质膜进行。各种不良环境因素对细胞的影响首先作用于这一层由类脂和蛋白质所构成的生物膜。极端温度、干旱、盐渍、重金属等都会使质膜受到不同程度的损伤,而往往表现出膜透性增大,细胞内部分电解质外渗。因此,质膜透性的测定常作为植物抗性研究中的一个主要生理指标。由图8可知,随着铝处理浓度的增加,三个不同品种大豆叶片电解质的相对外渗率均逐渐增大,这说明铝胁迫对大豆叶片的细胞质膜结构及其稳定性有一定的破坏作用,导致其通透性增加。从三个不同的大豆品种来看,浙春3号增加

的幅度最大,T_2比T_0增加了53.12%,且在高铝胁迫下,它的电解质相对外渗率也最高,这也说明了这三个品种对铝胁迫的抗逆性是不同的,其中,浙春3号对铝的抗逆性最差。

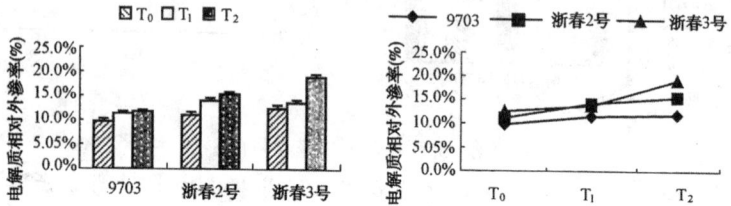

图8　铝对大豆叶片质膜透性的影响

3.5　铝对大豆根系的影响

植物受到铝胁迫时,根系受害首当其冲。从处理大豆的根来看,高铝胁迫下,三个品种大豆的根系均出现了烂根现象,而根瘤数量也急剧下降。结果表明(图9),随着铝处理浓度的增加,三个不同大豆品种的根瘤数量均大大减少,且不同品种减少的幅度不同。由此可见,铝胁迫对大豆根瘤产生了极大的影响,可能对根瘤菌有所抑制,从而抑制了根瘤的生长。从图中可见,浙春3号的下降幅度最大,9703次之,浙春2号下降的幅度最小。可见,根瘤数目在一定程度上也反映了不同品种大豆对铝胁迫的抗逆性大小。

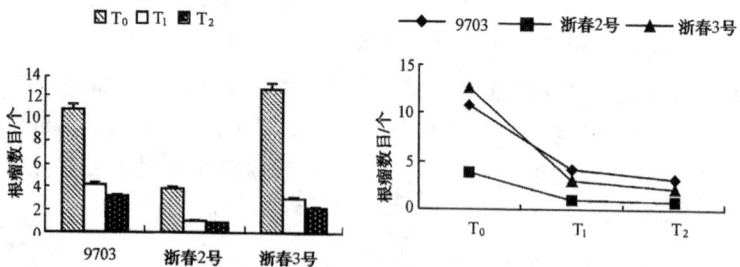

图9　铝对大豆根瘤数量的影响

作物的根系活力对整个植株的生命活动有着极其重要的影响。

根系不但吸收水分和无机盐,而且也是多种物质合成和转化的器官。在逆境条件下,植物根系受到伤害,使根系活力下降,从而使根吸收水分和无机盐的能力下降,最终使整个植株的生命活动受到一定的抑制。从图10中可以看出,在铝胁迫下,三个大豆品种的根系活力都降低了,且随着铝处理浓度的增加,根系活力下降趋势增大。从不同品种来看,浙春3号的下降幅度最大,总共下降了38%,而浙春2号下降最少,低铝胁迫(T_1)时仅下降了8.74%,高铝胁迫(T_2)时也只下降了24.2%。由此可见,铝胁迫对大豆根系产生了毒害,致使根系活力下降,且不同品种大豆根系对铝胁迫的抗逆性不同。

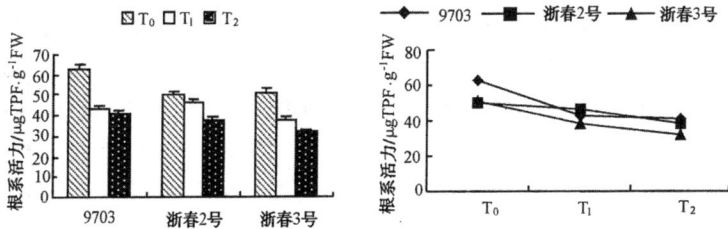

图10 铝对大豆根系活力的影响

3.6 铝对大豆体内酶保护系统的影响

SOD、POD、CAT是植物体内保护系统中最重要的酶。当植物处于逆境条件下,SOD、POD、CAT等通过协调作用,能有效地清除 O_2^-、OH^-、H_2O_2 等自由基,防御膜过氧化,维持了上述自由基的产生与清除之间的平衡,使植物细胞膜免受伤害。所以,一般情况下,植物在逆境条件下的保护性酶含量均是增加的。结果表明(图11),铝胁迫确使大豆叶片中 CAT 含量增加,且随着铝处理浓度的增加,CAT 的含量也增加,而不同品种的增加量是不同的。从图11还可以看出,浙春3号的增加趋势是最大的,9703次之,而浙春2号则基本保持不变。可见,铝对大豆产生了一定的毒害,植株通过增加 CAT 含量来清除因此产生的自由基,从而减少一些伤害。因而,CAT 含量的改变也可作为植物抗性研究中的一个生理指标。

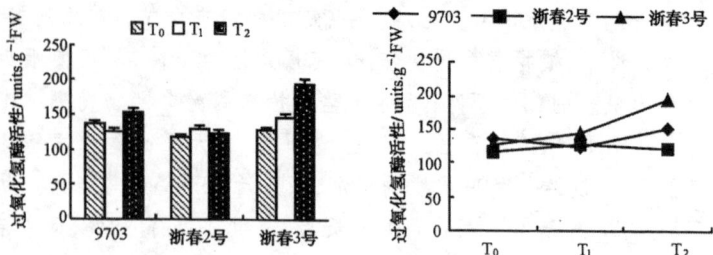

图 11　铝对大豆叶片 CAT 活性的影响

但 POD 活性的变化就不是很明显,从图 12 可以看出,在铝胁迫下,三个不同品种的大豆叶片 POD 活性虽有变化,但不是特别明显,且并非完全上升,而是有下降的趋势。在 T_1 处理下,9703 和浙春 3 号均是较为明显地上升的,而在 T_2 处理下则表现为下降;而浙春 2 号则刚好与之相反。分析原因可能是 9703 和浙春 3 号对铝胁迫较为敏感,在低铝胁迫下即表现胁迫症状,POD 活性增大,而在高铝胁迫下,由于生命活动受到一定的抑制,代谢受到影响而导致 POD 活性下降;而浙春 2 号则可能是因为它对铝胁迫具有一定的耐性,在低铝处理下还不会表现为胁迫症状,在高铝处理下,它受到胁迫从而表现出 POD 活性的增强。

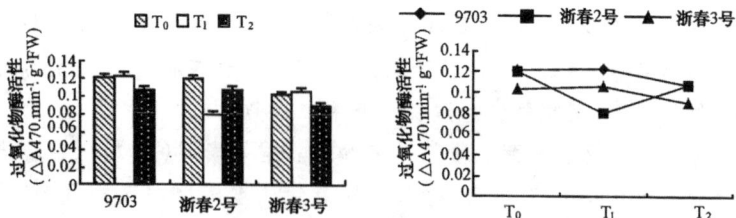

图 12　铝对大豆叶片 POD 活性的影响

4.讨论

本次试验通过对三个品种大豆光合作用和生理生化特性的研究,证明了铝对大豆的光合特性和生理生化特性具有明显的影响,对大豆的生长产生一定的抑制作用。

首先,铝胁迫对大豆叶片的光合作用产生了一定的抑制作用。在铝胁迫下,大豆叶片的气孔阻力增大,气孔导度减小,保卫细胞间[CO_2]浓度减小,从而导致叶片的光合速率减小,且随着铝处理浓度的增加,减小的幅度增大。分析原因可能是铝胁迫导致大豆叶片气孔阻力增大,从而使气孔导度减小,保卫细胞间[CO_2]浓度减小,造成叶片光合作用所需的 CO_2 减少,光合作用受到抑制,而使光合速率减小。

其次,在铝胁迫下,大豆叶片的电解质相对外渗率升高,质膜透性增大,且随着铝处理浓度的增加,均有上升的趋势。可见,铝毒胁迫对大豆产生了一定的毒害作用,导致大豆体内的某些细胞结构发生了变化,对植物造成了一定的伤害。同时,大豆植株体内产生并积累了大量的脯氨酸。许多科学家也发现,作物在不良逆境中具有累积脯氨酸的生理生化效应,在盐渍、干旱逆境胁迫下的这种效应已有不少文献报道[16,17]。彭嘉桂等[18,19](1994,1995)在玉米和大豆试验中也发现,这两种作物在铝胁迫下也具有这种生理生化效应,而且不同耐性的品种,在同一铝饱和度处理下,其叶片脯氨酸含量从耐性品种向敏感性品种增加。此次试验也发现,随着铝饱和度的增加,大豆叶片中的脯氨酸含量也呈递增趋势。可见,脯氨酸的积累可作为植物是否受到胁迫的生理指标。但是,一般来说,植物受到胁迫时的可溶性糖和丙二醛含量会增加,而在此次试验中,可溶性糖、丙二醛含量在铝胁迫下反而是减少的,与前人的结论产生了分歧,具体原因目前尚不能解释,还有待于以后进一步的研究和探讨。

再次,随着铝处理浓度的增加,CAT 的活性也增大。SOD、POD、CAT 是植物体内保护系统中最重要的酶。当植物处于逆境条件下,SOD、POD、CAT 等通过协调作用,能有效地清除 O_2^-、OH^-、H_2O_2 等自

由基,防御膜过氧化,维持了上述自由基的产生与清除之间的平衡,使植物细胞膜免受伤害。所以,在一般情况下,植物在逆境条件下的保护性酶含量均是增加的。可见,铝对大豆产生了一定的毒害,植株通过增加 CAT 的含量来清除因此产生的自由基,以减少一些伤害。因而,CAT 含量的改变也可作为植物抗性研究中的一个生理指标。但是,在此过程中,POD 的活性有时是降低的,与以往的发现不一样,原因有待于再次探讨。

最后,本次试验还研究了铝对大豆根系的影响,发现铝对大豆根系具有明显的毒害作用。植物受到铝毒害,其根系首先受到伤害。铝毒使大豆根的生长受到一定的限制,在高浓度铝处理下还出现烂根现象。随着铝饱和度的增加,大豆根系的根瘤数量急剧减少,分析其原因可能是铝对大豆的根瘤菌有抑制作用,从而抑制了根瘤的生长。同时,根系活力也随着铝饱和度增加而下降,分析其原因可能是铝毒对根系产生毒害,降低其呼吸作用,从而降低了根系活力。

此外,通过对三个不同的大豆品种(9703,浙春 2 号和浙春 3 号)各项生理指标的比较研究,发现不同的品种对铝胁迫的敏感性和抗逆性不同。从此次试验中,我们发现这三个大豆品种对铝的敏感性大小排列为:浙春 3 号 > 9703 > 浙春 2 号,也就是说,浙春 2 号对铝胁迫的抗逆性最大,而浙春 3 号的抗逆性是最差的。至于其耐铝机制还需要进一步的研究。

总之,铝对大豆的光合特性和生理特性产生了一定的影响,降低了光合速率,增大了质膜透性,CAT 的活性增大,在体内积累大量的脯氨酸,同时使根系中的根瘤数目下降,根系活力降低。目前对于铝胁迫下光合作用的研究还不多见,影响光合作用的生理机制和生化特性还有待于进一步的研究。此次对大豆铝胁迫下光合作用的初步研究结果,对以后在这一方面的研究有一定的指导意义。而对三个不同耐性大豆品种的对比研究,也对以后选育在酸性土壤地区种植的优质耐铝毒品种有一定的指导意义。

参考文献

1. 刘厚田,田仁生. 重庆南山马尾松衰亡与土壤铝活化的关系. 环境科学学报,1992,12(3):297.

2. 中国林学会主编. 酸雨与农业. 北京:中国农业出版社,1998.

3. 刘厚田,张维平. 重庆南山酸雨与马尾松衰亡的关系. 环境科学学报,1988,8(3):331 - 339.

4. R. J. Wright. 孟福赐译. 土壤铝毒与植物生长. 土壤学报,1992,20(2):29 - 33.

5. 黄巧云,李学垣,徐凤琳. 铝对小麦幼苗生长和根的某些生理特性的影响. 植物生理学通讯,1994,30(2):97 - 100.

6. C. Christiansen. Weniger. 不同耐铝性小麦品种的联合固氮和根系有机酸分泌作用. 吴列洪,王建林译. Plant and Soil, 1992 Vol. 139:167 - 174.

7. 张芬琴,徐新建. 外源硼对铝胁迫小幼苗的缓解效应. 植物生理学通讯,2001. 37(1):21 - 24.

8. 孔繁翔,桑伟莲,蒋新,等. 铝对植物毒害及植物抗铝毒作用机理. 生态学报,2000,20(5):856 - 862.

9. 万延慧,年海,严小龙. 大豆种质耐低磷与耐铝毒部分指标及其相互关系的研究. 植物营养与肥料学报,2001,7(2):199 - 204.

10. 何龙飞,刘友良,沈振国,等. 铝对小麦幼苗营养元素吸收和分布的影响. 电子显微学报,2000,19(5):685 - 694.

11. 张志良. 植物生理学实验指导. 第二版. 北京:高等教育出版社,1993.

12. 汤章城. 现代植物生理学实验指南. 北京:科学出版社,1999.

13. 曾绍西,王以柔,刘鸿先. 低温照射下与黄瓜子叶叶绿素降低有关的酶的反应. 植物生理学报. 1991,17(2):177 - 182.

14. 赵世杰,许长成,邹琦,等. 植物组织中丙二醛测定方法的改

理科类学生毕业论文写作指导

进.植物生理学通讯,1994,30(3):207.

15. 张殿忠,汪沛洪,赵令贤,等.测定小麦叶片游离脯氨酸含量的方法.植物生理学通讯,1990,(4):62.

16. 徐新常.作物抗旱能力与体内游离脯氨酸含量的关系.国外农业科技,1983,9:19－21.

17. 周青,黄晓华,施国新,等.逆境胁迫下作物积累脯氨酸生理生态学意义.农业环境保护,1991,10(6):272－273.

18. 彭嘉桂.铝胁迫对大豆遗传基因形态和生理特性的影响.福建省农业科学院学报,1994,9(2):34－39.

19. 彭嘉桂,陈成榕,卢和顶.玉米铝胁迫的研究初报.热带亚热带土壤科学,1995,4(2):97－101.

20. 孙广玉,程炳嵩,等.大豆光合速率和气孔导度对水分胁迫的响应.植物学报,1991,33(1):221－227.

21. 黄邦全,白景华,薛小桥.植物铝毒及遗传育种研究进展.植物学通报,2001,18(4):385－395.

22. Foy C D., Duck J A, Devine T E. Tolerance of soybean germplasm to an acid tatum subsoil. J Plant Nutr., 1992,15:527－547.

23. Klimashevskii E L, Dedov V M. Fixation of aluminum by root tissues: one cause of the genotypic specificity of plant resistance to its toxicity. Sov Agric Sci.1977,1:9－11.

24. Bennet R J, Breen C M, Fey M.V. The aluminum signal: new dimensions of aluminum tolerance. Plant and Soil.1991,134:153－166.

25. Delhaize E, Ryan P R.Update on environmental stress: aluminum toxicity and tolerance in plants. Plant Physiol.1995,107:315－321.

26. Grabski S, Schindler M. Aluminum induces rigor with the action network of soybean cells. Plant Physiol.1995,108:897－901.

27. Huang J W, Shaff J E, Grunes D L, Kochian L V.Al effects on calcium fluxes at the root apex of Al-tolerant and Al-sensitive wheat cultivars. Plant Physiol.1992,98:230－237.

28. Jones D L, Kochian L V. Aluminum inhibition of the 1,4,5 - trisphosphate signal transudation pathway in wheat roots: a role in aluminum toxicity. Plant Cell, 1995,7:1913 - 1922.

29. Kochian L V. Cellular mechanisms of aluminum toxicity and resistance in plants. Annu Rev Plant Physiol. Plant Mol Biol.1995, 46:237 - 260.

30. Larsen P B, Diehard J, Tai C Y, Tenser L M, Howell S H, Cochin L V. Arabodopsis mutants with increased aluminum resistance exhibit altered patterns of aluminum and organic acid release from roots. Plant Physiol. 1998,117:9 - 17.

31. Le Van H, Kurdish S, Sakurai N. Aluminum-induced rapid root inhibition and charges in cell-wall components of quash seedlings. Plant Physiol. 1994,106:971 - 976.

32. Olivertti G P, Cumming J R, Etherton B. Membrance potential depolarization of root cap cells precedes aluminum tolerance in soybean. Plant Physiol. 1995,109:123 - 129.

33. Ryan P R, DiTomaso J M, Kochian L V. Aluminum toxicity in roots: an investigation of spatial sensitivity and the role of the root. Cap J Exp Bot. 1993, 44:437 - 446.

34. Siegel N, Haug A.Aluminum interaction with calmodulin: evidence for altered structure and function from optical and enzymatic studies. Biochem Biophycs Acta.1983,744:36 - 45.

35. Von Uexkull H R,Mutert E.Global extent development and economic of acid soils. Plant and Soil, 1995, 171 (1): 1 - 15.

36. Foy C D, Chaney R L, White M .The physiology of metal of toxicity in plants. Annu Rew. Plant Physiol, 1978, 29:511 - 566.

37. Alain Gaume, Felix Machler & Emmanual Frossard. Aluminum resistance in two cultivars of Zea mays L: Root exudation of organic acid and influence of phosphorus nutrition. Plant and Soil,2001,234:73 - 81.

38. Krug E C and C R Frink. Science, 221:520 – 525.

39. Gunse B, Poschenieder C, Barcelo J. Water transport properties of roots and root cortical cells in proton and Al stress maize varieties. Plant Physiol. 1997, 113:595 – 602.

40. Macklon A E S, Sim A. Modifying effects of non – toxic levels of aluminum on the uptake and transports of phosphate in regress. J. Exp. Bot. 1992, 43:915 – 923.

41. Heim A, Luster J, Brunner I, Frey B, Frossard E. Effects of Al treatment or Norway spruce roots: Element distribution. Al binding forms and release of organic substance. Plant and Soil, 1999, 216:103 – 116.

42. Taylor G J. Current views of the aluminum stress response: the physiology basis of tolerance. Curr Top Plant Biochem Physiol. 1991, 10: 57 – 93.

43. Delhaize E, Craig S V, Beator C D, Bennet R J, Jagadish V C, Randall PJ. Aluminum tolerance in wheat (Triricum aestivum L.) I. Uptake and distribution of aluminum in root apices. Plant Physiol. 1993, 103: 685 – 693.

44. Jones D L, Prabowo A M, Kochian L V. Aluminum-organic acid interactions in acid soil. Plant and Soil. 1996, 182:229 – 237.

45. Miyasaka S C, Buta J G, Howell R K and Foy C D. Mechanisms of aluminum tolerance in soybeans. Plant Physiol. 1991, 96:737 – 743.

46. Zhang G, Hoddnott J, Taylor G J. Charactrasation of 1, 3-beta-D-glucan (callose) synthesis in roots of Triticum aesitivium in response to aluminum toxicity. J Plant Physiol[I]. 1994, 144:577 – 584.

47. Viola R E, Morrison J E, Cleland W W. Interaction of metal (III) - adenosine 5, K-trisphosphate complexes with yeast hexokinase. Biochemistry. 1980, 19:3131 – 3137.

48. Wong S C, Cowan I R. Farquhar G R. Stomatal conductance correlates with photosynthetic capacity. Nature, 282:424 – 426.

4.2　范文 2:七子花的生物多样性保护

点评:七子花是我国特有的珍稀濒危植物,是我国第一批公布的二级濒危保护植物之一,是中国生物多样性保护行动计划中优先保护的物种,目前主要分布在浙江,其他地方非常稀少。由于其所生存的环境恶化,其生物多样性保护极为重要。本论文从扦插繁殖和组织培养两个方面展开,尤其是七子花愈伤组织的成功填补了国内外相关方面研究的空白。本实验思路严谨,实验方法先进,文章结构和层次分明,语言流畅,分析问题深入浅出,实验结果可信度高,其结果也为其他濒危植物的保护提供了可供借鉴的经验,是一篇不可多得的优秀学士论文。

七子花的生物多样性保护

章振华

(浙江师范大学生命与环境科学学院 97 级)

指导教师　徐根娣　刘　鹏

摘要　本文对七子花生物多样性的保护进行了初步探索,分别进行了扦插繁殖和组织培养试验。在组织培养试验中,通过幼叶诱导愈伤组织及愈伤组织诱导茎的培养基进行筛选,研究了 Mo、Mn 及一些促进生根的植物生长激素对扦插枝生根的影响,为七子花的保护和大量繁殖提供了成功的经验。

关键词:七子花;扦插繁殖;组织培养

七子花(*Heptacodium miconioides* Rehd)为落叶灌木或小乔木,忍冬科七子花属的惟一种类,是我国的特有种,也是我国第一批公布的二级濒危保护植物之一[1]和中国生物多样性保护行动计划中优先保护的物种[2]。七子花为优良的观赏树种,在系统演化和区系分类上

有重要的学术价值。但由于七子花植株分布范围狭小，自然繁殖率低，其种子休眠期长(470～500d)，种子萌发率极低(5%～10%)，加之其生态环境不断恶化，种群不断变小，目前已处于濒危灭绝状态，七子花在其模式标本产地湖北宜兴已灭绝。因此，寻找一条有效的快速繁殖途径来保护七子花的种质资源成为一项当务之急的工作。但至今国内外对于七子花快速繁殖方面的研究鲜有报道，基于此种情况，我们通过扦插繁殖、组织培养等方法对七子花进行人工繁殖。其中组织培养的成功与否取决于培养基中添加的外源激素的成分和浓度比例，因此我们对添加了不同浓度配比的外源激素的培养基进行筛选，找出适合诱导七子花成株的培养基。而扦插繁殖试验，先对七子花插枝进行预处理。处理物质为微量元素 Mo、Mn 和植物生长激素 6-BA，NAA。这些物质可能影响七子花扦插生根，因为有人通过对七子花原生土壤和非原生扦插土壤的分析，推测 Mo、Mn 是七子花分布的限制因子[3]，且由于 Mo 对植物体内氮磷代谢有重要作用，Mn 与植物体内激素水平密切相关。另外，植物生长激素对细胞分化起重要作用，具有加速细胞分裂，促进生根和抑制侧芽生长的作用。扦插成活后进行统计分析，找出最好的处理组，从而为七子花的保护提供成功经验。

1. 材料和方法

1.1　组织培养

实验材料分别于 2001 年 2 月和 3 月采自金华北山野生七子花的越冬芽和栽培于浙江师大生科院植物园内的七子花刚展开的嫩叶。越冬芽用自来水冲洗 10min，在 95% 酒精中浸泡 45s，再用 0.1% 的升汞灭菌 8min，继而用无菌水冲洗 6 遍，然后将越冬芽基部切去，剥去外部数层鳞片；嫩叶取下后用自来水冲洗 15min，用毛刷小心轻刷叶背面，用 70% 的酒精浸泡 30s，再用 0.1% 的升汞灭菌 6min，然后用无菌水冲洗 6 次，切成 0.5cm×0.5cm 的方块，最好取带有主叶脉的叶片。将芽和嫩叶接种到诱导愈伤组织的培养基上。

诱导愈伤组织培养基为 MS 培养基，添加不同浓度配比的激素：

2,4-二氯苯氧乙酸(2,4-D),吲哚丁酸(IBA)和玉米素(ZT),pH 为 5.8,琼脂 0.65%。接种后采用暗培养,温度为 25℃。20d 后转接到加入了不同浓度的活性炭的相同培养基中,继续增殖愈伤组织。15d 后将诱导成功的愈伤组织转接到诱导茎的培养基中。诱导茎的培养基为 1/2MS,再添加不同浓度配比的激素:6-苄基腺嘌呤(6-BA),吲哚乙酸(IAA),萘乙酸(NAA)及赤霉素(GA),再加入少量活性炭,防止褐变。诱导茎培养则在光照培养箱内,温度为 25℃,光照为 2000Lx,每天光照 12h,且每隔 20d 转接一次,试验重复 5 次。

1.2　扦插繁殖

材料于 2001 年 2 月 20 日,从北山采集野生的七子花灌木,选择健壮嫩枝,剪成每段含有 2 对芽的短枝,在其生理下端用锋利刀片将扦插面削成 45°,然后进行插枝预处理。钼和锰处理采用 3 因素 7 水平试验设计,植物生长激素处理采用 3 因素 6 水平实验(因素、水平对照表见表 1)。将每组 30 根插穗在不同浓度的处理液中浸泡 48h,而对照组 60 根插穗用清水浸泡 48h,然后扦插到浙江师大生科院植物园的沙坑内,注意浇水、蔽阴。5 月 12 日(79d 后)统计其生根成活率,试验重复 10 次。

表 1　因素、水平对照表　(单位:mg/L)

因素	水平						
	1	2	3	4	5	6	7
Mo	0	0.001	0.01	0.05	0.5	5	50
Mn	0	0.001	0.01	0.05	0.5	5	50
Mo + Mn	0	0.001	0.01	0.05	0.5	5	50
6-BA	0	0.1	0.2	0.3	0.4	0.5	
NAA	0	0.1	0.2	0.3	0.4	0.5	
6-BA + NAA	0	0.1	0.2	0.3	0.4	0.5	

处理药品:

钼酸铵:合肥工业大学化学试剂厂,分析纯

硫酸锰:洛阳试剂一厂,分析纯

NAA:曹阳第二中学化工厂,分析纯

6-BA:中国科学院上海生物化学研究所,分析纯

2. 结果与分析

2.1　愈伤组织的诱导

越冬芽在接种后 7d 开始长愈伤组织，颜色多为半透明的黄色，且生长速度较快。但野生七子花越冬芽由于处于野外，带病菌较多，且芽有多层鳞片包被，灭菌很难彻底，污染率较高。

嫩叶在接种后 6d 因叶片不均增长，产生卷曲或皱曲，12d 后，外植体边缘、叶脉处首先产生愈伤组织，颜色为白色颗粒状或黄绿色半透明状，以后慢慢增大。诱导生长情况因外源激素不同而有所区别，见表 2。

表 2　七子花愈伤组织的诱导率

编号	培养基(单位:mg/kg)	外植体	接种数	存活数	愈伤组织数	诱导率
1	MS + 2,4-D0.5 +	越冬芽	18	2	2	100%
	IBA1	嫩叶	28	24	19	79.2%
2	MS + 2,4 – D0.5 +	越冬芽	18	3	3	100%
	IBA1 + ZT0.5	嫩叶	30	28	26	92.9%

从愈伤组织的诱导率来看，培养基 1 和培养基 2 对越冬芽诱导率都是 100%，而从嫩叶的诱导率来看，培养基 2 效果明显更佳。由于七子花外植体比较珍贵，因此适宜选用嫩叶来诱导愈伤组织。诱导产生的愈伤组织，因多酚氧化酶的影响，愈伤组织中的酚类物质被氧化，生成醌类，发生褐变[4]，因此每隔一定时间应转接一次。此外，还可采取一些预防措施，如在培养基中添加活性炭。鉴于培养基 2 的愈伤组织诱导率比较高，我们将诱导成功的愈伤组织转接到分别加了 0.1% 和 0.2% 活性炭的培养基 2 中，继续增殖愈伤组织。这样有效遏制了褐变，两者比较，加 0.1% 活性炭的培养基中愈伤组织长势比加 0.2% 活性炭的培养基要好。

2.2　茎的诱导

将诱导成功的愈伤组织切成 0.3cm×0.3cm 的愈伤组织小颗粒，转接到诱导茎的 MS 培养基中，诱导情况见表 3。

表3 七子花茎的诱导率

编号	培养基（激素单位：mg/kg）	愈伤组织数	茎数量	诱导率
1	1/2MS + 6-BA1.2 + IAA0.2	19	18	94.7%
2	1/2MS + 6-BA2 + IAA0.2	20	14	70%
3	1/2MS + 6-BA1.2 + IAA0.2 + GA0.1	18	8	44.4%
4	1/2MS + 6-BA2 + IAA0.2 + GA0.1	19	11	57.9%
5	1/2MS + 6-BA1.2 + NAA0.2	20	13	65%
6	1/2MS + 6-BA2 + NAA0.2	20	19	95%
7	1/2MS + 6-BA1.2 + NAA0.2 + GA0.1	18	13	72.2%
8	1/2MS + 6-BA2 + NAA0.2 + GA0.1	19	12	63.2%

转接到诱导芽的培养基中约9d后，愈伤组织块中出现绿色，突起增大，形成短小的茎，但速度很慢。此时要每15d转接一次，保证其营养充足及防止褐变。每隔一段时间观察比较愈伤组织在各培养基中诱导茎的情况。比较各培养基对茎的诱导情况，(1)和(6)最好，(1)与(2)，(5)与(6)比较，可知低6–BA/IAA浓度比为好，而6-BA/NAA浓度则是高一些好。再比较添加GA与不添加GA的培养基，很明显，添加GA后茎的诱导率明显下降，可能GA会抑制茎的诱导，不过，添加GA的培养基中茎的生长效果较没添加GA的好，因为GA作用是促进茎间生长的。

2.3 钼、锰和植物激素对七子花扦插繁殖的影响

钼、锰及激素处理七子花扦插枝后成活率用 t 检验[5]，结果见表4。

表4 七子花扦插繁殖的 t 检验表

因素	浓度（mg/L）	总数	死亡频数	存活频数	存活率（%）	t 值
	0	600	570	30	5	
	0.001	300	270	30	10	
	0.01	300	249	51	17	
Mo	0.05	300	231	69	23	3.32*
	0.5	300	218	82	27.3	
	5	300	189	111	37	
	50	300	171	129	43	

续表

因素	浓度（mg/L）	总数	死亡频数	存活频数	存活率（%）	t 值
Mn	0	600	569	31	5.2	
	0.001	300	280	20	6.7	
	0.01	300	261	39	13	
	0.05	300	277	23	7.7	2.15
	0.5	300	280	20	6.7	
	5	300	292	8	2.7	
	50	300	300	0	0.0	
Mo + Mn	0	600	569	31	5.2	
	0.001	300	258	42	14	
	0.01	300	269	31	10.3	
	0.05	300	288	12	4	1.35
	0.5	300	279	21	7	
	5	300	291	9	3	
	50	300	270	30	10.0	
6-BA	0	600	568	32	5.3	
	0.1	300	169	131	43.7	
	0.2	300	209	91	30.3	
	0.3	300	212	88	29.3	4.67**
	0.4	300	240	60	20	
	0.5	300	239	61	20.3	
NAA	0	600	568	32	5.3	
	0.1	300	210	90	30	
	0.2	300	225	75	25	
	0.3	300	240	60	20	3.03*
	0.4	300	257	43	14.3	
	0.5	300	279	21	7	
6-BA + NAA	0	600	570	30	5.0	
	0.15 + 0.15	300	226	74	24.7	
	0.20 + 0.10	300	239	61	20.3	
	0.10 + 0.20	300	248	52	17.3	4.25*
	0.075 + 0.225	300	261	39	13	
	0.225 + 0.075	300	220	80	26.7	

* 表示差异达到显著水平；** 表示差异达到极显著水平。

Mo，NAA 和 6-BA＋NAA 处理的七子花插条扦插成活率达到显著水平，6-BA 处理的达到极显著水平，而 Mn 和 Mn＋Mo 处理的对其生根存活影响不明显。而经钼和锰微量元素处理和植物生长激素处理后的七子花插条，其产生根的长短差异不大，多数根长为 5～7cm，但根的数量差异很大。根的生长情况见图 1 和图 2。经过对七子花插穗进行不同性质的物质处理后，扦插产生根的平均数见表 5。

表 5　不同处理后七子花的扦插生根的平均数量（300 插条）

处理物质	平均根数
Mn，Mo 微量元素	7.4
植物生长激素	2.6

图 1 微量元素处理七子花根的生长　图 2 植物生长激素处理七子花根的生长

3. 小结与讨论

通过对比实验发现：(a)具有主叶脉的叶片的愈伤组织诱导速度快，质量好，而无主叶脉的速度慢，质量差；(b)嫩叶如果接种到添加了活性炭的培养基中，其诱导效果很差。如果先在无活性炭的培养基中诱导愈伤组织，成功后再转接到含活性炭的培养基中，其长势比较好，且又可以防止褐变；(c)低浓度的活性炭比高浓度的活性炭效

果好,因为添加活性炭可改变培养基的酸碱性,且会吸收一部分外源激素,从而改变培养基的品质,影响愈伤组织的诱导率及质量[6]。

钼有利于七子花的扦插生根繁殖。钼是硝酸还原酶的金属成分,是植物氮素代谢不可或缺的微量元素,钼能促进植物体内糖类化合物流向根部,使根内淀粉和可溶性糖含量大大提高[7]。碳水化合物和氮素化合物不仅是生根和生长不可缺少的,而且也是插穗在生根之前维持生存的重要能源。另外,钼能增加植物体内抗坏血酸的含量,抗坏血酸是一种强还原剂,能避免叶绿素的氧化漂白,提高植物叶片的生活力,故有利于七子花扦插成活[8]。锰对七子花的扦插生根无明显效果,它会破坏或钝化吲哚乙酸的保护剂,吲哚乙酸容易遭到破坏,使植物体内吲哚乙酸水平降低,而吲哚乙酸是促进生根的重要生长激素,因此锰的浓度过高会降低其生根率。钼和锰共同处理七子花插穗,在低浓度时能促进生根,浓度增高,其成活率反而降低,可能是由于两者间产生了颉抗作用[9]。

低浓度的6-BA、NAA能较好地促进七子花插穗的生根,插穗生根首先必须进行根原始体的分化,而植物生长激素对细胞分化起重要作用,在低浓度时能对芽的形成起到促进作用。但随浓度的增加,达到一定程度时,即使能促进生根,但对芽的形成反而起抑制作用。而且,萘乙酸刺激过强,容易产生药害,所以,随着浓度升高,扦插生根率会降低。

微量元素处理后的插穗根的数量比植物生长激素处理后的多,原因是钼促进体内糖类化合物流向根部,这样在根部积累了大量的能源物质,能为根的大量发生提供能源物质。

七子花插穗扦插好之后,最重要的是湿度和光照。如果扦插土壤干旱,由于插穗蒸腾大于吸收,就会死亡;如果水分过多,插穗的腐烂率将会升高。要避免干旱而又取得良好的生根效果,土壤含水率在50%~60%左右,即用手捏泥土,能挤出水来,但没有水滴流下来。插穗不能在阳光下直射,七子花插穗最忌讳光照,但也不能遮得太严。如果遮盖得太严,会影响穗条的光合作用,因无法制造有机物

而饿死,通常以 60% ~ 70% 的遮光率较为适宜。

参考文献

1. 国家环境保护局,中国科学院植物研究所. 中国珍稀濒危保护植物名录(第 1 册). 北京:科学出版社,1987,11.

2. "中国生物多样性保护行动计划"总报告编写组. 中国生物多样性保护行动计划. 北京:中国环境科学出版社,1994,75 - 80.

3. 刘鹏,徐根娣,杨玉爱. 七子花分布限制因子初探. 世界元素医学,2000,7(1):106 - 108.

4. 刘国生,李友勇. 植物组织培养中活性炭的使用. 植物生理学通讯,1994,30:373.

5. 杜荣骞. 生物统计学. 北京:高等教育出版社,2000,75 - 76.

6. 森下义郎,大山良雄. 植物扦插理论与技术. 李云森译. 北京:中国林业出版社,1988,101 - 108.

7. 邹邦基. 钼在植物中的生理作用. 载李庆奎主编. 中国科学院微量元素研究工作汇刊. 北京:科学出版社,1964,106 - 108.

8. 刘鹏,徐根娣,方兴凤. 钼、锰对七子花扦插繁殖的影响. 浙江师范大学学报(自然科学版),2001,24(2):181 - 184.

9. Millikan C R. Antagonism between molybdenum and certain heavy metals in plant nutrition. Nature, 1948,161:528.

参考文献

1.高小和主编.学术论文写作.南京:南京大学出版社,2002.

2.肖时开,吴汝舟.实用科技论文和科技文件写作.济南:山东人民出版社,2002.

3.周永强,胡玉杰,等.高等学校毕业设计(论文)指导,材料类.北京:中国建材工业出版社,2002.

4.李永新,王元恒,等.中学数学教材教法.沈阳:东北师范大学出版社,2001.

5.教育部高等教育司,北京市教育委员会.高等学校毕业设计(论文)指导手册,理科卷,数学物理学化学生物学分卷.北京:高等教育出版社,经济日报出版社,2000.

6.李再湘.中学理科教师科研论义导写.长沙:湖南师范大学出版社,2000.

7.顾越岭.数学解题通论.南宁:广西教育出版社,2000.

8.董华,任毅心,等.大学毕业论文写作指导.北京:中国社会科学出版社,2000.

9.张孙玮,黄有兴,张迅.科技论文写作入门.北京:化学工业出版社,2000.

10.马维绪,马玉美.科技论文写作.北京:煤炭工业出版社,1999.

11.吴成福主编.科技论文写作.郑州:黄河水利出版社,1998.

12.[德]H·F·埃贝尔,[德]C·布里费特,[美]W·E·拉西.科学写作的艺术.应幼梅,丁辽生译.北京:科学出版社,1991.

13.高瑞卿.学术论文写作.长春:吉林文史出版社,1991.

14.许隆嘉.科学论文写作.长春:吉林文史出版社,1991.

15.罗伯特·A·戴.如何撰写和发表科学论文.毛裕芳,周灵芝译.北京:原子能出版社,1986.

16.吴美潮.科技论文的写作与编辑.西安:陕西科学技术出版社,1985.

17.吴立恭,郭长军主编.科技论文的写作技巧.哈尔滨:哈尔滨工业大学出版社,1997.

18.戴知贤.大学生研究生论文写作十五讲.北京:中国广播电视出版社,1991.

19.江剑云.怎样撰写学术论文.北京:中国展望出版社,1985.

20.于忠文.数学论文写作概论.北京:航空工业出版社,1999.

21.李景隆,孟繁华编译.学术论文写作译文集.北京:中央广播电视大学出版社,1987.

22.[日]末武国弘.怎样写科学论文——兼谈口头发表论文的方法.李大川,李西岸译.济南:山东教育出版社,1986.

23.李维国,梁邻德.文科毕业论文写作指导.桂林:广西师范大学出版社,1988.

24.金健民.科技论文写作与编写格式标准化.济南:山东科技出版社,1991.

25.李景隆.学术论文与其他科研应用文写作.北京:中央广播电视大学出版社,1987.

26.李长武主编.大学生毕业论文写作指南.长春:吉林大学出版社,1985.

27.李翰如.学术论文格式国家标准与写作方法.北京:电子工业出版社,1992.

28.王连山.怎样写毕业论文.沈阳:辽宁大学出版社,1986.

29.北京市高等教育学会大学语文教学研究会.科技写作实用手册.北京:冶金工业出版社,1988.

30.[美]G·波利亚.数学与猜想.李心灿,等译.北京:科学出版社,1984.

31.邓石麟,刘玉峰.论文写作.北京:机械工业出版社,1997.

32.姚衍春,赵文智.论文写作基础.北京:中共中央党校出版社,1995.

33.张继缅,索立歌,李颖明.论文写作指要.北京:教育科学出版社,1987.

34.王命爨.论文写作指南.福州:福建科学技术出版社,1991.

35.张念宏.毕业论文写作手册.北京:气象出版社,1991.

36.张念宏.毕业论文写作指导.北京:能源出版社,1986.

37.闻国政.毕业论文写作导引.北京:经济管理出版社,1998.

38.项红专.中学教研论文写作指导.杭州:浙江大学出版社,2001.

39.江霞.论文写作指要.南京:江苏人民出版社,1986.

40.周淑敏.学术论文写作.北京:中国建材工业出版社,1997.

41.张国杰,王光明,苏帆.数学教育研究与写作导论.天津:天津教育出版社,1997.

42.朱铁成.物理教育研究.杭州:浙江大学出版社,2002.

43.欧阳周,汪振华,刘道德.毕业论文和毕业设计说明书写作指南.长沙:中南工业大学出版社,1996.

44.朱铁成.物理研究性学习范例设计与指导.广州:广东教育出版社,2003.

理科类学生毕业论文写作指导

图书在版编目(CIP)数据

理科类学生毕业论文写作指导 / 沈自飞,王元恒主编.
—杭州:浙江大学出版社,2004.6(2022.6重印)
ISBN 978-7-308-03641-2

Ⅰ.理... Ⅱ.①沈...②王... Ⅲ.理科(教育)—
毕业论文—写作—高等学校—教学参考资料
Ⅳ.G642.477

中国版本图书馆 CIP 数据核字(2004)第 025457 号

理科类学生毕业论文写作指导

沈自飞　王元恒　主编

责任编辑	陆华洲(特邀)　杨晓鸣　曾建林
出版发行	浙江大学出版社
	(杭州市天目山路 148 号　邮政编码 310007)
	(网址:http://www.zjupress.com)
排　版	浙江时代出版服务有限公司
印　刷	杭州杭新印务有限公司
开　本	850mm×1168mm　1/32
印　张	12.25
字　数	300 千
版印次	2004 年 6 月第 1 版　2022 年 6 月第 8 次印刷
书　号	ISBN 978-7-308-03641-2
定　价	35.00 元